인지심리학 입문

마음과 생각의 과학

인지심리학 입문

마음과 생각의 과학

정혜선 지음

사회평론아카데미

인간의 마음에서는 다양한 사고 활동이 일어난다. 환경을 파악하기 위한 지각 기억, 타인과의 소통을 위한 언어 이해와 산출, 드러나지 않은 의미와 사건을 예측하는 추론 등이 이에 해당한다. 인지는 이러한 과정을 통칭하는 개념으로, 세상과 자신에 대한 앎의 과정과 결과물을 지칭한다.

인간의 인지에 대한 이해는 심리학 내의 여러 영역은 물론, 심리학 밖의 다양한 분야에서 중요한 기초 지식으로 간주된다. 컴퓨터과학, 행동 경제학, 언어학, 인류학, 교육학, 철학, 광고, 디자인, HCI Human Computer Interaction 등 인간을 이해하고 설명하고자 하는 영역에서 현상을 설명하고, 이론을 만들고 미래를 예측하는 데 인지에 대한 지식을 활용하고 있다. 이 책은 사람의 인지, 인지심리를 중심으로 인지를 살펴보지만, 인지과학 cognitive science 은 심리학을 비롯한 다양한 분야에서 다양한 방식으로 진행되는 인지에 대한 연구를 포괄적으로 다룬다.

인지에 대한 체계적인 연구는 미국을 중심으로 발달되었다. 이러한 까닭에 이전 세대 한국의 학자들은 해외의 이론과 연구를 수입해서 소개하고, 해외 수준을 따라갈 수 있는 연구 역량을 기르는 데 치중해 왔다. 하지만 이제 다음 단계로의 지적인 도약을 생각할 시점이다. 자체적인 이론을 제안하고 우리 사회가 당면한 여러 문제를 해결하는 데 인지를 제대로 활용할 수 있어야 한다. 이를 위해서는 무엇보다도 인지가 무엇인지 제대로 이해하고 인지를 포함한 인간의 사고와 행동을 바라보는 적절한 개념과 틀을 확립하는 것이 중요하다.

제대로 된 인지 공부의 중요성에도 불구하고 아직 국내에서 인지에 대한 이해도나 저변은 그리 넓지 않다. 소수의 연구자와 실험실을 중심으로 연구가 진행되고 있지만, 아직은 아쉬운 수준이다. 심리학에 대한 대중의 인식이 높아지고는 있지만, 대부분 성격이나 심리 건강 문제에 초점이 맞추어져 있다. 따라서 인지에 대한 지식이 제대로 정리되어 전달되는 것이 시급한데, 그동안 출간된 인지심리학 입문서들은 대부분의 학생에게 지나치게 어려웠다. 어떤 부분은 전공자도 이해하기 어려울 만큼 전문적이면서도, 정작 설명되어야 할 내용은 설명되지 않은 채 남아있는 경우가 많았다. 또한 대부분 번역서로, 책에 소개된 연구와 사례가 우리나라의 맥락과는 동떨어진 경우가 많았고, 다수의 집필진이 관여하여 책 전체의 통일성이 부족한 점 또한 아쉬운 점이었다.

이 책은 인지를 제대로 공부하고자 하는 사람들을 위한 책이지만, 처음 인지심리학을 접하는 사람들도 쉽게 읽을 수 있다. 인지 연구의 특성상 실험 과제와 결과를 통해 보이지 않는 인지 과정을 추론해야 한다. 그래서 비전공자도 이해할 수 있을 만큼 실험 과제와 결과를 가능한 한 자세히 설명하였으며, 너무 전문적이거나 복잡한 연구보다는 간단하지만 핵심적인 연구를 중심으로 서술하였다. 이에 더해 중요한 개념의 경우 책의 여백에 설명해 두었으며, 그림과 표를 적극적으로 사용하여 독자의 이해를 돕고자 하였다. 또한 한국의 맥락에 적절한 사례와 예문을 소개하는 한편, 국내에서 출간된 연구를 인용하고자 노력하였다.

인간은 환경 속에서 살아가는 존재로 정보 처리는 환경과 효과적으로 상호작용하기 위한 수단이다. 인간 정보 처리는 입력 자극, 기억에 저장된 정보, 이들을 분석하고 연결하는 작업에 영향을 받는다. 이 책에서는 인간 정보 처리의 이러한 특징이 여러 정보 처리 영역에서 어떻게 구현되는지 총 15장에 걸쳐 살펴본다. 총론에 해당하는 1장에서는 인지의 정의와 인지 연구 배경 및 접근 방법 등을 다루고, 이후의 장에서는 마음속에서 일어나는 정보 처리를 영역별로 알아본다. 2장에서는 지각을 살펴본다. 환경의 자극을 지각한다는 것이 정보 처리와 관련하여 무엇을 의미하는지 확인하고, 시각을 중심으로 지각이 어떻게 일어나는지 학습한다. 3장에서는 주의 문제를 다룬다. 주의는 마음에서 사용하는 정보 처리의 자원으로 볼 수 있는데, 주의가 정보 처리에서 하는 역할을 다양한 이론과 실험 사례를 중심으로 톺아본다.

4장부터 9장까지는 기억을 다룬다. 기억은 연구가 가장 많이 이루어진 영역으로, 기억 구조(저장소)와 기억 과정으로 구분하여 알아본다. 환경의 정보가 감각 기관을 통해 입력되면서 감각 기억, 작업 기억을 거쳐 장기 기억에 저장된다. 4장과 5장에서는 저장소로서의 감각 기억, 작업 기억, 장기 기억에 대해서 저장 시간이나 용량, 저장되는 정보의 유형과 형태를 살펴본다.

6~8장은 기억 과정을 다룬다. 정보를 잘 기억하기 위해서는 입력 정보를 적절하게 부호화하는 것은 물론, 이를 잘 보관했다가 필요할 때 인출할 수 있어야 한다. 6장에서는 부호화, 7장에서는 파지, 8장에서는 인출 과정으로 나누어 각

단계가 어떻게 진행되는지 어떠한 요인들이 관여하는지 확인한다. 9장에서는 메타 기억과 오기억 및 기억과 정서의 관계에 대해서 알아본다.

10장에서는 지식에 대해 공부한다. 장기 기억에 저장된 정보의 상당 부분은 우리가 지식이라고 부르는 것들로 경험에 대한 조직화와 추상화의 결과로 만들어진다. 지식이 정보 처리에서 하는 역할, 표상 및 조직화에 대해서 공부한다. 11장에서는 마음이 정보를 어떠한 부호, 형태로 표상하는지의 문제를 다룬다. 자극이나 정보가 감각 입력의 형태를 반영한 모습으로 저장된다는 견해가 있는가 하면, 보다 추상적인 명제 형태로 저장된다는 견해도 있다. 이 장에서는 각 표상의 특징이 무엇인지, 또한 서로 어떻게 상호 작용하는지 살펴본다.

12장과 13장에서는 언어 처리를 다룬다. 언어는 개인 간 소통을 가능하게 하며, 사고 활동을 매개하는 도구이다. 언어를 이해하고 산출한다는 것은 감각 입력뿐 아니라 통사 및 의미 수준에서 복잡한 처리를 해야 함을 의미한다. 어휘와 문장까지의 처리는 12장에서, 문장이 모인 덩이글의 처리는 13장에서 살펴본다.

마음은 주어진 자극을 이해하고 기억하는 것 이상의 활동을 수행한다. 14장과 15장에서는 이와 관련된 주제를 다룬다. 14장에서는 문제 해결에 대해 알아본다. 인간은 주어진 환경에 적극적으로 반응하는 존재다. 이때 문제 상황을 인지하고 이에 대한 해결책을 찾는 과정이 매우 중요하다. 15장에서는 판단과 의사 결정 그리고 추리 과정을 살펴본다. 주어진 정보에서 주어지지 않은 정보를 추론하거나, 다양한 선택지 중 하나를 고르거나, 사건의 발생 가능성을 판단하는 일이 어떻게 일어나는지 알아본다.

각 주제를 이해하는 데 중요한 연구를 가능한 한 쉽게 소개하고자 노력하였지만, 이 책만으로 인지를 완전히 이해할 수는 없다. 인지에 관해 방대한 양의 연구가 존재하고, 진행되었거나 진행 중인 연구와 아이디어를 모두 담기에는 지면이 부족하기 때문이다. 평이하게 글을 서술하고자 하였지만, 독자마다 선행 지식도, 궁금해 하는 점도 다르다. 따라서 모든 독자를 만족시키기는 불가능하지만, 그럼에도 불구하고 이 책이 이후의 인지에 대한 공부와 탐색을 촉발할 수 있는 안내서가 되기를 바란다. 지식은 책에 담긴 채로만 존재할 때가 아니라, 이해되고 활용될 때 생명을 갖는다. 이 책을 읽은 독자들이 이 책을 통해 얻은 지식과 통찰을 바탕으로 다양한 분야에서 인지에 대한 공부를 지속할 수 있기를, 배운 것을 활용해서 더 진전된 이론과 개념을 제안하고, 새로운 통찰을 주는 연구와 개발을 시도할 수 있기를 바란다.

인생의 많은 일이 그러하듯이, 이 책도 우연한 기회에 시작되었다. 집필하는 데 햇수로 4년, 1천 시간 이상의 작업 시간이 소요됐다. 물정 모르고 일을 벌이는 성격이 아니었다면 시작하지 않았을 것이다. 논문을 쓰는 것과 입문서를 쓰는 것은 매우 다른 일이다. 자료를 새로 수집하거나 새로운 이론을 제안한 것이 아님에도, 입문서 집필에는 연구 논문을 쓰는 것 이상의 지적인 작업과 노력이 필요하다는 사실을 집필 과정에서 뼈저리게 깨달았다. 책은 짜깁기라는 인식이 팽배하지만, 인지라는 방대한 영역에서 이루어진 다양한 연구들을 소화하고 정리해서 일관된 관점을 가지고 전달하는 것은 그리 쉬운 일이 아니다. 끝도 없이 논문을 검색하고 원고를 수정하면서, 과연 이 작업을 끝낼 수는 있을지 하는 불안감에 시달렸다. 책의 출간이 가시화되면서 마치 유배 생활에서 풀려나는 듯한 느낌을 받았다. 그럼에도 집필 과정을 통해 인지에 대한 스스로의 이해를 깊게 하고 통합할 수 있었던 것은 소득이라 할 수 있다.

이 책을 출간하기까지 여러 사람의 도움을 받았다. 원고의 일부를 읽고 의견을 주신 이광오, 박창호, 최훈 선생님께 이 자리를 빌려 다시 고마운 마음을 전한다. 이 외에도 필요한 사진을 제공하고, 적절한 용어를 제안하고, 마음으로 응원하는 등 다양한 도움을 준 가족과 지인, 동료들을 비롯하여, 이 책을 출간해 준 사회평론아카데미에도 감사를 드린다.

최근 들어 대두된 생성형 인공지능의 놀라운 발전은 생각한다는 것이 무엇인지, 지능을 가진다는 것이 무엇인지에 대한 관심을 한껏 촉발하고 있다. 인간만큼, 아니 인간보다 뛰어난 인공지능을 만들려는 시도는 인간의 인지가 어떻게 작동하는지에 대해서 다시금 질문하게 한다. 오래전부터 마음의 비밀을 이해하고자 하는 많은 사람들이 인지 문제에 관심을 가졌다. 이 책이 그 비밀에 한 걸음 더 접근하는 기회를 제공하기를 희망한다.

2024년 2월
춘천과 서울 사이에서
정혜선

차례

1장

인지란?

인지에 대한 관심은 오래되었지만, 인지가 과학의 한 분야로
연구되기 시작한 것은 비교적 최근의 일이다.
이 장에서는 인지 연구의 배경과 역사, 그리고 그 과정에서
인지의 정의가 어떻게 확장되고 구체화되었는지 살펴본다.

1장 _ 인지란?

1. 인지 연구의 역사

인지는 오랫동안 철학의 주요 문제였지만, 과학의 한 분야로서 연구되기 시작한 것은 19세기 말에 이르러서였다. 당시 서구에서는 자연과학의 발달에 힘입어 마음을 연구하는 데 과학적 접근법을 사용하기 시작했고, 마음의 기능과 원리에 대한 다양한 관점이 제안되었다. 인지가 처음부터 마음의 주요 기능으로 간주되지는 않았다. 정신분석 이론에서는 마음을 무의식적 욕망과 초자아가 갈등하는 곳으로 여겼다. 이후 등장한 행동주의 이론에서는 객관적으로 관찰할 수 없다는 이유로 마음을 '블랙박스'라고 부르며, 이에 관한 연구를 부정하였다. 마음이 다양한 자극과 생각을 해석하고 처리한다고 간주하는 정보 처리 접근법은 1950년대에 이르러서야 본격화되었다.

인지 연구의 시작

심리학의 시작은 독일의 심리학자 Wilhelm Maximilian Wundt(1832~1920)가 1879년 라이프치히대학교에 최초의 심리학 실험실을 설립한 사건으로 거슬러 올라간다. 당시 이미 많은 연구자가 인지와 정보 처리 문제에 관심을 보였다. Wundt를 비롯한 여러 심리학자가 감각sensation과 지각perception 문제에 주목했으며, 정신물리학psychophysics 연구자들은 물리적 자극과 감각 경험 간의 관계를 밝히기 위해 '감각 기관

역치
감각 기관이 자극을 탐지하는 데
필요한 최소한의 자극 강도.

한계법
점진적으로 자극의 강도를 높이거나
낮춤으로써 자극의 역치를 찾는
측정 방법.

항상 자극법
다양한 강도의 자극을 임의의
순서로 반복 제시하여 자극의
역치를 찾는 측정 방법.

정신 시간 측정법
반응 시간을 바탕으로 인지 과정에
소요된 시간을 추론하는 방법.

이 자극을 탐지하는 데 필요한 최소한의 자극 강도, 즉 **역치**^{threshold}는 얼마인가?', '빛의 강도가 2배로 증가하면 밝기에 대한 주관적 감각도 2배가 되는가?'와 같은 질문에 답하고자 하였다. 정신물리학자들은 이 과정에서 역치 측정을 위한 **한계법**^{method of limits}과 **항상 자극법**^{method of constant stimuli} 등을 고안하여 감각 경험을 체계적으로 측정하는 데 크게 기여하였다. 비슷한 시기에 출현한 게슈탈트 심리학^{Gestalt psychology}에서는 감각 정보가 어떻게 의미 있는 형태로 지각되는지에 관심을 두고, 이를 설명하기 위해 지각 과정에서 일어나는 다양한 조직화 원리를 제안하였다.

네덜란드의 심리학자 Franciscus Cornelius Donders(1818~1889)는 마음속에서 정보를 처리하는 데 시간이 소요된다는 점에 주목하였다. 그는 반응 시간^{reaction time; RT}을 바탕으로 심리 과정을 추론하는 **정신 시간 측정법**^{mental chronometry}을 제안하였다. 정신 시간 측정법에서는 과제 처리에 걸린 시간의 차이를 비교해서 인지 과정에 소요된 시간을 측정한다. 예를 들어 단순히 자극이 존재하는지만 탐지하는 경우(예: 소리가 들렸는지)와 자극이 무엇인지 재인하는 과제(예: 고양이 소리인지, 바람소리인지)를 생각해 보자. 첫 번째 과제는 자극의 존재만 탐지하면 되지만, 두 번째 과제에서는 자극의 존재를 탐지한 다음 기억을 참조해서 탐지된 자극이 무엇인지 재인해야 한다. 자극 탐지에 200밀리초, 재인까지에 300밀리초가 걸린다면, 두 과제에서의 반응 시간의 차이(100밀리초)는 기억을 참조하여 소리의 정체를 파악하는 데 걸린 시간으로 추정할 수 있다. 한편 비슷한 시기에 활동한 독일의 심리학자 Hermann Ebbinghaus(1850~1909)는 학습 후 일어나는 망각의 속도를 측정함으로써 처음으로 기억을 체계적으로 연구하였다. 이처럼 심리 과정에 소요된 시간을 측정하여 해당 과정의 특성을 추론하는 연구법은 지금도 널리 사용되고 있으며, 특히 Donders가 제안한 반응 시간은 지각, 주의, 기억, 의사 결정 등의 영역을 연구할 때 여전히 주요 방법론으로 채택되고 있다.

행동주의와 인지 연구

여러 연구자가 심리학 형성 초창기부터 인지를 탐구하였으나, 1950년대 이전까지는 인지 문제가 심리학계에서 중요한 문제로 다뤄지지 않았다. 여기에는 다양한 원인이 있지만, 가장 주요한 원인은 20세기 초 미국에서 시작된 **행동주의**^{behaviorism}의 득세였다. 행동주의자들은 행동을 이해하고자 했는데, 이를 위해서 외적으로 드러나는, 즉 관찰 가능한 행동을 기술해야 하며, 마음이나 생각, 감정 등에는 관심을 둘 필요가 없다고 주장했다. 마음은 외적으로 관찰할 수 없기 때문에 행동주의자들은 마음을 설명하고자 하는 시도 자체를 비과학적으로 간주하였고, 그 결과 내적으로 일어나는 심리 과정에 대한 연구는 심리학에서 오랫동안 외면받았다

이러한 극단적 견해는 초기 심리학에서 사용된 정신분석^{psychoanalysis}이나 내성법^{introspection method} 등의 연구 방법이 가진 방법론적 문제점에 대한 비판에서 비롯되었다. 정신분석과 내성법은 마음을 들여다봄으로써 마음의 작동 원리를 탐구하는 연구 방법이다. 이러한 내적인 성찰이 유의미한 통찰로 이어지기도 하지만, 이는 주관적이므로 연구 결과가 편향될 수 있다. 심리학 연구 초기에는 이러한 편향을 방지하는 방법론이 제대로 정립되지 않았기 때문에 연구 결과를 객관적으로 반복 검증하지 못하는 경우가 잦았다. 따라서 행동주의자들의 강한 비판을 받았고 급기야 마음에 대한 연구 자체가 심리학에서 배제되기에 이르렀다. 정신분석과 내성법의 문제는 연구 주제가 아닌 연구 방법론이었으나, 아직 충분히 다듬어지지 않은 방법론을 사용했다는 이유로 마음이라는 연구 주제 자체가 금기시된 것이다. 미국에서 출현한 행동주의가 득세하는 동안 인지, 정서, 동기 등 마음의 내적인 작용에 대한 연구는 환자 등 특수한 집단을 대상으로 하는 경우가 아니면 미국에서는 거의 진행되지 못하였다. 행동주의의 영향력이 상대적으로 약했던 유럽에서는 어느 정도 예외가 존재하였다.

1950년을 전후로 이러한 상황에 변화가 일어나기 시작하였다. 발단은 행동주의 내에서 비롯되었다. 행동주의자들은 **강화**가 행동 변화의

행동주의
행동의 습득과 변화를 자극과 자극 또는 행동과 자극 간의 연합으로 설명하는 심리학 이론. 모든 행동은 환경과의 상호작용에서 습득된다고 보고, 외적으로 관찰 가능한 행동을 연구하는 것을 강조하였다.

강화
행동에 대한 결과를 제공하는 것. 행동 변화를 일으키는 핵심 기제.

핵심 기제라고 주장한다. 이들의 주장을 뒷받침하는 예로 쥐의 미로 학습^{maze learning}을 살펴보자. 먹이가 숨겨진 미로에 굶주린 쥐를 넣을 경우, 쥐는 먹이를 찾아 미로를 탐색한다. 처음에는 먹이가 있는 지점에 도달하기까지 시행착오를 거치지만, 시행을 반복할수록 목표 지점에 도착하는 시간이 단축되고, 마침내 쥐는 미로 입구에 들어가자마자 한 번도 헤매지 않고 목표 지점에 도달할 수 있게 된다. 행동주의자들은 먹이라는 강화 덕분에 쥐가 이러한 행동을 할 수 있었다고 보았다.

Edward C. Tolman(1886~1959)은 쥐의 미로 학습을 연구하면서, 먹이가 주어지지 않아도 학습이 일어나는지 살펴보았다(Tolman & Honzik, 1930; Tolman, 1948에서 재인용). 그는 쥐들을 보상 집단, 무보상 집단, 무보상-보상 집단으로 나눠 22일 동안 미로 학습을 실시하였다. 보상 집단^{HR 집단}은 목표 지점을 찾을 때마다 강화로 먹이를 받았으며, 무보상 집단^{HNR 집단}은 목표 지점에 도착해도 어떤 보상도 받지 못했다. 한편 무보상-보상 집단^{HNR-R 집단}의 경우 실험 전반부에는 보상을 받지 못했으나, 11일째부터는 목표 지점에 도달할 때마다 보상으로 먹이를 받았다. ●그림 1.1에서 볼 수 있듯이, 처음부터 보상 집단은 시행이 거듭되면서 미로에서 잘못된 길에 드는 횟수가 꾸준하게 감소하였다. 무보상 집단의 경우 미로 학습이 시작된 직후 오류가 어느 정도 감소하였으나 보상 집단처럼 뚜렷한 감소를 보이지 않았다. 흥미로운 것은 중간에 보상을 받기 시작한 무보상-보상 집단의 수행이었다. 이 집단은 처음에는 보상을 전혀 받지

●**그림 1.1 보상 집단, 무보상 집단, 무보상-보상 집단에서 미로 찾기 오류**
x축 막대는 무보상-보상 집단에서 먹이가 제시된 시점을 의미한다.
출처: Tolman & Honzik, 1930; Tolman, 1948에서 재인용.

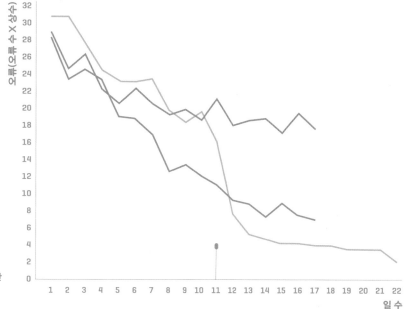

보상 집단
무보상 집단
무보상-보상 집단

않은 무보상 집단과 유사한 수준의 수행을 보였으나, 보상이 도입된 후 오류가 급격하게 감소하여 마지막에는 보상 집단보다 더 적은 오류를 범했다. 이러한 수행 변화는 실험의 전반부에 무보상-보상 집단에게 강화가 제공되지 않았음에도 미로의 구조에 대한 **잠재 학습**^{latent learning}이 일어났음을 시사한다. Tolman은 무보상-보상 집단의 쥐들이 강화 없이 미로를 탐색하는 과정에서 미로에 대한 일종의 인지 지도^{cognitive map}를 학습했다고 보았다. 즉 강화를 받자 학습 내용이 행동으로 드러난 것으로, 강화는 학습 자체보다는 학습 내용이 행동으로 드러나도록 하는 역할을 하는 듯하다. 이러한 결과는 외적 강화와 독립적으로 내적인 표상이 행동에 영향을 줄 수 있음을 보여주었고, 이를 통해 연구자들이 마음속 작용, 즉 인지 문제에 다시 관심을 갖게 되었다.

잠재 학습
학습 결과가 즉각적인 행동으로 드러나지 않는 학습.

조작적 조건 형성
행동의 결과에 따라서 해당 행동의 빈도가 증가 또는 감소하는 것.

인지의 재조명

심리학 내부에서 일어난 사건뿐 아니라 심리학 외부에서의 움직임도 행동주의의 약화에 기여하였다. 행동주의에 대한 대표적인 비판은 아동이 언어를 어떻게 습득하는지 연구하는 과정에서 시작되었다. 아동은 복잡한 언어를 적절한 시기에 자연스레 습득한다. 행동주의를 대표하는 심리학자 B. F. Skinner(1904~1990)는 『언어 행동^{Verbal Behavior}』(1957)이라는 책에서 아동의 언어 습득을 **조작적 조건 형성**을 통해서 설명했다. 그는 강화가 언어 학습에서도 매우 중요한 역할을 수행한다고 주장했다. 예를 들어 언어를 학습하는 과정에서 아동이 적절한 언어 반응을 산출하면 이에 대한 강화가 주어진다. 아이가 엄마를 보고 "우유 주세요!"라고 말하면 엄마가 냉장고에서 우유를 꺼내서 우유를 주는 식이다. 적절한 언어 반응을 하면 우유 같은 직접적 강화물이 주어질 뿐만 아니라 관심을 받거나(예: "지금 '아빠'라고 말한 거야?"), 칭찬(예: "벌써 이런 단어를 사용할 줄 안단 말이야? 기특해라!")이라는 강화가 주어지기도 한다. Skinner는 이러한 강화들이 아동이 어휘와 문법을 습득하는 핵심 기제라고 보았다.

언어학자 Noam Chomsky(1928~)는 Skinner의 견해를 신랄하게 비판했다(Chomsky, 1959). Chomsky는 언어 습득의 핵심 기제는 언어 자극에서 규칙과 패턴을 추론하는 능력이며, 아동은 모방이나 강화가 아니라 언어 규칙을 추론함으로써 언어를 습득한다고 주장하였다. 예를 들어 아동은 언어 학습 과정에서 주변의 성인들에게 들어 본 적이 없는 문장(예: "I goed to school.")을 종종 구사한다. 성인은 이러한 표현을 사용하지 않으므로, 아동이 이를 강화나 모방을 통해 배웠을 가능성은 매우 낮다. 아동은 주위 성인들의 언어 표현을 관찰하면서 단어와 문장을 조합하고 변형하는 규칙을 추론하는데(예: 과거를 나타낼 때는 동사의 끝에 'ed'를 붙여 표기한다), 그 과정에서 이러한 부적절한 표현이 출현한다. Chomsky는 언어 자극에 내재된 규칙을 추론하는 능력은 모든 아동이 가지고 태어나는 능력으로, 언어 습득은 후천적인 경험보다는 선천적인 요인에 의해서 주도된다고 보았다.

정보 이론[information theory]과 계산 이론[theory of computation]의 대두 또한 연구자들의 주의를 마음속에서 일어나는 사건으로 돌리는 데 중요한 역할을 하였다. 전신[telegram] 및 전화기의 발명으로 신호 전달의 중요성이 부각되면서 정보 이론이 출연하였다. 정보 이론에서는 신호(말, 글, 사진)가 어떻게 정의, 저장, 전달될 수 있는지 설명하고자 하였다. 또한 기계, 특히 전기회로[electric circuits]가 정보 처리에 사용될 수 있다는 사실이 밝혀짐에 따라 기계가 과연 사고할 수 있는지에 대한 논의가 이뤄졌다. 계산 이론에서는 기계가 계산 가능한 문제가 무엇인지를 비롯하여 계산의 난이도나 효율성에 관한 문제를 탐구하기 시작했고, Alan Turing(1912~1954)은 기계의 지능을 검증하는 방법으로 튜링 테스트를 제안하였다. 또한 뇌에 관한 연구가 진행됨에 따라 뇌의 신경세포[neuron]가 흥분과 휴지라는 두 가지 상태를 오가며 작동한다는 사실이 발견되었다. 컴퓨터를 구성하는 전기 회로 또한 0-1의 두 상태를 갖는다. 연구자들은 기계와 인간의 하드웨어가 매우 다르긴 하지만, 양쪽 다 두 가지 상태(흥분-휴지/0-1)를 사용하여 계산한다는 공통점에 주목하였다. 그 결과 정보 처리는 인간과 컴퓨터를 연결하는 고리가 되었으며, 1940년대에 만들어지기 시작한 컴퓨터는 인간의 인지를 연구하는 데도 많은 영향을 주었다. 연구자들은 컴퓨터와 마찬가지로 인간도 정보 처리를 수행한다고 간주하기 시작했고, 이후 등장한 정보 처리 이론^{information processing theory}에서는 마음속에서 일어나는 다양한 작용들과 생각들의 기저에 있는 정보 처리 과정을 자세히 밝히고자 하였다.

인지 혁명과 인지과학

인지 혁명^{cognitive revolution}은 인간의 마음을 정보 처리 시스템으로 간주하는 인식의 전환을 일컫는다. 혁명이라는 표현은 이 전환이 당시로서는 급진적인 사고의 변환을 수반하였음을 의미한다. 인지 혁명의 시작은 1956년 MIT에서 열린 학술 행사로 알려져 있다. 당시까지 세계 곳곳에서 산발적으로 인지 연구를 수행하던 연구자들이 처음으로 한자리에 모인 사건이었다. 여기에는 최초의 **인공지능** 프로그램을 만든 Newell과 Simon, 단기 기억의 용량으로 마법의 수^{magic number} 7을 주장한 Miller 등이 참석하였다. 흥미롭게도 비슷한 시기에 Dartmouth 대학에서 유사한 학술 행사가 열렸는데, 이 학술 행사는 종종 인공지능의 시작을 알리는 행사로 간주된다. **인지심리학**^{cognitive psychology}(넓게는 인지과학)의 시작과 인공지능의 시작을 알리는 사건이 같은 해에 일어났다는 것은 당시 여러 분야에서 인지에 대한 연구가 본격적으로 시작되었음을 보여준다. 이후 지각, 주의, 기억 등 인지 과정에 대한 본격적인 연구가 시작되었다. 1967년에 Ulric Neisser(1928~2012)가 최초의 심리학 교재인 『인지심리학^{Cognitive Psychology}』을 출간했고, 1970년에는 학술지『*Cognitive Psychology*』가 처음으로 발간되었다. 이로써 인지가 심리학의 연구 분야로 본격적으로 자리 잡게 되었다.

이는 곧 심리학 내의 인접 분야에도 영향을 주었다. 사회심리학에서는 개인 간의 상호 작용이 상대에 대한 개인의 지각이나 인식의 영향을 받는지, 사회적 상황에 대한 지각과 해석이 어떻게 사람들의 행동에 영

인지 혁명
인간의 마음을 정보 처리 시스템으로 간주하는 인식의 전환.

인공지능
인간의 인지 능력, 추론 능력, 지각 능력, 판단 능력, 자연어 해석 능력을 본떠 만든 프로그램 혹은 기술.

인지심리학
지각, 주의, 기억, 추론, 문제 해결 등의 사고 과정을 과학적으로 연구하는 심리학의 분야.

향을 주는지 등의 문제가 탐구되기 시작하였다. 이상 행동 연구에서도 성격이나 동기 체계뿐만 아니라 주의 시스템 등의 문제가 연구되기 시작하였고(Higgins & Bargh, 1987), 인지행동치료^{cognitive behavioral therapy} 접근에서는 부적응적 사고가 문제 행동의 중심에 있다는 사실에 주목하게 되었다(Beck, 1970). 이 과정에서 인지가 심리학 연구를 주도하는 새로운 패러다임으로 떠올랐다.

인지는 심리학뿐 아니라 인간 행동이 관여하는 모든 분야에서 핵심적인 역할을 한다. 예를 들어 교육 문제를 이해하기 위해서는 학습자의 특징과 정보 처리 과정에 대한 이해가 필수적이다. 인간의 소비 행동이나 경제 행동을 이해하는 데 있어서도 개인이 환경을 어떻게 이해하는지, 경제적 주체로서 어떻게 사고하고 결정하는지를 이해하는 것이 중요하다. 이러한 까닭에 실험법, 행동 관찰, 반응 시간, 안구 운동, 소리 내어 생각하기^{think aloud} 등 인지 연구에서 정립된 여러 연구 기법이 광고나 디자인 등 다양한 분야에 활용되고 있다. 인지에 대한 광범위한 학문적 관심으로 인해 **인지과학**^{cognitive science}이라는 학제 간^{interdisciplinary} 연구 분야가 출현했다. 인지과학은 여러 학문 분야에서 흩어져 인지를 연구하던 학자들이 보다 긴밀하게 교류하고 협력하기 위해서 1970년 전후로 시작되었다. 심리학, 컴퓨터공학, 철학, 신경과학, 인류학, 교육학 등이 인지과학 연구에 주요하게 참여하고 있으며, 학문 간 구분 없이 '인지'를 이해하는 것을 목적으로 한다. 인지과학에서는 인간과 동물, 기계가 정보를 어떻게 처리하는지 연구하며, 내적으로 일어나는 정보 처리뿐 아니라, 집단과 도구, 환경을 매개로 일어나는 광범위한 정보 처리를 다룬다.

인지과학
심리학, 컴퓨터공학, 철학, 신경과학, 인류학, 교육학 등 인지에 관심을 가진 분야들이 참여하는 학제 간 연구 분야. 인간과 동물, 기계의 정보 처리는 물론 외적인 도구, 문화의 영향 등을 포괄적으로 연구함.

마음에서 뇌와 컴퓨터로

인간의 인지가 뇌에 기반하여 작동한다는 생각은 인지 연구 초반부터 존재하였다. 초기의 신경생리 연구는 해부학적 방법론에 의존하여 뇌의 생물학적 구조와 분자 수준의 기제를 규명하는 데 집중하였다. 인지신경과학^{cognitive neuroscience}은 정보 처리와 관련된 뇌의 기제를 규명하고자, 뇌의 활동을 다양한 인지 과제에서의 수행과 연결하여 연구하였다. 예를 들어 단어 목록을 기억할 때 일어나는 뇌 활동의 변화나, 특정 뇌 영역이 손상된 환자가 보이는 기억 장애 등이 연구되었다. 또한 뇌 영상 기법의 발달과 함께 뇌의 활성화 상태를 실시간으로 추적하는 것도 가능하게 되었다. 이를 바탕으로 기억이나 주의 집중 등의 정보 처리가 일어나는 동안 활성화되는 뇌의 영역은 물론, 여러 영역 간의 관계가 탐구될 수 있었다. 이러한 발전을 바탕으로 인지를 포함한 전반적인 심리 과정의 신경생리적 기제에 대한 연구가 본격화되었다(Albright et al., 2000).

1980년대 이르러 출현한 연결주의^{connectionism}는 뇌의 작동에 기반하여 인지를 설명하고자 하였다. 뇌는 다수의 신경세포가 네트워크 방식으로 연결되어 일어나는 병렬 분산 처리$^{parallel distributed processing; PDP}$를 특징으로 한다(Rumelhart & McClelland, 1988). 연결주의의 기본 아이디어는 개개의 신경세포는 흥분과 휴지라는 단순한 처리만 수행하지만, 여러 신경세포가 서로 연결되어 상호 작용하면서 복잡한 기능이 출현한다는 것이다. 연결주의에서는 지각, 기억 등의 처리를 계산론적으로 구현하고자 하였는데, 그 시작은 초기 인공지능 시스템 중의 하나였던 퍼셉트론^{perceptron}에서 찾을 수 있다. 퍼셉트론은 최초의 인공 시각 모형으로, 정보를 받아서 전달하는 일련의 단위(신경세포와 유사함)로 구성된다. 입력층$^{input layer}$에 자극(빛)이 주어지면 여러 단위에서 동시 다발적 탐지가 일어나고, 개별 단위들이 만들어 낸 결과가 가중치를 받아 통합되어 출력층$^{output layer}$으로 전달된다. 퍼셉트론은 이후 **인공신경망**$^{Artificial Neural Network; ANN}$으로 발전했다. 인공신경망 중 입력층과 출력층 사이에 은닉층$^{hidden layer}$이 존재하는 경우를 심층신경망$^{Deep Neural Network; DNN}$이라고 부르며, 이는 이미지·자연어 처리 등의 영역에서 인공지능의 수행 능력을 획기적으로 향상시킨 **딥러닝**$^{deep learning}$의 토대이다. 딥러닝에는 많은 양의 학습 데이터가 사용된다. 딥러닝이 무분별하게 수집된 데이터에 의존하면서 학습 데이터의 편향으로 인한 문제가 발생하고 있다. 또한 은

인공신경망
인간과 동물의 신경망(특히 뇌)의 정보 처리 방식을 구현한 시스템.

딥러닝
기계 학습의 기법 중 하나. 다층(입력층, 다수의 은닉층, 출력층)으로 구성된 인공신경망을 사용하여 컴퓨터가 입력과 산출 간의 관계를 찾아내도록 함.

닉층이 증가하면서 학습에 요구되는 자원이 기하급수적으로 증가하고, 학습의 결과를 설명하지 못하게 되는 문제 역시 해결해야 할 과제이다. 인공지능의 작동 원리를 인간의 언어로 낱낱이 해석할 필요는 없지만, '설명 가능한 인공지능^{explainable AI}'은 학문 발전은 물론 학습데이터로 인하여 발생하는 편향의 문제를 극복하거나 오류를 개선하는 데 매우 중요하다.

뇌와 인공지능 연구 초기에는 동일한 정보 처리가 다양한 하드웨어에서 구현될 수 있다는 다중 구현성^{multiple realizability}이 강조되었다. 뇌와 컴퓨터가 모두 정보를 처리할 수 있기 때문에 하드웨어와 독립적으로 인지가 연구될 수 있다고 보았다. 그러나 이러한 생각은 인지신경과학 및 인공지능의 발달과 함께 변화하고 있다. 하드웨어의 특성 또는 제약에 따라서 동일한 기능(예: 시각, 기억)도 다른 방식으로 구현되고 작동하기 때문이다. 뇌와 인공지능의 차이점과 유사성은 분석 수준에 따라서 달라지기 때문에 두 시스템 간의 공통점과 상이점을 정보 처리 수준에 따라 살펴볼 필요가 있다.

우리나라의 인지 연구

우리나라의 인지 연구는 1970년대 말부터 본격적으로 시작되었다(이광오, 1996). 많은 인지 연구자들이 활동하고 있는 한국인지및생물심리학회^{The Korean Society for Cognitive and Biological Psychology}는 한국심리학회의 산하학회로, 1977년 설립된 실험심리분과와 1979년에 설립된 인지심리분과를 모태로 한다. 두 분과는 1982년부터 실험및인지심리분과회로 통합되었으며, 2003년에는 1989년 창립 후 독립적으로 활동하던 생물및생리심리학회와 통합하여 한국인지및생물심리학회로 개칭하였다. 한국인지및생물심리학회에서는 1989년에 학술지『한국심리학회지: 실험 및 인지』를 창간하였으며, 이후『한국 심리학회지: 인지 및 생물』로 이름을 바꿔 연 4회 간행하고 있다. 1990년에 설립된 한국인지과학회^{The Korean Society for Cognitive Science} 또한 국내 인지 연구자들의 주요 활동 무대이다.

한국인지과학회는 학제 간 학회로, 심리학뿐 아니라 철학, 전산학, 컴퓨터과학, 뇌신경과학 등 다양한 분야에서 인지 문제에 관심을 가진 연구자들이 활동하고 있다. 두 학회의 설립 배경에는 척박한 국내 연구 환경에서 인지 연구의 기틀을 마련하고 후학을 양성한 많은 연구자의 노력이 있었다(이광오, 1996). 이러한 기초 작업 위에서 국내 인지 연구는 지속적으로 발전하고 있다.

2. 인지란 무엇일까?

인지란 세상과 자신에 대한 앎의 과정^{process}과 결과물^{product} 모두를 지칭한다. 다시 말해 지각, 기억, 언어 이해, 추리 등의 **정보 처리** 과정과 그 산물을 통틀어 인지라고 부른다. 정보 처리는 물적 기반 위에서 가능하다. 인간의 경우 일차적으로 뇌라는 하드웨어에서 정보가 처리되고 그 결과물이 저장된다. 뇌의 처리 용량에는 한계가 있으나, 도구(예: 종이, 컴퓨터)와 집단 작업을 통해 이를 극복할 수 있다.

인지
지각, 기억, 언어이해, 추리 등 광범위한 정신 활동, 즉 정보 처리 과정과 그 산물.

정보 처리
정보에 대한 가공. 정보 수집, 표현, 분류, 보관 등의 다양한 활동.

인지의 정의, 역할, 범위

학문적으로 '인지'라는 용어는 단순히 어떤 사실이나 존재를 아는 것 이상의 포괄적 정보 처리를 지칭한다. 최초의 인지심리학 교재를 저술한 Neisser(1967/2014)에 따르면 인지는 감각 정보가 변형되고 축약되고 정교화되고 저장되고 인출되고 활용되는 모든 과정을 지칭한다. 그는 마음속에서 일어나는 모든 정보 처리, 즉 눈이나 귀 같은 감각 기관에 입력된 정보가 뇌에 도달하여 일어나는 모든 정보 처리가 인지에 해당한다고 보았다.

최근에 출간된 인지 교재에서 Goldstein(2015/2017)은 인지에 대한 Neisser의 정의를 확장하여 인지심리학은 마음^{mind}에 대한 과학적 연구이며, 마음은 지각, 주의, 기억, 정서, 언어, 의사 결정, 사고, 추론과 같은 지적 기능을 수행하고 통제한다고 주장했다. Goldstein은 Neisser가 언급한 정보 처리를 보다 구체적으로 나열하는 한편, '통제^{control}' 개념을 언급함으로써 지각, 주의, 기억 등과 관련된 정보를 처리하는 것뿐 아니라 이를 잘 관리하는 것이 마음의 기능임을 강조했다.

인지는 정보 처리의 과정과 결과물을 모두 지칭한다. 인간의 경우 지각, 기억, 언어 이해, 추리 등의 정보 처리가 인지에 포함된다. 이러한 정보 처리는 인간이 환경과 상호 작용하면서 살아가는 데 매우 중요한 역할을 한다. 지각은 인간이 자신이 속한 환경을 이해하고 효과적으로 대응할 수 있도록 도와준다. 기억은 경험 내용을 저장하여 필요한 경우 활용할 수 있도록 해주며, 추론을 통해서 유사한 것과 다른 것을 구분하고 사건 간의 관계를 파악할 수 있다. 또한 인지는 언어 사용과도 밀접한 관련이 있다. 인간은 **언어**라는 상징을 통해 보이지 않는 대상이나 추상적인 개념에 대해 생각하고, 주위 사람들과 소통하여 개인의 경험을 확장한다. 이를 통해 개인은 자신이 직접 경험하지 않은 것을 학습하고, 다른 사람들과 행동을 조율하고 협력하여 자신의 목표를 넘어서는 집단 단위의 목표를 추구할 수 있다.

인지 연구 초반에는 인지가 주로 의식적으로 이루어지는 계산이나 사고와 같은 지적 정보의 처리에 국한된다고 여겨졌다. 따라서 연구자들은 형식화가 가능한 논리적 추리나 문제 해결 등에 주목하였고, 기쁨, 분노, 슬픔 같은 **정서** 과정과 인지 과정을 구분하였다. 하지만 정서 역시 뇌에서 처리되어야 하는 정보의 일부이다. 정서는 어떤 정보가 더 중요한지, 어떤 정보에 우선적으로 주의를 할당해야 할지를 알려준다. 생존에 위협이 될 수 있는 자극(예: 뱀)은 종종 공포^{fear} 반응을 야기하고, 그렇지 않은 자극보다 더 빨리 처리된다. 자극의 정서는 자극과 함께 저장되어서 인출 시 활용된다. 정보를 처리하는 사람이 어떤 정서 상태에 있는지에 따라서 회상 내용이 달라질 수 있다(9장 참조).

정보 처리 결과 일련의 지적 산물이 만들어진다. 지각 표상, 명제, 기억 흔적, 범주적 지식, 스키마^{schema} 등 다양한 유형이 존재한다. 이들은 지각과 기억, 추론 활동의 결과물로 만들어지고, 일단 만들어지고 나면

언어
음성이나 문자를 이용한 의사 소통 도구. 상징을 사용한 임의적인 약속 시스템으로, 소통은 물론 내적 사고에서 중요한 역할을 함.

정서
생각, 행동과 관련된 정신적, 생리적 상태 혹은 주관적 경험으로 기쁨, 즐거움 등의 정적인 상태와 슬픔, 분노 등의 부적인 상태가 존재함.

이후의 정보 처리에 활발하게 사용된다. 예를 들어 거울 속의 내 모습을 처리한 결과 만들어진 지각 표상은 관련된 정보(예: 닮은 얼굴)를 인출하거나, 건강 상태를 추론(예: 피곤해 보인다)하는 데 사용될 수 있다. 편의점에서 일하는 과정에서 손님 응대 기준이 만들어지고, 이는 편의점은 물론 그 외의 맥락에서 사용되기도 한다. 정보 처리의 결과물은 명시적으로 진술 가능한 형태로 표현되거나 저장되기도 하지만, 암묵적 형태로 존재하기도 한다. 암묵적인 기억이나 지식은 의식 밖에서 영향을 미친다(6장 참조). 이렇게 인지는 논리적으로 진술되고 진위를 가릴 수 있는 앎뿐만 아니라 암묵적 태도와 의식되지 않은 앎, 정서 과정을 포함하는 넓은 개념으로 사용된다(이정모, 2009).

지금까지 인지의 여러 정의를 살펴보았다. 정의가 추상적이기 때문에 자칫 인지가 어렵고 생소한 것이라고 생각할 수 있지만, 실생활에서 인지는 우리가 하는 모든 활동에 관여한다. ●그림 1.2를 살펴보자. 두 사람이 길을 걷고 있다. 왼쪽에 있는 사람은 휴대전화로 돌아가는 길을 확인하며 집에 가서 할 일을 계획 중이다. 오른쪽에 있는 사람은 오늘의 날씨를 회상하는 한편, 앞사람을 보며 이런저런 생각을 하고 있다. 이러한 생각 이외에도 걷는 동안 다양한 정보 처리가 일어난다. 마주오는 사람이 있으면 걷는 방향을 예측하고 피하거나, 옆 사람의 걸음이 느려지면 속도를 늦추기도 한다. 이처럼 일상에서 일어나는 다양한 생각과 활동에 인지가 관여한다.

●그림 1.2 걸어가면서
일어나는 다양한 인지 활동
출처: 저자 소장.

인지의 하드웨어

기능 자기 공명 영상법
높은 해상도로 뇌의 활동에 대한
정보를 제공하는 영상화 기법.

해마
학습과 장기 기억에 영향을 미치는
뇌의 구조.

가소성
경험에 따라 뇌의 영역이 담당하는
기능이 변화하는 성질.

인지 이론 개발 초기에는 인간의 인지와 뇌를 중심으로 연구가 진행되었다. 그러나 당시에는 인간의 뇌를 자세히 살펴볼 방법이 없었기 때문에 주로 뇌손상 환자들을 대상으로 뇌에 대한 정보를 얻었다. 이후 **기능 자기 공명 영상법**functional magnetic resonance imaging; fMRI 같은 뇌 영상 기법의 발달로 정상인을 대상으로도 정보를 수집할 수 있게 되면서 뇌에 관한 연구가 본격화되었다(김문수, 1996). 인지신경과학 연구는 대부분의 경우 뇌 영역별로 처리하는 작업과 담당하는 기능을 규명하는 데 집중되었고, 그 결과 지각이나 기억 등의 처리에 관여하는 뇌의 영역과 신경 회로들이 발견되었다. 지금까지 연구된 바에 따르면 뇌의 상당 부분은 감각 기관을 통해 들어오는 입력 자극을 처리하는 작업에 할당되어 있으며, 일부 연합 영역에서 이 정보들을 통합한다.

뇌 영역별 담당 기능과 역할 분담이 고정된 것은 아니다. 예를 들어 피아노를 연주하기 위해서는 음에 대한 변별력과 양손의 정교한 움직임을 학습해야 한다. 전문적인 연주자의 뇌를 검사해 보면, 보통 사람들보다 손가락 운동을 담당하는 뇌 영역이 확장되어 있다. 이 차이는 연주자가 훈련을 시작한 시기가 이를수록 커진다(Münte et al., 2002). 또 다른 예를 살펴보자. GPS가 대중화되기 전에는 택시를 운전하려면 도시의 길을 속속들이 기억할 수 있어야 했다. 런던의 택시 운전사들을 대상으로 기억을 담당하는 **해마** 영역의 크기를 살펴본 결과 보통 사람들보다 해마의 뒤쪽 영역posterior hippocampus이 발달해 있었고, 운전을 오래 했을수록 차이가 컸다(Maguire et al., 2000). 이러한 결과는 뇌 영역이 담당하는 기능이 경험에 따라서 변화할 수 있음을 보여준다. 뇌의 이러한 특징을 뇌의 **가소성**plasticity이라 칭한다. 인간의 경우 뇌를 기반으로 정보 처리가 일어나지만, 인간의 뇌에서만 정보를 처리할 수 있는 것은 아니다. 동물 역시 정보를 처리하여 지각하고 기억하며 추리할 수 있다. 기계가 과연 지능을 가질 수 있는지가 오랫동안 논쟁의 대상이었지만, 이제 기계가 지능을 가질 수 있다는 것을 의심하는 사람은 거의 없다. 다양한 도구를 사용하여 못을 박을 수 있듯이, 정보 처리 또한 다양한 방식으로, 즉 다양한 하드웨어를 기반으로 일어날 수 있다.

인간과 동물, 기계가 모두 정보를 처리할 수 있지만, 이들이 모두 똑같은 방식과 수준으로 정보를 처리하며 동일한 결과물을 내는 것은 아니다. 동물의 기억력과 추리력, 의사소통 능력은 인간의 능력만큼 정교하지 않다. 예를 들어 침팬지는 유전자 구조가 인간과 매우 유사하며, 지능 역시 뛰어나지만, 침팬지에게 인간의 언어를 가르치려는 시도는 그다지 성공적이지 않았다. 한 연구 결과에 따르면 침팬지는 학습을 통해 몸짓을 통한 의사 표현이나 수어를 어느 정도 이해하고 사용할 수 있었지만, 인간처럼 복잡한 생각을 언어로 전달할 수는 없었다(Gardner, 1969; Premack, 1971).

인공지능의 하드웨어와 소프트웨어는 여전히 개발 중이다. 따라서 인간과 인공지능을 확정적으로 비교할 수는 없으나, 기계와 인간이 동일하게 정보를 처리(예: 이미지 인식)한다고 해도, 처리 구조와 방식에는 차이가 존재한다. 예를 들어 카메라와 인간의 눈은 비슷한 방식으로 빛을 수집하고 이에 반응한다. 그러나 카메라는 렌즈를 통해 빛을 탐지하는 반면, 인간의 눈은 망막의 간상체와 추상체를 통해 빛을 탐지한다. 이렇듯 정보 처리 초기 단계, 즉 자극을 입력하는 단계에서는 하드웨어의 특성이 강하게 반영될 수밖에 없다. 두 처리 과정 간에 공통의 처리 원리가 있을 수 있지만(예: 분산 표상, 맥락 정보 활용), 이를 더 분명히 파악하기 위해서는 인간의 하드웨어(예: 망막의 간상체와 추상체)와 기계의 하드웨어(예: 카메라의 렌즈)가 가진 한계와 이들이 정보 처리에 미치는 영향을 이해해야 한다.

이 작업에는 많은 시간이 필요하지만, 인지신경과학과 인공지능의 발전은 인간 인지의 독특성과 함께 인지의 보편성을 이해하는 데 도움이 될 것으로 보인다.

인지에 대한 대안적 견해들

전통적으로 인지 연구자들은 인지를 뇌의 활동과 동일시하였다. 즉 지각이나 기억 등의 인지 과정은 뇌를 기반으로 일어난다고 간주되었다. 다시 말해 환경 자극과 신체 감각, 움직임은 뇌의 활동에 영향을 주지만, 인지는 이들과 독립적으로 일어나는 활동으로 간주되었다. 그러나 1980년대 후반부터 이러한 관점이 변하기 시작했다. 체화된 인지 embodied cognition 또는 연장된 인지 extended cognition, 분산인지 distributed cognition, 상황인지 situated cognition, 근거된 인지 grounded cognition 등의 이론이 제안되었다. 각 이론의 강조점이 다르고 이론 간의 관계가 아직 정확하게 정리되지는 않았으나, 이들은 공통적으로 마음이 뇌에서 추상적 상태로 존재하는 것이 아니라 구체적, 신체적, 물리적, 사회문화적 환경 및 맥락에서 구현되는 것임을 강조한다(이정모, 2010; Barsalou, 2008; Clark, 1999; Clark & Chalmers 1998; Wilson, 2002; Wilson & Golonka, 2013). 이 이론들은 그동안 인지과학의 전통적 관점과 갈등하는 관계에 있는 것으로 파악되기도 했지만(Anderson et al., 1996), 그보다는 기존 견해를 확장하였다고 보는 것이 옳다(이영의, 2015; 이정모, 2010). 대안적인 인지 이론들이 강조하는 인지의 특징을 4E 인지(●그림 1.3)로 요약할 수 있다(Newen et al., 2018). 체화된 embodied 인지는 인지가 추상적인 원

●그림 1.3 4E 인지
4E 인지는 인지에 대한 네 가지 대안적인 관점을 의미한다. 즉 인지는 (1) 감각과 구체적인 신체 경험으로 구현되고, (2) 현실의 목적 지향적 행위로 나타나며, (3) 사회·문화적 맥락 속에 존재하고, (4) 도구와 집단, 시스템에 연장된다는 것이다.

체화된
Embodied
인지는 감각과 구체적인 신체적 경험을 통해 구현된다.

행위화된
Enacted
인지는 현실의 목적 지향적 행위에 사용된다.

인지

맥락화된
Embedded
인지는 사회·문화적 맥락 속에서 일어난다.

연장된
Extended
인지는 도구와 집단, 시스템에 연장된다.

리나 지식이 아니라 구체적인 감각과 신체 경험에 근거하고[grounded] 체화된다는 것을 강조한다. 맥락화된[embedded] 인지는 인지가 모든 상황과 맥락에서 동일하게 작동하지 않고 구체적인 맥락과 상황에 달라질 수 있다는 것을 지칭한다. 연장된[extended] 인지는 인지가 뇌에 국한된 것이 아니라 도구와 집단에 분산 및 확장되어 일어날 수 있다는 것을 강조한다. 마지막으로 행위화된[enacted] 인지는 인지가 그 자체로 존재하는 것이 아니라, 신체 활동과 현실의 목적 지향적 행위에 사용됨을 의미한다. 이 절에서는 이 중 가장 대표적인 체화된 인지 모형과 분산(연장)인지 모형, 상황(맥락화된)인지 모형을 살펴본다.

체화된 인지

체화된 인지 이론에서는 마음이 몸이라는 실체를 가지고 체화되었다는 점에 주목한다. 뇌는 신체로부터 분리될 수 없으므로, 뇌와 연결된 신체의 움직임과 활동 또한 정보를 처리하는 데 관여한다고 보는 것이다. 체화된 인지 개념에 따르면 자극을 지각하거나 신체를 움직이는 것은 단순히 처리할 자극을 뇌로 전달하거나 뇌의 명령을 받아 구현하는 것이 아니다. 구체적인 감각과 신체 활동은 그 자체로 인지 활동의 일부이다. 경험은 기호 같은 추상적인 형태가 아니라, 구체적인 감각과 운동 정보의 형태로 뇌에 저장된다. 추상적 정보가 추출되어 표상되는 경우에도 감각 정보와 운동 정보가 필수적으로 관여한다(배문정, 2014; Barsalou, 2008; Smith, 2005; Sullivan, 2018).

아동이 손가락을 사용하여 수를 세는 모습이나 사람들이 말할 때 종종 손짓을 동원하는 모습은 신체 활동이 심적 활동을 어떻게 지원하는지 잘 보여준다. 이러한 손짓[gesture]은 그동안 사고와 무관하다고 여겨져 왔으나, 최근의 연구들은 손짓 등 신체 활동이 사고 활동과 관련되어 있음을 시사한다. Stevanoni와 Salmon(2005)의 연구에 따르면 사람들은 대화 상대 없이 혼자서 말할 때도 다양한 손짓을 사용했으며, 손짓을 사용할 때 과거의 사건을 더 잘 회상할 수 있었다. 또 다른 연구에 따르면

체화된 인지 이론
인지에 대한 대안적 견해 중 하나. 뇌는 신체로부터 분리될 수 없고, 뇌와 연결된 신체의 움직임과 활동 또한 정보를 처리하는 데 관여한다고 주장함.

신체 활동이 정보 처리에 영향을 주기는 하지만, 모든 신체 활동이 이러한 효과를 만들어 내는 것은 아니다. Goldin-Meadow 등(2009)은 아동을 세 집단으로 나눠 동치 관계 문제(예: 2+3 = ? +1)를 풀게 하였다. 문제를 푸는 동안 첫 번째 집단의 아동은 정확한 손짓을 사용하게 하였고, 두 번째 집단의 아동은 부분적으로만 정확한 손짓을 사용하게 하였으며, 세 번째 집단의 아동은 손짓을 사용하지 못하게 하였다. 실험 결과 손짓 사용 여부와 손짓의 정확성이 문제 풀이 수행에 영향을 미치는 것으로 나타났다.

고전적 인지 이론에서 정보 처리는 추상적 기호를 표상하여 조작하는 것을 의미한다. 반면 체화된 인지 개념에 따르면 정보 처리란 해당 정보나 사건과 관련된 감각 활동 및 운동 활동을 수행하거나 이를 마음속에서 시뮬레이션해 보는 것이다. **운동 공명 효과**motor resonance effect는 이를 잘 보여준다. 운동 공명 효과란 현재 지각하는 행위와 비슷한 행위를 수행할 때, 두 행위의 유사성에 의해 행위자의 운동 반응이 촉진되는 현상이다. 운동 공명 효과의 예가 잘 드러나는 실험을 하나 살펴보자. 이동훈 등(2012)은 실험 참가자에게 그림과 문장을 제시하고, 그림과 문장이 일치하면 손으로 버튼을 누르거나 발로 페달을 밟아 반응하게 하였다. ●그림 1.4와 "경찰관이 소방관의 발을 밟았다"라는 문장을 제시하자, 손으로 버튼을 누를 때보다 발로 페달을 밟을 때 반응이 더 빠르게 일어났다. 지각한 문장의 내용(밟았다)과 수행하는 행위(페달을 밟는 것)가 유사하여 운동 공명 효과(신체 반응이 촉진됨)가 일어난 것이다. 반면 "소방관이 발이 밟혔다"라는 문장을 제시했을 때는 두 반응 속도 간의 차이가 관찰되지 않았다. 동일한 그림이지만 경찰관이 소방관의 발을 밟았다고 해석하는 경우에만 페달 밟는 반응이 촉진되었다. 공명이 일어날 때 시각 패턴 자체보다는 이에 대한 해석이 중요함을 시사한다(이동훈 등, 2012).

운동 공명 효과
현재 지각하는 행위와 비슷한 행위를 수행할 때, 두 행위의 유사성에 의해 행위자의 운동 반응이 촉진되는 현상.

●**그림 1.4 운동 공명 효과의 예시**
"경찰관이 소방관의 발을 밟았다"라는 문장과 해당 그림이 일치하는지 판단하는 경우, 손으로 버튼을 누를 때보다 발로 페달을 밟을 때 더 빠르게 반응한다. 그림에서 묘사하는 행위와 반응에 요구되는 행위가 유사하여 반응이 촉진되는 것이다.
출처: 이동훈 등, 2012.

분산인지

　도구는 신체 활동뿐 아니라 마음속에서 일어나는 정보 처리 활동도 보조한다. 예를 들어 종이 등의 기록 매체는 정보를 저장할 수 있게 하고, 계산기 등은 계산 작업을 돕는다. 이처럼 정보 처리를 지원하는 도구를 인지적 도구^{cognitive tool}라 부른다. 인간은 정보 처리 작업 중 일부를 도구에 전가함으로써 동일한 과제를 수행할 때 처리 부담을 줄여왔다. 그 결과 오늘날에는 많은 정보가 인간과 도구 사이에 분산되어 처리되고 있다. 분산인지 이론에서는 인간과 도구, 인공물(예: 기록 및 분류 체계)이 정보를 처리하는 시스템으로서 함께 기능함을 강조한다(Hutchins, 1995; Wilson, 2002; ●그림 1.5 참조).

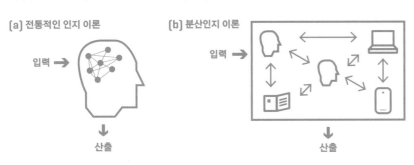

[a] 전통적인 인지 이론　　[b] 분산인지 이론

입력 →　　　　　　　　입력 →

산출　　　　　　　　　산출

●그림 1.5 인지 이론별 정보 처리 기제
(a) 전통적인 인지 이론
(b) 분산인지 이론

　분산인지 이론은 항해 과정에서 배의 위치를 계산하는 작업이 어떻게 일어나는지 연구하는 과정에서 제안되었다(Hutchins, 1993). 배가 운행하는 동안에는 배의 현재 위치와 항해하는 경로를 계산해야 한다. 오늘날에는 GPS에 의해서 이 작업이 이루어지지만, 1980년대만 해도 앨리데이드^{alidade} 같은 도구를 사용하여 사람이 직접 배의 위치를 계산하였다.

　앨리데이드를 통해 지형지물을 보면 배가 기준점에서 얼마나 떨어져 있는지 알 수 있다(●그림 1.6 참조). 이를 여러 곳에서 측정한 뒤 수집한 방위를 통합하면 배의 현재 위치를 추정할 수 있다. 넓은 바다를 항해할 때는 혼자서 이 작업을 수행해도 충분하지만, 항구에 입항하거나 출항할 때처럼 제한된 공간 내에서 배가 움직일 때는 매 순간 배의 정확한 위치를 계산하는 것이 매우 중요해진다. 이 경우 최대 10명이 팀을 이뤄 배의 위치를 측정하였다. 팀원들은 역할을 분담했으며, 작업은 다

분산인지 이론
인지에 대한 대안적 견해 중 하나.
정보가 도구나 집단 구성원 등 환경 내
자원에 분산되어 처리된다고 주장함.

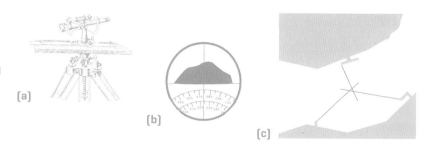

●**그림 1.6 항구에서 배의 위치 계산**
(a) 앨리데이드의 한 종류.
(b) 앨리데이드를 통해서 바라본 육지. 하단의 수치를 통해 배가 기준점에서 얼마나 떨어져 있는지 측정한다.
(c) 항구의 세 지점의 위치에 대해서 앨리데이드로 측정한 수치를 바탕으로 배의 현재 위치를 계산한다.

음과 같이 이루어졌다. 측정자^{bearing taker}가 배의 여러 위치에서 앨리데이드로 주변 지형지물의 방위를 측정하여 기록자^{bearing time-recorder}에게 전달하면, 기록자가 수집된 정보를 선실의 수치 기록지에 기입했다. 위치 표시자^{plotter}는 이를 바탕으로 배의 현재 위치를 계산하고 앞으로의 이동 경로를 추정하였는데, 이 작업은 3분마다 반복되었다.

이렇듯 당시에는 혼자서 배의 위치를 계산하기 어려워 집단의 힘이 필요했으며, 이를 위해 다양한 도구가 사용되었다. 다시 말해 개인의 뇌는 배의 위치를 계산하는 데 필요한 정보 처리 중 일부분만을 담당했을 뿐, 대부분의 계산은 도구와 상징 체계(예: 앨리데이드의 선과 수치가 의미하는 것), 팀 내 역할 분담에 의해서 이루어졌다.

팀 작업과 앨리데이드 같은 도구 사용을 통해 배의 위치를 계산한 예에서 볼 수 있듯이, 도구는 오랫동안 인간의 정보 처리와 사고 활동을 보조하면서 인간이 환경과 상호 작용하는 데 핵심적 역할을 담당해 왔다. 또한 인간은 집단으로 작업하면서 혼자서는 하기 어려운 과제를 수행할 수 있었다. 오늘날 빠르게 발전 중인 디지털 기술과 인공지능은 이전보다 도구가 할 수 있는 일의 범위를 확장하고, 개인 간의 연결성을 강화하고 있다. 각 개인을 다양한 방식으로 조직할 수 있게 되면서 새로운 협업의 형태(예: 집단 지성)가 출현하였으며, 이에 따라 분산인지 체계에 대한 지식이 인지를 이해하는 데 더욱 중요해지고 있다. 분산인지 체계를 파악하기 위해서는 정보 처리 단위에 대한 관점이 변해야 한다. 정보 처리 단위는 더 이상 개인이 아니다. 그보다는 도구를 사용하는 개인 혹은 도구를 사용하는 공동체로 보아야 한다.

상황인지

기억, 문제 해결, 의사 결정 등은 구체적 상황 또는 맥락 속에서 일어난다. 따라서 **상황인지 이론**은 인지의 구체성과 상황 및 맥락에 대한 의존성을 강조한다. 이는 단순히 정보 처리가 환경과 맥락의 영향을 받는다는 것을 의미하지 않는다. 상황인지 이론에 따르면 인지는 맥락과 독립된 추상적인 것이 아니라 구체적인 맥락과 상황에 특수한 것이다. 체화된 인지 이론에서 인간의 감각과 신체 활동을 강조하였다면 상황인지 이론에서는 이에 더해 개인이 처한 다양한 사회적, 문화적, 역사적 상황에서 일어나는 구체적이고 특수한 정보 처리와 활동 자체가 인지 활동임을 강조한다.

상황인지 이론은 인류학자들이 실제 삶에서 지식과 앎이 어떻게 구현되고 사용되는지 연구하는 과정에서 대두되었다. 지식은 종종 추상적 형태로 표현되고 습득된다. 학교에서 배우는 사칙연산이 대표적인 예이다. 덧셈의 규칙(예: 1+2=3)을 배우면, 이를 다양한 맥락(예: 요리 재료를 계량하거나 물건의 값을 계산할 때)에서 사용할 수 있다. 하지만 사람들은 일상에서 간단한 계산을 할 때조차도 덧셈의 추상적 규칙을 사용하지 않았다(Lave, 1984, 1988; Scribner, 1984). 예를 들어 음식을 만드는 데 밀가루가 ⅔컵 필요하고, 이 중 ¾을 먼저 반죽한다고 가정하자. 수학적으로 보면 이는 ⅔의 ¾을 구하는 문제이고, 이를 식으로 변환하면 ⅔×¾이다. 해당 식을 계산하면 반죽해야 하는 밀가루의 양은 ½컵, 즉 반 컵임을 알 수 있다. 하지만 실제 상황에서 사람들이 밀가루를 계량하는 방식은 학교에서 배운 방식과 상당히 달랐다. 많은 이가 환경의 도구와 특성을 사용하여 계산 작업을 단순화하였다. 예를 들어 찬 참가자는 먼저 밀가루 ⅔컵을 계량하여 넓은 용기에 담았다. 그런 다음 이를 4등분하고 그중 ¾만 반죽하는 방식으로 문제를 해결했다(●그림 1.7 참조).

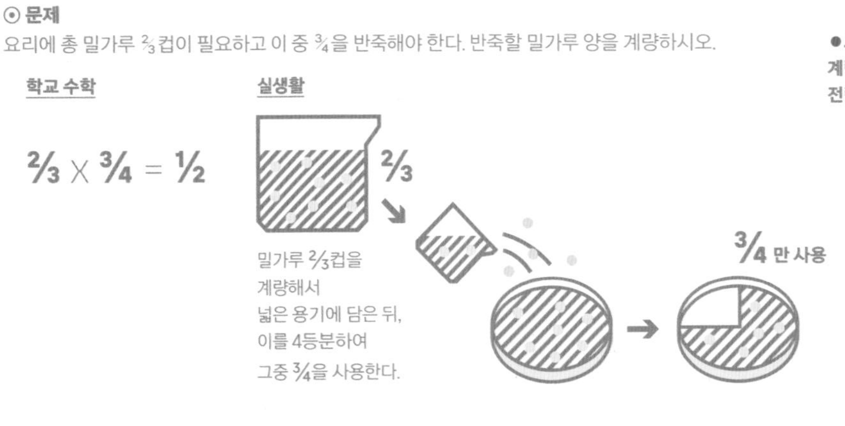

상황인지 이론
인지에 대한 대안적 견해 중 하나. 인지가 맥락과 독립된, 추상적인 것이 아니라, 구체적인 상황과 맥락에 특수한 것이라고 주장함.

⊙ **문제**
요리에 총 밀가루 ⅔컵이 필요하고 이 중 ¾을 반죽해야 한다. 반죽할 밀가루 양을 계량하시오.

학교 수학

$$\frac{2}{3} \times \frac{3}{4} = \frac{1}{2}$$

실생활

밀가루 ⅔컵을 계량해서 넓은 용기에 담은 뒤, 이를 4등분하여 그중 ¾을 사용한다.

●**그림 1.7** 수학을 사용한 밀가루 계량과 실제 상황에서 사용되는 전략 예시

Carraher 등(1985)은 브라질 거리에서 물건을 파는 아동들의 계산 능력을 살펴보았다. 거리의 아동들은 물건의 값을 계산할 때 학교에서 가르치는 것과 다른 계산 전략을 사용하고 있었다. 아동들에게 하나에 35크루제이루(브라질의 예전 화폐 단위)인 코코넛 10개의 가격을 물어보자, 이들은 이를 코코넛 3개의 값인 105(미리 답을 알고 있었을 수 있음)를 기준으로 계산했다. 105를 3번 더하고 그 값에 다시 35를 더한 것이다(예: 105+105+105+35). 이후 학교에서와 같은 방식으로 이들의 계산 능력을 평가한 결과, 이들은 맥락이 없거나 맥락을 상상해야 하는 상황보다는 실제 판매 상황에서 계산 문제를 더 잘 풀 수 있었다. 이러한 사례는 계산이라는 활동이 실제 현장에서는 맥락화된 활동으로 일어남을 보여준다. 상황인지 이론에 따르면 지식이나 앎 ^{knowing}은 구체적 상황 또는 맥락 속에서 구현되는 정보 처리 활동과 분리될 수 없다. 예를 들어 계산을 하는 경우, 암산으로 하는지, 종이와 연필을 사용하는지, 아니면 계산기를 사용하는지 등이 모두 정보 처리에 영향을 준다. 행위는 물리적 맥락뿐만 아니라 사회 및 역사적 맥락 속에서 일어나기 때문에 인지 활동이 일어나는 물리적 맥락 및 문화, 언어, 역사적 맥락이 총체적으로 행위를 규정한다. 따라서 인지를 이해하기 위해서는 추상적 지식이나 정보 처리 원리보다는 맥락화된 지식과 구체적 상황에서의 행위에 초점을 두어야 한다.

상황인지 개념은 인지뿐 아니라 학습과 교육에 대해서도 많은 시사점을 갖는다. 개인은 독립적으로 존재하지 않고, 가족, 학교, 문화와 같은 다양한 공동체와 맥락 속에 존재한다(●그림 1.8 참조). 이러한 관점에서 본다면 학습이란 단순히 맥락과 분리된 추상적 정보와 지식을 습

●그림 1.8 개인을 둘러싼 맥락들

출처: Bransford et al., 1999.

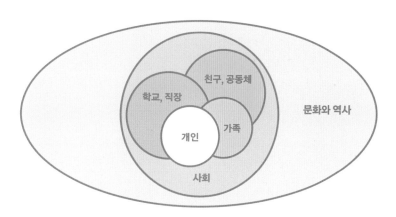

득하는 행위가 아니라, 학습자가 속한 상황, 문화, 맥락에 더 깊고 넓게 참여하기 위한 행위라고 할 수 있다. 자신이 속한 공동체에서 의미 있다고 여겨지는 활동에 정당하게 참여legitimate participation하는 것은 개인에게 있어 매우 중요하다. 처음에는 상대적으로 의미가 덜한 활동에만 참여할 수 있으나, 학습을 통해 점차 공동체 내의 중요한 활동에 참여할 수 있게 된다. 즉 학습이란 자신이 속한 사회와 문화의 일부가 되기 위한 지식과 규칙, 가치 등을 습득하는 문화화enculturation 과정이며, 주변적 참여자peripheral participant에서 중심적 참여자central participant가 되어가는 과정이다. 이는 단순한 지식과 기술을 습득하는 것을 넘어, 정체성과 주도성 등 다양한 영역에서의 변화를 수반한다. 그러므로 앎은 앎을 통해 공동체 활동에 참여하는 것과 분리될 수 없다(Brown et al., 1989; Lave & Wenger, 1991; Sfard, 1998).

인지에 대한 대안적인 견해들은 개인, 특히 개인의 뇌에 국한하여 인지를 파악하는 전통적인 관점에서 벗어나, 인지의 범위를 확장하고 이를 다양한 측면에서 검토할 것을 요구한다. 이러한 관점에서 인지를 연구할 경우 개인의 뇌뿐 아니라 신체, 도구, 문화와 역사 등 다양한 대상을 연구해야 한다. 따라서 인지심리학이나 인지과학이 그동안 사용해 온 전통적인 연구 방법론을 넘어서는 접근법이 필요할 때도 있다. 인지에 대한 대안적인 견해들이 전통적인 견해와 통합되기까지는 시간이 좀 더 필요하지만, 이는 인지를 더 포괄적이고 깊이 있게 설명하기 위해 필수적인 작업이다.

2장

지각

지각은 환경에 존재하는 물체나 대상이 무엇인지 인지하는 과정으로, 다양한 후속 처리의 바탕이 된다. 지각은 입력 자극이 무엇인지에 따라 달라지지만, 동시에 과거 경험 및 배경지식의 영향을 받는다. 이 장에서는 지각 처리의 특징을 살펴보고, 지각 경험이 어떻게 발생하는지, 그리고 주의의 역할은 무엇인지 살펴본다.

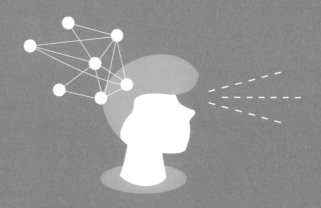

2장 _ 지각

1. 지각의 단계

인간은 환경 속에서 환경과 상호 작용하며 살아간다. 인간은 다양한 감각 기관을 통해 환경의 정보를 수집하며 이를 바탕으로 세상을 **지각** perception 한다. 지각이 일어나기 위해서는 환경에 있는 대상에 주의를 기울여야 한다. 대상을 지각하기 위해서는 대상으로부터 나오는 정보가 인간에게 전달되고, 인간이 처리할 수 있는 형태로 변환되어야 한다. 다시 말해 환경에 실재하는 정보라도, 감각 기관이 탐지할 수 없거나 전달하는 매개체가 없다면 인간은 이를 지각할 수 없다. 예를 들어 자외선이나 초음파는 모두 환경에 실재하는 자극이지만, 인간에게는 이러한 자극을 탐지하는 감각 기관이 없다. 지각의 이러한 특성을 반영하기 위해서 원격 자극과 근접 자극을 구분한다. **원격 자극** distal stimulus 은 환경에 존재하는 정보 자체를, **근접 자극** proximal stimulus 은 원격 자극이 감각 기관에 만들어내는 패턴을 지칭한다. 원격 자극이 동일해도 근접 자극은 바뀔 수 있으며(예: 동일한 물체를 다른 거리 또는 각도에서 보는 것), 인간의 지각 경험은 근접 자극을 처리한 결과를 바탕으로 이루어진다.

원격 자극은 매개체 transmission medium 에 의해 감각 기관에 전달된다. 시각의 경우 빛, 청각의 경우 공기의 파동, 미각과 후각의 경우 화학 물질, 그리고 촉각의 경우 피부에 가해지는 압력이 정보를 전달하는 매개체 역

지각
감각 기관을 통해 수집한 정보를 바탕으로 환경을 인지하는 과정.

원격 자극
환경에 존재하는 정보 자체.

근접 자극
원격 자극이 감각 기관에 만들어내는 패턴.

감각 수용기
매개체를 통해 전달된 정보를
인간이 처리할 수 있는 형태, 즉
전기화학적 신호로 변환하는 세포.

망막
안구의 가장 안쪽에 여러 층으로
이루어진 막. 시각 수용기가 분포함.

추상체
망막에 있는 시각 수용기. 색을
변별할 수 있으나, 높은 강도의 빛을
필요로 함.

간상체
망막에 있는 시각 수용기. 색을
변별하지 못하나, 낮은 강도의
빛에도 반응함.

할을 한다. 매개체를 통해 정보가 전달되면 **감각 수용기**^{sensory receptor}가 이를 탐지하여 인간이 처리할 수 있는 형태, 즉 전기 신호로 변환한다. 감각 수용기는 감각에 따라 다양하다. 예를 들어 시각의 경우 **망막**^{retina}에 있는 **추상체**^{cone}와 **간상체**^{rod}가 이러한 역할을 담당한다. 망막의 간상체와 추상체를 자극한 빛이 전기 신호로 변환되는 과정을 살펴보자(●그림 2.1 참조). 빛이 망막의 간상체나 추상체를 자극하면 일련의 화학 반응과 함께 전기 신호가 발생한다. 이처럼 물리적 에너지(빛)가 신경 에너지(전기 신호)로 바뀌는 작업을 **변환**^{transduction}이라고 한다. 망막에서 만들어진 신경 흥분이 시신경^{optic nerve}을 통해 뇌로 전달되면, 뇌에서 이를 처리하여 대상을 지각한다(이 과정은 크게 대상의 세부 특징을 독립적으로 분석하는 과정과 이를 통합하는 과정으로 나눌 수 있다. 이에 대해서는 4절에서 자세히 살펴본다).

●그림 2.1 빛의 변환 과정
빛이 망막에 존재하는
간상체와 추상체를 자극하면
신경 흥분이 발생한다.

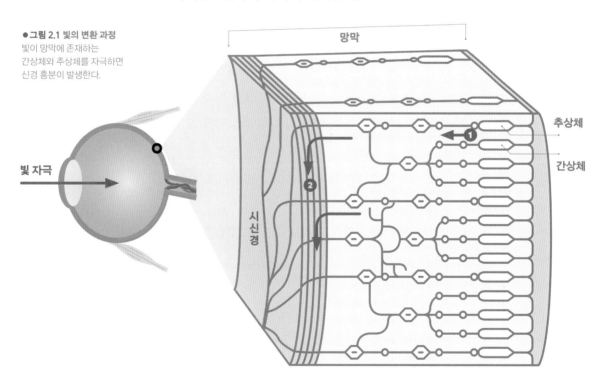

❶ 안구로 들어온 빛 자극이 망막에 있는 추상체와 간상체를 자극하면서
　전기 신호가 만들어진다.
❷ 시신경은 변환된 신경 흥분을 수집하여 뇌로 전달한다.

일반적으로 어떤 대상을 보고, 대상이 사람의 얼굴인지, 아는 얼굴인지, 누구인지 등을 확인하는 것을 재인이라고 한다. 즉 **재인**^{recognition}이란 입력 자극과 기억에 저장된 정보를 비교하여 대상을 과거에도 경험한 적이 있음을 인식하는 과정으로, 이를 위해서는 재인 대상의 지각적 특징이 기억에 저장되어 있어야 한다. 경험하지 못한 대상이나 알지 못하는 대상에 대해서는 온전한 재인이 불가능하지만 대상의 정체를 명확하게 식별할 수 없는 경우에도 대상을 어느 정도 인식할 수 있다. 대상이 사람의 얼굴인지 동물의 얼굴인지, 더 기초적인 차원에서는 동근 물체인지, 검은색 막대 모양인지 등을 구별할 수 있는 것이다. 이는 비슷한 대상들에 대해 저장된 정보(예: 경험, 지식)를 바탕으로 대상의 속성을 지각하고 추론한 결과이다.

환경의 자극이 입력되어 재인이 일어나기까지의 과정을 통틀어 지각이라고 지칭하나, 경우에 따라서 감각^{sensation}과 지각을 구분하기도 한다. 구분 경계가 분명하지는 않지만, 대개 환경으로부터 정보를 수집하여 변환하는 초기의 지각 처리 과정을 감각으로, 감각 정보를 조직하고 해석하는 과정을 지각으로 구분한다. 유사한 구분이 인지와 지각 간에도 존재한다. 넓은 의미의 인지^{cognition}는 마음속에서 일어나는 정보 처리 과정을 통칭하며, 이러한 관점에서 보면 감각과 지각은 모두 인지 과정의 일부이다. 그러나 일부 연구자들은 지각과 인지를 구분하기도 한다. 외부 대상이나 자극에 대해 내적 표상을 형성하는 단계까지를 지각으로, 지식^{knowledge}이 관여하기 시작하면 인지로 지칭하는 것이다. 하지만 지각 단계의 어느 지점부터 지식이 관여하는지는 여전히 논쟁거리이다 (Firestone & Scholl, 2016; Michel, 2020).

지각을 바탕으로 다양한 후속 처리가 일어난다. 인간은 지각 대상과 관련한 정보를 기억에서 인출하고, 대상을 범주화(예: 눈앞의 대상이 강아지이다)하는 한편, 대상의 속성(예: 강아지는 짖는다)과 앞으로 일어날 수 있는 일(예: 강아지에게 다가가면 강아지가 짖을 것이다)을 추론한다. 또한 지각은 지각 대상과의 상호 작용을 안내한다. 예를 들어

재인
입력 자극과 기억에 저장된 정보를 비교하여 과거에도 경험한 적이 있음을 인식하는 과정.

물컵을 들기 위해서는 우선 컵의 모양과 크기, 각도, 지각자와 컵 간의 거리 등을 지각한 다음, 손을 어떤 모양으로 펼지, 팔을 어느 정도의 힘으로 얼마나 멀리 뻗을지 등을 계산하여 행동으로 옮겨야 한다. 움직이는 과정에서 필연적으로 지각자의 공간적 위치와 시야가 변화한다. 이에 따라 새로운 자극이 감각 수용기를 자극하고, 감각 수용기가 정보를 수집, 분석, 해석하는 지각 과정이 다시 반복된다.

2. 지각의 복잡성

대부분의 사람들에게 지각은 노력하지 않아도 자연스럽게 일어나는 과정이다. 눈앞의 대상을 보거나 주변에서 나는 소리를 듣고 즉각적으로 그것이 '사람 얼굴' 혹은 '고양이 울음 소리'임을 지각할 수 있다. 지각의 즉시성과 용이함 때문에 지각이 상당히 단순한 과정이라고 생각할 수 있지만, 자세히 살펴보면 지각은 상당히 복잡한 처리를 수반한다. 지각의 복잡함은 역설적으로 기계가 대상을 지각하게 만드는 과정에서 드러났다. 컴퓨터에게 이미지를 제시하고, 제시된 이미지가 고양이인지 개인지 식별하도록 만들고자 하였으나, 초기에는 이 작업이 전혀 간단하지 않았다. 이 절에서는 지각을 복잡하고 어렵게 만드는 요인과 지각이 일어나기 위해 해결해야 하는 문제를 살펴본다.

입력 자극의 불완전성

지각 경험을 어렵고 복잡하게 만드는 요인 중의 하나는 입력 자극의 불완전성이다. 시지각의 경우, 시력이 낮아서 또는 전달 과정의 문제로 (예: 흐린 유리창이나 안경) 상이 선명하지 않은 경우가 종종 있다(●그림 2.2 참조).

●그림 2.2 희미한 이미지
희미한 이미지임에도 어떤 과일인지 재인할 수 있다.

선명하지만 어떤 요소로 이루어졌는지 불분명한 이미지도 있다. ●그림 2.3을 살펴보자. (a)를 보고 가려진 부분의 모양을 (b) 또는 (c)로 해석할 수 있으나, 일반적으로 인간은 이를 (b)로 지각한다. 일상에서 (c)보다는 (b)인 경우를 더 많이 경험하기 때문이다. 망막에 맺히는 상만으로는 둘 중 어느 해석이 맞는지 판별하기 쉽지 않다.

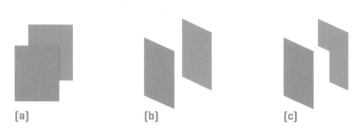

[a]　　　　[b]　　　　[c]

●**그림 2.3 선명하지만 불분명한 이미지**
(a)와 같은 자극은 (b) 또는 (c)로 해석할 수 있지만 사람들은 통상 (b)로 지각한다.

또 다른 문제는 동일한 대상이라도 제시되는 방향, 거리, 빛의 강도에 따라서 망막에 투사되는 이미지가 달라진다는 것이다(●그림 2.4 참조). 그럼에도 사람들은 다양한 이미지를 동일한 대상으로 지각하는데, 이를 **지각 항상성**^{perceptual constancy}이라고 한다. 지각 항상성에는 대상을 시점과 무관하게 동일한 형태로 지각하는 형태 항상성^{shape constancy}과 대상과의 거리가 변해 망막상의 크기가 달라져도 대상을 같은 크기로 지각하는 크기 항상성^{size constancy} 등이 있다. 지각 항상성으로 인해 인간은 다양한 상황에서 대상을 일관되게 지각할 수 있다. 이는 지각이 망막상의 정보만 사용한다면 가능하지 않은 일이다.

지각 항상성
방향, 거리, 빛의 강도에 따라 망막에 투사되는 이미지가 달라짐에도 이를 동일한 대상으로 지각하는 특성.

[a]　　　　　　[b]　　　　　　[c]

●**그림 2.4 지각 항상성의 예**
대상을 보는 시점에 따라 대상이 만들어내는 이미지가 변하지만, 사람들은 동일한 대상을 지각한다.

우리가 보는 세상은 3차원이지만, 망막에는 상이 2차원으로 맺힌다. 3차원 정보를 2차원으로 표상하는 과정에서 깊이 정보가 소실되기 때문에 망막상만으로는 대상의 크기나 대상과의 거리를 알 수 없다(●그림 2.5 참조). 따라서 지각자가 2차원 정보에서 3차원 정보를 복구해야

●**그림 2.5 망막상과 깊이 정보**
우리가 보는 세상은 3차원이나 망막은 이를 2차원으로 표상한다.

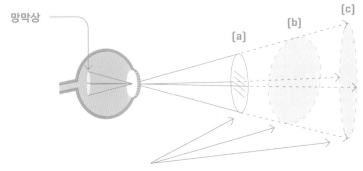

망막상

[a] [b] [c]

대상 (b)와 (c)는 대상 (a)와 형태와 크기가 다르지만, 망막상은 동일하다.

하는데, 이는 지각 처리의 어려움을 배가하는 요인이다. 거리 계산에 필요한 단서가 충분하지 않으면 다른 거리에 있는 물체들이 같은 거리에 있는 것으로 보이거나, 같은 크기의 물체들이 서로 다른 크기로 보이기도 한다(●그림 2.6 참조).

●**그림 2.6 착시 현상의 예**
(a) 손과 에펠탑은 다른 거리에 있음에도 불구하고 마치 손이 탑을 잡고 있는 것처럼 보인다. (b) 에임즈방 착시. 에임즈 방은 의도적으로 거리 단서를 왜곡하는데, 그 결과 원래는 비슷한 두 사람의 신체 크기가 다르게 지각된다.

[a]

[b]

지각 경험을 위해서는 수용기에서 만들어지는 신경 흥분 패턴에 대해 상당한 양의 부가적인 처리가 필요하다. 놀라운 것은 인간은 이러한 처리를 상당히 빠르고 정확하게 수행한다는 것이다. 앞에서 살펴본 바와 같이 인간은 안경이 더럽거나 유리창에 얼룩이 져도 그 너머의 대상을 구별하고, 대상의 일부 형태가 가려져도 온전한 형태를 파악하며, 다양한 망막상을 동일한 대상으로 지각한다. 또한 망막상은 2차원이지만 사람은 3차원을 지각한다. 2차원의 상에 근거해서 날아오는 공을 피하고 움직이는 물체를 쫓아간다. 사람들은 어떻게 지각의 어려움을 극복하여 대상이 무엇인지 지각하고, 적절하게 반응하는 것일까?

무의식적 추론과 맥락

Helmholtz(1867)는 감각 경험을 해석하는 데 지각자의 과거 경험과 세상사 지식이 활발하게 관여한다고 보았다. 그는 이를 무의식적 추론 ^{unconscious inference}이라고 불렀는데, 이러한 추론이 대부분 지각자의 의식 밖에서 의도 없이 일어나기 때문이다. 무의식적 추론에는 그럴듯함 또는 가능도 원리^{likelihood principle}가 관여한다. 과거 경험과 맥락 정보를 고려할 때 있음직한 대상이나 사건이 무엇인지를 추론한다는 것이다.

신생아를 제외하면 누구에게나 주변에서 접하는 물건이나 대상과 관련한 경험이나 지식이 있으며, 이는 감각 정보를 해석하는 데 적극적으로 사용된다. ●그림 2.3을 통해 확인했듯 지각은 과거의 지각 경험에 의존한다. 또한 지각은 맥락 속에서 일어난다. 얼굴은 단독으로 제시되기보다는 신체와 함께 제시되며, 의자는 거실과 같은 장소 맥락 속에서 제시된다. 이런 맥락은 관련 지식과 경험을 활성화시켜 입력 정보의 모호성을 해소하는 데 도움을 준다. 맥락에 따라 지각 경험이 달라지기도 하는데, 이를 **맥락 효과**^{context effect}라고 한다(●그림 2.7 참조).

맥락 효과
맥락에 따라 지각 내용이 달라지는 현상.

●**그림 2.7 맥락 효과**
두 단어의 가운데 낱자는 동일한 형태이지만, 맥락에 따라서 왼쪽 단어에서는 'H', 오른쪽 단어에서는 'A'로 지각된다.

THE CAT

Palmer(1975)는 맥락에 대한 사전 경험이 물체 지각에 미치는 영향을 연구하였다. 그는 먼저 연구 참가자를 무맥락 조건, 적절한 맥락 조건, 부적절한 맥락 조건이라는 세 조건 집단으로 나눴다. 무맥락 조건에서는 아무런 맥락 없이 목표 대상만 제시되었다. 반면 적절한 맥락 조건과 부적절한 맥락 조건에서는 ●그림 2.8의 왼쪽에 있는 것과 같은 맥락 장면^{contextual scene}이 먼저 2초간 제시되었다. 그런 다음 적절한 맥락 조건에서는 맥락에 적절한 대상이 제시되었고(예: '부엌' 맥락 다음에 '빵' 제시). 부적절한 맥락 조건에서는 맥락에 적절하지 않은 대상이 제시되었다(예: '부엌' 맥락 다음에 '우체통' 제시). 부적절한 조건에서 목표 대상은 목표 대상과 형태가 유사하거나(예: 우체통) 상이하였다(예: 드럼). 목표 대상^{target object}(●그림 2.8 참조) 이미지를 20~120밀리초(자극 재인에 충분한 시간은 아님) 동안 보여주고 어떤 물체를 보았는지 보고하게 하였다. 연구 결과 적절한 맥락 조건 집단의 연구 참가자들이 목표 자극을 가장 잘 재인하였다. 이는 맥락 정보가 목표 대상에 대한 정보의 불충분함을 해소하는 데 관여하였음을 시사한다.

●**그림 2.8 Palmer 연구에서 사용한 자극들**
왼쪽 그림과 유사한 장소 맥락이 제시된 후, 오른쪽 그림과 같은 목표 대상 중 하나가 짧게 제시되었다.

맥락 장면

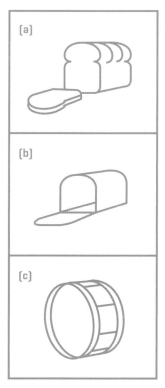

목표 대상

3. 특징 탐지

망막에 상이 맺힌 후 자극이 재인되기까지 많은 처리가 일어난다. 그 첫 단계는 자극의 세부 특징을 분석하는 것으로, 감각 기관을 포함한 신경생리적 기제의 영향을 크게 받는다. 이 절에서는 시각을 중심으로 이 처리가 어떻게 일어나는지 살펴보자.

망막에서 대뇌까지

망막의 시각 수용기는 안구에서 수집된 빛 에너지에 반응하여 신경 흥분 패턴을 만들어내고, 이렇게 만들어진 신경 흥분은 시신경을 통해 뇌로 전달된다(●그림 2.1 참조). 시신경이 눈을 빠져나가는 지점을 **맹점** blind spot 이라고 부른다. 이 지점에는 시각 수용기가 존재하지 않아서, 자극이 떨어져도 지각되지 않는다. 맹점의 존재를 자각할 수는 없지만, 이를 경험하는 방법이 있다(●그림 2.9 참조). 자극 주변에 존재하는 자극에 따라서 맹점에 상이 맺힐 때 자극이 사라지거나(●그림 2.9 a 참조) 반대로 없었던 자극이 생기기도 한다(●그림 2.9 b 참조).

맹점
시신경이 눈을 빠져나가는 지점. 시각 수용기가 없기 때문에 자극이 맺혀도 지각되지 않음.

외측슬상핵(LGN)
뇌의 신경핵 중 일부. 망막에서 수집된 정보를 시각 피질로 전달함.

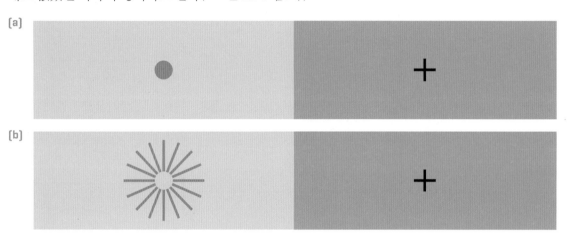

[a]

[b]

양 눈의 망막에서 수집된 정보는 **외측슬상핵** lateral geniculate nucleus, 이하 LGN 을 거쳐 뇌에 전달된다. LGN에서는 양 눈에서 수집된 정보가 재배열된다. 오른쪽 시각장 visual field 에서 수집된 정보는 왼쪽 뇌로, 왼쪽 시각장에서 수집된 정보는 오른쪽 뇌로 전달되며, 그 결과 왼쪽 뇌는 오른쪽 시각장에서 오는 정보를, 오른쪽 뇌는 왼쪽 시각장에서 오는 정보를 처리하게 된다(●그림 2.10 참조).

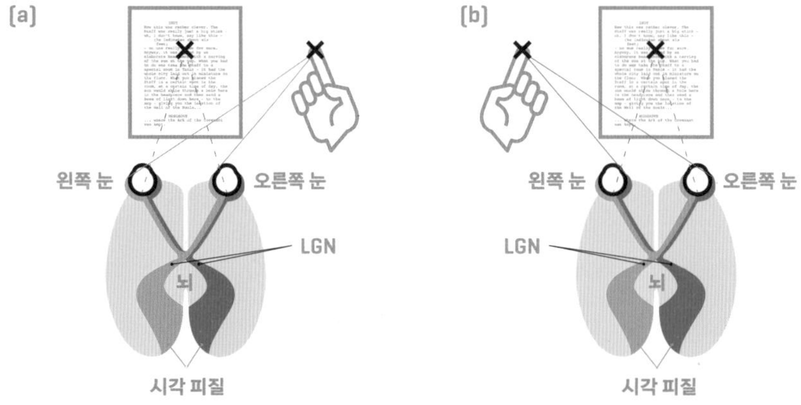

[a]

왼쪽 눈 ⟋ 오른쪽 눈

LGN

뇌

시각 피질

[b]

왼쪽 눈 ⟋ 오른쪽 눈

LGN

뇌

시각 피질

●**그림 2.9 맹점 경험하기**
(a) 오른쪽 눈을 감고 자극판의 십자가 모양을 응시하며 자극판과 눈 사이의 거리를 조정하다 보면, 왼쪽에 있는 붉은 원이 사라지는 지점을 찾을 수 있다. 이는 해당 상이 맹점에 떨어졌기 때문이다.
(b) 앞에서와 동일한 방법으로 자극판과 눈 사이의 거리를 조정하다 보면, 왼쪽에 있는 바퀴살 중심이 맹점에 떨어질 때 바퀴살의 가운데가 선으로 채워지는 것을 볼 수 있다. 이는 중심 부분의 지각 입력 부재를 메우기 위해 뇌가 무의식중에 맥락을 단서로 추론한 결과이다.

●**그림 2.10 LGN을 통한 시각 정보 재배열**
양 눈은 시각장 전체에서 정보를 수집한다. 시각장의 가운데 지점을 중심으로 오른쪽에 제시되는 자극은 양 눈에서 망막의 왼쪽에 상을 맺는다(a). 반면 왼쪽 시각장에 제시되는 자극은 양 눈에서 망막의 오른쪽에 상을 맺는다(b). 이 정보들은 LGN에서 재배열되어 오른쪽 시각장에서 수집된 정보는 왼쪽 뇌로, 왼쪽 시각장에 제시된 정보는 오른쪽 뇌로 전달된다

LGN에서 전달된 정보는 먼저 대뇌의 후두엽^{occipital lobe}에 있는 시각 피질^{visual cortex}로 전달된다. 이 영역은 눈에서 수집한 정보가 제일 처음 처리되는 뇌 영역으로, **일차 시각 피질**^{primary visual cortex}이라고 불린다.

일차 시각 피질
후두엽에 위치한 감각 피질 영역. 눈에서 수집한 정보를 처리함.

감각 피질
감각 정보를 처리하는 뇌 영역.

Hubel과 Wiesel은 고양이를 대상으로 다양한 시각 자극을 제시하면서 후두엽의 일차 시각 피질에 있는 신경세포들이 어떠한 자극에 반응하는지 살펴보았다(Hubel & Wiesel, 1962, 1963)(●그림 2.11 참조). 연구 결과 일차 시각 피질에서는 수직과 수평을 비롯하여 다양한 각도의 선분에 반응하는 신경세포들이 발견되었다. 이 신경세포은 자극의 방위^{orientation}와 움직임 등을 전문적으로 처리하는 세부 특징 탐지기^{feature detector} 역할을 한다.

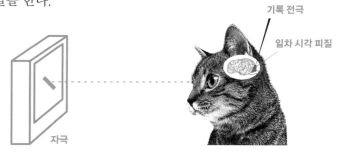

●**그림 2.11** Hubel과 Wiesel 연구에서 사용된 실험 상황과 자극
눈앞의 화면을 응시하는 고양이에게 다양한 선 모양 자극을 제시하였다. 시각 피질의 신경세포에 전극을 연결하여 어느 자극에 반응하는지 신경 흥분을 측정할 수 있다.

일차 시각 피질(V1 영역이라고도 불림)의 신경세포들이 방위나 움직임 같은 기본적 세부 특징을 탐지하는 반면, 색 정보는 V4 영역에서, 움직임 정보는 MT 영역에서 처리된다(●그림 2.12 참조). 청각은 측두엽^{temporal lobe}에서 촉각은 두정엽^{parietal lobe}에서 처리되며, 감각 정보를 처리하는 뇌의 영역을 **감각 피질**^{sensory cortex}이라고 한다. 대뇌의 상당 부분이 감각 기관에서 들어오는 자극을 처리하는 데 관여하기 때문에 단순한 자극을 지각할 때도 뇌의 광범위한 영역이 활성화된다.

●**그림 2.12** 시각 처리에 관여하는 뇌 영역들

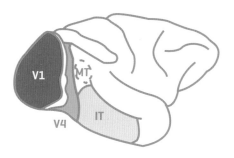

자극의 세부 특징이 처리된 뒤 시각 정보는 크게 무엇 경로^{what pathway}와 어디에/어떻게 경로^{where & how pathway}로 나뉘어 처리된다. 전자는 지각 경로^{perception pathway}, 후자는 행동 경로^{action pathway}로 불리기도 한다(Milner & Goodale, 1995). 무엇 경로에서는 대상의 형태, 즉 대상이 삼각형인지 사각형인지, 오렌지인지 사과인지, 커피 잔인지 맥주잔인지 등이 처리된다. 반면 어디/어떻게 경로에서는 대상의 위치 및 대상에 대한 움직임/행동, 즉 대상이 어디에 있는지, 대상을 어떻게 조작할 수 있는지 등이 처리된다. 사과를 사과로 지각하는 것을 넘어서 손을 뻗어 이를 잡는 행동, 동전을 저금통에 넣는 행동, 커피잔을 드는 행동 등이 제대로 일어날 수 있도록 하는 것이다(●그림 2.13 참조).

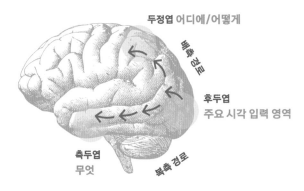

●그림 2.13 시각 처리의 무엇 경로와 어디에/어떻게 경로

무엇 경로와 어디에/어떻게 경로에 있는 신경세포들은 시각 피질에 있는 신경세포들보다 훨씬 더 복잡한 자극 패턴에 반응한다. 원숭이를 대상으로 연구한 결과 이들의 측두엽에 있는 신경세포들은 손이나 얼굴 등 복잡한 형태에는 반응한 반면, 원이나 선 같은 단순한 자극에는 반응하지 않았다(Gross et al., 1972; Rolls & Tovee, 1995; ●그림 2.14).

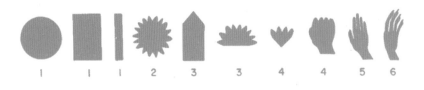

●그림 2.14 측두엽 신경세포의 물체 변별 능력
복잡성이 다른 여러 자극을 제시하고 반응을 측정하였다. 그 결과 측두엽의 신경세포들은 원이나 막대 모양의 자극(예: 1번)보다는 복잡한 모양의 자극(예: 5번, 6번)에 반응하였다.
출처: Gross et al., 1972.

한편 측두엽이 손상된 원숭이들은 물체(사과와 배)를 잘 변별하지 못했으며, 두정엽이 손상된 원숭이들은 사물이 어디에 있는지 판단하지 못했다(Mishkin & Mishkin, 1982). 인간의 경우 측두엽이 손상된 환자는 일상의 사물을 잘 재인하지 못했지만, 공간 이동에는 어려움이 없었다. 반면 두정엽이 손상된 환자는 일상의 사물은 잘 재인했지만, 엄지와 검지로 물건을 집을 때 물건의 크기에 맞춰 손가락을 벌리지 못하거나 물체에 다가가면서 끊임없이 손 모양을 바꾸는 등 어려움을 보였다(Goodale & Milner, 1992).

세부 특징 탐지기와 가소성

정상적인 환경에서 자란 고양이의 시각 피질에는 여러 방위의 선에 선택적으로 반응하는 세부 특징 탐지기가 고르게 존재한다. 이 탐지기들이 어떤 방위의 선분에 반응하는지는 환경에 따라서 변할 수 있다. Blakemore와 Cooper(1970)는 태어난 후 5개월 동안 수직선 또는 수평선만 있는 환경에서 고양이들을 양육하는 실험을 하였다(●그림 2.15 a 참조). 수직선만 있는 환경에서 자란 새끼 고양이들은 수직선에는 반응하지만 수평선은 무시하는 행동을 보였다. 반면 수평선만 있는 환경에서 양육된 새끼 고양이들은 수평선에는 반응하지만 수직선은 무시하는 행동을 보였다. 이후 이 고양이들의 시각 피질에 있는 세부 특징 탐지기들을 조사한 결과, 양육된 환경에 따라서 세부 특징 탐지기들이 선호하는 방위의 분포가 상이하였다. 수직선만 있는 환경에서 자란 고양이들에게는 수평 방위에 반응하는 세부 특징 탐지기가 없었던 반면, 수평선만 있는 환경에서 자란 고양이들의 경우 수직 방위에 반응하는 세부 특징 탐지기가 없었다(●그림 2.15 b 참조).

●그림 2.15 세부 특징 탐지기와 환경
(a) 태어난 다음 수평선만 있는 환경에서 자란 고양이
(b1) 수평선만 있는 환경에서 자란 고양이의 시각 피질의 신경세포들이 반응하는 선의 방위
수평선 부근의 방위를 가진 선분에 반응하는 세부 특징 탐지기는 많았으나, 수평 방위에 반응하는 세부 특징 탐지기는 없었다.
(b2) 수직선만 있는 환경에서 자란 고양이의 시각 피질의 신경세포들이 반응하는 선의 방위
수직선 부근의 방위를 가진 선분에 반응하는 세부 특징 탐지기는 많았으나, 수평 방위에 반응하는 세부 특징 탐지기는 없었다.

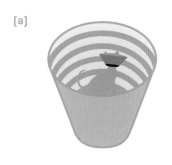
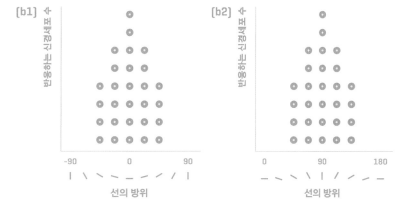

정상적인 환경에서 자란 고양이는 수직과 수평 방위에 선택적으로 반응하는 세부 특징 탐지기를 모두 갖고 있다. 하지만 이들에게도 다른 방위보다는 수직과 수평 방위에 반응하는 세부 특징 탐지기가 더 많이 있다. 이는 산업화와 도시화 이후 건축물 등 인공물이 늘어남에 따라 수직과 수평 방위가 더 빈번해진 환경의 영향으로 보인다(Furmanski & Engel, 2000).

어떤 환경에 노출되었는지에 따라서 세부 특징 탐지기가 처리하는 자극이 변하는 것은 뇌의 가소성을 보여준다. 뇌의 가소성은 나이가 어릴수록 크게 나타나지만, 성인의 뇌에도 가소성이 있다. Merabet 등(2008)은 정상 시력을 가진 성인을 대상으로 뇌의 가소성을 연구하였다. 연구 참가자들은 실험 집단과 통제 집단으로 나뉘었다. 실험 집단의 연구 참가자들은 5일 동안 눈을 완전히 가린 채 촉각 훈련(예: 점자 읽기, 촉각 게임)을 집중적으로 실시하였다. 반면 통제 집단의 연구 참가자들은 눈을 가리지 않고 촉각 훈련만 실시하였다. 연구 결과 5일에 걸친 훈련 기간 동안 두 집단 모두의 촉각 능력이 점진적으로 향상하였다.

흥미로운 것은 이 기간 동안 실험 집단 연구 참가자들의 시각 피질이 활성화된 것이다. 시각 입력을 차단한 채 훈련을 하는 기간이 길어질수록 촉각 훈련 시 시각 피질이 관여하는 정도가 증가하였고, 이는 6일 차에 실험 집단이 눈가리개를 풀 때까지 지속되었다(●그림 2.16 참조). 또한 자기 충격을 주어 일시적으로 시각 피질의 기능을 마비시킬 경우, 실험 집단의 점자 변별 과제 수행 능력이 저하되었으나, 통제 집단에서는 수행 능력 저하가 관찰되지 않았다. 이는 실험 집단 연구 참가자들의 시각 피질이 촉각 정보 처리에 관여하게 된 결과로, 시각 입력이 5일만 박탈되어도 이러한 변화가 일어난다.

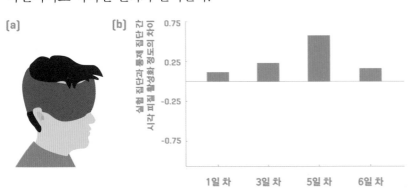

●그림 2.16 시각 박탈 연구
(a) 시각 박탈 처치
(b) 실험 집단과 통제 집단에서 시각 피질의 활성화 차이
시각 박탈이 지속되는 동안 실험 집단과 통제 집단 간 시각 피질 활성화 정도의 차이가 점차 증가한다. 6일 차에 실험 집단이 눈가리개를 풀고 나면 두 집단 간 시각 피질 활성화 정도의 차이가 줄어든다.
출처: Merabet et al., 2008.

4. 통합과 조직화

움직이는 빨간 공을 볼 때 세부 특징 탐지기들이 둥근 형태, 붉은 색, 움직임 등의 세부 특징을 독립적으로 처리한다. 따라서 궁극적으로 '움직이는 빨간 공'이라는 지각이 가능하기 위해서는 각 특징 탐지기가 분석한 결과가 통합·조직화되어야 한다. 통합과 조직화 문제는 두 가지 수준에서 생각해 볼 수 있다. 이 절에서는 단일 물체를 이루는 여러 속성을 통합하는 것(예: 붉은 공을 지각할 때, 붉다는 색 정보와 공이라는 형태 정보를 통합함)과 장면을 이루는 여러 물체와 구성 요소를 조직화하는 것(예: 붉은 공을 던지는 사람과 배경을 조직화함)으로 나누어 살펴본다.

세부 특징 통합 이론

세부 특징 통합 이론
지각이 속성에 대한 분석과 통합이라는 두 단계에 걸쳐 일어난다고 주장하는 이론.

세부 특징 통합 이론 feature integration theory; FIT에서는 지각이 속성에 대한 분석과 통합이라는 두 단계에 걸쳐 일어난다고 제안한다(●그림 2.17 참조). 첫 번째 단계에서는 대상의 개별 속성, 즉 세부 특징(예: 색, 선의 방위)들이 처리된다. 지각자의 의도나 자각 없이 일어나기 때문에 전주의 단계 pre-attentive stage라고 불린다. 두 번째 단계인 집중 주의 단계 focused attention stage에서는 세부 특징들을 처리한 결과가 통합된다. 빨간색, 수직선 등에 대한 처리가 통합되어 '빨간 수직선'이 지각되는데, 세부 특징들을 통합하는 문제는 결속 문제 binding problem로 불린다. 세부 특징을 결속하기 위해서는 주의 attention가 필요하다. 특정한 위치에 있는 자극에 주의를 기울일 때 분리된 세부 특징들이 결속된다(Treisman & Gelade, 1980).

●**그림 2.17 세부 특징 통합 이론에 따른 지각의 단계**
세부 특징 통합 이론에서는 지각이 전주의적 세부 특징 탐지와 집중 주의 단계를 걸쳐 일어난다고 제안한다.
출처: Treisman & Gelade, 1980.

물체 → 전주의 단계 → 집중 주의 단계 → 지각

분리된 세부 특징   결합된 세부 특징

세부 특징 통합 이론에서는 기본 특징과 결합 특징을 구분한다. 기본 특징[basic features]은 전주의 단계에서 처리되며, 주의를 기울이지 않아도 처리되기 때문에 세부 특징이 마치 자극판에서 튀어나오는[pop-out] 듯한 시각 경험을 야기한다. 또한 기본 특징은 뇌의 여러 영역에서 동시에 처리된다. 자동적으로 처리되는 특성상 한 번에 여러 개의 기본 특징을 처리할 수 있고, 자극의 수가 증가해도 처리 시간이 증가하지 않는다. 어떠한 세부 특징이 기본 특징인지 판별하기는 쉽지 않으나, 일부 연구자들은 평균적 속성 정보(예: 새 무리가 떼를 지어 비행할 때의 평균 속도) 같은 세부 특징 역시 전주의적으로 처리된다고 주장한다(Chong & Treiman, 2003).

결합 특징[conjunctive features]이란 기본 특징이 모여서 만들어진 것으로, '빨간 공', '움직이는 막대' 등과 같은 특징들이 여기에 해당된다. 결합 특징의 경우 특정한 위치에 있는 자극에 주의를 기울여야 처리되고, 한 번에 하나씩 처리되기 때문에 처리해야 하는 자극의 수가 증가하면 탐지 시간이 증가한다(●그림 2.18 참조).

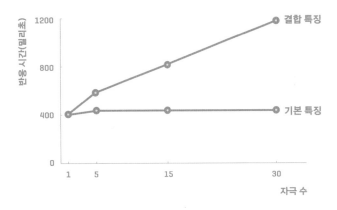

●**그림 2.18 기본 특징과 결합 특징은 다르게 처리된다**
색, 형태 같은 기본 특징은 자동적으로 처리된다. 따라서 동시에 여러 개의 기본 특징을 처리할 수 있고, 처리해야 하는 자극의 수가 증가해도 탐지 시간이 일정하다. 반면 결합 특징(예: 빨간 삼각형, 노란 사각형)은 주의를 요하기 때문에 계열적으로 처리된다. 처리해야 하는 자극의 수가 증가하면 탐지 시간이 선형적으로 증가한다.
출처: Treisman & Gelade, 1980.

전주의 단계에서 처리된 기본 특징들은 주의를 기울이기 전까지는 마치 '자유롭게 떠도는' 상태로 존재하는 것처럼 보인다. 그 결과 ●그림 2.19 같은 자극판을 짧게 보여준 후 무엇을 보았는지 질문하면 참가자들은 종종 '붉은 원'처럼 존재하지 않는 자극을 보고한다. 착각적 결합[illusory conjunction]이라고 불리는 이 현상은 전주의적 단계에서 처리된 기본 특징 정보가 제대로 결속되지 못할 때 발생한다. 일반적으로 자극이 너무 짧은 시간 동안 제시될 경우 일어난다. 결합 특징이 적절하게 처리되기 위해서는 충분한 주의 자원이 주어져야 한다.

●**그림 2.19** 착각적 결합 연구에 사용되는 자극들

게슈탈트 원리

게슈탈트 심리학
지각이 대상의 개별 요소에 대한 인식이 아니라 이들이 만들어내는 경험의 총합이라고 보는 심리학의 분야.

게슈탈트 심리학^{Gestalt psychology}에서는 지각이 대상의 개별 요소에 대한 인식이 아니라 이들이 만들어내는 경험의 총합^{wholeness}이라고 보았다. 게슈탈트^{Gestalt}는 의미 있는 형태와 모양을 지칭하는 용어로, 게슈탈트 심리학자들은 지각의 구성 요소들이 어떻게 조직화되어 총체적인 지각 경험이 만들어지는지 설명하고자 일련의 조직화 원리를 제안하였다. 좋은 형태의 원리, 근접성의 원리, 유사성의 원리, 연속성의 원리, 폐쇄성의 원리 등이 이에 해당한다(●그림 2.20 참조). 가장 중심이 되는 원리는 좋은 형태의 원리^{principle of good figure; law of Prägnanz}이며, 이는 가능한 한 가장 좋은 단순한 형태를 지각하려는 경향성을 지칭한다. 단순성의 원리로도 불린다. ●그림 2.20 (a)를 살펴보자. 실제로는 온전한 원과 원에서 한쪽이 파인 형태가 붙어 있는 것일 수 있으나(●그림 2.3 c) 참조), 단순하고 온전한 모양을 지각하려는 경향성으로 인해 사람들은 이를 대개 온전한 원 2개가 겹쳐 있는 형태로 지각한다. 근접성의 원리^{principle of proximity}는 가까이 있는 것들을 함께 묶어 지각하려는 경향성을 지칭한

●**그림 2.20** 게슈탈트 심리학에서 제안한 조직화 원리들

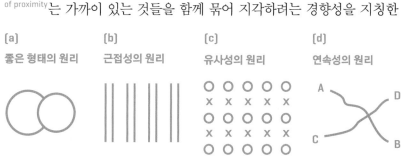

다. 대게 ●그림 2.20 (b)에서 8개의 선을 지각하기보다 4개의 막대 또는 기둥을 지각하는데, 이는 근접성의 원리가 작동하여 가까이 있는 선들을 한 단위로 지각하기 때문이다. 유사성의 원리$^{principle\ of\ similarity}$는 비슷한 것들을 함께 조직화하는 경향성을 지칭한다. ●그림 2.20 (c)를 본 사람들은 일반적으로 '○'와 '×'로 만들어진 수평선들을 지각하는데, 이는 색이나 크기 등이 유사한 대상의 경우 이를 집단화하여 지각하기 때문이다. 연속성의 원리$^{principle\ of\ good\ continuation}$는 요소를 연결할 때 부드럽게 연속되는 것들을 하나의 단위로 지각하는 경향성이다. ●그림 2.20 (d)는 통상 선분 AB와 CD로 지각된다. 선분 AC와 선분 BD 또는 선분 AD와 선분 BC로 지각할 수도 있지만, 이러한 조직화는 연속성의 원리에 위배되기 때문에 잘 일어나지 않는다.

게슈탈트 심리학에 따르면 전체는 부분의 합 이상이다. 부분이 조직화되는 과정에서 부분에 존재하지 않던 속성이 출현할 수 있다. 주관적 윤곽$^{subjective\ contour}$ 또는 착각적 윤곽$^{illusory\ contour}$은 장면의 구성 요소를 조직화하는 과정에서 실제로는 존재하지 않지만 지각되는 선을 지칭한다. 삼각형이나 원은 '폐쇄'되어 있다는 속성을 갖는다. 부분이 전체로 조직화되어 나타나는 속성을 출현 속성$^{emergent\ property}$이라 한다(●그림 2.21 참조).

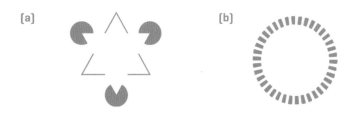

●**그림 2.21 주관적 윤곽의 사례**
왼쪽 자극에서 삼각형이 존재하지 않음에도 삼각형(a)을 지각하거나, 원이 존재하지 않음에도 원(b)을 지각할 수 있다.

동일한 그림이지만 구성 요소를 어떻게 조직화하는지에 따라 다른 대상이 보인다. ●그림 2.22에서 왼쪽의 돌출된 부분을 부리로 조직화하는 경우 오리가 보이지만, 귀로 조직화하는 경우 토끼가 보인다. 이는 조직화가 가역적^{reversable}임을 보여준다.

●그림 2.22 오리 또는 토끼?

조직화가 시각장 전체에서 일어나기도 한다. 형^{figure}과 바탕^{ground}의 조직화란 시각장에서 형태를 이루는 부분과 배경 또는 바탕을 이루는 부분을 구분하는 것을 의미한다. 형과 바탕의 조직화 역시 가역적이다. 즉 동일한 그림도 형과 바탕을 어떻게 조직화하는가에 따라 다른 형태로 지각될 수 있다(● 그림 2.23 참조).

● **그림 2.23 형과 바탕의 조직화는 가역적이다**
흰색 부분을 형, 초록색 부분을 바탕으로 조직화하면 흰색 컵이 보인다. 반면 흰색 부분을 바탕, 초록색 부분을 형으로 조직화하면 마주 보는 두 사람의 옆얼굴이 보인다.

5. 안구 운동, 주의 그리고 지각

대상을 바라볼 때 시각장에 있는 모든 정보가 처리될 것이라고 생각할 수 있지만, 사실 지각자는 시각장 내 자극의 일부만을 처리한다. 지각자는 안구 운동$^{eye\ movement}$을 통해 시각장의 다양한 지점에서 정보를 수집하며, 이때 안구 운동은 자극의 특성뿐 아니라 자극에 대한 지각자의 지식, 의도, 목표 등의 영향을 받는다. 주의는 종종 안구 운동과 함께 옮겨지지만, 단순히 응시함으로써 주의가 기울여지는 것은 아니다.

안구 운동과 주의

사람들은 장면을 볼 때 장면 전체를 한꺼번에 볼 수 없다. 따라서 시각장의 여러 지점으로 빠르게 눈을 이동하며 정보를 수집한다. 이때 도약 안구 운동이 중요한 역할을 한다. **도약 안구 운동**$^{saccadic\ eye\ movement}$이란 시선이 시각장의 한 지점으로 이동하여 정보를 수집한 뒤, 곧 다른 지점으로 도약하여 계속해서 정보를 수집하는 것을 말한다. 눈이 시각장의 특정 지점을 응시하면 망막의 **중심와**^{fovea}에 해당 지점에 대한 상이 맺힌다.

도약 안구 운동
안구 운동의 한 유형. 시선이 시각장의 한 지점으로 이동하여 정보를 수집한 뒤, 곧 다른 지점으로 도약하여 계속해서 정보를 수집하는 것.

중심와
망막 중심에 있는 오목한 부분. 추상체 등 시각 수용기가 가장 많이 분포되어 있어 세밀하고 정교한 자극을 처리할 수 있음.

중심와는 시각 수용기, 그중에서도 세밀한 정보 처리를 담당하는 추상체가 가장 많이 분포된 영역으로, 이 지점에 상이 맺히면 가장 많은 정보를 수집할 수 있다. 글자처럼 세밀하고 정교한 자극의 경우 중심와에 자극이 맺혀야 제대로 처리할 수 있다.

안구 운동은 다양한 요인의 영향을 받는다. 특히 자극의 현저성salience, 즉 명암 대비, 색, 움직임 등의 차원에서 주변 자극과 구별되는 특성이 중요하게 작용한다. 현저한 자극은 주의를 포획capture하는 성질을 가지고 있다. 예를 들어 어두운 장면에 밝은 촛불이 하나 있을 때 지각자의 눈은 자연스레 해당 불빛을 향하게 된다. 또한 안구 운동은 장면에서 가장 정보가가 높은 지점에 집중된다. 얼굴 이미지를 제시할 경우 대부분의 시선은 눈, 코, 입, 얼굴 윤곽 주변에 머문다. 이 부분들이 얼굴의 특성을 결정하는 데 가장 중요한 정보를 전달하기 때문이다(●그림 2.24 참조).

●그림 2.24 얼굴을 볼 때 안구 운동의 경로와 응시 패턴

자극의 의미 정보와 지각자의 배경지식도 안구 운동에 영향을 미친다(●그림 2.25 참조). 예를 들어 부엌은 음식을 준비하는 공간으로, 일반적으로 부엌에는 프라이팬이나 냄비, 접시 등이 있다. 그러나 배경지식에 비추어볼 때 어울리지 않는 자극(예: 프린터)이 부엌에 제시되는 경우, 사람들은 이를 더 자주 그리고 오래 응시한다. 또한 부엌에 어울리는 물체라도 통상적인 방식으로 놓여 있지 않다면(예: 레인지 위에 떠 있는 냄비), 마찬가지로 응시 시간

[a]
[b]
[c]

●그림 2.25 자극의 의미와 배경지식이 주의에 미치는 영향
일반적인 경우(a)와 달리, 장면에 어울리지 않는 물체가 있거나(b), 물체가 있는 방식이 특이할 경우(c) 사람들은 해당 물체를 더 자주 그리고 오래 응시한다.
출처: Võ & Henderson, 2009.

이 증가한다(Vó & Henderson, 2009).

안구 운동은 지각자가 수행하는 과제나 의도에 따라서도 달라진다. Yarbus(1967)는 참가자들에게 러시아 화가 Ilya Repin이 그린 「아무도 기다리지 않았다(Unexpected visitors)」를 보여주었다(●그림 2.26 참조). 그런 다음 일부 연구 참가자들은 그림을 자유롭게 감상하게 하고, 또 다른 연구 참가자들은 그림 속 가족의 연령이나 생활 수준 등을 추정하게 하였다. 연구 결과 연령을 추정해야 했던 참가자들은 인물들의 얼굴을 더 많이 응시하였고, 생활 수준을 추정해야 했던 참가자들은 인물보다는 옷차림이나 가구 등을 더 많이 응시하였다. 장면에서 수집하고자 하는 정보에 따라서 안구 운동 패턴이 달라진 것이다. 과제를 수행하는 동안에는 주변에 현저성이 높은 자극이 있어도 과제와 관련된 자극에 안구 운동이 집중되었다. 이는 안구 운동을 통제하는 데 자극의 현저성보다 과제에 대한 의도가 더 큰 영향을 미침을 보여준다(Land, 2009).

●그림 2.26 Ilya Repin의 「아무도 기다리지 않았다」
연구 참가자들에게 다양한 과제를 주고 해당 그림을 볼 때 이들의 안구 운동을 측정하였다.

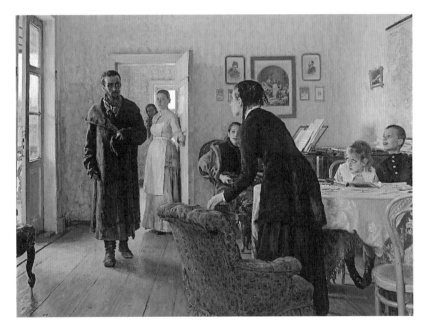

무주의맹 및 변화맹

어떤 대상을 응시하고 있으면 자동으로 대상에 주의를 기울여 보이는 정보를 처리하게 될까? Lamme(2003)에 따르면 대상을 응시한다고 그것에 주의를 기울이고 있는 것은 아니다. 응시와 주의는 동일하지 않다. **무주의맹**inattentional blindness 현상은 이를 잘 보여준다. 이제는 고전이 된 Simons와 Chabris(1999)의 연구에서 참가자들은 여섯 사람이 흰 옷을 입은 팀과 검은 옷을 입은 팀으로 나뉘어 농구 경기를 하는 영상을 시청하였다. 참가자들은 두 팀 중 한 팀이 패스를 몇 번 했는지 세는 과제를 수행하였다. 해당 영상은 75초 길이로, 영상 중간쯤(44~48초 사이)에는 예상치 못한 대상(예: 우산을 쓴 여성, 고릴라 탈을 쓴 사람)이 화면에 나타나서 농구 경기를 하는 사람들 사이를 가로질러 가는 장면이 있었다 (●그림 2.27 참조). 영상이 끝난 후 참가자들에게 영상에 특이 사항이 있었는지 질문했는데, 상당수의 참가자(46%)가 우산을 쓴 여성이나 고릴라 탈을 쓴 사람을 보지 못했다고 답변하였다. 이는 우리가 대상을 보고 있어도, 즉 응시하고 있어도 이를 지각하지 못할 수 있음을 보여준다. 무주의맹은 우리가 드라마나 영화를 볼 때, 장면에 어울리지 않는 '옥에 티'(예: 사극에 나오는 가스 버너, 선이 연결되지 않은 전화기로 통화하는 장면)를 잘 알아채지 못하는 것과 관련이 있다.

　　변화맹change blindness 은 무주의맹과 유사한 것으로, 이미지가 연속적으로 제시될 때 장면 간에 존재하는 변화 및 차이 정보를 잘 탐지하지 못하는 현상을 지칭한다. Levin과 Simons(1997)는 장면 간 등장인물들의 자세와 의복 등을 변화시키면서 참가자들이 변화를 탐지할 수 있는지 살펴보았다. 인물의 자세, 의복 등에서 총 9개의 변화가 있었으나, 영상을 처음 본 뒤 장면 간의 변화나 차이를 탐지한 참가자는 1명뿐이었으며, 그마저도 9개의 변화 중 하나만을 찾는 데 그쳤다. 이후 연구 참가자들에게 영상을 장면별로 다시 보여주면서 달라진 부분을 찾아보게 했으나, 이들은 평균적으로 9개 중 2개의 변화만을 탐지하였다. 장면 간의 차이를 잘 탐지하지 못하는 것은 변화된 자극이 중요하지 않은 자극

무주의맹
대상을 응시하면서도 대상에 주의를 기울이지 않아 이를 지각하지 못하는 현상.

변화맹
이미지가 연속적으로 제시될 때 장면 간의 변화 및 차이를 잘 탐지하지 못하는 현상.

●**그림 2.27 무주의맹 실험**
연구 참가자들은 영상을 보면서 농구 경기를 하는 사람들의 패스 수에 주목해야 했다. 영상 중간에 우산을 쓴 여성과 고릴라 탈을 쓴 사람 이 지나갔음에도 많은 참가자가 이를 알아채지 못했다
출처: Simons & Chabris, 1999.

이기 때문일 수 있다. 사람들이 중요한 자극에 존재하는 차이는 잘 탐지하는지 알아보기 위해서 연구자들은 영상 속 중심인물을 다른 사람으로 바꾸어 제시하였다. 영상에서는 한 여성이 책상에 앉아 일을 하다가 전화벨이 울리자 복도로 나가 전화를 받는다. 영상 중간에 여성이 다른 사람으로 바뀌고 옷도 갈아입었음에도(●그림 2.28 참조) 일부 참가자(33%)만이 인물이 바뀌었음을 보고하였다.

●**그림 2.28 변화맹 실험**
영상 중간에 등장인물이 다른 사람으로 바뀌고 옷도 갈아입었지만, 일부 참가자만이 이를 알아챘다.
출처: Simons & Levin, 1997.

[a]

[b]

[c]

[d]

무주의맹과 변화맹은 지각 시스템이 시각 수용기가 수집하는 모든 정보를 충분하게 처리하지 못함을 보여준다. 눈앞의 정보를 모두 처리하는 데는 상당한 처리 자원이 필요하다. 가령 연속적으로 이미지가 제시될 때는 여러 장면에서 제시된 정보를 통합하여 대상에 대해 하나의 연속된 표상을 형성해야 한다. 그러나 지각 시스템이 가진 처리 자원이 충분하지 않기 때문에 장면에 존재하는 모든 대상에 대해 이러한 처리를 수행할 수는 없다. 무주의맹과 변화맹은 이러한 상황에서 전략적인 처리가 일어난 결과일 수 있다. 영상에서 장면이 바뀔 때 대부분의 물체는 고정되어 있거나 변화하지 않는다. 즉 장면에 제시되는 모든 정보가 중요

하지는 않으므로, 자극의 중요한 측면에만 처리 자원을 집중하는 것이 효과적인 전략일 수 있다. 무주의맹과 변화맹 현상은 지각 시스템이 중요한 자극에 한해, 필요한 경우에만 주의 자원을 할당하는 것을 보여준다.

6. 상향 처리와 하향 처리

지각 경험은 감각을 통해 들어오는 입력 자극뿐 아니라 지각자의 배경지식이나 경험 등의 영향을 받는다. 입력 자극에 근거해서 일어나는 처리를 **자료 주도적**^{data-driven} 처리, 배경지식과 맥락을 활용한 처리를 **개념 주도적**^{concept-driven} 처리로 구분한다. 자료 주도적 처리는 상향 처리^{bottom-up}, 개념 주도적 처리는 하향 처리^{top-down}로도 불린다. 지각은 자료 주도적 처리와 개념 주도적 처리 모두에 의존한다. 개념 주도적 처리가 언제 관여하는지(예: 지각자의 배경지식 혹은 맥락 정보가 자극이 수용기에 반응을 만들어내는 시점부터 정보 처리에 관여하는지, 아니면 감각 정보가 어느 정도 처리된 다음에 개념 주도적 처리가 시작되는 것인지), 개념 주도적 처리와 자료 주도적 처리가 상충할 때, 이 갈등은 어떻게 해소되는지 등의 질문이 그동안 여러 연구자에 의해 제기되었다.

단어 재인은 상향 처리와 하향 처리의 상호 작용을 보여주는 대표적 영역이다. 단어에 대한 지식을 갖고 있는 경우 입력 자극이 불완전하거나 부족한 경우에도 무리 없이 단어를 지각할 수 있다. 이러한 지식의 관여는 단어 처리의 초기부터 일어난다. 그 결과 불완전하거나 부정확한 단어가 제시되어도 무리 없이 단어 재인이 일어날 수 있다. 글자 교환 효과^{transposed letter effect}는 단어를 구성하는 글자의 위치가 바뀌어도 지각자가 이를 원래 위치로 지각하는 현상을 지칭한다. 글자 교환 효과는 점화 효과의 일종인데, '캠'을 보는 순간 마음속에서 '캠'으로 시작되는 단어들(예: 캠코더, 캠프)이 활성화된다. 이 활성화는 후속 낱자의 처리를 촉진/억제하는 하향 처리를 촉발한다. 즉 '캠코더'와 첫 낱자가 일치하는 단어의 처리는 촉진되고, 일치하지 않는 단어의 처리는 억제된다.

자료 주도적 처리/상향 처리
입력 자극에 근거해서 일어나는 처리.

개념 주도적 처리/하향 처리
배경지식과 맥락을 활용한 처리.

상호 작용의 결과 그 글자의 위치가 바뀌어도 가장 많이 활성화된 단어가 재인된다. 글자 교환 효과는 언어마다 다른 형태로 나타난다. 한국어의 경우 단순히 자모(예: 'ㄱ' 'ㅈ')가 교환될 때(예: '민주화' → '진무화')보다는 음절이 교환될 때(예: '아버지는' → '아지버는') 글자 교환 효과가 두드러진다(김제홍 등, 2018; 이선경 등, 2021).

글자 교환 효과는 단어를 구성하는 모든 낱자가 처리된 뒤에 해당 단어가 재인되는 것이 아니라, 첫 낱자(한국어의 경우 첫음절)가 처리되는 순간부터 해당 음절과 관련된 어휘 정보가 활성화되어 후속 처리를 안내하는 것임을 보여준다.

글자 교환 효과를 직접 체험할 수 있는 글을 아래에 제시하였다. 이 글에서는 많은 단어가 음절이 뒤바뀐 채 사용되었지만(예: '케임브리지' → '케임리브지'), 사람들은 무리 없이 단어를 지각한다.

> 영국 케임리브지 대학의 연결구과에 따르면, 한 단어 안에서 글자가 어떤 순서로 배되열어 있는가 하것은은 중하요지 않고, 첫째번와 마지막 글자가 올바른 위치에 있것이 중하요고 한다. 나머지 글들자은 완전히 엉진창망의 순서로 되어 있지을라도 당신은 아무 문없제이 이것을 읽올 수 있다. 왜하냐면 인간의 두뇌는 모든 글자를 하나 하나 읽것이 아니라 단어 하나를 전체로 인하식기 때이문다.

Rueckl과 Oden(1986)은 상향 처리와 하향 처리의 접점을 정확하게 파악하기 위하여 단어의 지각적 세부 특징과 맥락 정보를 조작하였다. 참가자들은 아래와 같은 문장을 보고 [ ] 위치에 오는 단어가 bear인지 bean인지 답변하였다.

The lion tamer raised [bears....beans] to supplement his income

'bear'와 'bean'은 시각적으로 유사한 단어쌍으로 두 단어의 변별은 마지막 낱자를 무엇으로 지각하는지에 달려있다. 자료 주도적 처리를 조작하기 위해서 연구자들은 마지막 낱자(r 혹은 n)의 지각적 세부 특징을 5개의 수준으로 변화시켰다(●그림 2.29 참조). 만약 단어 재인이 자료 주도적 처리에 기반한다면, 그림의 맨 왼쪽 또는 오른쪽 모양이 포함

●그림 2.29 지각적 세부 특징의 조작 예시
출처: Rueckl & Oden, 1986.

된 표적 자극은 확실하게 'bear' 또는 'bean'으로 지각될 것이다. 반면 중간에 있는 세 가지 모양 중 하나가 포함된 경우 지각적 세부 특징이 모호해지기 때문에 입력 자극만으로는 어떤 단어인지 파악이 어렵다.

개념 주도적 처리를 조작하기 위해 연구자들은 문장의 주어를 바꿔 표적 단어와 강하게 또는 약하게 연결된 문장 맥락을 만들었다(●표 2.1 참조). 예를 들어 'lion tamer'나 'zoo keeper'가 주어로 사용된 문장에서는 'bear'가 맥락에 적절하지만, 'botanist'나 'dairy farmer'가 주어인 문장에서는 'bean'이 더 적절하다. 이처럼 주어에 따라 표적 단어와의 관련성이 달랐다. 강한 맥락 조건에서는 약한 맥락 조건에서보다 해당 표적 단어를 더 강하게 신호하는 주어가 사용되었다(예: lion tamer는 zoo keeper보다 bear와 더 강하게 연결된 주어이다). 개념 주도적 처리가 관여하는 경우 맥락에 따라 표적 단어의 재인이 달라질 것이고, 맥락이 강할수록 그 영향이 더 커질 것이다.

●**표 2.1 표적 단어와 문장 맥락 예시**　　　　　　출처: Rueckl & Oden, 1986.

표적 단어	맥락 유형	문장 맥락
Bear	강한 맥락	The lion tamer raised [bears/beans] to supplement his income.
	약한 맥락	The zoo keeper raised [bears/beans] to supplement his income.
Bean	강한 맥락	The botanist keeper raised [bears/beans] to supplement his income.
	약한 맥락	The diary farmer raised ([bears/beans] to supplement his income.

연구 결과 참가자들의 반응은 자료 주도적 처리와 개념 주도적 처리의 영향을 모두 받은 것으로 나타났다. ●그림 2.30은 참가자들이 다양한 조건에서 'bear'라고 답한 비율을 보여준다. 낱자의 세부 특징이 분명하게 'r'일 때 'bear'라고 대답한 반응이 많았고, 세부 특징이 분명하게 'n'일 때는 'bean'이라는 반응이 많았다. 이는 참가자들이 입력 자극의

세부 특징을 처리한다는, 즉 자료 주도적 처리를 한다는 것을 보여준다. 한편 개념 주도적 처리도 단어 재인에 영향을 미쳤다. 자극이 분명히 'bear'인 경우에도 맥락에 따라('diary farmer' 또는 'lion tamer') 'bear'라고 응답한 비율이 달라졌다. 맥락에 따른 개념 주도적 처리의 영향은 입력 자극의 모호성과 비례했다. 즉 단어의 마지막 낱자가 'r'과 'n'의 중간 모양인 경우와 강한 맥락 유형의 문장이 제시된 경우, 개념 주도적 처리의 영향이 컸다.

●**그림 2.30 시각적 세부 특징과 문장 맥락이 단어 재인에 미치는 영향**
단어의 마지막 낱자가 'r'과 유사할수록, 그리고 맥락이 'bear'에 강하게 편중될수록 'bear'라는 응답이 증가하였다.
출처: Rueckl & Oden, 1986.

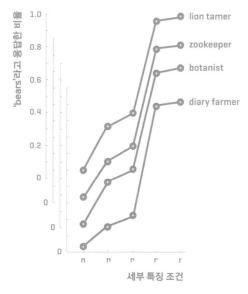

개념 주도적 처리는 지식에 의존하기 때문에, 해당 자극에 대한 지식이 없으면 일어나지 않는다. 외국어를 처음 배울 때는 해당 언어가 소음처럼 들린다. 무엇이 단어인지, 어디부터 어디까지가 한 단어인지, 어디에서 새 단어나 문장이 시작되는지 구분되지 않는 것이다. 하지만 해당 언어를 계속 배우다 보면 어느 순간 '귀가 트이는' 경험을 하게 되고, 그 결과 단어와 문장이 들리기 시작한다. 이는 해당 언어에 대한 음운적·의미적 지식이 쌓임에 따라, 이 지식이 입력 자극 처리를 안내하기 시작했음을 의미한다. 즉 하향 처리는 자극에 의미를 부여하고, 처리 속도를 단축하며, 자극이 모호하거나 불완전할 때 이를 해소하는 수단을 제공한다.

　개념 주도적 처리가 항상 효율적 처리를 의미하지는 않는다. 과도하게 하향 처리에 의존하게 되면 입력 자극에 충분한 주의를 기울이지 않아서 지각의 오류를 범하기도 한다. '케임리브지'를 '케임브리지'로 읽는 것처럼 이러한 오류가 무해한/적응적인 경우도 있지만, 상황에 따라서 경제적인 손실(예: 엉뚱한 사람에게 계좌이체)이나 생명의 위협(예: 교통 신호 오지각)을 초래할 수도 있다. 자료 주도적 처리와 개념 주도적 처리 모두 지각에 필수적이지만 정확성과 효율성 사이에서 균형을 찾는 것이 필요하다.

3장

주의

우리는 일상에서 '주의가 없다' 혹은 '주의가 산만하다' 같은 표현을 종종 접한다. 주의는 정보 처리에 필요한 자원으로, 2장에서 살펴보았듯이 사물을 지각하는 것은 물론, 복잡한 개념을 이해하고 문제를 해결하는 데 필수적이다. 정보 처리에 필요한 주의의 양과 유형은 과제에 따라서 달라진다. 게임이나 운동을 할 때처럼 순간적 주의가 필요한 경우도 있지만, 공부할 때처럼 지속적 주의가 필요한 경우도 있다. 이 장에서는 주의의 특성과 정보 처리 과정에서 주의의 역할을 살펴본다.

3장 _ 주의

1. 주의와 정보 선택

주의^{attention}는 마음이 사용하는 처리 자원^{processing resource}을 지칭한다. 보고, 듣고, 기억하고, 생각하고, 문제를 푸는 등 마음에서 일어나는 활동은 주의 자원을 소모한다. 주의 자원의 가장 큰 특징은 용량이 제한적이라는 것이다. 이는 제공되는 정보를 무제한적으로 처리할 수 없으므로, 어떤 정보에 얼마나 주의를 기울일지 선택해야 함을 의미한다. 길을 걸어가면서 정면을 보지 않고 지나가는 행인을 보거나 자동차 소리 대신 바람 소리를 듣는 것은 이러한 선택의 결과이다. 주의 선택은 의식적, 무의식적으로 거의 매 순간 일어난다. 선택되어 주의가 주어진 대상에 대해서는 추가적인 처리가 일어나지만, 선택되지 못하는 정보는 무시되거나 피상적으로 처리된다. 환경이 복잡해지고 처리해야 할 정보가 많아질수록 주의 선택의 중요성이 부각되는데, 위급한 상황에서 언제 어디에 주의를 기울일지는 생사의 문제와 연결된다.

주의 선택 모형

주의 선택은 일차적으로 환경의 정보를 감각하고 지각하는 과정에서 일어난다. 인간은 시각, 청각, 촉각, 후각, 미각 등의 감각을 통해 환경의 정보를 수집한다. 주로 눈과 귀를 통해 많은 정보가 입력되지만, 그 정보들이 모두 중요하지는 않다. 따라서 중요한 정보를 선택하여 주

주의
마음이 사용하는 처리 자원.
입력 자극에 대한 추가적인 처리(예: 기억하기)가 일어날 수 있도록 함. 제한된 용량으로 인해 제시된 자극을 모두 처리할 수 없기 때문에 일부 자극에만 선택적으로 주의가 주어짐.

주의 선택 모형
주의 선택이 언제, 어떤 기준으로
일어나는지 설명하는 모형.

의를 기울여야 한다. 초기 주의 이론들은 주의 선택이 언제 어떻게 일어 나는지 설명하고자 하였다. 이 항에서는 대표적인 **주의 선택 모형**인 초기 선택 모형, 후기 선택 모형, 약화 모형을 살펴보자(●표 3.1 참조).

초기 선택 모형 early selection model에 따르면 자극을 처리하는 초기 단계 에서 자극의 물리적 특징(예: 자극 강도, 출처 등)을 바탕으로 주의 선 택이 일어난다(Brodabent, 1958). 예를 들어 여러 사람이 동시에 이야 기할 때는 목소리가 작은 사람보다는 목소리가 큰 사람의 말에 귀를 기 울이게 된다. 또한 검은 옷을 입은 사람 수십 명 가운데 붉은 옷을 입은 사람이 1명 있다면, 이 사람에게 시선이 가기 마련이다. 초기 선택 모형 에서는 선택된 자극에 대해서는 추가적인 처리가 일어나지만 주의를 받지 않은 자극은 더 이상 처리되지 않는다고 보았다. 카페에서 공부할 때를 생각해 보면, 처음에는 주변의 대화나 음악 소리가 들리다가 어느 순간부터는 이런 소리가 의식되지 않는다. 주의를 기울인 노트북 화면 이나 책의 내용에 대해서는 부가적인 처리가 일어나지만, 주의를 기울 이지 않은 옆 좌석의 대화나 음악 소리에 대해서는 추가적인 처리가 일 어나지 않기 때문이다. 이처럼 초기 선택 모형은 주의 선택을 받지 않은 정보들이 여과되어 더 이상 처리되지 않는다고 보기 때문에 여과 모형 filter model이라고도 불린다.

후기 선택 모형 late selection model은 자극을 처리하는 후기 단계에서 주의 선택이 이루어진다고 주장한다(Deutsch & Deutsch, 1963; Norman, 1968). 감각 기관을 통해 입력되는 자극들에 대해 물리적인 특징은 물 론 의미까지 자동으로 처리된 다음에 주의 선택이 일어난다는 것이다. 자극의 물리적 특징, 맥락, 의미 등을 바탕으로 가장 중요하거나 상황 또 는 맥락에 적절한 pertinent 자극이 선택되고, 이에 대해 보다 추가적인 처 리가 일어난다. 단어의 의미를 처리하는 것에서 나아가, 앞에서 들은 단 어와의 관계를 생각하거나 다음에 올 단어를 예측할 수도 있다. 자극의 의미를 처리한다는 것은 자극과 관련하여 장기 기억에 저장된 정보가 관여한다는 것을 뜻한다. 즉 기억이 주의 선택에 관여한다고 보기 때문에, 후기 선택 모형은 기억 선별 모형 또는 적절성 모형[pertinence model]이라고도 불린다. 후기 선택 모형을 지지한 연구자들은 주의 선택이 지각 체계보다는 주로 반응 체계의 용량 제한 문제(예: 입이 하나임)로 일어난다고 주장하였다. 또한 반응 단계에서 선택되지 않은 자극은 망각된다고 보았다.

약화 모형[attenuation model]은 초기 선택 모형과 후기 선택 모형 사이에서 절충적 입장을 취한다(Treisman, 1960). 약화 모형에 따르면 자극의 물리적 속성과 의미적 속성이 모두 주의 선택의 기준이 될 수 있다. 즉 주의 선택은 상황에 따라서 물리적 속성만 처리하고 일어날 수도, 의미 수준까지 처리한 다음에 일어날 수도 있다. 예를 들어 다수의 목소리를 듣고 말하는 사람의 성별만 구별한 뒤 누구의 말에 귀를 기울일지 선택할 수도 있지만, 말의 내용까지 처리한 뒤에 선택할 수도 있다. 이때 중요한 것은 주의 선택이 일어나기 위해 필요한 수준까지 자극을 처리하는 것이다. 말하는 사람의 성별만 파악해도 어느 목소리에 주의를 기울일지 분명한 상황도 있지만, 말의 내용까지 처리해야 하는 경우도 있다. 약화 모형을 지지한 연구자들은 정보가 선택되지 않은 경우 여과되거나 망각되는 것이 아니라, 마치 TV의 볼륨을 줄이는 것처럼 약화된 형태로 후속 처리가 일어난다고 보았다.

● 표 3.1 주의 선택 이론 비교

	주의 선택의 기제	선택되지 않은 자극
초기 선택 모형	자극 처리 초기에 자극의 물리적 속성(예: 강도, 유형, 입력 채널 등)을 바탕으로 주의 선택이 일어남.	처리되지 않음.
후기 선택 모형	자극의 의미까지 자동적으로 처리된 다음 자극의 적절성에 근거해 선택이 일어남.	(처리되나 사용되지 않아) 망각됨.
약화 모형	자극의 물리적 속성이나 의미 속성에 따른 선택이 모두 가능함.	약화된 형태로 처리됨.

양분 청취 과제

주의 연구 초기에는 이론을 검증하기 위해서 **양분 청취 과제**^{dichotic} listening task가 주로 사용되었다(●그림 3.1 참조). 양분 청취 과제에서는 연구 참가자의 오른쪽 귀와 왼쪽 귀에 서로 다른 메시지를 동시에 들려준다. 양쪽 귀에 각각 전화기를 대고 통화하는 것과 유사한 상황이다. 그런 다음 주의 선택을 유도하기 위하여 참가자들에게 양쪽 귀 중 한쪽 귀에 들리는 메시지를 따라 말하도록^{shadowing} 요청한다. 이때 참가자가 메시지를 듣고 오류 없이 따라 말하는 것은 참가자가 자극에 주의를 기울였음을 의미한다. 양분 청취 상황이 익숙한 상황은 아니다. 하지만 약간의 연습 후, 참가자들은 한쪽 귀에 들리는 소리에 집중하고 다른 쪽 귀에 들리는 소리는 무시할 수 있게 된다.

양분 청취 상황은 회식이나 파티처럼 소란스러운 환경에서 주위 사람과 대화를 하는 상황과 유사하다. 회식이나 파티 장소에서는 모든 자극이 양쪽 귀에 함께 제시된다는 점이 다르지만, 여러 자극이 경쟁하는 상황에서 특정 메시지에 주의를 기울여야 한다는 점은 동일하다. 파티와 같은 소란스러운 상황에서 특정 자극에 주의를 기울일 수 있는 현상을 **칵테일파티 효과**^{cocktail party effect}라고 칭하는데, 이는 뇌가 선택적으로 특정 자극에 주의를 집중하고 나머지 자극은 여과할 수 있음을 보여준다(Cherry, 1953).

선택되지 않은 정보도 처리되는가?

주의 선택 이론 간의 주요 쟁점 중 하나는 선택되지 않은 정보들이 과연 처리되는지, 처리된다면 어느 정도까지 처리되는지였다(●표 3.1 참조). Moray(1959)는 연구 참가자들이 양분 청취 과제 수행 시 주의를 기울이지 않은 귀에 제시된 단어를 기억하는지 알아보았다. 참가자들은 따라 말해야 하는 귀에 제시된 단어는 잘 재인하였지만, 따라 말할

●그림 3.1 양분 청취와 따라 말하기 과제
양쪽 귀에 서로 다른 메시지를 동시에
들려주면, 참가자는 한쪽 귀에 들리는
메시지만 소리 내어 따라 말한다.

필요가 없는 귀에 제시된 단어의 경우 35회나 반복해서 들었음에도 잘 인식하지 못했다(●표 3.2 참조). 단어와 숫자를 섞어서 들려줬을 때도 결과는 마찬가지였다. 따라 말하지 않는 귀에 제시된 정보의 경우, 남자 목소리였는지 여자 목소리였는지, 소리가 컸는지 정도는 기억했지만, 단어의 의미는 거의 기억하지 못했다.

●표 3.2 따라 말하기 과제 후 재인 단어 수   출처: Moray, 1959.

검사 단어 유형	재인 단어(개수)
따라 말하는 귀에 제시된 단어	4.9
따라 말하지 않은 귀에 제시된 단어	1.9
전혀 제시된 적이 없는 단어	2.6

이러한 결과는 주의 선택이 상당히 초기에 일어남을, 그리고 선택되지 않는 메시지는 거의 처리되지 않음을 시사한다. 예외는 참가자들의 이름이 제시되는 경우였다. 따라 말하기 과제를 하는 동안 주의를 기울이지 않은 귀에 "○○○씨, 다른 귀에서 들리는 내용을 따라 말하시오" 같은 지시가 주어지자, 33%의 참가자들이 이를 인식했다(Moray, 1959). 이처럼 방해 자극이 많은 상황에도 자신과 관련된 정보에는 주의를 기울이게 되는 현상을 **자기 참조 효과**self-reference effect라고 부른다.

자기 참조 효과는 주의를 기울이지 않은 귀에 제시되는 정보에 대해서도 의미 처리가 일어날 수 있음을 뜻한다. Treisman(1960)은 후속 연구를 통해 이를 보다 분명하게 보여주었다. 그녀는 양분 청취 과제에서 의미상 연결될 수 있는 메세지를 양쪽 귀에 제시하고, 연구 참가자들이 오른쪽 귀에 들리는 메시지를 따라 말하게 했다(●그림 3.2 참조). 그러나 왼쪽 귀에 오른쪽 귀에 제시되는 메시지와 의미상 연결된 메시지가 들리자, 참가자들은 양쪽 귀에 제시된 메시지를 연결하여 따라 말했다. 즉 따

자기 참조 효과
방해 자극이 많은 상황에서도 자신과 관련한 정보에는 주의를 기울일 수 있는 현상.

●그림 3.2 양분 청취 과제에서 양쪽 귀에 제시되는 메시지가 의미상 연결된 경우
연구 참가자들은 오른쪽 귀에 들리는 메시지를 따라 말해야 했다. 그러나 왼쪽 귀에 오른쪽 귀에 제시되는 메시지와 의미상 연결된 메시지가 들리자, 참가자들은 양쪽 귀에 제시된 메시지를 연결하여 말했다.

라 말하지 않은 귀에 제시된 정보에 대해서도 의미 처리가 일어난 것이다. 이러한 결과는 자신과 관련된 정보가 아니어도 의미 처리가 일어날 수 있음을 시사하는 것으로, 초기 선택 모형보다는 후기 선택 모형이나 약화 모형을 지지하는 결과였다.

선택되지 않은 정보는 어디까지 처리되는가?

후기 선택 모형과 약화 모형 모두 주의를 기울이지 않은 정보도 처리된다고 보았지만 어디까지, 어떻게 처리되는지에 대해서는 이견이 있었다. 후기 선택 모형을 지지하는 연구자들은 주의 선택이 반응 단계에서 일어나므로, 반응이 일어나기 전까지는 주의를 기울인 자극과 기울이지 않은 자극 모두 동일하게 처리된다고 보았다. Glucksberg와 Cowen(1970)은 따라 말하지 않은 정보도 기억되는지 알아보기 위해 연구 참가자가 양분 청취 과제를 수행하는 동안 주의를 기울이지 않은 귀에 숫자를 들려주고, 참가자의 기억을 검사했다. 연구 결과 기억을 검사한 시점에 따라 기억이 달라졌다. 숫자가 제시된 직후 기억을 검사했을 때는 전체 참가자 중 25% 이상이 제시된 숫자를 기억하였지만, 2초 정도 지난 다음에 기억을 검사하자, 참가자 중 약 5%만이 숫자를 기억하였다. 이러한 결과는 주의를 기울이지 않은 귀에 제시되는 정보(이 경우 청각 정보)도 짧은 시간 동안(2초 이내)은 지속됨을 보여준다. 하지만 따라 말하지 않은 정보가 따라 말한 정보와 동일한 수준으로 처리되는지는 여전히 불분명하다. 앞에서 살펴본 Moray의 연구에서 보고된 바와 같이, 수십 번 제시된 정보라도 따라 말하지 않는다면 참가자가 이를 전혀 기억하지 못할 수 있기 때문이다(Moray, 1959).

약화 모형을 지지하는 연구자들은 자극의 식별 역치에 주목하여 선택되지 않은 정보가 어디까지 처리되는지 설명하고자 하였다. 발화發話를 자극으로 사용하는 경우 목소리의 강도, 억양, 성별 등의 특성뿐 아니라 단어의 사용 빈도나 중요성 등에 따른 차이가 생긴다. '학교' '책상' 같은 단어는 사용 빈도가 높은, 즉 고빈도 high frequency 단어인 반면 '희나리', '입도' 같은 단어는 일상에서 자주 접하지 않는, 즉 저빈도^{low frequency} 단어다. 단어의 중요성은 맥락과 과제에 따라서 달라지지만, 자기와 관련된 정보(예: 자기 이름)나 생존과 관련된 정보(예: 불이야!)가 담긴 단어들은 다른 단어들보다 중요성이 높다. 한편 '지도'나 '망원경'처럼 사용 빈도와 중요성이 중간 정도인 단어도 있다. 자극의 빈도와 중요성에 따라서 탐지에 요구되는 자극 강도, 즉 식별에 필요한 역치가 달라진다. 고빈도 단어나 중요한 단어는 역치가 낮으므로 자극이 약하게 제시되어도 쉽게 인식된다. 반면 저빈도 단어의 경우 역치가 높아서 강하게 제시되어야 식별이 가능하다(●그림 3.3 참조).

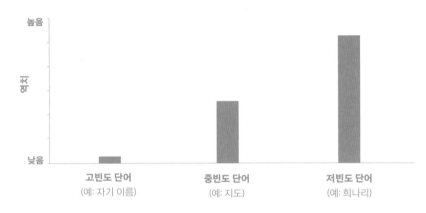

●**그림 3.3 단어 사용 빈도와 식별 역치**
사용 빈도가 높은 단어(예: 자기 이름)는 약한 강도로 제시되어도 쉽게 재인되지만, 사용 빈도가 낮은 단어(예: 희나리)일수록 더 강한 강도로 제시되어야 재인될 수 있다.

자극의 역치는 주의와 밀접하게 관련되어 있다. 약화 모형에서는 주의를 기울이지 않은 귀에 제시되는 단어가 어디까지 처리될지는 제시되는 단어의 역치에 따라 달라진다고 보았다(●그림 3.4 참조). 역치가 낮은 고빈도 단어들은 주의를 제대로 기울이지 않아도 처리될 수 있는

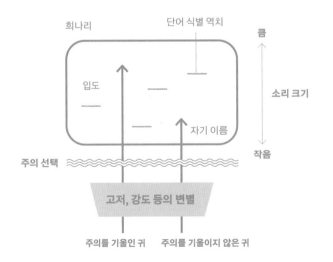

●**그림 3.4 약화 모형에서의 주의 선택**
왼쪽 화살표는 주의를 기울이는 귀에서 일어나는 정보 처리의 범위를, 오른쪽 화살표는 주의를 기울이지 않은 귀에서의 정보 처리의 범위를 나타낸다. 단어의 식별 역치는 가상의 마음속 사건(상단의 사각형)에서 높이로 표현된다. 제시되는 단어의 식별 역치는 다양한데, 주의를 기울이지 않은 귀에 제시된 단어라도 식별 역치가 낮으면 인식될 수 있다.
출처: Treisman, 1960.

반면, 역치가 높은 저빈도 단어의 경우 처리를 위해 더 많은 주의 자원이 필요하다. 자극의 고저나 강도에 대한 변별은 주의를 받는지에 상관 없이 양쪽 귀에서 모두 처리되지만, 주의 선택이 일어난 다음부터는 양쪽 귀에서 정보를 처리하는 데 차이가 생긴다. 주의를 기울인 귀에 들어온 정보는 계속 처리된다(●그림 3.4에서 따라 말하는 귀에서의 처리를 나타내는 화살표 길이가 길다). 주의를 기울이지 않은 귀에 입력되는 정보도 어느 정도 처리되기는 하지만, 주의를 기울인 귀에서보다는 약화된 처리가 일어난다(●그림 3.4에서 따라 말하지 않는 귀에서의 처리를 나타내는 화살표 길이가 짧다).

2. 주의 자원

주의 선택의 문제는 궁극적으로 주의의 용량이 제한되어 있기 때문에 발생한다. 주의 자원은 무한하지 않기 때문에 선택이 불가피하다. Kahneman(1973)은 주의의 용량 모형을 제안하여 주의의 용량에 영향을 미치는 요인을 설명하고자 하였다(●그림 3.5 참조).

●그림 3.5 주의의 용량 모형
개인의 주의 용량은 각성 수준에 영향을 주는 다양한 요인에 따라 달라진다. 특정 순간에 개인에게 가용한 주의는 다양한 활동 대안에 배분된다. 이 과정에서 개인의 배분 정책과 더불어 자극의 특성, 순간적인 의도, 과제의 주의 요구에 대한 평가 등이 어떤 과제에 얼마나 주의를 배분할지에 영향을 미친다.

출처: Kahneman, 1973.

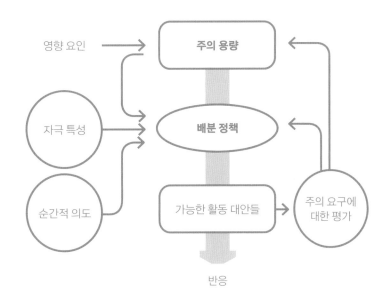

주의의 용량 모형

주의의 용량 모형 capacity model of attention 에 따르면 주의는 정신적 노력 mental effort 이다. 주의 자원은 마음속에서 일어나는 다양한 처리에 사용되며, 할당되는 방식은 다음과 같다.

첫째, 과제에 따라 필요한 주의 자원의 양이 다르다. 일반적으로 어렵거나 복잡한 과제일수록 더 많은 주의 자원을 요구한다. 과제의 난이도를 정확하게 정의하기는 어려우나, 일반적으로 작업 기억(5장 참조)의 용량을 많이 요구하는 과제(예: 되뇌기, 암산)일수록 더 많은 주의 자원을 요구하는 것으로, 즉 처리 부담이 큰 것으로 간주한다. 시간 제약 time-pressure 역시 주의 부담을 가중시키는 주요 요소이다. 동일한 과제라고 해도 시간 제약이 있을 때와 없을 때 과제에 대한 처리 부담이 달라진다. 또한 과제에 따라 주의의 유형도 변한다. 짧은 순간 강도 높은 집중을 요구하는 과제(예: 면접에서 1분 스피치하기)가 있는가 하면, 중간 또는 낮은 수준의 주의 집중을 일정 기간 동안 유지해야 하는 과제(예: 도서관에서 하루 종일 책 읽기)도 있다. 100m 달리기와 마라톤을 비교해 보자. 단위 시간당 소요되는 에너지는 100m 달리기가 더 크지만, 전체 수행에 요구되는 에너지는 마라톤이 더 크다. 이처럼 과제 수행에 필요한 주의 자원의 양은 과제의 난이도뿐 아니라 시간 제한, 지속 시간 등의 영향을 받는다.

둘째, 개인에게 가용한 주의 자원의 양은 매 순간 변한다. Kahneman(1973)은 주의 용량을 대뇌 피질의 각성과 동일시하였다. 즉 각성 수준이 높을수록 개인이 사용할 수 있는 주의의 양이 증가한다고 본 것이다. 각성 수준은 다양한 요인의 영향을 받는다. 예를 들어 신체적 피로는 각성 수준을 낮추는 대표적인 요인이다. 그 밖에도 약물 복용, 근심, 스트레스 등 역시 각성 수준을 낮출 수 있다. 각성 수준이 낮아지면 과제 수행에 사용할 수 있는 주의의 양과 질이 감소한다. 이는 각성 수준이 너무 높은 경우에도 마찬가지이다. 분노 등 과도한 정서적 각성 상태는 개인이 주의 자원을 온전히 사용할 수 없게 한다. 한편 자극의 특성도 각

주의의 용량 모형
주의를 정신적 노력 또는 자원으로 간주하는 모형. 주의의 총량이 제한되어 있기 때문에 이를 적절히 배분하는 것이 중요하다고 주장함.

성 수준에 영향을 줄 수 있다. 신기한 자극이나 중요한 자극은 각성 수준을 증가시킨다. 피곤한 때에도 게임을 하거나 재미있는 영화를 보면 집중할 수 있는 이유이다.

셋째, 개인은 매 순간 가용한 주의 자원을 배분해야 하는 문제에 직면한다. 눈앞의 자극이나 과제에 주의를 기울일지 결정해야 하고, 방해 자극을 무시해야 하며, 여러 자극을 동시 처리해야 할 때 무엇을 먼저 처리할지 결정해야 한다. 필요할 때 주의를 기울이지 않거나 불필요한 데 주의를 기울일 경우, 원하는 과제를 수행하는 데 필요한 주의가 부족해져 수행에 어려움을 겪을 수 있다. 따라서 한정된 주의 자원을 배분하는 정책, 즉 **배분 정책**allocation policy이 필요하다.

배분 정책
주의의 용량 모형에서 제안한 개념으로, 가용한 주의 자원을 배분하는 데 관여하는 정책 또는 규칙.

문제는 주의 배분이 온전히 사용자의 통제하에 있지 않다는 사실이다. 주의는 사용자의 의도 없이도 배분될 수 있다. 주의를 기울이려는 의도가 없음에도 자동으로 주의가 배분되는 현상을 비자발적 주의 배분이라고 칭한다. 예를 들어 갑작스러운 움직임 혹은 신기한 현상을 보거나 누군가 자신의 이름을 부를 때 사람들은 이에 주의를 기울이는 성향enduring dispositions을 갖고 있으며, 이에 따라 의도치 않게 특정한 자극에 주의를 기울이게 된다. 반면 순간적인 의도momentary intention나 목적에 따라 의도적으로 주의를 배분할 수도 있다. 이를 자발적 주의 배분이라 칭한다. 자발적 주의 배분은 한쪽 귀에 들리는 메시지를 따라 말하거나 공부하기 위해 책에 주의를 집중하는 등의 상황에서 일어난다.

주의를 적절히 배분하기 위해서는 과제 해결에 필요한 주의 자원을 정확하게 평가해야 한다. 어려운 과제를 쉽다고 평가할 경우, 주의 자원이 충분히 배분되지 않아 수행이 지연되거나 오류가 생길 수 있다. 주의를 배분하는 정책, 즉 배분 정책은 과제 수행 과정에서 일어나는 피드백을 바탕으로 수정될 수 있다. 다시 말해 과제 수행이 기대보다 어렵거나 쉬운 경우, 과제 수행에 필요한 주의 자원을 재평가하여 주의를 재배분할 수 있다(과제 수행에 필요한 주의 자원을 적절히 평가하는 능력은 메타인지 능력에 해당한다. 이에 대해서는 9장에서 자세히 살펴볼 것이다).

주의 선택과 이중 과제 수행

입력 정보를 모두 처리할 수 있을 만큼 주의 자원이 충분하다면 군이 선택을 하지 않아도 되지만, 주의 자원이 충분하지 않은 경우 선택의 문제가 발생한다. 주의의 용량 모형에서는 가용한 주의 자원의 용량에 따라서 주의 선택이 일어나는 시기와 기준이 달라진다고 본다. 양분 청취 과제 시 주의를 기울이지 않은 귀에 제시되는 자극이 처리되는 정도는 과제가 부과하는 처리 부담에 따라 달라진다. 연구 참가자가 한쪽 귀에 들리는 메시지를 따라 말하는 데 가용한 주의 자원을 모두 사용해야 하는 경우, 반대쪽 귀에서 들리는 소리를 처리하기는 어려워진다. 반면 처리 부담이 크지 않아서(예: 단어가 느린 속도로 제시됨) 일시적으로라도 여분의 주의 자원을 사용할 수 있는 경우, 주의를 기울이지 않은 귀에 제시된 자극의 의미까지 처리될 수 있다. 또한 자기 이름 등 중요한 단어의 경우, 가용한 주의 자원이 부족해도 처리될 수 있다.

이중 과제[dual task] 수행은 동시에 두 작업을 처리하는 것을 의미한다. 멀티태스킹[multi-tasking]은 복수의 과제를 동시에 하는 것으로, 이중 과제 상황을 포함한다. 이중 과제 수행 자체가 가능한지, 이 경우 어디까지 가능한지 등에 관한 질문 역시 주의의 용량 문제와 밀접하게 관련되어 있다. 한 번에 처리할 수 있는 과제의 수는 수행하는 과제에 따라 다르다. 어려운 과제의 경우 하나만 수행하는 데도 많은 주의 자원이 필요한 반면, 과제의 자원 요구가 크지 않은 저부하 과제의 경우 다른 과제와 동시에 수행할 수 있다.(●그림 3.6 a 참조). 예를 들어 사람들은 종종 영화를 보면서 밥을 먹거나 복잡하지 않은 길에서 차를 운전하면서 가벼운 대화를 나눈다. 이는 TV 시청이나 운전이 부과하는 처리 부담이 그리 크지 않아서 가능하다. 하지만 과제가 요구하는 주의 부담이 큰 고부하 과제의 경우 여분의 주의 자원이 없기 때문에 추가적인 과제 수행이 어려워진다(●그림 3.6 b 참조). 양쪽 귀에 수화기를 대고 두 사람과 통

이중 과제
동시에 2개의 과제를 처리하는 것. 한 번에 여러 과제를 수행하는 멀티태스킹에 포함됨.

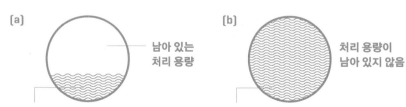

[a]

남아 있는
처리 용량

저부하 과제가 요구하는
처리 용량

[b]

처리 용량이
남아 있지 않음

고부하 과제가 요구하는
처리 용량

●그림 3.6 과제 수행 시 여분의
처리 용량
(a) 저부하 과제를 수행할 때
(b) 고부하 과제를 수행할 때

화를 하는 상황(양분 청취 상황)이 이에 해당하는데, 한쪽 사람에게 건성으로 답변해도 되는 상황이 아니라면 동시에 두 대화를 진행하는 것은 거의 불가능하다. 일반적으로 두 과제를 동시에 수행할 수 있는 경우라도, 과제의 순간적인 처리 요구가 변하면 이중 과제 수행이 어려워질 수 있다. 가령 영화의 내용이 긴박하게 흘러가거나 교통 상황이 복잡해지는 경우, 밥을 먹는 속도가 느려지거나 대화가 자연스레 중단된다.

현대인은 바쁜 생활 속에서 시간을 효율적으로 사용해야 한다는 압박에 시달린다. 이러한 까닭에 통화하며 이메일을 읽거나 인터넷 서핑을 하며 강의를 듣는 등 한꺼번에 여러 가지 과제를 처리하고자 한다. 하지만 이중 과제 수행은 효율적인 주의 배분 전략으로 보기 어렵다(Rogers & Monsell, 1995). 무엇보다 이중 과제 수행이 가능한 상황 자체가 많지 않다. 이중으로 과제를 수행한다고 생각하지만, 실제로는 두 과제를 반복해서 왔다 갔다 하는 경우가 대부분이다. 강의를 듣다가 검색어를 입력하고, 다시 강의에 주의를 기울이다가 검색 결과를 살펴보는 식이다. 이러한 잦은 과제 전환은 주의 비용을 발생시킨다. 한번 중단된 처리를 다시 시작하려면 이전에 중단된 지점이 어디인지 찾고 관련된 정보를 활성화하는 등의 부가적인 처리를 해야한다. 이는 도서관에서 공부하는 자리를 옮길 때 소지품을 옮기고 다시 공부할 준비를 하는 데 시간과 노력이 소요되는 것과 마찬가지이다. 과제를 자주 전환할수록 전환에 따르는 주의 비용이 증가하고, 그 결과 어느 한 과제에도 충분히 주의를 기울이지 못하게 될 수 있다.

외적 주의와 내적 주의

주의는 외부 대상으로부터 입력된 정보를 처리하는 데 사용될 수도 있지만, 내적으로 일어나는 사고 활동에 사용되기도 한다. Chun 등 (2011)은 주의가 주어지는 대상에 따라 주의를 다양하게 구분하였다. 이들은 일차적으로 주의가 향하는 방향에 따라 주의를 외적 주의와 내적 주의로 나눴다. **외적 주의**external attention란 외부로 향하는 주의를 말하

외적 주의
외부의 자극을 처리하는 데 사용되는 주의. 외부로부터 입력되는 정보를 선별하고 조정하는 데 관여하기 때문에 지각적 주의라고도 함.

는 것으로, 외부로부터 입력되는 정보를 선별하고 조정하는 데 관여한다. 외적 주의가 어떻게 할당되는지에 따라 시각과 청각 중 어떤 감각에 주의를 기울일지, 해당 감각 정보의 어떤 측면을 부각할지가 결정된다. 외적 주의는 외부 자극을 처리하는 데 깊이 관여하므로, 지각적 주의perceptual attention라 불리기도 한다. 반면 **내적 주의**internal attention는 내부로 향하는 주의를 말하는 것으로, 내적으로 생성된 정보를 처리하는 데 사용된다. 즉 내적 주의는 장기 기억에서 정보를 인출하고, 작업 기억 내의 정보를 변형하고, 반응과 대안을 비교/선택하거나 미래의 일을 계획하는 과정에 관여한다. 내적 주의는 내적으로 일어나는 처리에 관여하기 때문에 중앙 주의central attention 혹은 성찰적 주의reflective attention라고 불리기도 한다. 외적 주의와 내적 주의는 자극을 처리하는 데 동시에 관여한다. 예를 들어 갑자기 큰 소리가 들리면 자연스레 외적 주의가 촉발되어 소리의 특성이 처리된다. 이때 내적 주의도 함께 촉발되어 유사한 소리에 대한 과거 경험이 검색되고 의미에 대한 추론이 일어난다. 두 가지 주의는 서로 상호 작용하지만 어느 정도 독립적으로 작동하기 때문에 외적 주의의 부하가 곧바로 내적 주의의 부하로 연결되지는 않는다(Lavie et al., 2004).

자극 주도 주의와 목표 주도 주의도 구분된다. **자극 주도 주의**stimulus-driven attention는 자극의 특성에 의해 주도되는 주의로, 자극의 강도, 색, 위치 등이 주의 할당에 영향을 준다. 주로 자료 주도적 처리에 관여한다. **목표 주도 주의**goal-directed attention는 자극의 특징보다는 처리하는 사람의 목표나 의도에 의해 주도되는 주의로, 주로 개념 주도적 처리에 관여한다. 자극 주도 주의는 외적 주의에만 관여하지만, 목표 주도 주의는 외적 주의와 내적 주의 모두에 관여한다. 개인의 목표나 의도는 과거를 되돌아볼지, 미래를 생각할지, 어디에 있는 어떤 자극을 볼지, 어떤 특성에 더 주목할지 등에 영향을 미친다. 주의가 어디로 향하는가와 무엇이 주의를 촉발하는가에 따라서 작동 방식이 상이한 복수의 주의 시스템이 있는 것으로 보인다. 자극 주도 주의와 목표 주도 주의는 부분적으로 독

내적 주의
내부에서 만들어진 자극을 처리하는 데 사용되는 주의. 내적으로 생성된 정보와 관련이 있기 때문에 중앙 주의 또는 성찰적 주의라고도 함.

자극 주도 주의
자극의 특성(예: 강도, 색, 위치 등)에 의해 주도되는 주의. 주로 자료 주도적 처리에 관여함.

목표 주도 주의
자극을 처리하는 사람의 목표나 의도에 의해 주도되는 주의. 주로 개념 주도적 처리에 관여함.

립된 신경 기제에 의해서 작동하는 데, 목표 주도 주의는 두정내 피질^{intraparietal cortex}과 상전두 피질^{superior frontal cortex}, 자극 주도 주의는 측두두정 피질^{temporoparietal cortex}과 하전두 피질^{inferior frontal cortex}과 관련되어 있다(Corbetta & Shulman, 2002).

3. 주의와 수행

주의는 다양한 정보 처리와 과제 수행에 관여하지만 그 방식은 매우 다양하다. 주의 할당이 의도적으로 통제될 때도 있지만 그렇지 않은 경우도 있다. 예를 들어 의도하지 않아도 길을 걸어가면서 간판을 읽을 때가 있는가 하면, 아무리 책을 읽으려고 해도 글자가 눈 앞에서 춤을 추는 때가 있는 식이다. 주의가 수행에 어떻게 관여하는지 설명하기 위해 자동 처리와 통제 처리, 절차화, 이중 과정 이론 등이 제안되었다.

자동 처리와 통제 처리

자동 처리^{automatic processing}는 특정 자극 패턴이 제시되면 의도나 통제 없이 자동으로 일어나는 처리를 말한다. 반면 **통제 처리**^{controlled processing}는 의도가 있어야 일어나는 처리를 의미한다. 자동 처리와 통제 처리는 처리에 요구되는 주의 자원의 양, 처리의 시작과 종료의 의도적 통제 가능성, 그리고 처리의 자각 여부 등에 있어서 구분된다(●표 3.3 참조).

자동 처리
특정 자극 패턴이 제시되면 자동으로 일어나는 처리. 주의 자원을 거의 소모하지 않아서 다른 과제를 수행하면서 동시에 병렬로 처리가 가능함.

통제 처리
의도가 있어야 일어나는 처리. 의식적인 주의 자원이 필요해 한 번에 하나씩 과제를 수행하는 계열 처리가 일어남.

●표 3.3 자동 처리와 통제 처리 비교

	자동 처리	통제 처리
처리 시작	자동	의도 필요함
처리 속도	빠름	상대적으로 느림
처리 자원	거의 필요 없음	필요함
과제 간섭	병렬 처리(한꺼번에 여러 자극을 처리할 수 있고 다른 과제의 수행을 방해하지 않음)	계열 처리(자극을 한 번에 하나씩 처리해야 하고 다른 과제의 수행을 방해할 수 있음)
처리 의도	처리 의도가 수행 차이를 만들어내지 않음	처리 의도가 수행 차이를 만들어 냄
훈련 및 연습	영향 없음	훈련/연습을 통한 수행 향상이 가능함
발달적 변화	노화의 영향이 크지 않음	노화가 진행되면서 수행이 저하됨
우울 또는 흥분	거의 영향을 받지 않음	영향을 받음

자동 처리는 처리 자원을 거의 요하지 않는 처리로, 말 그대로 자동으로 일어나기 때문에 처리 의도가 있는 경우와 그렇지 않은 경우의 수행 차이가 거의 없고, 연습을 해도 뚜렷한 수행 변화가 일어나지 않는다. 발달 단계에 따른 차이도 크지 않고 우울이나 흥분 등의 심리적 상태에 의한 영향도 적다. 반면 통제 처리는 과제에 따라서 상당한 처리 자원을 필요로 하는 처리로, 처리 의도가 있는지가 수행에 영향을 준다. 연습을 통한 수행 향상이 가능하며, 나이가 들면서 수행의 감퇴를 보인다. 우울, 흥분 등 정서적 각성에 의해서도 영향을 받는다(Hasher & Zacks, 1979, 1984; Schneider & Chen, 2003; Schneider & Shiffrin, 1977; Shiffrin & Schneider, 1977).

어떤 처리가 자동 처리인지 통제 처리인지는 이들이 관여하는 과제에서의 수행을 통해서 드러난다. 자동 처리가 일어나면 주의 자원이 거의 소모되지 않은 채 다수의 자극이 동시에 처리된다. **병렬 처리**^{parallel processing}가 일어나는 것이다. 반면 통제 처리에는 의식적인 주의 자원이 필요하다. 따라서 통제 처리 시에는 자극이 한 번에 하나씩 처리된다. **계열 처리**^{serial processing}가 일어나는 것이다(●그림 3.7 참조). 인지 과제를 수행할 때는 자동 처리와 통제 처리가 공존한다. 2장에서 살펴본 것처럼 눈앞의 대상을 볼 때 물체의 색이나 윤곽선 등과 같은 기본 특징은 자동으로 처리되지만, 기본 특징을 결합하는 데는 주의가 필요하다. 처리해야 하는 자극의 수가 증가할 경우 기본 특징 탐지에 걸리는 시간에는 거의 변화가 없지만, 결합 특징 처리에 소요되는 시간은 선형적으로 증가한다.

병렬 처리
다수의 자극을 동시에 처리하는 처리 방식. 처리해야 할 자극이 많아져도 처리 시간이 증가하지 않음.

계열 처리
한 번에 하나의 자극을 처리하는 처리 방식. 처리해야 할 자극이 많아지면 처리 시간이 선형적으로 증가함.

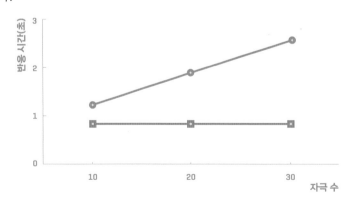

●그림 3.7 계열 처리와 병렬 처리
계열 처리 시 처리해야 할 자극이 많아지면 처리 시간이 선형적으로 증가하지만, 병렬 처리 시에는 자극이 많아져도 처리 시간이 증가하지 않는다(가상의 결과).

자동 처리와 통제 처리는 서로 보완적인 역할을 하는 것으로 보인다. 생존에 중요한 처리 및 반복적으로 일어나는 자극이나 사건에 대한 처리는 자동적으로 일어난다. 처리 자원을 거의 요하지 않고 다른 과제와 병렬적으로 처리될 수 있기 때문에 스트레스 상황 등에서도 안정적인 정보 처리가 가능하다. 하지만 새로운 자극이 입력되거나 의식적인 주의가 필요한 과제를 수행할 때는 통제 처리가 일어난다. 통제 처리는 느리고, 자원을 많이 사용하고, 방해에 취약하지만, 새로운 상황에서 중요한 자극을 파악하고 이에 대해 어떻게 반응하면 좋을지 판단하는 데 유용하다.

스트룹 효과: 자동 처리의 간섭

스트룹^{Stroop effect} 과제는 자동 처리와 통제 처리의 관계를 잘 보여준다. 스트룹 과제에서 연구 참가자들은 여러 개의 색 단어가 제시된 자극판을 보고 단어가 인쇄된 잉크의 색을 말해야 한다. ●그림 3.8의 두 자극판은 동일한 색 단어 목록으로 구성되어 있지만, 위 자극판(a)보다 아래 자극판(b)을 보고 과제를 수행하는 것이 더 어렵다. 이는 단어의 의미와 단어가 인쇄된 잉크의 색이 다르기 때문이다. 위 자극판에 제시된 단어의 경우 그 의미와 인쇄된 잉크의 색이 일치하지만(예: '빨강'이라는 단어가 빨간색 잉크로 인쇄됨), 아래 자극판에 제시된 단어의 경우 그렇지 않다(예: '빨강'이라는 단어가 초록색 잉크로 인쇄됨). 이로 인하여 아래 자극판을 읽을 때는 색을 명명하는 반응과 단어를 읽는 반응 간의 갈등이 발생한다. 그 결과 색을 말하는 데 시간이 더 오래 걸리거나, 색을 말하는(예:

●그림 3.8 스트룹 과제
과제는 자극판을 보고 단어가 인쇄된 잉크의 색을 명명하는 것이다. 위 자극판(a)에서는 단어의 의미와 단어가 인쇄된 잉크의 색이 일치한다('빨강'이라는 단어가 빨간색 잉크로 인쇄됨). 반면 아래 자극판(b)에서는 단어의 의미와 단어가 인쇄된 잉크의 색이 일치하지 않는다('빨강'이라는 단어가 초록색 잉크로 인쇄됨). 단어의 의미와 단어가 인쇄된 잉크의 색이 일치하지 않을 때, 색 명명에 걸리는 시간과 오류가 증가한다.

[a]

빨강	빨강	파랑	노랑	분홍
초록	노랑	주황	파랑	하양
갈색	빨강	파랑	노랑	초록
분홍	노랑	초록	파랑	빨강

[b]

빨강	빨강	파랑	노랑	분홍
초록	노랑	주황	파랑	하양
갈색	빨강	파랑	노랑	초록
분홍	노랑	초록	파랑	빨강

'초록') 대신 단어를 읽는(예: '빨강') 반응이 일어나기도 한다. 이처럼 자극의 불일치 조건에서 일어나는 처리의 지연이나 오류를 **스트룹 효과**[Stroop effect]라고 한다.

스트룹 효과
자동화된 반응과 의도한 반응이 일치하지 않는 상황에서 처리의 지연 혹은 오류가 발생하는 현상.

스트룹 효과는 자동 처리가 통제 처리를 방해하여 발생한다. 대부분의 대학생들에게 단어 읽기는 매우 숙달된 반응이다. 초등학교 입학을 전후로 글을 배운 후 학교는 물론 일상에서도 끊임없이 글을 읽기 때문에 대학교에 입학할 쯤에는 단어만 봐도 자동으로 읽는다. 단어를 자동으로 읽는 것이 일반적인 상황에서는 문제가 되지 않지만, 스트룹 과제에서는 색을 명명하는 반응과 갈등하게 된다. 스트룹 효과는 우리가 자동 처리를 마음대로 '끌' 수 없다는 것을, 그 결과 통제 처리가 방해받을 수 있다는 것을 보여준다.

연습과 자동 처리

자동 처리와 통제 처리의 경계가 선천적으로 정해진 것은 아니다. Schneider와 Shiffrin(1977)은 시각 검색 과제를 통해 처음에는 주의와 노력을 요하는 처리가 훈련을 통해 자동으로 일어날 수 있음을 밝혔다(Schneider & Shiffrin, 1977; Shiffrin & Schneider, 1977; Shiffrin & Chein, 2003). 연구 참가자들은 'KJTL' 같은 문자열을 기억하면서, 'L'이나 'P' 같은 문자가 제시되면, 해당 문자가 기억한 문자열, 즉 기억 목록에 포함되어 있는지 판단했다(문자가 기억 목록에 포함되어 있으면 '네', 포함되어 있지 않으면 '아니오'라고 반응해야 했다). 기억 목록은 1개에서 4개까지의 자극으로 구성되었고, 시행마다 바뀌었다. 연구 참가자들은 일관 대응 조건과 변화 대응 조건이라는 두 가지 조건에서 과제를 수행했다. 일관 대응[consistent mapping] 조건에서는 한 시행에서 표적 자극으로 사용된 자극(예: 'K', 'J')이 다른 시행에서 방해 자극으로 사용되지 않았다. 반면 변화 대응[varied mapping] 조건에서는 한 시행에서 표적 자극으로 사용된 자극(예: 'B', 'D')이 다른 시행에서 방해 자극이 될 수 있었다(●그림 3.9 참조).

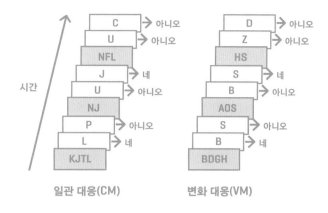

● 그림 3.9 일관 대응 조건과
변화 대응 조건하 시각 검색 과제
회색으로 표시된 부분이 기억
목록이다. '목표 자극'은 기억 목록에
있는 자극으로, 참가자들은 해당
자극이 제시되면 '네'라고 반응해야
했다. 반면 '방해 자극'은 기억 목록에
없는 자극으로, 해당 자극이 제시되면
참가자들은 '아니오'라고 반응해야
했다.

출처: Schneider & Chein, 2003.

일관 대응(CM)   변화 대응(VM)

시각 검색 과제를 여러 차례 반복하자(예: 2000회 이상), 일관 대응
조건에서는 반응이 자동화되기 시작하였다. 참가자들은 표적 자극이
상대적으로 짧은 시간 동안(예: 80밀리초) 제시되어도 이를 정확하게
탐지하였고, 기억 목록의 크기가 증가해도 반응 시간이 거의 증가하지
않았다(● 그림 3.10 참조). 반면 변화 대응 조건에서는 자극판을 훨씬 더
오래(예: 400밀리초) 제시해야 일관 대응 조건과 유사한 수준으로 표적
자극을 탐지할 수 있었다. 기억 목록의 크기가 증가하면 반응 시간과 오
류가 지속적으로 증가하였다.

자동화
특정 과제 수행을 충분히 연습한 결과,
자동 처리처럼 빠르고 병렬적으로
처리할 수 있게 되는 현상.

● 그림 3.10 훈련 후 일관 대응 조건과
변화 대응 조건 아래 전형적인 시각
검색 과제 반응

출처: Schneider & Chein, 2003.

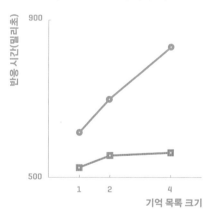

── 변화 대응(VM)
── 일관 대응(CM)

자동화란 특정 과제 수행을 충
분히 연습한 결과, 이를 자동 처리
처럼 빠르고 병렬적으로 처리할
수 있게 되는 현상을 말한다. 자동 처
리는 단순히 빠르고 정확한 반응
을 하는 것 이상을 의미한다. 자
동화가 일어나면 처리해야 하는
항목이 증가해도 반응 시간이 증

가하지 않는 병렬 처리가 일어난다. 연습은 처리가 자동화되는 데 중요
한 역할을 하지만, 연습만으로는 자동화가 일어나지 않는다. Schneider
와 Shiffrin은 참가자들을 대상으로 변화 대응과 일관 대응 조건 모두에
서 반복적으로 시각 검색 과제를 훈련시켰지만, 자동화는 일관 대응 조

건에서만 일어났다. 이는 자극과 반응 간에 '일관된'대응이 중요함을 의미하는데, 어떤 자극에 대해 어떤 반응을 해야 하는지가 일관되게 유지될 때, 훈련을 통한 자동화가 가능해지는 것으로 보인다.

후속 실험에서는 시각 검색 과제를 두 단계로 나눴다. 실험의 전반부에서는 하나의 표적 자극과 방해 자극 세트(●그림 3.9 참조)에 대해 2,100회의 시행이 실시되었다. 학습을 시작했을 때는 표적 탐지율이 50% 수준이었지만, 1,500회 연습 후 탐지율은 90%까지 올라갔다. 반응 시간은 770밀리초에서 670밀리초로 감소하였고, 오경보율 또한 12%에서 3%로 줄었다. 후반부에서는 목표 자극과 방해 자극 세트를 바꿔 다시 2,100회에 걸쳐 연습을 실시하였다. 표적 자극과 방해 자극의 관계가 바뀌자 처음에는 통제 처리가 일어났으나, 연습을 지속한 결과 처리가 자동화되었다(●그림 3.11 참조).

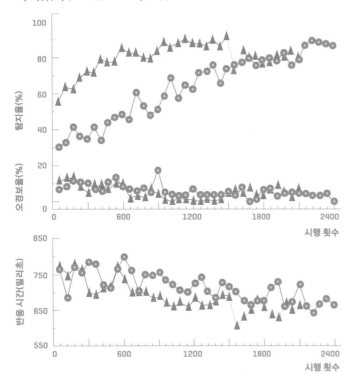

●**그림 3.11 일관 대응 조건에서 반응의 자동화**
실험의 전반부와 후반부 모두에서 연습 후 탐지율이 증가하고 오경보율과 반응 시간이 감소했다(전반부의 경우 1,500번째 시행까지는 자극이 200밀리초 동안 제시되었으나, 이후에는 120밀리초 동안만 제시되었다. 후반부 동안에는 자극 제시 시간이 모두 200밀리초로 동일하였다).
출처: Shiffrin & Schneider, 1977.

처리가 연습에 의해서 자동화될 수는 있지만 모든 자동 처리가 연습의 산물은 아니다. 2장에서 살펴보았듯이 외부 자극을 지각할 때 초기에 전주의 처리$^{pre\text{-}attentive\ processing}$가 일어난다(Treisman et al., 1992). 이처럼 색이나 움직임 등의 정보는 주의 자원을 요하지 않고도 자동으로 탐지되는데, 이는 연습의 결과라기보다는 해당 특징을 처리하는 속성 탐지기의 존재 때문이다. 탐지기가 반응하는 속성이 무엇인지는 환경에 의해 변할 수 있지만(뇌의 가소성), 특정 속성을 빠르게 자동으로 처리하는 탐지기의 존재 자체는 선천적이다. Hasher와 Zacks에 따르면 사건의 빈도에 대한 정보 역시 자동으로 부호화되며, 이는 색이나 움직임 등의 정보와 마찬가지로 선천적 탐지 기제에 의존하는 것으로 보인다. 반면 연습에 의한 자동 처리는 연습을 통해서 관련된 자극과 반응에 대한 기억 흔적이 강화되어 발생하는 것으로, 선천적인 기제에 의한 자동 처리와는 구분된다(Logan, 1992; Treisman, Vieira, & Hayes, 1992).

이중 과정 이론

자동 처리와 통제 처리의 구분은 연구 초기에는 지각 기억, 검색 과제에서 연구되었으나, 이후 연구자들은 추론^{reasoning}과 의사 결정$^{decision\ making}$ 등의 영역에도 그와 유사한 두 유형의 처리가 존재한다고 주장하였다. Evans(1984)는 이를 1유형$^{type\ 1}$ 처리와 2유형$^{type\ 2}$ 처리로 구분하였는데, 1유형 처리는 연합을 기반으로 작동하는 빠른 처리를, 2유형 처리는 규칙에 기반하여 상대적으로 느리게 작동하는 처리를 지칭한다. 1유형 처리는 주로 **휴리스틱 처리**와 통찰 처리에 관여하고, 2유형 처리는 주로 분석적인 사고와 추론에 관여한다.

Kahneman(2011)은 처리 과정과 내용에 따라 처리 유형을 시스템 1과 시스템 2로 구분하였다. 빠른 처리를 특징으로 하는 시스템 1은 작업 기억$^{working\ memory}$의 용량 제한으로부터 자유로우며, 시스템 1이 수행하는 작업은 다른 작업과 병렬적으로 일어날 수 있다. 시스템 1은 자주 함께 일어나는 자극들의 연합에 의존하고, 맥락적이고, 본능적이며, 직관적인 처리, 즉 의식이나 통제 없이 일어나는 지각과 자동적 사고 등에 관여한다. 또한 개인의 지능과 관련성이 낮다.

휴리스틱 처리
배경지식이나, 쇼트컷을 사용하여 빠르게 판단하고 결정하는 처리 방식.

반면 시스템 2는 느리게 작동한다. 초점 주의가 필요하고, 작업 기억이 관여하기 때문에 계열적으로 일어난다. 연구자들은 시스템 2가 의식적인 처리, 모니터링, 가설적 사고^{hypothetical thinking} 등에 관여하고, 합리적·논리적이며, 개인의 지능과 관련성이 높다고 주장한다. 시스템 1과 시스템 2는 처리하는 내용에서도 차이가 있다. 시스템 1이 정서적 정보나 구체적이고 특수한 내용을 처리하는 반면에, 시스템 2는 통계적인 정보나 추상적 개념 등을 처리한다(●표 3.4 참조).

●표 3.4 시스템 1과 시스템 2 비교　　　　　　　　　　　출처: Kahneman & Frederick, 2002.

	시스템 1(직관적)	시스템 2(성찰적)
과정과 관련된 특성들	자동적(automatic) 손쉬운(effortless) 연합적(associative) 빠르고 병렬적(rapid, parallel) 과정이 불투명(process opaque) 숙련된 행위(skilled action)	통제된(controlled) 노력을 요하는(effortful) 연역적(deductive) 느리고 계열적(slow, serial) 자각적(self-aware) 규칙 적용(rule application)
과정이 관여하는 내용	정서적(affective) 인과적 경향(causal propensities) 구체적이고 특수한(concrete, specific) 원형(prototype)	중립적(neutral) 통계적(statistics) 추상적(abstract) 집합(sets)

동일한 자극을 처리하는 데 시스템 1과 2가 함께 관여할 수 있으나, 처리 내용과 결과는 다를 수 있다. 소리가 들릴 때 단순히 소리를 탐지하는 데는 시스템 1이 관여하지만, 소리의 미묘한 차이를 변별하는 데는 시스템 2가 관여한다. 멀리 있는 건물이나 산 등을 보고 직관적으로 멀거나 가깝다고 판단하는 것은 시스템 1이지만, 줄자나 GPS 등 기기를 사용해서 거리가 정확히 몇 미터인지 계산하는 것은 시스템 2이다. 같은 자극을 처리해도 처리 방식이 다르기 때문에 만들어내는 결과물이 달라질 수 있다. 예를 들어 눈대중으로 두 물체의 길이를 가늠해서 길이가 같다고 판단하더라도, 줄자로 측정한 다음 길이가 다르다는 결과를 얻을 수 있다. 동일한 자극이나 상황에 두 시스템이 정반대로 반응하기도 하는데, 갑자기 큰

소리가 들릴 때 시스템 1이 숨는 반응을 해도, 시스템 2는 상황을 논리적으로 분석해 원인을 찾고 숨을 필요가 없다고 판단할 수 있다. 일반적으로 시스템 1의 처리가 빠르기 때문에, 시스템 1이 빠르게 처리한 결과물을 시스템 2가 모니터링하고 필요한 경우 수정하기도 한다.

지각, 기억, 검색, 추론, 의사 결정 등 여러 정보 처리 영역에서 주의 자원을 거의 요하지 않으면서 개인의 통제 밖에서 빠르게 일어나는 처리와, 상대적으로 느리게 진행되면서 의식적으로 통제 가능한 처리가 공존함을 주장하는 여러 이론이 있다. 이러한 이론을 **이중 과정 이론**^{dual process} theory이라고 부른다. 일부 연구자들은 이중 과정 이론을 확장하여 인간에게 본질적으로 상이한 두 가지 처리 체계 또는 '마음'이 있으며, 빠르고 직관적인 마음은 진화적으로 오래된 뇌의 작동을, 느리고 논리적인 마음은 최근에 진화한 뇌의 작동을 반영한다고 주장한다. 이러한 구분이 매력적이지만, 아직까지는 두 처리 유형의 존재가 2개의 독립된 '마음'을 의미하는지는 분명하지 않다. 의사 결정 시 판단이 빠르고 직관적으로 일어날 때도 있고 느리고 분석적으로 일어날 때도 있지만, 이는 동일한 시스템이 동일한 자극을 다른 방식으로 처리하거나 상황에 따라 다른 변인이 과제 수행에 관여한 결과일 수 있다(Evans & Stanovich, 2013; Kruglanski & Gigerenzer, 2011).

이중 과정 이론
단일 과정 이론과 대비되는 재인 기억에 대한 이론으로, 재인이 친숙함 판단과 상기라는 별개의 과정을 거쳐 일어난다고 제안함.

4장

기억 모형과 작업 기억

기억은 모든 정보 처리의 근간으로, 환경의 자극을 지각하는 데는 물론 학습과 언어 및 사고 활동이 일어나는 데 필수적이다. 기억은 거의 모든 정보 처리에 관여하므로, 기억이 없다면 일상생활은 물론 성격과 정체성도 유지하기 어렵다. 이 장에서는 대표적인 기억 모형인 다중 기억 모형을 중심으로 감각 기억과 작업 기억의 특징과 작동 기제를 살펴본다.

다중 기억 모형
- 다중 저장소
- 기억 과정: 부호화, 파지, 인출
- 논쟁

감각 기억
- 지속 시간
- 저장 용량

작업 기억
- 저장소로서의 특징
- 저장에서 처리로
- 작업 기억 용량 측정

4장 _ 기억 모형과 작업 기억

1. 다중 기억 모형

다중 기억 모형^{multi-store model of memory}(중다 기억 모형이라고도 함)은 가장 먼저 제안된 기억 모형으로, 전통적 기억 모형이라고도 불린다. 이름에서 알 수 있듯이 여러 개의 기억 저장소가 존재한다고 가정하며 (Atkinson & Shiffrin, 1968), 환경의 자극에 대한 정보가 여러 저장소를 거치면서 장기 기억에 저장된다고 본다.

다중 저장소

기억 저장소는 기억을 저장하는 장소를 지칭한다. 다중 기억 모형에서는 환경에서 입력된 정보가 **감각 기억**^{sensory memory}과 **단기 기억**^{short-term memory; STM}을 거쳐 **장기 기억**^{long-term memory; LTM}에 저장된다고 본다. 감각 기억은 환경에서 입력된 정보가 가장 처음 저장되는 곳으로, 입력 정보 중 지각자가 주의를 기울인 정보는 단기 기억으로 이동한다(●그림 4.1 참조). 초기에 단기 기억은 정보가 장기 기억으로 이동하기 전에 잠시 머무는 곳으로 간주되었다. 하지만 단기 기억은 활발한 정보 처리가 일어나는 곳이기도 하다. 단기 기억은 이후 작업 기억으로 확장·재정의되었는데, 작업 기억은 정보를 일시적으로 보관하면서 필요한 처리를 수행한다(이에 관해서는 이 장의 3절에서 살펴본다). 작업 기억이 수행하는 처리는 시각적인 물체를 식별하는 것일 수도 있고 간단한 계산을 수행하는

다중 기억 모형
기억의 작동 기제를 설명하는 이론 중 하나. 환경에서 입력된 자극이 감각 기억, 단기 기억, 장기 기억의 세 저장소를 거쳐 저장된다고 설명함.

감각 기억
환경에서 입력된 정보를 짧은 시간 동안 저장하는 저장소. 주의를 받은 정보는 단기 기억으로 이동함.

단기 기억
자극을 일시적으로 보관함. 이후 작업 기억으로 재개념화 됨.

장기 기억
단기 기억에서 처리된 정보가 이동하는 곳. 장기 기억에 저장된 정보는 몇 분 혹은 몇십 년이 지나서도 기억됨.

것일 수도 있다. 정보의 저장 기능에 초점을 맞출 때는 단기 기억이라는 용어가 여전히 사용되기도 한다.

되뇌기
정보를 의도적으로 되풀이하며 외우는 행위. 정보를 단기 기억에 유지하거나 장기 기억으로 이동하는 데 사용됨.

처리 결과에 따라 정보는 장기 기억으로 이동하거나 손실된다. 단기 기억에서 장기 기억으로 정보를 보낼 때 정보를 반복하는 **되뇌기**^{rehearsal}가 중요한 역할을 한다. 하지만 모든 되뇌기가 정보를 장기 기억으로 보내는 데 관여하지는 않는다. 되뇌기 중에는 현재 수행 중인 과제(예: 전화 걸기)에 필요한 정보들을 잠시 유지하기 위한 유지 되뇌기^{maintenance rehearsal}도 있다.

장기 기억은 정보를 오래 저장하는 장소로, 보통 '기억'이라고 불린다. 인간이 평생 동안 얻은 다양한 정보와 경험이 장기 기억에 저장된다. 따라서 장기 기억에 저장된 정보는 몇 분 혹은 몇십 년이 지난 정보일 수 있다.

● **그림 4.1** 다중 기억 모형에서 정보의 흐름

감각 기억, 단기 기억, 장기 기억을 구분하는 가장 큰 특징은 저장 용량과 기억의 지속 시간이다. 단기 기억은 짧은 시간 동안 제한된 양의 정보만 저장한다. 감각 기억은 단기 기억보다는 많은 정보를 저장하지만 지속 시간이 매우 짧다. 장기 기억은 상당한 양의 정보를 긴 시간 동안 보관할 수 있다고 추정되지만, 정확한 지속(저장) 시간과 용량의 한계는 아직 명확하게 알려지지 않고 있다. 세 기억 구조는 그 외에도 저장하는 정보의 부호화, 파지, 인출 방법에 있어서 차이를 보인다(Craik & Lockhart, 1972)(●표 4.1 참조).

● **표 4.1** 감각 기억, 단기 기억, 장기 기억 비교

	감각 기억	단기 기억	장기 기억
저장 용량	큼	작음	한계를 알 수 없음
지속 시간	약 1/4초	약 30초까지	몇 분에서 몇 년까지
정보 유형	감각 입력의 복사	음운 부호 (일부는 시각/의미 부호)	의미 부호 (일부는 청각/시각 부호)
정보 입력	전주의적	주의	암기
정보 유지	불가능	지속적 주의	반복
정보 인출	읽기	아마도 자동적 의식됨 시각적/음운적 단서 사용	인출 단서와 검색
정보 손실	소멸	치환(소멸도 가능)	손실이 없을 가능성 있음 간섭에 의한 접근성/변별성 손실

신체가 움직일 때 손과 발이 상호 협력하는 것처럼, 세 기억 구조도 환경에서 들어오는 자극을 처리하고 반응하는 과정에서 서로 협력한다. 친구의 메시지를 받고 일어나는 일련의 상황을 생각해 보자(●그림 4.2 참조). 공부를 하고 있는데 휴대 전화에 메시지가 도착했다

●**그림 4.2 감각 기억, 단기 기억, 장기 기억의 협력** 메시지 알람을 처리하고 적절하게 반응하는 데 감각 기억, 단기 기억, 장기 기억이 모두 관여한다.

는 알림음이 울리면 감각 기억은 알림음, 화면의 이미지 등 감각 정보를 수집하고 분석한다. 작업 기억은 장기 기억의 정보를 참조하여 소리 자극이 메시지의 도착을 알리는 소리라는 걸 알고, 메시지의 내용을 해독한다. 메시지를 읽고 친구의 새 휴대 전화로 축하 전화를 하겠다고 결정할 수 있는데, 이러한 결정은 작업 기억에서 일어난다. 이때 과거 유사한 상황에 친구가 어떻게 행동했는지에 대한 장기 기억이 참조될 수 있다. 전화를 걸려고 하는데 어쩌된 일인지 바로 걸기 단축키가 작동하지 않는다. 할 수 없이 친구의 바뀐 전화번호를 마음속으로 되뇌면서 직접 입력한다. 이는 전화번호를 마음속에 유지하기 위한 유지 되뇌기에 해당한다. 축하 통화를 마치고 단축키에 새 번호를 저장하려다 이 기회에 친구의 새 번호를 외우자고 마음먹고 열심히 번호를 되뇐다면, 이 되뇌기는 정보를 장기 기억으로 보내기 위한 되뇌기에 해당된다. 며칠 후 친구에게 전화할 일이 생겼을 때 새 번호를 기억해서 전화할 수 있다면, 이는 새 전화번호가 장기 기억에 효과적으로 저장 및 인출되었다는 것을 의미한다.

기억 과정: 부호화, 파지, 인출

기억은 정보의 **부호화**encoding, **파지**retention, **인출**retrieval 이라는 세 가지 과정으로 이루어진다. 이 세 기억 과정은 종종 컴퓨터에 정보를 입력하고 인출하는 과정에 비유된다(●그림 4.3 참조). 부호화는 컴퓨터에 정보를 저장하기 위해서 정보를 컴퓨터가 처리할 수 있는 형태로 만들어 주는 과정으로, 키보드로 정보를 입력하거나 음성이나 이미지를 디지털 파일로 만드는 것

부호화
입력 자극을 마음이 처리할 수 있는 형태로 만들어 주는 과정.

파지
정보를 기억에 유지하는 과정.

인출
저장된 기억 흔적을 복구하여 단기 기억에 활성화시키는 과정.

●**그림 4.3** 마음과 컴퓨터에서
일어나는 정보의 부호화, 파지, 인출

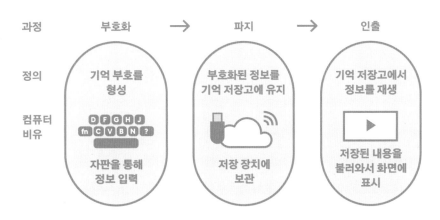

등이 여기에 해당한다. 파지는 해당 파일을 하드 디스크 또는 이동식 저장 장치 등에 보관하는 것에 해당한다. 마지막으로 정보를 인출하는 것은 저장된 파일을 불러와 화면에 다시 표시하거나 소리를 듣는 것에 해당한다.

부호화, 파지, 인출의 과정은 감각 기억, 단기 기억, 장기 기억 모두에서 일어난다. 감각 기억에서의 부호화는 외부의 자극을 마음이 이해할 수 있는 부호로 바꾸는 작업을 수반하는데, 망막에 떨어지는 빛 자극을 뇌가 처리할 수 있는 신경 부호로 바꾸는 것이 여기에 해당된다(2장 참조). 감각 기억에서 만들어진 부호가 단기 기억과 장기 기억에서 그대로 사용될 수도 있지만, 정보 처리가 진행됨에 따라 정보가 생략/추가되거나 시각 이미지가 언어적으로 부호화되거나 글 내용이 이미지화되는 등 재부호화가 일어나기도 한다.

파지는 부호화된 정보를 저장, 보관하는 것을 지칭한다. 감각 기억과 단기 기억의 경우 정보 저장 용량이 제한적이기 때문에 저장되는 항목이 많지 않기 때문에 정보를 어떻게 보관하는지가 크게 중요하지 않다. 하지만 장기 기억의 경우 오랜 기간에 걸쳐 많은 양의 정보를 저장해야 하기 때문에 습득한 정보를 잘 보관하는 것이 중요하다. 저장한 정보를 필요할 때 꺼내는 인출은 다양한 방식으로 일어난다. 질문을 받고 정보가 인출되기도 하고(예: 1년 전 오늘 무엇을 했는지 기억하기), 과제를 수행하는 과정에서 관련된 정보가 자연스레 인출되기도 한다(예: 책을 읽으면서 이전에 비슷한 책을 읽었던 것이 생각나는 것). 인출은 저장된 기억 흔적을 복구하여 단기 기억에 활성화시키는 과정이며, 이는 진행 중인 과제 수행, 즉 질문에 어떤 대답을 할지, 다음에 어떤 생각과 행동을 할지 등에 영향을 준다. 물건을 사고 제대로 보관하지 않아서 어디에 있는지 찾지 못하는 경우가 생기는 것과 마찬가지로, 장기 기억에 정보를 저장하고도 필요한 순간에 인출하지 못하는 일이 발생할 수 있다.

부호화, 파지, 인출 과정은 서로 상호 작용한다. 부호화 강도와 방법은 정보가 얼마나 오래 저장될지에 영향을 주고, 잘 부호화되고 보관된 정보는 손쉽게 인출된다. 인출이 부호화 방식에 영향을 끼치기도 하는데, 학습자들이 시험이 객관식인지 주관식인지에 따라 학습 방법을 달리하는 것은 인출 방식에 맞게 정보를 부호화하려는 시도이다. 기억을 이해한다는 것은 부호화와 파지, 인출 과정이 각 기억 구조에서 어떻게 작동하고 상호 작용하는지 이해한다는 것을 의미한다.

논쟁

다중 기억 모형은 기억이 작동하는 방식에 대한 설득력 있는 설명을 제공하였지만, 그에 대한 문제점 또한 지적되었다. 문제점의 일부는 다중 기억 모형의 틀 내에서 정보가 저장되고 처리되는 방식에 관한 것들이었다. 단기 기억의 부호가 음운적이라고 가정되었으나 후속 연구들은 단기 기억에서도 시각적 부호가 사용될 수 있음을 보여주었다. 또한 정보를 단기 기억에서 장기 기억으로 보내기 위해서 되뇌기가 반드시 필요하다고 가정되었으나, 되뇌기는 정보를 장기 기억으로 보내는 하나의 방법일 뿐 유일한 방법은 아닌 것으로 밝혀졌다. 되뇌기 활동의 전형적인 예로 암송을 들 수 있지만, 많이 암송한다고 해서 반드시 기억이 잘되지는 않는다. 또한 암송을 하지 않아도 정보가 자연스럽게 장기 기억에 저장되기도 한다(정보가 장기 기억에 어떻게 입력되는지에 대해서는 6장에서 더 자세하게 살펴본다). 그 밖에 단기 기억 용량이 다양한 요인에 의해서 변화된다는 점, 장기 기억에서 정보의 소멸 속도의 편차가 크다는 점 등 초기의 다중 기억 모형에서 제시한 기억의 작동 방식에 대한 문제점이 지적되었다.

보다 근본적인 문제는 다중 기억 모형에서 제안한 것처럼 감각 기억 기억, 단기 기억, 장기 기억이라는 복수의 저장소가 과연 존재하는가이다. 특히 단기 기억과 장기 기억 간 구분이 논란이 되었다(Anderson, 1983, 1996; Ericsson & Kintsch, 1995; Just & Carpenter, 1992; Lovett et al., 1999). Ericsson과 Kintsch(1995)는 숙련된 활동 skilled activity 을 하는 동안 장기 기억에서 많은 양의 정보가 인출되어 활성화된 상태가 유지되어야 함에 주목하였다. 예를 들어 체스 전문가는 게임 중에 여러 과거 게임 사례를 인출하여 이를 참고하면서 상대의 반응을 예측하고 미래의 경기 전략을 세운다. 글을 읽을 때도 이와 유사하게 많은 양의 정보를 활성화된 상태로 단기 기억에 유지해야 한다. 글의 앞 부분에서 읽은 내용은 물론 해당 내용과 관련하여 장기 기억에서 인출된 정보들이 작업 기억에 활성화된 상태로 유지되어야 하는 것이다. 이러한 과제를 수행할 때 필요한 정보의 양은 종종 작업 기억의 제한된 용량을 넘어선다. 이러한 문제점에 직면하여 Ericsson과 Kintsch(1995)는 장기 작업 기억 long-term working memory 이라는 개념을 제안하였다. 장기 작업 기억은 장기 기억의 활성화된 부분으로, 장기 기억에 저장된 다른 정보들과 달리 별개의 인출 구조 retrieval structure 를 통해 재빠르게 인출된다. 그 결과 장기 기억에 존재하지만 마치 단기 기억의 일부처럼 작동할 수 있다(Ericsson & Delaney, 2000; Kellogg, 2001).

단기 기억과 장기 기억이 별개의 구조가 아니라는 주장도 있다(Anderson, 1983, 1996; Just & Carpenter, 1992; Lovett et al., 1999). 작업 기억은 장기 기억이 활성화된 것으로 보는 견해인데, 장기 기억의 활성화에는 두 수준이 존재한다. 첫 번째 수준은 활성화된 장기 기억들로, 최근 기억에서 인출한 정보들로 이루어져 있다. 두 번째 수준은 이 활성화된 기억의 일부가 주의를 받은 것들로, 빠르게 접속할 수 있는 기억 흔적으로 이루어져 있다. 이는 시각적으로 입력된 정보인지 청각적으로 입력된 정보인지와 무관하게 약 4개 정도의 항목에 국한된다. 이 관점에 따르면 작업 기억의 용량 제한은 부족한 '저장' 용량이 아니라, 부족한 '주의'

자원에 기인한다. 저장 용량과 처리 용량 간에 교환^{tradeoff}이 가능하며, 작업 기억의 용량은 저장과 처리에 사용될 수 있는 활성화된 기억 흔적의 최대치에 따라 달라진다.

여러 연구자들이 다중 저장소 모형에 대한 대안을 제시했지만, 진화적 관점에서 볼 때 기능적으로 독립된 3개의 기억 구조는 잠재적 손상과 위험에 대한 대비책일 수 있다(Frankish & Evans, 2009). 다중 기억 저장소가 존재한다는 실험적, 신경생리학적 증거가 다수 존재하기도 한다(이에 대해서는 5장에서 자세히 살펴본다). 다중 저장소에 대한 논쟁은 진행 중이지만, 다중 기억 모형은 기억을 가장 설득력 있게 설명하는 모형으로 60년 넘게 인정받아 왔고, 이 모형을 기반으로 수많은 연구가 진행되었다. 이어지는 절에서는 다중 기억 모형을 기반으로 기억의 구조와 특성에 대해서 살펴본다.

2. 감각 기억

감각 기억^{sensory memory}은 환경에서 들어오는 감각 정보를 잠시 저장하는 저장소로, 주의가 관여하기 전에 짧은 시간 동안 정보를 저장하면서 선별하는 역할을 한다. 감각별로 독립된 감각 기억이 존재한다. 시각의 경우 시감각 기억 또는 영상 기억^{iconic memory}, 청각의 경우 청감각 기억 또는 반향 기억^{echoic memory}이라 불린다.

지속 시간

감각 기억은 폭죽의 흔적이나 영사기의 셔터가 만들어내는 잔상에 종종 비유된다. 감각 기억에 정보가 머무는 시간이 매우 짧기 때문이다. 지속 시간은 감각 양상에 따라 다른데, 시감각 기억의 경우 2~3초, 청감각 기억의 경우 30초 정도 지속된다고 추정한다. 감각 기억의 정보 중 주의를 받은 정보는 단기 기억으로 이동하고 그렇지 못한 정보는 후속 입력에 의해서 대체된다.

저장 용량

초기 연구에서는 감각 기억의 용량을 측정하기 위해 연구 참가자들에게 짧게 자극을 제시한 후 이들이 보거나 들은 내용을 모두 보고하도록 하는 전체 보고^{whole report} 절차를 사용하였다(●그림 4.4 a 참조). Sperling(1967)은 전체 보고 절차가 감각 기억의 용량을 측정하는 데 적절하지 않다고 보았다. 감각 기억의 지속 시간이 짧아서 보고하는 동안 기억 흔적이 사라질 수 있기 때문이다. 그는 전체 보고 절차에 대한 대안으로 부분 보고^{partial report} 절차를 고안하였다. 부분 보고 절차에서 참가자는 제시된 자극의 일부만 보고한다. 예를 들어 제시된 자극판이 사라지고 높은 음이 들리면 맨 윗줄의 글자들을, 중간음이 들리면 가운데 줄의 글자들을, 낮은 음이 들리면 맨 아랫줄에 제시된 글자들을 보고한다. 자극판이 사라진 다음에야 소리 신호가 주어지기 때문에 참가자들은 어느 줄을 보고해야 할지 미리 알 수 없다. 소리 신호가 제시되는 시점은 조건에 따라 달랐는데, 즉시 조건에서는 자극판이 사라진 즉시 소리가 제시되었으나(●그림 4.4 b) 지연 조건에서는 자극판이 사라지고 나서 일정 시간(예: 1초)이 경과한 다음 소리가 제시되었다(●그림 4.4 c).

●**그림 4.4** Sperling이 고안한 전체 보고와 부분 보고 절차

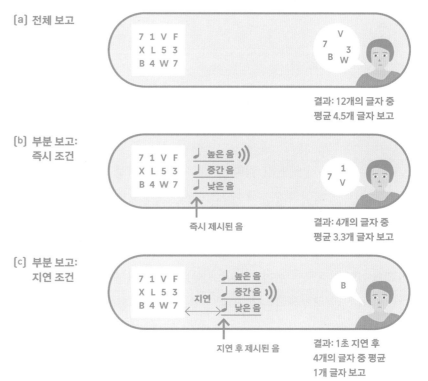

[a] 전체 보고

결과: 12개의 글자 중 평균 4.5개 글자 보고

[b] 부분 보고: 즉시 조건

즉시 제시된 음

결과: 4개의 글자 중 평균 3.3개 글자 보고

[c] 부분 보고: 지연 조건

지연 후 제시된 음

결과: 1초 지연 후 4개의 글자 중 평균 1개 글자 보고

전체 보고 절차가 사용되었을 때 참가자들은 평균 4.5개의 글자를 보고하였는데, 이는 1줄당 1.5개의 글자에 해당한다. 반면 부분 보고 절차에서 소리가 즉시 주어졌을 때(즉시 조건) 참가자들은 1줄당 평균 3.3개의 글자를 보고하였다. 이를 전체 자극판에 적용하면 참가자들은 10개(각 줄당 3.3개×3줄) 내외의 글자를 보고할 수 있다고 추정할 수 있다. 이는 실제 제시된 글자의 80% 이상으로, 전체 보고 절차에서 보고한 글자의 2배 이상이다(●그림 4.5 참조). 하지만 부분 보고 절차에서 소리 제시가 1초 지연되면(지연 조건) 참가자들은 전체 보고 절차를 사용했을 때와 비슷한 수의 글자를 보고하였다. 보고 절차에 따라서 이렇게 다른 결과가 나타나는 이유는 지연되는 동안 감각 기억 내의 정보가 빠르게 사라지기 때문이다. 감각 기억의 용량을 정확히 평가하려면, 참가자가 실제로 인지한 내용과 보고 내용이 일치하지 않을 수 있음을 염두에 두어야 한다.

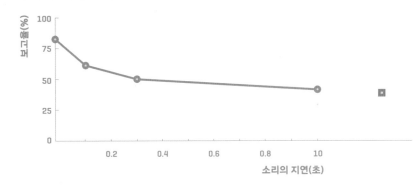

●**그림 4.5 감각 기억 용량 측정**
참가자는 자극판 전체를 보고했을 때(전체 보고)보다 자극판의 일부를 보고했을 때(부분 보고) 더 많은 글자를 기억하였다. 하지만 보고가 지연될수록 보고한 글자 수가 감소했다
출처: Sperling, 1960.

● 부분 보고
◼ 전체 보고

3. 작업 기억

기억 연구 초기에 단기 기억^{short-term memory}은 정보가 감각 기억에서 장기 기억으로 이동하기 전에 잠시 머무는 저장소로 간주되었다. 하지만 단기 기억이 단순히 정보를 저장하기만 할 뿐이 아니라 정보를 처리하는 역할도 한다는 사실이 발견되었다. 이러한 역할을 강조하기 위해서 **작업 기억**^{working memory}이라는 용어가 사용되기 시작하였다. 작업 기억은 다양한 작업이 이루어지는 마음속 공간으로, 정보를 저장하고, 처리하

작업 기억
다양한 작업이 이루어지는 마음속 공간. 정보를 일시적으로 저장하고, 처리·분석함.

고, 분석하는 데 사용된다. 또한 복잡한 구조로 구성되어 있으며, 자극, 전략, 환경 등 다양한 요인이 그 작동에 영향을 끼친다. 역사적 맥락에 따라, 또 무엇을 강조하는지에 따라 단기 기억, 작업 기억, 단기 작업 기억 등의 용어가 혼용된다. 저장소로서의 특징(지속 시간, 용량, 사용 부호)을 언급할 때에는 '단기 기억', 처리 과정 혹은 심적 조작을 중심으로 설명할 때에는 '작업 기억'이라는 용어가 주로 사용된다.

저장소로서의 특징

저장소로서의 단기 기억에는 감각 기억이나 장기 기억과 구분되는 특징이 있다(●표 4.1 참조). 단기 기억은 감각 기억보다 오랫동안 정보를 저장할 수 있지만 장기 기억만큼 오래 정보를 저장하지는 못한다. 단기 기억의 저장 용량은 세 저장소 중 가장 작으며, 다양한 요인의 영향을 받는다.

지속 시간

단기 기억의 지속 시간에 대해 알아보기 위해 이제는 고전이 된 Peterson과 Peterson(1959)의 연구를 살펴보자. 이들은 연구 참가자들에게 'G, H, J' 같은 알파벳 문자열을 기억하게 하였다. 이러한 과제가 주어지면 사람들은 대부분 해당 자극을 기억하기 위해 유지 되뇌기를 시도한다. 이는 해당 정보를 단기 기억에 유지하는 역할을 하기 때문에 단기 기억 내에서 순수하게 정보가 지속되는 시간을 측정하는 데 방해가 된다. 연구자들은 유지 되뇌기를 최소화하기 위해 참가자들에게 숫자 빼기 과제(예: 907에서 4를 계속 빼기)를 부과했다. 이러한 이중 과제는 되뇌기를 어렵게 만들기 때문에 보다 순수하게 단기 기억의 지속 시간을 측정할 수 있다. 연구자들은 숫자 빼기 과제를 하는 시간을 3초에서 18초까지 변화시켰다. ●그림 4.6에서 볼 수 있듯이 파지 기간이 길

●**그림 4.6 파지 기간에 따른 단기 기억의 지속 시간**
출처: Peterson & Peterson, 1959.

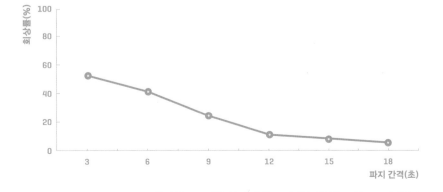

어질수록 회상률이 감소하였다. 자극이 제시되고 3초 후에는 제시된 자극의 50% 정도 기억할 수 있었지만, 18초가 지나면 거의 기억하지 못하였다. 이는 유지 되뇌기가 가능하지 않은 경우 단기 기억 내의 정보는 약 18초 후에 사라짐을 시사한다.

감각 부호

감각 기억은 자극의 감각적 특성이 유지된 부호(예: 이미지, 소리)를 사용한다. 감각 기억의 내용이 단기 기억으로 이동할 때 감각 부호의 형태가 유지되기도 하지만 변형이 일어나기도 한다. 시각적으로 제시된 정보가 음운 부호로 바뀌거나, 그 반대의 일이 일어날 수도 있다. 책을 읽으면서 등장 인물의 목소리가 들리거나 글에서 묘사하는 장면이 눈앞에 이미지로 상상되기도 한다. 시각적 이미지나 청각적 자극이 언어적으로 재부호화되기도 한다(예: 사람 얼굴을 보고 '여자', '동양인' 등으로 부호화)(●그림 4.7 참조).

●**그림 4.7 감각 입력의 언어적 부호화**

민지구나!

친구 얼굴을 보고 이름을 떠올린다.

저장 용량과 마법의 수

단기 기억에 저장할 수 있는 정보의 양은 제한되어 있다. 숫자나 단어 3~4개는 듣고 바로 저장할 수 있지만 개수가 증가하면 점점 기억하기 힘들다. 단기 기억 용량은 기억폭$^{memory\ span}$으로 불리는데, 단기 기억 연구 초기에는 기억폭을 측정하기 위해 주로 숫자를 사용한 숫자 폭$^{digit\ span}$ 과제가 사용되었다. 숫자 폭 과제에서는 아래와 같은 다양한 길이의 숫자열을 제시하면서 연구 참가자들에게 이를 기억하게 한다.

숫자열 1) 3 4 5
숫자열 2) 3 4 2 1 5
숫자열 3) 3 4 5 2 1 5 8 9 2 1
숫자열 4) 9 3 6 3 5 0 1 2 3 5 2 8

숫자열 1)이나 2)처럼 기억해야 하는 항목의 수가 적을 때는 대부분의 사람들이 제시된 숫자를 잘 기억한다. 반대로 숫자열 3)이나 4)처럼 10개 이상의 항목이 제시되면 대부분 제시된 숫자를 다 기억하지 못한다. Miller(1956)는 여러 연구 결과를 종합하여 단기 기억 용량이 7±2개, 즉 5개에서 9개 정도라고 추정하면서, 7을 단기 기억의 용량을 지칭하는 '마법의 수$^{magic\ number}$'라고 명명하였다.

기억폭은 기억해야 하는 항목의 유형에 따라 달라진다. 숫자를 기억하는 경우 평균 9.3개의 숫자를 기억하지만, 알파벳을 기억하는 경우 평균 7.3개를 기억한다(Jacobs, 1887). 숫자나 알파벳이 아닌 시각 이미지를 기억해야 하는 경우 단기 기억의 용량은 4~5개로 줄어든다(Luck & Vogel, 1997). 그 외에도 다양한 요인이 단기 기억의 용량에 영향을 준다.

청크와 청킹

청크
정보의 묶음. 단기 기억의 용량을 이야기할 때 사용하는 단위.

청킹
정보를 묶는 행위.

단기 기억의 용량을 이야기할 때 그 단위는 숫자나 알파벳 낱자가 아니라 **청크**^{chunk}라 불리는 정보의 묶음이다. 청크는 숫자나 낱자 하나가 될 수도, 숫자와 낱자의 조합(예: 단어)이 될 수도 있다. 동일한 숫자열이나 알파벳열도 어떻게 묶는가에 따라 청크의 수가 달라진다. 정보를 묶는 행위를 **청킹**^{chunking}이라고 하는데, '1, 1, 9'라는 3개의 숫자가 있을 때 각 숫자를 하나의 단위로 처리하면 3개의 청크이나, 세 숫자를 묶어 화재 신고 번호인 '119'로 부호화함으로써 하나의 청크로 만들 수 있다.

청킹을 사용하면 기억해야 하는 묶음의 수를 줄일 수 있다. 예를 들어 '1, 8, 7, 9, 0, 8, 1, 5, 1, 0, 8'과 같은 숫자열은 11개의 숫자로 이루어졌고, 이는 대부분의 연구 참가자의 단기 기억 용량을 넘어서는 개수이다. 하지만 청킹을 통해 숫자열을 단기 기억 내에 담을 수 있는 개수로 줄일 수 있다. 예를 들어 최초의 심리학 실험실이 성립된 해가 '1879'년이며, '0815'는 광복절, '108'은 백팔번뇌를 지칭하는 것으로 묶을 경우 기억해야 하는 항목의 수가 3개로 줄어들 수 있다. 이는 청킹을 사용하면 단기 기억에 저장할 수 있는 실질적 정보의 양이 늘어남을 의미한다.

여행 가방의 크기는 제한되어 있지만 짐을 잘 정리하고 압축하면 더 많은 물건을 담을 수 있는 것과 마찬가지이다. 저장할 수 있는 청크의 수는 제한되어 있으나 청크가 담고 있는 정보의 양은 증가할 수 있다(추가적인 청킹 예시는 ●그림 4.8 참조). 청킹은 기억에 저장된 정보를 바탕으로 일어나는데, 사람마다 기억에 저장된 지식이 다르기 때문에 동일한 자극에 대해서도 다른 청킹이 일어난다. 심리학 실험실이 성립된 해는 모르지만 안중근 의사가 1879년에 태어났다는 것을 안다면, 그 정보를 사용할 수도 있다. 또는 '1, 8, 7, 9'를 하나로 묶지 않고 투표할 수 있는 연령(18세)과 조 바이든이 미국 대통령에 당선된 나이(79세)라는 2개의 정보로 청킹할 수도 있다.

●그림 4.8 청킹 예시

Ericsson과 Chase(1982)는 S.F.라는 연구 참가자를 대상으로 20개월에 걸쳐 약 230시간 동안 숫자 폭 과제를 연습시켰다. ●그림 4.9에서 볼 수 있듯이 S.F.의 수행은 꾸준히 증가하여 마지막에는 한 번에 80개 가까운 숫자를 기억할 수 있었다. 이러한 수행 향상을 가능하게 한 요인은

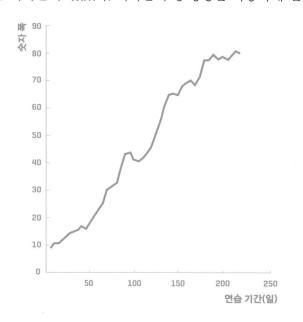

●그림 4.9 연습으로 인한 숫자 폭 과제 수행 변화
연습과 함께 S.F.가 기억하는 숫자의 양이 지속적으로 증가하였다.
출처: Ericsson & Chase 1982.

청킹이었다. S.F.는 장거리 달리기 선수였는데 다양한 달리기 대회에서 얻어진 기록에 대한 기억이 풍부했고, 이는 S.F.가 숫자를 청킹하는 데 도움이 되었다. 그러나 안타깝게도 S.F.의 수행 향상은 숫자에 국한되었다. 과제가 알파벳을 기억하는 것으로 바뀌자 6개 정도밖에 기억하지 못했던 것이다. 훈련을 통해 숫자를 청킹하는 능력은 향상되었지만, 이는 다른 자극에 대한 기억 능력 향상으로 연결되지 않았다. 이러한 결과는 S.F.가 단기 기억 과제에서 보인 수행 능력 향상이 단기 기억 용량 자체의 증가가 아니라 숫자를 청킹하는 능력 향상에 기인한 것임을 의미한다.

단어 길이 효과와 되뇌기

단어 길이 효과
단어의 길이가 기억폭에 영향을 주는 현상.

음운적 되뇌기
기억해야 하는 항목을 발음하면서 되뇌는 행위.

단기 기억의 용량을 측정하기 위해 숫자 대신 단어가 사용되기도 한다. 기억폭 과제에서 단어가 사용되는 경우 단어 폭$^{word\ span}$ 과제라고 칭한다. 단어 폭 과제에서 사용된 단어의 길이가 기억폭에 영향을 미치는 현상을 **단어 길이 효과**$^{word-length\ effect}$라고 한다.

Baddeley 등(1975)은 동일한 수의 단어로 이루어졌으나 단어 길이가 다른 두 단어 목록을 연구 참가자들에게 제시하고 이를 기억하게 하였다.

단어 목록 1) 차드, 칠레, 그리스, 통가, 케냐, 버마, 쿠바, 몰타

단어 목록 2) 소말리아, 아프가니스탄, 베네수엘라, 체코슬로바키아, 유고슬라비아, 에티오피아, 니카라과, 오스트레일리아

두 단어 목록에 포함된 단어는 각각 8개로 동일했지만, 단어 목록 1을 제시받은 참가자들은 평균 4.17개, 단어 목록 2를 제시받은 참가자들은 평균 2.8개 단어를 회상하였다.

단어 길이 효과는 단기 기억에 정보를 저장할 때 음운적 되뇌기가 사용되기 때문에 나타나는 현상이다. **음운적 되뇌기**는 기억해야 하는 항목을 반복적으로 발음하면서 되뇌는 행위를 지칭한다. 음절 수가 많은 단어, 즉 긴 단어는 짧은 단어보다 발음하는 데 더 오래 걸린다. 긴 단어가 많이 포함된 목록의 경우 단위 시간당 암기 가능한 단어 수가 적어진다.

긴 단어가 많이 포함된 단어 목록을 참가자에게 기억하도록 하면 참가자가 기억하는 단어 수는 줄어든다. 참가자들은 일반적으로 약 1.5초에서 2초 정도의 시간에 발음할 수 있는 단어의 개수를 기억할 수 있다.

사용하는 언어에 따라 단기 기억 용량이 달라지기도 한다. 언어에 따라서 숫자를 지칭하는 단어의 길이가 다르기 때문이다. 영어와 한국어의 경우 숫자 단어의 평균 음절 수가 1개이지만, 스페인어의 경우 1.62개, 히브리어는 1.88개, 그리고 아랍어는 2.25개이다. Naveh-Benjamin과 Ayres(1986)는 영어, 스페인어, 히브리어, 아랍어를 모국어로 사용하는 연구 참가자들을 대상으로 숫자열을 사용하여 단기 기억 용량을 측정하였다. 그 결과 영어를 모국어로 사용하는 참가자들은 약 7.2개의 숫자를 기억하였으나, 아랍어 사용자는 5.8개의 숫자를 기억하였다. 기억폭과 발음 속도는 밀접한 연관이 있어서, 숫자당 평균 음절 수가 증가함에 따라 기억폭 과제에서 기억하는 숫자 항목의 수가 감소하였다(●그림 4.10 참조). 이러한 결과는 정보를 단기 기억에 유지하는 방식이 단기 기억 용량에 영향을 준다는 것을 보여준다. 숫자, 단어, 알파벳 등처럼 음운적 되뇌기가 사용되는 경우 되뇌기에 걸리는 시간이 단기 기억 용량을 결정하는 데 중요한 역할을 하고, 그 결과 단어 길이와 언어에 따라 단기 기억 용량 차이가 발생한다.

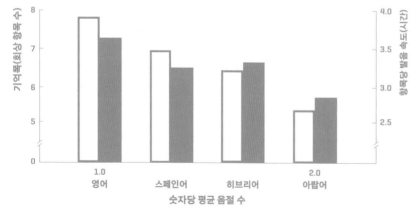

●그림 4.10 언어에 따른 기억폭과 발음 속도
출처: Naveh-Benjamin과 Ayres, 1986.

되뇌기는 주로 음운적으로 부호화 가능한 자극(예: 숫자, 알파벳, 단어)에 대해 일어난다. 하지만 시각적 이미지를 기억하는 경우에도 되뇌기가 사용된다는 주장이 있다(Awh & Jonides, 2001; Tremblay et al., 2006). 시각적 형태를 기억하는 경우(예: 모델을 보고 그리기) 기억해야 하는 항목에 자주 선택적 주의를 주는 행동이 일어나는데, 이러한 행동이 되뇌기에 해당한다는 것이다. 정물화를 그릴 때 대상을 한 번만 보고 그림을 완성하는 경우는 매우 드물다(●그림 4.11 참조). 단기 기억에

●그림 4.11
그림을 그릴 때 대상을 여러 번 보면서 그린다. 대상의 세부 요소를 한 번에 파악하고 기억할 수 없기 때문이다.
출처: 저자 소장.

한꺼번에 담을 수 있는 정보의 양이 제한적이기 때문에 여러 차례에 걸쳐 대상의 모습을 관찰해야 한다. 기억해야 하는 항목에 대한 잦은 안구 운동과 응시는 해당 항목에 대한 내적 표상을 주기적으로 업데이트하는 효과가 있고, 음운적 되뇌기와 마찬가지로 해당 정보를 단기 기억에 유지하는 기능을 하는 것으로 보인다.

간섭

단기 기억 검사를 반복하면 단기 기억 수행이 떨어진다(Wickens, 1970; Wickens et al., 1963). 참가자들에게 'XJP' 같은 세 낱자 조합을 기억하도록 하는 기억폭 과제를 계속 실시하면 수행은 점차 하락한다(●그림 4.12 참조). 사용된 자극이 숫자열이든 낱자열이든 단어열이든 마찬가지이다. 이는 항목 간 간섭이 일어나기 때문이다. 간섭이란 유사한 항목들이 서로의 기억을 방해하는 현상을 말한다. 매번 제시되는 낱자열 자극을 기억하려 할

●그림 4.12 기억 간섭 현상의 예
기억폭 과제를 반복적으로 실시하면 기억할 수 있는 항목의 수가 감소한다. 수행 감소는 단어, 숫자, 또는 낱자에서 공통적으로 관찰된다.
출처: Wikens, 1970.

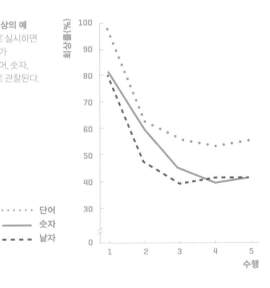

.... 단어
——— 숫자
---- 낱자

때 이전 시행에서 기억한 항목들이 다음 시행에서 기억을 방해할 수 있다. 먼저 학습한 정보가 후속 정보의 기억을 방해하는 현상은 순행 간섭의 일종이다(간섭에 대해서는 9장에서 자세하게 살펴본다).

같은 종류의 항목을 반복해서 기억하는 경우 수행의 저하가 일어나지만, 기억해야 하는 항목의 종류가 바뀌면(예: 낱자열에서 숫자열로) 수행이 원래 수준으로 회복한다. Wickens(1972/1973)는 두 조건에서 연구 참가자들의 기억폭을 검사하였다. 통제 집단은 동일한 유형의 자극(숫자열 또는 낱자열)을 반복해서 기억하였고, 실험 집단은 처음 세 번째 시행까지는 낱자열을 기억하다가 네 번째 시행에서 숫자열을 기억하였다(●표 4.2 참조).

●**표 4.2 기억폭 과제의 시행별 기억 항목 예시**

	시행 1	시행 2	시행 3	시행 4
통제 집단	XCJ	HBR	TSV	CGS
실험 집단	XCJ	HBR	TSV	529

●그림 4.13에서 볼 수 있듯이 통제 집단의 수행은 지속적으로 감소하였다. 반면 실험 집단의 경우 세 번째 시행까지는 수행이 감소하였지만 네 번째 시행에서 첫 시행의 수준으로 복귀하였다. 이처럼 같은 유형의 항목이 반복해서 사용되면서 증가하던 순행 간섭이 기억 항목의 범주가 바뀌면서 사라지는 현상을 순행 간섭으로부터의 해방[release from proactive interference]이라고 부른다. 순행 간섭으로부터의 해방은 낱자열에서 숫자열로(또는 숫자열에서 낱자열로) 바뀌는 경우뿐만 아니라 자극의 의미 범주(예: 동물 이름, 식물 이름 등)가 바뀌어도 일어난다(Wickens, 1970).

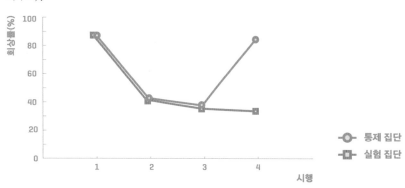

●**그림 4.13 순행 간섭으로부터의 해방**
출처: Wickens, 1972.

저장에서 처리로

단기 기억이 정보를 저장하는 것뿐 아니라 글의 이해, 문제 해결, 학습 등 다양한 과제의 처리를 담당한다는 주장은 초기부터 존재하였다(Atkinson & Shiffrin, 1968). 하지만 단기 기억의 처리 기능에 대한 연구는 시간이 다소 흐른 다음에야 본격적으로 시작되었다. Baddeley와 동료들(1974)은 단기 기억이 다양한 과제 수행에 어떻게 관여하는지 알아보기 위해 연구 참가자들에게 정보를 단기 기억에 기억하면서 이해, 자유 회상 등의 과제를 수행하도록 하였다. 예를 들어 참가자들은 문장을 보고 해당 문장이 긍정문인지 부정문인지, 능동문인지 수동문인지 판단하였다. 통제 집단의 경우 문장 판단만 수행했으나, 실험 집단의 경우 이에 더해 단기 기억 과제를 수행해야 했다. 두 조건에서의 문장 판단 시간을 비교한 결과 실험 집단 참가자들의 판단 시간이 통제 집단의 판단 시간보다 더 길었다(●그림 4.14 참조). 단기 기억의 부담을 다른 방식으로 조작하여도(예: 과제를 수행하는 동안 '더, 더, 더' 소리 내기) 마찬가지의 결과가 얻어졌다. 이러한 방해는 단기 기억이 해당 과제 수행에 관여함을 보여준다.

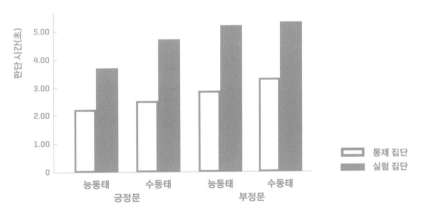

●그림 4.14 단기 기억과 문장 판단
출처: Baddeley & Hitch, 1974.

이 연구에서 단기 기억 과제를 추가적으로 수행해야 하는 경우에 언어 이해와 추론 등의 과제 수행이 완전히 방해받지는 않았다. 즉 단기 기억의 저장 용량을 거의 차지하는 많은 양의 정보를 기억하는 동안에도 참가자들은 여전히 다른 작업을 처리할 수 있었다. 이러한 결과에 기반하여 Baddeley와 동료들은 작업 기억을 '작업 공간$^{work space}$'으로 정의하였다. 작업 공간은 정보를 저장하는 역할뿐 아니라 동시에 다양한 과제에서 요구되는 정보 처리를 수행한다(Baddeley & Hitch, 1974; Baddeley et al., 1984; Baddeley, 2012). 작업 기억의 용량은 제한되어 있으나, 저장과 처리 용량 간에는 트레이드오프$^{trade-off}$가 존재한다. 저장해야 하는 정보가 증가하면 처리 속도가 감소하고, 반대로 빠른 처리가 요구되는 경우 저장 용량이 감소한다. Baddeley는 작업 기억이 단순한 구조가 아닌 여러 하위 구조로 구성되어 있다고 제안하였다. 처음에는 중앙 관리기, 음운 루프, 시공간 그림판이라는 세 가지 구조가 제시되었고, 이후 일화적 완충기가 추가되었다(●그림 4.15 참조).

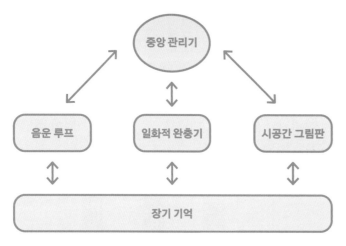

●**그림 4.15 작업 기억의 구조**
작업 기억은 중앙 관리기, 음운 루프, 시공간 그림판이라는 하위 구조로 이루어져 있다. 음운 루프, 일화적 완충기, 시공간 그림판은 중앙 관리기의 통제하에 있으면서 장기 기억과 상호 작용한다.
출처: Baddeley, 2010, 2012.

음운 루프

음운 루프$^{phonological loop}$('음운 회로' 또는 '음운 고리'로 불리기도 한다)는 음운 정보를 저장하고 처리하는 구조로, 음운 정보를 저장하는 음운 저장소$^{phonological store}$와 정보 유지를 위한 되뇌기에 관여하는 조음 과정 $^{articulatory control process}$('조음 시스템'으로 불리기도 한다)으로 구성된다 (Baddeley, 2012; Baddeley et al., 1984). 음운 루프는 약 1.5~2초간 발화할 수 있는 정보를 저장할 수 있다. 음운 루프는 되뇌기를 통해 정보를 음운 루프 내에 유지한다. 예를 들어 전화번호를 적지 않고 머리속

음운 루프
작업 기억의 하위 구조 중 하나. 음운 정보를 저장·처리함.

에 담아두고자 할 때 활용된다. 되뇌기는 음운 루프 내에서 정보를 갱신 refresh하는 역할을 하는데, 되뇌기를 하지 않으면 음운 루프 내의 정보는 소멸된다. 2초 이상의 발화를 요구하는 정보가 입력되면 되뇌기가 어려워지고 앞에서 언급한 단어 길이 효과가 나타난다. 또한 음운 루프는 음운 부호를 사용하기 때문에, 기억해야 하는 항목들의 발음이 유사한 경우 간섭이 발생할 수 있다. 음운 유사성 효과phonological similarity effect는 발음이 유사한 항목들을 기억해야 하는 경우 기억 오류가 증가하고 단기 기억의 폭이 줄어드는 현상을 지칭한다. 음운 유사성 효과는 정보가 시각적으로 제시되는 경우에도 발생한다. 종이에 인쇄된 전화번호를 기억하는 경우 이를 종종 음운 부호로 바꾸어 되뇌기에 사용하기 때문이다.

음운 루프는 음운 부호를 생성하는 과정, 즉 조음 과정에도 관여한다. Baddeley 등(1984)은 연구 참가자들에게 단기 기억 과제를 수행하면서 '더, 더, 더' 같은 의미 없는 소리를 반복적으로 발성하도록 하였다. 조음 억제articulatory suppression라고 불리는 이 절차는 음운 루프를 바쁘게 만들기 때문에 되뇌기에 필요한 조음을 방해한다. 연구자들은 조음 억제가 단기 기억에 미치는 영향을 알아보기 위해 참가자들이 기억폭 과제만 단독으로 수행하는 조건과 기억폭 과제와 조음 억제를 동시에 수행하는 조건을 비교하였다(●표 4.3 참조). 실험 결과 조음 억제가 일어난 경우 기억폭 과제의 수행이 저하되었다. '더, 더, 더' 소리를 발음하는 데 음운 루프가 사용되어 되뇌기에 필요한 조음 활동이 제대로 일어날 수 없었기 때문으로 보인다. 조음 억제를 실시하면 음운 루프의 되뇌기 기제로 인한 효과(예: 음운 유사성 효과, 단어 길이 효과)들도 사라진다 (Baddeley et al., 1984).

●표 4.3 조음 억제와 기억폭 과제

기억폭 과제 단독 수행	기억폭 과제와 조음 억제 동시 수행
아래 목록을 읽고 기억하시오.	'더, 더, 더' 소리를 반복해서 내면서 아래 목록을 읽고 기억하시오.
학교, 친구, 종, 줄자, 방석, 난로, 하늘	학교, 친구, 종, 줄자, 방석, 난로, 하늘

음운 루프는 입밖으로 소리 내어 말하는 외적 되뇌기뿐 아니라 마음속에서 일어나는 내적 되뇌기^{subvocal rehearsal}에도 관여한다. 내적 되뇌기 같은 내적 발화^{inner speech}는 정보를 저장·유지하는 데 도움을 줄 뿐 아니라, 다음 행동을 안내·지시하기도 한다. 예를 들어 주어진 수에 특정 수를 더하고 빼는 과제를 반복하는 경우(예: 287에서 1을 빼고, 그다음에 2를 더하고, 다시 1을 빼고, 그다음에 2를 더하는 등), 잦은 과제 전환^{task switching}이 필요하다. 계산을 하는 동시에 다음 단계의 계산이 무엇인지 마음속으로 계속 업데이트해야 한다. 연결된 작업을 수행할 때 다음에 수행할 작업은 내적 발화의 형태로 음운 루프에 저장되는데, 이는 과제 전환이 잦은 상황에서 중요한 역할을 한다. 이때 조음 억제를 실시하면 연구 참가자의 계산 과제 수행 능력이 크게 감소한다. 조음 억제로 인해 다음에 해야 할 과제가 무엇인지 추적하는 것이 방해받기 때문이다. 하지만 조음 억제 때문에 생기는 방해 효과는 음운 루프가 과제 수행에 사용되는 경우에 국한된다. 다음에 해야 하는 계산이 무엇인지 명확하게 알려주면 음운 루프가 더 이상 다음 단계의 계산을 추적할 필요가 없어지므로, 조음 억제가 있는 조건과 없는 조건 간의 수행 차이가 사라진다(Baddeley et al., 2001; Emerson & Miyake, 2003).

음운 루프는 숫자를 더하거나 곱할 때 계산의 중간 산물을 저장하는 데도 종종 관여한다. 예를 들어 '425+63' 같은 계산을 머릿속에서 처리할 때 처음에 먼저 일의 자리 5와 3을 더한 결과인 8을 십의 자리 숫자끼리 더하는 동안 잠시 저장해 두어야 한다. 조음 억제가 실시되면 이러한 암산이 방해받는다. 단, 계산이 간단해서 중간 산물을 저장할 필요가 없는 과정인 경우에는 조음 억제가 실시되어도 암산이 방해받지 않는다. 음운 루프가 사용되지 않기 때문이다(Hitch, 1978; Logie, Gilhooly, & Wynn, 1994).

음운 루프는 음운 부호를 처리하는데 특화되어 있다. 이는 일반적인 소리 자극의 처리에는 관여하지 않으므로, 백색 소음을 제시하여 언어 자극을 기억하도록 해도 기억 수행이 방해받지 않는다. 하지만 의미를 이해하지 못해도 언어 자극(예: 모르는 외국어)을 제시하면 기억 과제 수행이 방해받는다. 의미 없는 자극이지만 언어 자극은 음운 루프에서 처리되기 때문인데, 이를 무관련 발화 효과irrelevant speech effect 또는 무관련 소리 효과irrelevant sound effect라고 한다(Baddeley, 1992, 2012). 무관련 발화 효과는 단순한 주의 산만으로 인하여 발생하는 현상은 아니다. 소리의 크기 등은 수행에 큰 영향을 미치지 않고, 자극의 유형이 음운 정보인지가 더 중요한 역할을 한다.

시공간 그림판

시공간 그림판
작업 기억의 하위 구조 중 하나. 시각 정보와 공간 정보를 저장·처리함.

시공간 그림판visuospatial sketchpad은 작업 기억에서 시각 정보와 공간 정보를 저장하고 처리하는 역할을 담당한다. 모델을 앞에 두고 그림을 그리면서 모델의 모습을 저장하거나, 글을 읽으면서 글에서 묘사하는 모습이나 상황을 마음속에 떠올리는 등의 작업을 할 때 관여한다. 시공간 그림판 역시 용량이 제한되어 있으므로, 이를 초과하여 작업할 시 수행 저하가 일어난다.

● **그림 4.16** Brooks가 시공간 그림판 연구에서 사용한 과제
출처: Brooks, 1968.

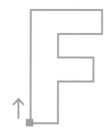

Brooks(1968)는 ●그림 4.16과 같은 형태를 연구 참가자들에게 학습시킨 다음 그 이미지를 마음속에 떠올리면서 글자 이미지의 바깥 윤곽선을 따라 이동하도록 하였다. 참가자들은 네모 표시가 있는 지점에서 시작하여 시계 방향으로 이동하면서 모서리에 도달할 때마다 해당 모서리가 바깥쪽에 있는지 안쪽에 있는지, 위를 향하는지 아래를 향하는지 판단하였는데, 이런 판단은 시공간 그림판에서 담당하는 처리이다. 참가자들은 두 가지 방식으로 반응하였다. 말하기speaking 조건에서는 반응을 소리 내어 말하였고, 손으로 가리키기pointing 조건에서는 '바깥쪽' 또는 '안쪽'이라고 쓰여진 글자를 손가락으로 가리켰다. 손으로 가리키기 반응의 경우 시공간 그림판에서 담당하지만, 말하기 반응의 경우 음운 루프에서 담당한다. 즉 손으로 가리키기 조건에서는 시공간 그림판이

과제 수행과 반응 산출을 모두 도맡아 해야 하지만, 말하기 조건에서는 시공간 그림판이 이미지 조작을, 음운 루프는 반응을 처리한다. 두 조건에서의 수행을 비교한 결과, 말하기 반응 조건보다 손으로 가리키기 반응 조건에서 수행이 더 저조하였다. 말하기 조건에서는 시공간 그림판이 더 많은 처리를 수행해야 했기 때문이다.

Robbins 등(1992)은 체스판 복구 과제를 수행할 때 이중 과제가 미치는 영향을 살펴보았다. 세 유형의 이중 과제가 존재하였는데, 주 과제와 동일하게 시공간 그림판을 사용하거나(예: 정해진 패턴에 따라 계산기 키보드 두드리기), 음운 루프를 사용하거나(예: 숫자 세기), 중앙 관리기를 사용하였다(예: 무작위로 낱자 생성하기). 이중 과제로 인한 수행 저하는 정해진 패턴에 따라 계산기 키보드를 두드리는 조건에서만 발생하였다. 주 과제와 부과제가 모두 시공간 그림판을 사용하였기 때문에 시공간 그림판에서 처리할 작업량에 과부하가 발생하여 수행에서 간섭이 일어난 것이다. 반면 숫자 세기와 무작위 낱자 생성 과제는 주 과제인 체스판 복구 과제의 수행을 거의 방해하지 않았는데, 이는 시공간 그림판이 아닌 음운 루프와 중앙 관리기가 관여했기 때문이다. 이러한 결과는 시공간 그림판의 처리 용량이 음운 루프나 중앙 관리기의 처리 용량과는 독립적임을 시사한다.

전통적인 단기 기억 용량 측정 과제에는 대부분 언어 자극을 사용한다. 언어 자극에는 낱자, 단어 등의 단위가 있지만, 이미지에는 이러한 단위가 없다. 이는 시공간 그림판의 정보 처리를 수치화하기 어렵게 만드는 요인이다. 이러한 어려움에도 불구하고 시공간 그림판의 용량을 측정하려는 다양한 시도가 이루어져 왔다.

Della Sala 등(1999)은 연구 참가자들에게 사각형으로 이루어진 자극판을 보여주고 기억하도록 하였다(●그림 4.17 참조). 자극판의 크기는 다양했으며, 가장 큰 자극판은 가로 6개, 세로 5개의 사각형(총 30개 사각형)으로 이루어져 있었다. 자극판 내 각 사각형은 흰색이나 검은색으로 색칠되어 있었다. 참가자들은 이 자극판(●그림 4.17 a 참조)을 3초 동안 보고 난 다음, 이를 빈 자극판(●그림 4.17 b 참조)에 칠하였다. 연구 결과 참가자들은 평균 약 9개의 사각형 위치를 정확하게 기억하였다.

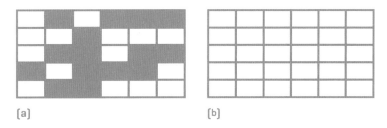

●그림 4.17 Della Sala 등이 시공간 그림판 용량 측정에 사용한 과제 예시
연구 참가자들은 검은 사각형과 흰 사각형으로 이루어진 자극판(a)을 본 다음, 해당 자극판에서 검은색이었던 부분을 빈 자극판(b)에 칠하여 회상하였다.
출처: Della Sala et al., 1999.

[a]   [b]

Luck과 Vogel(1997)은 2개의 자극판에서 차이를 탐지하는 과제를 사용하여 시공간 그림판의 용량을 추정하였다(●그림 4.18 참조). 색칠된 사각형으로 구성된 자극판이 사용되었는데, 자극판에는 1개부터 12개까지 사각형이 놓일 수 있었고 각 사각형은 7개의 색상(검정, 흰색, 노랑, 빨강, 파랑, 초록, 보라) 중 하나의 색을 띠고 있었다. 연구 참가자는 기억해야 하는 자극판이 사라진 다음 검사 자극판이 제시되면, 검사 자극판이 이전에 본 자극판과 같은지 판단하였다. 참가자들은 대부분 사각형 3개가 포함된 자극판까지는 완벽하게 기억했지만, 사각형 수가 증가함에 따라 기억의 정확성이 점진적으로 감소하였다. 이 과제에서 시공간 그림판의 용량은 약 3~4개 정도로 추정되었으며, 이는 Della Sala 등(1999)에서의 추정치보다 적다. 이는 과제의 처리 난이도를 반영하는 것으로 보이는데, Della Sala 등(1999)에서는 흰색과 검정색만 사용되었고 검은 사각형의 위치가 격자 패턴 중의 하나였다. 반면 Luck과 Vogel(1997)에서는 사각형의 색이 다양하고, 위치에도 제약이 없었기 때문에 자극판을 기억하는 데 부담이 더 컸던 것으로 보인다.

기억   파지   검사

●그림 4.18 Luck과 Vogel이 시공간 그림판 용량 측정에 사용한 과제 예시
연구 참가자들은 왼쪽 자극판을 본 후 오른쪽 자극판이 제시되면, 해당 자극판이 이전에 본 자극판과 동일한지 판단하였다.
출처: Luck & Vogel, 1997.

일화적 완충기

일화적 완충기^{episodic buffer}는 초기 모형에는 포함되지 않았으나 나중에 추가된 구조이다(Baddeley, 2000). 초기 모형에서 적절하게 다루지 못한 다중 감각^{multi-modal} 부호의 처리를 설명하기 위해서 제안되었다. 초기 모형은 시공간 부호와 언어적 부호가 각각 시공간 그림판과 음운 루프라는 별도의 하위 구조에서 처리된다고 보았다. 하지만 모든 자극이 한 부호만으로 구성되지는 않으며, 자극에 따라 다중 감각 부호, 예를 들어 시공간적 부호와 언어적 부호를 동시에 가질 수 있다. 일화적 완충기는 다중 감각 부호를 처리할 수 있고, 음운 루프와 시공간 그림판에서 따로 처리된 시공간 부호와 언어적 부호를 통합하여 하나의 일화^{episode}로 만드는 데 관여한다.

또한 일화적 완충기는 장기 기억에서 인출된 정보를 활성화된 상태로 유지하는 데 한몫한다. 기억을 하거나 글을 읽거나 할 때 장기 기억에 저장된 정보를 광범위하게 참조해야 하는 경우가 있다. 예를 들어 앞에서 언급한 S.F.처럼 달리기 기록을 사용하여 숫자열을 청킹하는 경우(103쪽 참조), 달리기 기록에 대한 기억이 장기 기억에서 인출되어 단기 기억에 활성화된 상태로 있어야 기억폭 과제에서 즉각적으로 활용될 수 있다. 이와 마찬가지로 글을 읽기 위해서는 상당한 양의 정보(예: 글의 주제와 관련된 사전 지식, 글의 앞부분에서 처리한 결과물)를 활성화된 상태로 유지해야 한다(14장 참조). 일화적 완충기는 이러한 정보들을 일시적으로 저장하여 진행 중인 과제를 처리하는데 즉각적으로 사용할 수 있도록 한다.

일화적 완충기는 약 4개 정도의 청크를 저장할 수 있다(Baddeley, 2012; Cowan, 2000). 음운 루프, 시공간 그림판에도 저장 기능이 있기 때문에, 일화적 완충기는 작업 기억의 저장 용량을 실질적으로 증가시키는 효과를 가져다준다. 일화적 완충기 내에 저장된 정보는 중앙 관리기를 통해 의식적으로 접근 가능하고, 중앙 관리기가 어디에 주의를 기울이는지에 따라서 중앙 관리기에 입력되는 정보의 내용이 변한다.

일화적 완충기
작업 기억의 하위 구조로, 다중 감각 부호를 처리할 수 있다. 음운 루프와 시공간 그림판에서 처리된 시공간 부호와 언어적 부호를 통합하여 하나의 일화로 만드는 데 관여함.

중앙 관리기

중앙 관리기 또는 중앙 집행기^central executive는 작업 기억에서 가장 복잡한 구조로서 음운 루프와 시공간 그림판, 일화적 완충기에서 일어나는 처리를 관리하는 역할을 한다. 중앙 관리기는 오케스트라의 지휘자나 기업의 CEO에 비유된다. 처리를 직접 수행하지는 않지만 각각의 하위 구조가 언제 어떤 처리를 할지 지시하거나 하위 구조 간의 업무를 조정하기 때문이다. 음운 루프, 시공간 그림판 등 작업 기억의 하위 구조들은 서로 직접 상호 작용하지 않고 중앙 관리기의 관할하에서 조율된다.

중앙 관리기의 가장 큰 업무 중 하나는 작업 기억 내에서 정보 처리의 흐름을 관리·통제하는 것이다. 이는 주의 자원의 배분과 밀접한 관련이 있다. 중앙 관리기는 동시에 여러 자극과 과제를 처리해야 하는 경우 어느 과제에 우선적으로 주의를 배분할지 결정하고, 과제 간 주의 전환이 필요한 경우 언제 이를 실시할지 계획하여 실행에 옮긴다. 특정 하위 구조의 처리 부담이 과도해지면 자원을 더 할당하거나 작업의 일부를 다른 하위 구조에 보내는 등의 조정 작업을 통해 작업 기억의 과부하를 막는다.

어떤 정보를 선택하고 처리할지, 어떤 정보를 무시할지 결정하는 것 역시 중앙 관리기의 역할이다. 3장에서 살펴본 스트룹 과제(81쪽 참조)에서는 자동화된 단어 읽기 반응을 억제하고 단어가 인쇄된 잉크의 색을 말해야 한다. 중앙 관리기는 이처럼 여러 반응이 경합할 때 적절한 반응을 선택하고 부적절한 반응을 억제하는 역할을 수행한다. 중앙 관리기의 기능이 부족하거나 저하된 경우 불필요한 또는 무관련한 자극을 무시하는 데 어려움을 겪는다. 작업 기억 용량이 작은 사람들은 용량이 큰 사람에 비해 더 적은 항목을 기억하는 것은 물론이고, 불필요한 자극을 효과적으로 걸러내지 못한다(Vogel et al., 2005).

중앙 관리기는 일련의 처리를 직접 수행한다. 숫자를 더하거나 빼는 계산이 대표적인데, '9+23=?' 같은 계산은 중앙 관리기에서 이루어진다. 수가 커지면 계산에 대한 부담과 더불어 기억 부담이 증가한다. 계산은 여러 단계를 거쳐 진행되기 때문에(예: 일의 자리를 먼저 더하고 십의 자리를 더하기), 처리의 중간 산물(예: 일의 자리를 먼저 더한 결과)을 다음 조작(예: 십의 자리 더하기)을 하는 동안 저장해야 한다. 이 경우 계산의 중간 산물을 저장하는 일은 음운 루프에서 담당하지만 더하기, 빼기, 곱하기 등의 연산 작업 자체는 중앙 관리기가 담당한다(DeStefano & LeFevre, 2004). 중앙 관리기는 무작위로 숫자열을 생성하거나 반응하는 과제[random number generation]에도 관여하는데, 이때는 무작위적인 반응을 생성하면서 숫자가 특정한 규칙을 따르지는 않는지 모니터링한다.

중앙 관리기의 처리 용량도 제한적이다. 중앙 관리기가 동시에 여러 처리에 관여할 때 수행 저하가 발생한다. De Rammelaere 등(2001)은 중앙 관리기의 처리 용량을 연구하기 위해 대학생 연구 참가자들에게 간단한 계산 결과를 확인(예: 2+3=5)하는 과제를 내주었다. 통제 집단 참가자들은 계산 결과를 확인하는 과제만 단독으로 수행하였으나(통제 조건), 나머지 두 실험 집단의 참가자들은 추가적인 과제를 수행해야 했다. 첫 번째 실험 집단 참가자들은 무작위로 키패드를 눌러야 했고(무작위 키패드 조건), 또 다른 실험 집단 참가자들은 계산 결과를 확인하는 동안 '더, 더, 더' 소리를 내야 했다(조음 억제 조건). 무작위 키패드 조건에는 중앙 관리기가, 조음 억제 조건에는 음운 루프가 관여한다. 세 조건의 수행을 비교한 결과, 조음 억제 조건 참가자들은 통제 조건 참가자들과 유사한 반응 시간을 보였다(●그림 4.19 참조). 반면 무작위 키패드 조건에서는 반응 시간이 크게 증가하였다. 이러한 결과는 무작위 키패드 조건에서 계산 결과 확인과 키패드 누르기가 모두 중앙 관리기의 처리 자원을 사용했기 때문이다.

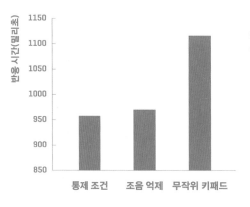

●그림 4.19 중앙 관리기와 이중 과제 수행
출처: De Ramelaere et al., 2001.

작업 기억 용량 측정

작업 기억의 '용량'을 측정할 때는 '저장' 용량뿐 아니라 '처리'용량도 측정해야 한다. 전통적인 단기 기억 측정 과제들은 대부분 '처리' 용량보다는 '저장' 용량을 측정한다. 저장 용량도 과제 수행과 관련되나, 처리가 중요한 과제에 대한 예측력은 떨어진다. 글 읽기가 여기에 해당한다. 글을 이해하는 것은 저장과 처리 부담이 공존하는 대표적인 과제이다. 언어는 소리부터 음절, 단어, 문장, 덩이글^{text}까지 다층의 수준에서 처리가 일어나는 과정이다. 소리를 분절하고 형태를 인식하는 것은 물론, 앞에서 제시된 내용을 기억하고 이를 뒤에 오는 내용과 연결하면서, 내용 간의 관계를 계산하고 주어지지 않은 정보를 추리하는 등의 복잡한 처리를 요한다(12장, 13장 참조). 글 읽기 능력이 뛰어난 사람들과 그렇지 않은 사람들 사이에서는 단기 기억 저장 용량과 관련하여 뚜렷한 차이가 발견되지 않았다(Perfetti & Lesgold, 1977). 이러한 결과는 저장 용량 중심의 단기 기억 측정 방식이 글을 이해하는 데 드는 처리 부담을 제대로 측정하지 못한 것에 기인한다.

Daneman과 Carpenter(1980)는 읽기 영역에서 저장 용량과 처리 용량을 모두 측정하는 과제로 읽기 폭 과제$^{reading\ span\ task}$를 고안하였다. 읽기 폭 과제에서는 문장을 이해하는 동시에 이를 기억해야 한다. 읽기 폭 과제에서 연구 참가자들은 아래와 같이 서로 관련이 없는 문장 세트를 읽는다.

"When at last his eyes opened, there was no gleam of triumph, no shade of anger."

"The taxi turned up Michigan Avenue where they had a clear view of the lake."

연구 참가자들은 해당 문장을 읽으면서 각 문장의 마지막 단어를 기억해야 한다. 위의 두 문장의 경우 'anger', 'lake'가 이에 해당된다. 참가자가 읽어야 하는 문장의 개수는 2개에서 시작하여 6개까지 증가한다. 의미를 정확히 이해하는 동시에 마지막 단어를 기억할 수 있는 문장의 수가 읽기 폭^{reading span}으로 간주된다. 동일한 길이의 세트가 여러 번 제시되고, 최소한 5회의 시행 중 3회에서 마지막 단어를 모두 기억할 수 있어야 해당 기억폭을 가진 것으로 간주된다. 대학생들을 대상으로 읽기 폭을 살펴보면 약 2개에서 5개 사이에 분포되어 있다.

읽기 폭은 글을 이해하는 것과 관련된 여러 측정치(문장에 대한 기억, 대명사 참조 등)와 높은 상관을 보인다. 읽기 폭이 큰 사람은 더 많은 문장을 작업 기억에 활성화된 상태로 유지할 수 있기 때문에 더 넓은 범위의 문장을 바탕으로 추론을 수행할 수 있는 것으로 보인다. 청각적으로 문장을 제시하여 듣기 폭^{listening span}을 측정할 수도 있는데, 읽기 폭과 듣기 폭 간에는 높은 상관이 존재한다. 이는 읽기 폭 또는 듣기 폭이 시각이나 청각 입력에 특수한 처리뿐 아니라 언어 처리 일반에 요구되는 처리 용량을 측정함을 보여준다.

작업 기억 용량은 지능과 관련이 깊다(Conway et al., 2003; Salthouse & Pink, 2008). 작업 기억 용량은 노화에 민감한데, 단기 기억 과제로 종종 사용되는 무의미 문자열을 기억하는 능력은 청년기까지 증가했다가 점차 감소하는 추세를 보인다. 노화는 작업 기억의 저장 능력보다는 처리 능력에 더 큰 영향을 미치는데, 나이가 들면서 정보를 짧은 시간 저장하는 능력보다 정보를 처리하는 능력(예: 집행 기능)에서 수행이 더욱 저하된다. 저장 용량 저하는 처리 능력 저하의 부산물일 수 있는데, 노화가 저장 용량보다는 처리 속도에 영향을 주어 그 결과 용량 저하가 일어나는 것으로 보인다(정혜선, 2004; Bäckman et al., 2001; Nyberg et al., 2012; Salthouse, 1994).

작업 기억 개인차의 핵심은 무관련 정보를 억제하는 능력의 차이에 있다(유현주 등, 2006). 작업 기억의 용량이 큰 경우, 기억하는 항목의 수가 증가할 뿐 아니라 간섭의 영향도 작아진다. Kane과 Engle(2000)은 작업 기억의 개인차가 순행 간섭에 미치는 영향을 살펴보았다. 작업 기억 과제에서 상위 25%의 수행을 보인 고폭^{high span} 집단과 하위 25%의 수행을 보인 저폭^{low span} 집단이 비교되었다. 앞에서 살펴보았듯 기억 과제가 반복되면 순행 간섭으로 인하여 기억폭이 감소한다. 작업 기억 용량이 작을수록 순행 간섭을 더 많이 경험한다. 첫 시행에서는 고폭 집단 참가자들과 저폭 집단 참가자들 간의 회상 수행 차이가 미미하였으나, 시행을 거듭하면서 집단 간 차이가 증가했다. 두 집단 모두 순행 간섭을 경험하였으나 고폭 집단은 수행의 감소 폭이 더 작았다(●그림 4.20 참조). 이러한 결과는 작업 기억의 용량이 높을수록 불필요한 정보를 걸러내는 능력이 우수함을 보여준다.

●**그림 4.20 작업 기억 용량과 순행 간섭**
작업 기억 과제를 반복할수록 순행 간섭으로 인해 참가자가 회상하는 항목 수가 줄어든다.
출처: Kane & Engle, 2000.

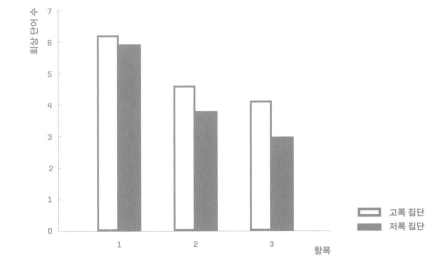

5장

장기 기억

장기 기억은 장기간 정보를 저장하는 공간으로, 일반적으로 사람들이 생각하는 기억에 해당한다. 개인이 살아가며 습득한 정보와 경험 내용은 장기 기억에 저장되고, 이는 학습과 직업 활동은 물론, 정체성 형성과 적응에 중요한 역할을 한다. 이 장에서는 장기 기억의 특징을 비롯하여 장기 기억과 단기 기억의 차이, 장기 기억에 저장되는 기억의 유형을 살펴본다.

장기 기억의 특징
- 지속 시간
- 저장 용량
- 사용 부호

장기 기억과 단기 기억의 구분
- 실험 증거
- 신경학적 증거

장기 기억의 유형
- 명시 기억
- 암묵 기억

5장 _ 장기 기억

1. 장기 기억의 특징

살아가는 동안 다양한 맥락에서 습득하는 정보와 경험은 장기 기억에 저장되어 필요한 때 인출된다. 따라서 장기 기억에는 많은 양의 정보가 오랜 기간 보관된다. 이처럼 장기 기억은 지속 시간과 저장 용량, 사용 부호 등의 측면에서 감각 기억 및 작업 기억과 구분된다.

지속 시간

장기 기억에 저장된 정보는 오랫동안 유지된다. 어린 시절의 기억은 일반적으로 나이가 들어서까지 지속되는데, 잘 보관된 기억은 사망 직전까지도 보존이 가능하다. 장기 기억에 저장된 기억을 평생 동안 유지할 수도 있지만, 모든 정보가 평생 장기 기억에 남아 있는 것은 아니다. 열심히 공부하였으나 막상 시험을 볼 때는 공부한 내용을 기억하지 못하거나, 아는 사람의 이름을 금방 기억하지 못하는 것은 상당히 흔한 경험이다. 하지만 망각되었다고 생각한 정보가 시간이 흐르거나 상황이 바뀌면서 자연스럽게 회상되는 일도 일어난다. 망각은 정보의 부호화, 파지, 인출 단계에서 여러 요인이 작용한 결과 발생한다(장기 기억에서 정보의 부호화, 파지, 인출이 어떻게 일어나는지는 6~8장에서 살펴본다).

저장 용량

장기 기억의 용량의 한계에 대해서는 알려진 바가 없다. 장기 기억의 저장 용량을 측정하는 것 자체가 상당히 어려운 일이기 때문이다 (Laudauer, 1986). 나이를 먹음에 따라 장기 기억의 효율성이 떨어지긴 하지만, 여전히 새로운 정보를 학습할 수 있고, 뇌에서는 새로운 신경세포 및 신경세포 간의 연결, 즉 시냅스^{synapse}가 만들어진다(Lee et al., 2012). 이는 나이가 들어도 뇌에 여분의 저장 용량이 있어서 뇌가 추가적인 정보를 저장할 수 있다는 것을, 즉 장기 기억이 담을 수 있는 정보의 양이 무한하다는 것을 의미할 수 있다. 하지만 신경세포가 새로 생성된다고 해서 장기 기억 용량이 무한하다거나 뇌의 신경세포 총수가 증가하는 것은 아니다. 노화와 함께 뇌 영역이 재조직화되고, 이에 따라 과제 수행에 관여하는 영역이 변화하기 때문이다(Dinse, 2006; Morcom & Johnson, 2015). 재조직화의 원인은 아직 불분명하지만, 새로운 학습 내용을 저장하기 위해서 이전에 습득한 정보가 폐기되거나 재조직화가 일어나는 것일 수도 있다. 사람이 평생 뇌의 10%만 사용한다는 믿음이 한때 널리 퍼져있었지만, 특별한 용도 없이 평생 여유 공간을 유지하기에는 뇌는 진화라는 측면에서 상당히 값비싼 구조이다(Marois & Ivanoff, 2005). 기억은 결국 뇌라는 하드웨어를 기반으로 일어나는 것이고, 뇌가 저장할 수 있는 용량에는 물리적 한계가 존재할 것으로 추정된다. 그러나 우리가 일상에서 경험하는 망각은 대부분 장기 기억의 저장 공간 부족보다는 다른 요인으로 인해 일어난다.

사용 부호

감각을 통해 입력된 정보는 다양한 부호로 변환되어 저장된다. 저장된 기억의 일부는 시각, 청각 등의 감각과 유사한 부호를 사용하므로, 과거를 회상할 때 이전에 경험한 사건의 장면, 좋아하는 음식이 풍기는 냄새, 좋아하는 가수의 목소리 등을 마음속에 떠올릴 수 있다. 이러한 경험은 우리의 기억이 시각 부호나 청각 부호 등의 형태로 장기 기억에 저장될 수 있음을 보여준다.

감각 부호가 그대도 저장되기도 하지만 많은 경우 감각 부호는 다른 부호, 주로 의미 부호로 전환된다. 예를 들어 아래와 같은 문장을 읽는다고 하자.

"아빠, 사랑해."

"Dad, I love you."

위 문장을 처리하는 과정에서 다양한 부호가 형성된다. 글자의 형태, 선의 길이, 방향 등이 결합하여 만들어진 낱자(예: 'ㅇ' 'ㅏ')를 지각하고 이를 조합하여 음절(예: '아')과 단어(예: '아빠')를 지각한 뒤, 마지막으로 단어들의 의미 관계를 계산하여 문장의 의미를 이해하게 된다(언어 처리는 12, 13장에서 자세하게 다룬다). 이 과정에서 다양한 부호가 만들어지고 처리되나, 우리가 관심을 갖는 것은 감각 부호 자체보다는 부호가 전달하는 의미이다. 따라서 제시된 문장이 한국어이든 영어이든 최종적인 의미 정보만 기억에 남는다.

Sachs(1967)는 아래 단락과 비슷한 이야기를 연구 참가자들에게 들려주었다.

망원경에 관한 흥미로운 이야기가 있습니다. Lippershey라는 네덜란드 남자는 안경 제작자였습니다. 어느 날 그의 아이들이 렌즈를 가지고 놀고 있었습니다. 그들은 두 개의 렌즈가 30cm 정도 떨어져 있으면 사물이 매우 가깝게 보인다는 사실을 발견했습니다. Lippershey는 실험을 통해 '망원경(spyglass)'을 만들었고, 이는 많은 사람의 관심을 끌었습니다. 그는 위대한 이탈리아인 과학자 Galileo에게 이에 관한 편지를 보냈습니다. Galileo는 즉시 이 발견의 중요성을 깨닫고, 자신만의 도구를 만들기 시작했습니다. 그는 오래된 오르간 파이프에 볼록 렌즈와 오목 렌즈를 하나씩 붙여서 망원경을 만들었습니다. 맑은 밤이 되자마자 그는 자신이 만든 도구를 하늘로 향했습니다. 그는 어둡고 빈 공간이 밝게 빛나는 별들로 가득 차있음을 발견하고 놀랐습니다! [80음절]

매일 밤 Galileo는 높은 탑에 올라 망원경으로 하늘을 훑었습니다. 어느 날 밤 그는 목성을 보았고 놀랍게도 그 근처에서 세 개의 밝은 별을 발견했습니다. 별은 동쪽에 둘, 서쪽에 하나가 있었습니다. 하지만 다음날 밤에 이 별들은 모두 서쪽에 있었습니다. 며칠 후에는 작은 별 네 개가 나타났습니다. [160음절]

* 음절 수는 원어(영어) 기준

Sachs는 참가자들에게 이야기에서 나온 문장과 동일하거나(a), 의미가 변했거나(b), 태(능동태/수동태)가 변했거나(c), 의미 변화 없이 문장의 형태만 변한(d) 문장을 제시하고(●표 5.1 참조) 재인 검사를 실시했다. 참가자들은 이야기가 제시된 직후 또는 추가적인 내용(80음절 또는 160음절 분량)을 읽은 다음에 제시된 문장이 원래 이야기의 문장과 동일한지 아닌지 답변해야 했다.

●표 5.1 재인 검사 문장 예 출처: Sachs, 1967.

유형	검사 문장 예시
[a] 동일 문장	그는 위대한 이탈리아 과학자 Galileo에게 이에 관한 편지를 보냈습니다. (He sent a letter about it to Galileo, the great Italian Scientist).
[b] 의미 변화	위대한 이탈리아 과학자 Galileo는 이에 관한 편지를 그에게 보냈습니다. (Galileo, the great Italian Scientist, sent him a letter about it).
[c] 수동태/ 능동태 변화	이에 관한 편지가 위대한 이탈리아 과학자 Galileo에게 보내졌습니다. (A letter about it was sent to Galileo, the great Italian scientist).
[d] (의미 변화 없는) 형태 변화	그는 이에 관한 편지를 위대한 이탈리아 과학자 Galileo에게 보냈습니다. (He sent Galileo, the great Italian scientist, a letter about it).

이야기가 제시된 직후 재인 검사가 실시되면 참가자들은 동일 문장을 제외한 다른 문장들은 보지 못했다고 답변하였다. 즉 이야기에서 제시된 문장의 의미뿐 아니라 언어적 형태까지 기억하고 있었다. 하지만 이야기가 제시된 후 시간이 지나면 의미 변화 없는 문법적 형태 변화는 잘 탐지하지 못하였는데, 이는 문장의 태나 구의 순서 같은 정보는 빠르게 망각됨을 보여준다. 글이 시각과 청각이라는 감각 기관을 통해 들어오기 때문에 글의 지각적, 언어적 형태와 특성에 대한 처리 역시 일어나지만, 의미 추출이 이루어진 다음에는 이전의 분석 결과들은 대부분 사라지는 것으로 보인다.

2. 장기 기억과 단기 기억의 구분

모든 연구자가 장기 기억과 단기 기억을 구분하지는 않지만(Anderson, 1983; Ericsson & Kintsch, 1995, 4장 참조), 장기 기억이 단기 기억과는 별개의 특징을 가진 구조임을 시사하는 다양한 실험 증거와 신경 생리학적 증거가 있다.

실험 증거

어떤 사건을 경험하거나 뭔가를 학습한 다음 기억을 살펴봤을 때, 그 기억이 균일하지 않았던 적이 종종 있었을 것이다. 선명하게 떠오르는 기억도 있지만, 어떤 내용은 아무리 생각해도 잘 기억나지 않는다. 이러한 차이가 생기는 데는 다양한 원인이 있다. 그중 하나는 정보가 제시된 위치 또는 순서이다.

Murdock(1962)는 연구 참가자들에게 '학교'나 '사과'와 같은 단어로 구성된 목록을 주고 이를 기억하게 하였다. 단어는 한 번에 하나씩 같은 시간 간격을 두고 제시되었고(예: 2초에 한 단어씩) 목록 제시가 끝난 다음 참가자들은 제시된 단어를 회상하였다. 단어가 목록에서 제시된 순서와 위치에 따른 회상을 살펴본 결과 ●그림 5.1과 같은 계열 위치 곡선 serial position curve이 얻어졌다. 목록에서 단어가 제시된 위치에 따라 회상률이 달라졌는데, 대부분의 경우 목록의 처음과 마지막에 제시된 단어에 대한 회상이 우수한 것으로 나타났다. 이처럼 정보의 위치에 따라 이에 대한 회상률이 달라지는 현상을 **계열 위치 효과** serial position effect라고 부른다. 이때 앞부분에 제시된 정보에 대한 회상이 우수한 것을 **초두 효과** primacy effect, 뒷부분에 제시된 정보에 대한 회상이 우수한 것을 **최신 효과** recency effect라고 칭한다.

계열 위치 효과
정보가 제시되는 위치에 따라 회상률이 달라지는 현상.

초두 효과
계열 위치 효과에서 앞부분에 제시된 정보에 대한 회상이 우수한 현상.

최신 효과
계열 위치 효과에서 뒷부분에 제시된 정보에 대한 회상이 우수한 현상.

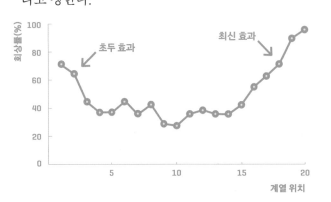

●그림 5.1 계열 위치 효과
가로축은 계열 위치, 즉 목록에서 단어가 제시된 위치를 나타낸다. 예를 들어 가로축의 5는 목록에서 다섯 번째로 제시된 단어, 20은 마지막에 제시된 단어를 가리킨다. 단어 목록에서 단어가 제시된 위치에 따라 회상률이 달라진다.
출처: Murdock, 1962.

다중 기억 모형에서는 정보가 단기 기억에서 장기 기억으로 이동하는 과정에서 계열 위치 효과가 발생한다고 설명한다. 사람들이 단어 목록을 기억할 때 가장 많이 사용하는 방법은 해당 단어를 되뇌는 것이다. 목록의 단어가 순서대로 제시되는 경우, 목록의 초반에 제시된 단어들은 이후에 제시된 단어들에 비해 되뇌기할 기회가 더 많고, 그 결과 장기 기억으로 이동할 확률이 더 높다. 실제 참가자들의 되뇌기를 살펴본 결과 초반에 제시된 단어들을 이후에 제시된 단어들보다 더 많이 되뇌는 것이 관찰되었는데(Rundus, 1971), 이는 초두 효과가 되뇌기에 기인한다는 설명을 지지한다. 하지만 최신 효과는 되뇌기로는 잘 설명되지 않는다. 목록의 후반에 있을수록 되뇌기 횟수가 줄어들기 때문이다. 그보다는 후반에 제시된 단어들의 경우, 정보가 여전히 단기 기억에 남아 있으므로 회상이 잘된다고 보는 것이 타당하다. 이는 목록 초반에 제시된 단어들은 장기 기억에서 인출되지만, 후반에 제시된 단어들은 단기 기억에서 인출됨을 의미한다.

다중 기억 모형의 설명이 맞다면, 초두 효과와 최신 효과는 서로 다른 변인의 영향을 받는다. 예를 들어 단어를 빠르게 제시할 경우 되뇌기 횟수가 줄어 장기 기억으로 이동하는 단어 수가 줄어든다. 그 결과 초두 효과가 감소하지만 최신 효과에는 영향을 주지 않아야 한다. 단기 기억 용량을 초과하지 않는 한, 단어 제시 속도는 단기 기억 용량에 영향을 주지 않기 때문이다. 실제로 단어를 빠르게 제시하면서(예: 2초에 한 단어가 아니라 1초에 한 단어씩) 계열 위치 효과를 살펴본 결과, 예상대로 초두 효과는 줄어들었지만 최신 효과는 영향받지 않았다(Fischler et al., 1970; Rundus & Atkinson, 1970; ●그림 5.2 참조).

●**그림 5.2 되뇌기 속도와 초두 효과**
단어를 제시하는 속도가 상대적으로 느릴 때(2초에 한 단어)와 빠를 때(1초에 한 단어)의 계열 위치 곡선(가상의 결과)이다.

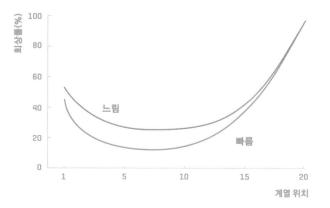

반면 단기 기억의 정보 저장을 방해하면 반대의 효과가 얻어져야 한다. 단기 기억의 정보는 (유지 시연이 없을 경우) 시간이 지나면 소멸된다. 단기 기억이 최신 효과에 관여한다면, 회상이 지연될 경우 최신 효과가 감소해야 한다. 이 가정을 확인하고자 Rundus(1971)는 연구 참가자들의 회상을 지연시키면서 계열 위치 곡선이 어떻게 변하는지 살펴보았다. 회상이 지연되는 동안 유지 시연이 일어나지 않게 하기 위해 참가자에게 숫자 빼기 과제를 하도록 하였다. 목록을 제시하고 즉시 회상 검사를 실시하는 경우(즉시 회상 조건)와 30초 지연해서 실시하는 조건(지연 회상 조건)을 비교한 결과 ●그림 5.3과 같은 결과가 얻어졌다. 즉시 회상 조건에서는 전형적인 계열 위치 효과가 나타났다. 반면 지연 회상 조건에서는 초두 효과는 그대로이나 최신 효과는 거의 사라졌다. 이러한 결과는 장기 기억과 단기 기억이라는 독립된 기억 구조가 존재한다는 가설을 지지한다. 기억 구조가 단일하다면 기억의 작동 기제도 하나뿐일 것이고, 이 경우 목록 제시 속도의 변화나 지연 회상 같은 변인이 기억 수행 전반에 동일한 영향을 미쳐야 하기 때문이다.

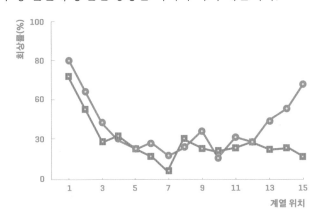

●그림 5.3 즉시 회상 조건과 지연 회상 조건의 계열 위치 곡선
지연 회상 조건에서 회상이 30초 지연되자 최신 효과가 제거되었다. 이는 최신 효과가 단기 기억에 기인함을 시사한다.
출처: Rundus, 1971.

-○- 즉시 회상 조건
-□- 지연 회상 조건

신경학적 증거

정상인의 경우 장기 기억과 단기 기억이 협응해서 작동하지만 뇌손상이 발생하는 경우 두 기억의 협응이 깨지고 **기억 해리**^{dissociation}가 발생할 수 있다. 기억 해리는 단기 기억과 장기 기억이 더 이상 연결되어 작동하지 않는 상태를 지칭한다. 유형에 따라서 장기 기억은 온전하지만

기억 해리
단기 기억과 장기 기억의 협응이 깨져 더 이상 연결되어 작동하지 않는 상태.

단기 기억이 손상되어 있거나, 반대로 단기 기억은 온전하지만 장기 기억이 손상된 경우가 있다(●표 5.2 참조).

●표 5.2 뇌손상 환자들에게서 관찰된 장기 기억과 단기 기억의 해리

환자	단기 기억	장기 기억
H.M.	온전	손상 (새로운 장기 기억을 형성하지 못함)
K.F.	손상 (정보를 단기간 유지하지 못함)	온전

뇌전증
뇌에서 발작이 반복되어 경련과 의식 장애를 일으키는 병.

전두엽 절제술
전두엽의 일부를 제거하는 외과 수술. 정신장애를 치료할 수 있다는 생각에 20세기 중반에 미국을 중심으로 크게 유행했으나, 부작용으로 인해 더 이상 시행되지 않음.

H.M.은 뇌손상으로 인하여 새로운 장기 기억을 형성할 수 없었던 환자였다. H.M.은 7세경 자전거 사고를 당한 후 10세 전후로 **뇌전증**^{epilepsy} 증상을 보이기 시작하였다. 한때 공장에서 일하기도 했지만 16세경 발작이 매우 심해져서 약물 치료에도 불구하고 정상적인 생활이 어렵게 되었다. 당시 치료법이 알려져 있지 않은 정신과적 문제들을 해결하기 위해 전두엽의 일부분을 절제하는 실험적인 수술이 시행되곤 했는데, H.M.도 27세에 이 **전두엽 절제술**^{lobotomy}을 받게 되었다. 수술 과정에서 측두엽 영역이 광범위하게 제거되었다. 수술 후 뇌전증 증상은 줄어들었지만 새로운 기억을 형성하지 못하는 부작용이 발생하였다. 그럼에도 H.M.의 단기 기억은 온전해 보였는데, 그는 현재 일어나는 사건을 짧은 시간 동안 기억할 수 있었고 되뇌기를 통해 해당 정보를 단기 기억에 유지할 수도 있었다. 하지만 주의를 기울이지 않거나 되뇌기를 중지하면 곧 정보를 망각했다. 즉 정보를 단기 기억에서 장기 기억으로 이전시키지 못했고, 그 결과 새로운 장기 기억을 형성하지 못했다. H.M.은 나이가 들어서도 자신이 여전히 수술받았을 때의 나이인 27세라고 생각했고, 수십 년 동안 자신을 연구한 Brenda Milner 박사를 만날 때마다 새로운 사람을 대하듯 행동했다.

새로운 기억을 만들 수는 없었지만, H.M.의 수술 전 장기 기억은 거의 손상되지 않았고 지능이나 지각 능력도 정상이었다. H.M.의 사례는 기억이 지각이나 일반 인지 기능의 일부가 아니라 뇌의 별도 영

역에서 처리되는 기능임을 시사하였는데, 특히 손상이 심했던 해마
_{hippocampus}가 새로운 장기 기억을 형성하는 데 중요한 역할을 한다고 추
정되었다(Squire, 2009). H.M.은 2008년에 사망했고, 그 후 그의 실명
(Henry Molaison)과 함께 생전의 여러 일화가 공개됐다. 그를 수술한
의사 William Scoville의 손자 Luke Dittrich가 2016년에 출간한 『환자
H.M.(*Patient H.M.: A Story of Memory, Madness, and Family Secrets*)』은
그의 수술을 둘러싼 여러 요인과 관련된 사건을 잘 묘사하고 있다. 전두
엽 절제술로 순행성 기억 상실증에 걸린 뒤 기억 형성과 상실, 기억의
종류 연구에 협조한 H.M.의 사례는 과학적 기억 연구에 크게 기여한
것으로 평가된다.

한편 K.F.라는 환자는 H.M.과 반대되는 해리 사례를 보여준다. 그는
17세 때 오토바이 사고로 두정엽에 손상을 입었고 19세 때부터 발작 증상
을 경험하기 시작했다. K.F.의 경우 장기 기억은 손상되지 않았으나 단
기 기억이 손상된 상태였다. 특히 단기 기억의 용량이 현저하게 감소하
여 숫자 폭 과제에서 약 2개 내외의 숫자만 기억할 수 있었다(Shallice &
Warrington, 1970). 단기 기억은 20초 내외 동안만 정보를 저장할 수 있
기 때문에 즉시 회상과 지연 회상과의 차이가 큰데, K.F.의 경우 계열
위치 효과를 검사해도 맨 마지막 항목을 제외하고는 최신 효과를 보이
지 않았다. 단기 기억이 손상되어 즉시 회상과 지연 화상에서 수행 능력
의 차이가 거의 나타나지 않은 것이다(●그림 5.4 참조). 반면 장기 기억
으로 정보를 보내는 능력은 거의 손상되지 않았는데, 계열 위치 곡선에
서 초두 효과가 정상적으로 관찰되는 것은 물론(●그림 5.4 참조), 단어
쌍과 단어 목록을 학습하는 과제에서 정상인과 비슷한 수행을 보였다
(Warrington & Shallice, 1969). 이러한 신경학적 사례들은 기억 손상이

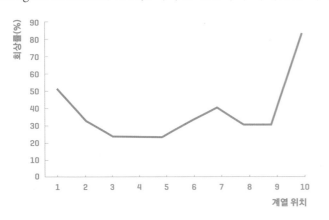

●**그림 5.4 K.F.의 계열 위치 곡선**
초두 효과는 나타났지만 맨 마지막
단어를 제외하고는 최신 효과가
관찰되지 않았다.
출처: Shallice & Warrington, 1970.

특정 기억에 국한될 수 있음을 보여주었다. 이 역시 기억 구조가 단일하기보다는 여러 개임을 시사한다.

3. 장기 기억의 유형

명시 기억
의식하거나 의도적으로 접근하여 보고할 수 있는 기억. 외현 기억, 직접 기억, 서술 기억 등으로도 불림

암묵 기억
의식하거나 의도적으로 접근하여 보고할 수 없는 기억. 내현 기억 또는 간접 기억 등으로 불림.

의미 기억
명시 기억의 하위 유형. 세상에 대한 일반적인 지식을 구성하는 의미 기억과 일화에 대한 기억으로 구분됨.

일화 기억
명시 기억의 하위 유형. 특정한 시간적·공간적 맥락에서 개인이 경험한 사건에 대한 기억.

장기 기억에 저장된 정보는 접근성에 따라 **명시 기억** explicit memory 과 **암묵 기억** implicit memory 으로 구분된다. 명시 기억은 의식하거나 의도적으로 접근하여 보고할 수 있는 기억으로, 외현 기억 external memory 이나 직접 기억 direct memory, 서술 기억 declarative memory 이라고도 불린다. 암묵 기억은 의식하거나 의도적으로 접근하여 보고할 수 없는 기억으로, 내현 기억 internal memory 또는 간접 기억 indirect memory 이라고도 불린다(박태진, 2002; 이정모 & 박희경, 2000; Squire et al., 1993; Squire & Zola, 1996). 명시 기억과 암묵 기억은 기억 내용에 따라 더 세분화된다. 명시 기억은 일화 기억과 의미 기억으로, 암묵 기억은 절차 기억과 점화, 고전적 조건 형성, 반사 행동에 대한 비연합 학습 등으로 구분된다(●그림 5.5 참조).

●**그림 5.5** 장기 기억에 저장된 정보의 유형

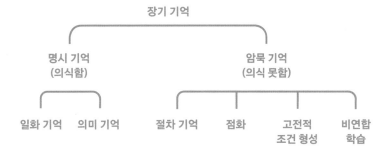

명시 기억

명시 기억의 한 유형인 **의미 기억** semantic memory 은 세상에 대한 일반적인 지식을 구성하는 개념과 사실들에 대한 기억을 지칭한다. 단어 의미나 사실적 지식 등이 이에 해당된다. 반면 **일화 기억** episodic memory 은 개인적 일화 episode 에 대한 기억, 즉 특정한 시간적·공간적 맥락에서 개인이 경험한 사건에 대한 기억을 뜻한다. 어제 있었던 일이나 1년 전 오늘 있었던 일, 장소나 물건을 처음 접한 때에 대한 기억 등이 이에 속한다

(●표 5.3 참조). 따라서 일화 기억을 인출하는 것은 해당 사건을 경험한 당시로 시간 여행을 하는 것에 비유된다. 일화 기억은 사건이 얼마나 오래 전에 일어났는지에 따라 즉각 기억[immediate memory]과 최근 기억[recent memory], 먼 기억[remote memory]으로 구분된다. 정확한 경계는 없지만, 즉각 기억은 사건 직후의 기억을, 최근 기억은 며칠에서 몇 달 전에 일어난 사건에 대한 기억을, 먼 기억은 수년 전 사건에 대한 기억을 지칭한다.

●표 5.3 명시 기억의 유형

유형	정의	예시
의미 기억	단어의 의미	'희나리'는 '채 마르지 않은 장작'을 뜻함
	사실에 관한 기억	강원도청은 춘천시에 있음
일화 기억	특정한 시간적·공간적 맥락에서 개인이 경험한 사건에 대한 기억	대학 입시 면접을 위해서 춘천을 처음 방문한 날에 눈이 많이 내렸음

일화 기억과 의미 기억은 밀접하게 상호 작용한다(Green-berg & Verfaellie, 2010). 예를 들어 며칠 전 생일 파티에서 일어난 사건에 대한 기억은 일화 기억이다. 그러나 생일 파티가 무엇인지 모른다면, 즉 생일 파티라는 개념에 대한 의미 기억이 없다면 일화를 제대로 이해하고 기억할 수 없다. 또한 기억 실험에서 제시된 자극 목록을 기억하는 일은 일화적 기억 흔적을 만드는 일이지만, 자극과 관련된 의미 기억이 있는지(예: 의미 있는 단어 목록) 없는지(예: 무의미한 철자, 비단어 목록)에 따라서 회상의 용이성이 달라진다. 일상생활에서 접하는 대부분의 자극에는 의미가 있어서, 의미가 자연스럽게 일화 기억을 만드는 데 사용된다. 그러나 의미를 모르는 자극(예: 외국어, 기호)을 학습할 때는 저장과 회상에 어려움을 겪는다.

의미 기억은 일화적 맥락 속에서 습득된다. '강원도청은 춘천시에 있다'와 같은 사실을 학습할 때, 이를 학교에서 배울 수도, 책에서 읽을 수도 있으며, 춘천에 갔다가 도청을 보고 알게 될 수도 있다. 어떤 맥락에서 습득되었든, 해당 경험의 결과 의미 기억과 일화 기억이 모두 형성된다.

일화 기억과 의미 기억은 함께 만들어지지만 쇠퇴 속도는 다른 것으로 보인다. 중요한 일화 기억(예: 결혼식 기억)은 오랫동안 지속되기도 하나, 일반적으로는 일화 기억이 의미 기억보다 먼저 감퇴한다. 성인 집단을 대상으로 기억 유형에 따른 감퇴를 살펴보면, 노화가 진행되면서 일화 기억은 지속적으로 저하하지만, 의미 기억의 경우 유의미한 감퇴가 관찰되지 않거나 감퇴 속도가 완만하다(Nyberg et al., 1996). 일화 기억과 의미 기억의 차별적 감퇴는 일상에서도 손쉽게 관찰된다. 정보를 습득한 직후에는 정보를 습득한 구체적 시간과 장소를 기억하지만(예: 1학년 때 심리학 개론 수업에서 배웠음/엊그제 친구 OOO에게 들었음), 정보를 습득한 일화적 맥락이 특별히 인상적인 경우가 아닌 한, 일화적 정보는 점차 사라진다(예: 대학 때 배웠음/아는 사람에게 들었음). 마지막에는 일화적 맥락에 대한 기억은 사라지고 해당 사실이나 내용만 기억에 남는다.

Petrican 등(2010)은 젊은 노인 집단(평균 연령 65세)과 나이 든 노인 집단(평균 연령 78세)에서 의미 기억과 일화 기억이 시간에 따라 어떻게 변하는지 알아보았다. 1952년부터 2001년까지 미국에서 일어났던 주요 사회적 사건(예: 미국 케네디 대통령의 암살 사건)에 대한 기억이 대상이었다. 연구 참자가들은 각 사건에 대해서 '기억한다[Remember]', '안다[Know]' 및 '모른다[Don't know]'로 답변하였다.

사건에 관한 기억과 더불어 이와 관련된 개인적 경험(예: 사건에 대한 뉴스를 라디오에서 들은 시간과 장소에 대한 기억, 당시 사건에 대한 개인적 생각이나 정서적 반응 등)을 인출할 수 있는 경우, 즉 일화 기억과 의미 기억을 모두 인출할 수 있는 경우 참가자들은 '기억한다'라고 반응했다. 반면 해당 사건이 친숙하고, 사건에 관한 정보도 어느 정도 알고 있지만, 이와 관련된 일화적 세부 사항을 인출할 수 없는 경우, 즉 의미 기억은 인출할 수 있으나 일화 기억은 인출할 수 없는 경우 참가자들은 '안다'라고 반응했다. 마지막으로, 의미 기억도 일화 기억도 인출할 수 없는 경우 참가자들은 '모른다'라고 반응했다.

연구자들은 사건에 대한 참가자들의 반응을 10년 단위로 구분하여 살펴보았다. 그 결과 '기억한다' 반응에서는 연령 집단 간의 차이가 관찰되었는데, 아주 오래전(1952~1961년 사이)에 일어난 사건을 제외하고는 젊은 노인 집단이 나이 든 노인 집단보다 사건을 유의미하게 더 많이 '기억'하고 있었다(●그림 5.6 a 참조). 반면 '안다'는 반응에서는 두 연령 집단 간에 일관된 차이가 발견되지 않았다. 사건이 일어난 시기에 따라서 나이 든 노인 집단이 더 많이 '안다'고 반응한 사건도 있었다(●그림 5.6 b 참조). 연령 집단의 차이가 '기억한다'는 반응에서만 뚜렷하게 관찰된 것은 사건을 접한 일화적 맥락에 대한 기억이 사건 자체에 대한 기억보다 더 빨리 감퇴함을 시사한다.

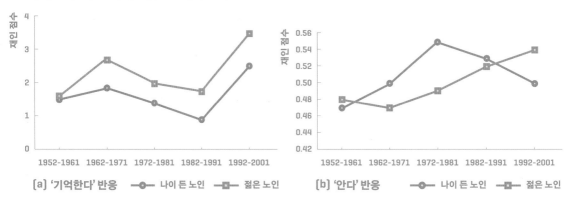

[a] '기억한다' 반응 ──◎── 나이 든 노인 ──▣── 젊은 노인

[b] '안다' 반응 ──◎── 나이 든 노인 ──▣── 젊은 노인

일화 기억은 미래를 상상하는 데 중요한 역할을 한다. Schacter 등(2007)은 기억과 상상이 동일한 대뇌 기제(해마)를 공유한다고 제안하였다. 해마는 정보가 단기 기억에서 장기 기억으로 전환하는 데 관여하지만, 뭔가를 상상할 때 역시 활성화된다. 해마가 손상되어 새로운 일화 기억을 만드는 데 어려움을 보이는 환자들은 새로운 경험(예: 멋진 해안의 모래사장에 누워있는 것)을 잘 상상하지 못한다(Hassabis et al., 2007). 노인의 경우 새로운 사건을 상상할 때 대학생에 비해 세부적인 사항을 상상하지 못하는 현상이 종종 관찰되는데, 이 또한 노화에 따른 일화 기억의 감퇴와 관련이 있는 것으로 보인다(Schacter et al., 2012). 새로운 것을 상상하는 일은 과거 경험의 요소가 새로운 방식으로 재조합

●그림 5.6 주요 사회적 사건에 대한 젊은 노인 집단과 나이 든 노인 집단의 '기억한다' 및 '안다' 반응
나이 든 노인 집단에 비해 젊은 노인 집단에서 주요 사회적 사건을 '기억한다'는 반응이 더 많았다(a). 하지만 '안다' 반응에서는 두 연령 집단 간에 일관된 차이가 발견되지 않았다(b).
출처: Petrican et al., 2010.

되는 것으로 볼 수 있는데, 풍부한 일화 기억이 상상력의 원천으로 기능할 수 있을 듯하다.

뇌손상 환자들에게서 일화 기억과 의미 기억 간의 해리가 종종 관찰된다. 해마를 포함한 내측 측두엽^{medial temporal lobes; MTL}이 손상된 환자들은 심한 일화 기억의 손상을 보인다. 환자 K.C.의 경우 오토바이 사고 후유증으로 개인적인 일화를 기억하지 못했으나, 세상사 지식에 대한 기억은 정상이었다. 가령 그는 체스를 둘 줄 알았으나, 체스 게임을 한 기억은 회상할 수 없었다. 즉 의미 기억과 일화 기억 간의 해리를 보였다(Rosenbaum, et al., 2005). K.C.처럼 내측 측두엽이 손상된 환자들은 과거의 일화적 경험을 기억하는 데는 물론, 새로운 일화적 경험을 저장하는 데에도 어려움을 보이며, 손상으로 인해 미래를 잘 상상하지 못한다(Bayley et al., 2006; Hassabis et al., 2007). 하지만 일화 기억의 손상에도 불구하고 단어의 의미나 주요한 사실적 정보에 대한 의미 기억은 손상 이전과 큰 차이를 보이지 않는다(Manns et al., 2003). 반면 전방외측두엽^{anterolateral temporal lobe}이 손상되면 의미 기억이 심각하게 손상된다. 이 경우 일화 기억은 상대적으로 온전하지만, 손상이 심하면 단어의 의미는 물론, 형태나 냄새 등을 명명하는 것조차 못하는 의미 치매^{semantic dimentia}가 발생한다(Hodges & Patterson, 2007) 이와 같은 일화 기억 또는 의미 기억의 선별적인 손상은 일화 기억과 의미 기억이 별개의 신경학적 기제에 기반함을 시사한다.

자전적 기억

자전적 기억
명시 기억의 일부로, 자신과 관련된 기억(예: 자신의 이름, 생일 등)을 지칭함.

자전적 기억^{autobiographical memory}은 명시 기억의 일부로 자신과 관련된 기억을 지칭한다. 자전적 기억에는 일화적 요소와 의미적 요소가 모두 포함되어 있다. 예를 들어 이름이나 생년월일 등 자신에 대한 정보는 의미 기억에 해당하지만, 특정한 맥락에서 자신이 경험한 사건에 대한 기억은 일화 기억에 해당한다(Fivush et al., 2011; Renoult et al., 2012). 자전적 기억은 개인의 정체성과 밀접한 관련이 있다. 자신이 누구인지, 어디에서 왔는지, 무엇을 경험했는지에 대한 정보는 자신을 다른 사람과 구분하고, 삶에 의미를 부여하며, 세상과 관계 맺는 데 중요한 역할을 한다. 자전적 기억은 자신에 대한 기억이기 때문에 정서적·동기적 요인과 밀접하게 관련되어 있고, 그 결과 뇌의 더 광범위한 영역에서 처리된다(Cabeza & Jacques, 2007).

실험실에서 자전적 기억을 연구하는 것이 쉽지 않기 때문에 대부분의 자전적 기억 연구는 조사 방법을 사용한다. 40세 이상의 성인을 대상으로 자전적 기억을 조사하면 시기에 따라 회상에 차이가 나타난다. 오래된 사건일수록 기억이 희미해지지만, 상당히 오래전에 일어난 사건임에도 기억이 대단히 선명한 지점이 있다. 일반적으로 10~30세 시기에 경험한 사건들을 가장 잘 회상하는데, 이 지점을 **회고 절정**reminiscence bump이라고 부른다(●그림 5.7 a 참조).

청년기는 일반적으로 개인의 신체적 능력과 기억력이 최고조에 달하는 시기이므로, 이 시기에 회고 절정이 관찰되는 것은 자연스럽다고 볼 수 있다. 하지만 회고 절정은 신체적 능력과 기억력의 함수로 만들어지지는 않는 것으로 보인다. 연구자들은 청년기가 신체적 능력과 기억력이 최고조에 달하는 시기일 뿐만 아니라 개인의 정체성이 만들어지고 진로가 형성되는 시기임에 주목하였다. 이 시기의 기억이 우수한 것은 이 시기가 자전적으로 중요한 시기이기 때문이라는 것이다. 신체적 성숙과 경험하는 사건이 회고 절정에 미치는 영향을 구분하기 위해서 Schrauf와 Rubin(1998)은 이민자들을 대상으로 회고 절정이 나타나는 시기를 연구하였다. 다른 나라로 이주하는 경우 새로운 문화와 언어 환경에서 바뀐 인간관계, 직업 등에 적응하며 새로운 정체성을 만들어가야 한다. 실제로 미국 이민자들을 대상으로 이민 시기가 회고 절정에 미치는 영향을 살펴본 결과, 이민 시기가 늦어질수록 회고 절정을 보이는

회고 절정
자전적 기억을 회상할 때, 가장 잘 회상되는 지점. 일반적으로 10~30세 시기에 경험한 사건들에 대해서 일어남.

●그림 5.7 자전적 기억에서 관찰되는 회고 절정
(a) 단일 문화에서 거주한 경우
(b) 다른 문화로 이주한 경우
출처: Schrauf & Rubin, 1998.

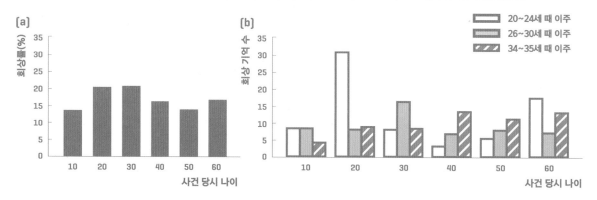

시기가 뒤로 이동하였다(●그림 5.7 b 참조). 이러한 결과는 신체적 성숙 뿐만 아니라 경험하는 사건의 중요도가 회고 절정을 만드는 데 중요함을 보여준다.

미래 계획 기억

미래 계획 기억

일화 기억의 일부. 과거의 사건이 아닌 앞으로 일어날 일 또는 할 일에 대한 기억.

미래 계획 기억^prospective memory^은 일화 기억의 일종이지만, 과거의 사건이 아닌 앞으로 일어날 일 또는 할 일에 대한 기억을 말한다. 내일 무슨 일을 할지, 다음에 부모님을 만나면 무슨 이야기를 해야 할지 등에 대한 기억이 이에 해당한다. 즉 미래 계획 기억이란 의식적으로 회상 가능한 계획이나 의도^intention^에 대한 기억이다. 미래에 일어나지만 습관적으로 실시되는 행동(예: 매일 아침 같은 시간에 하는 행동)은 미래 계획 기억으로 간주되지 않는다. 이 경우 명시 기억이 아니라 조건 형성, 연합 같은 암묵 기억 기제가 관여하기 때문다(Graf & Uttl, 2001).

미래 계획 기억은 계획(예: 친구에게 전화하기) 자체에 대한 기억과 해당 계획을 수행할 상황 또는 맥락(예: 영화가 끝나면)에 대한 기억으로 구성된다. 시간이나 사건이 미래 계획 기억의 맥락이 될 수 있는데, 시간 기반^time-based^ 미래 계획 기억은 특정한 시간이 되면 실행해야 하는 계획이나 행동에 대한 기억이다. '드라마가 끝나면 친구에게 전화하기' 또는 '다음 달에 세금 납부하기' 등을 기억하는 것이 이에 해당한다. 사건 기반^event-based^ 미래 계획 기억은 특정한 사건이나 맥락에서 실행되어야 하는 행동이나 계획에 대한 기억이다. '날이 더워지면 여름 휴가지를 물색한다' 또는 '언젠가 모교를 방문하면 은사님을 찾아뵌다' 같은 기억처럼 특정 조건이 충족되는 경우 일어나야 할 행동에 대한 기억이 이에 속한다.

미래 계획 기억이 가까운 미래와 관련되어 있는 경우(예: 지금 시청하는 드라마가 끝나면 친구에게 전화하기) 해당 미래 계획은 대부분 작업 기억에서 활성화된 상태로 유지된다. 해당 미래 계획을 단기 기억에 유지하고 있다가 조건이 만족될 시 이를 실행하면 된다. 하지만 미래 계획이 다소 먼 미래(예: 다음 달) 또는 어떤 조건이 만족되는 불특정한 미래(예: 언젠가 모교를 방문하면)와 관련되어 있는 경우, 계획을 성공적으로 인출하기 위해서는 해당 조건이 만족되는지 지속해서 모니터링해야 한다. 모니터링은 주의 자원을 요하는 과정으로, 처리 부담을 야기한다.

　　Smith(2003)는 미래 계획 기억이 야기하는 처리 부담을 알아보기 위해서 연구 참가자들에게 어휘 판단 과제와 함께 미래 계획 기억 과제를 부과하였다. 미래 계획 기억 과제는 특정 단어가 제시되면 키를 누르는 것이었다. 단독 과제 조건^{delayed condition}에서는 어휘 판단 과제를 먼저 수행한 다음에 단독으로 미래 계획 기억 과제를 수행하였고, 이중 과제 조건 ^{embedded condition}에서는 어휘 판단 과제와 미래 계획 기억 과제를 동시에 수행하였다. 연구 결과 이중 과제 조건에서 참가자들의 어휘 판단 과제 반응 시간이 증가하였다(●그림 5.8 참조). 이러한 결과는 미래 계획 기억이 진행 중인 과제의 수행에 부정적인 영향을 미칠 수 있음을 의미한다.

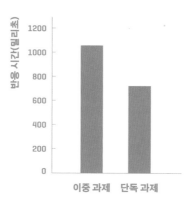

●그림 5.8 미래 계획 기억의 처리 부담
출처: Smith, 2003.

　　일상생활에서 경험하는 기억 문제의 50~80%가 미래 계획 기억과 관련된다(Kliegel & Martin, 2003). 이는 미래 계획 기억을 유지하고 인출하는 데 따르는 처리 부담 때문으로 보인다. 앞에서 살펴본 바와 같이 모니터링은 작업 기억에 상당한 처리 부담을 야기한다. 미래 계획 기억과 관련된 조건이 언제 만족될지 예측할 수 없는 경우, 모니터링 자체가 거의 불가능하다. 이러한 어려움에 직면하여 사람들은 환경을 적극 활용해 왔다. 예전에는 메모를 사용하거나 가족 혹은 친구에게 때가 되면 알려달라고 부탁하는 등의 방법만이 사용되었으나, 디지털 기기가 발달함에 따라 특정한 시간이 되거나 특정한 위치에 도착하면 알람이 울리게 설정할 수도 있게 되었다. 이러한 방법들은 모니터링을 외부에 위임하는 것으로, 환경이나 도구를 인출 단서로 사용하여 미래 계획 기억을 내적으로 유지하고 관리하는 데 요구되는 처리 부담을 줄이는 효과를 가져온다(McDaniel & Einstein, 2000).

암묵 기억

암묵 기억은 자각하거나 의식적으로 인출할 수 없는 기억이지만, 암묵 기억이 사용되는 수행을 평가하여 간접적으로 암묵 기억의 존재를 추론할 수 있다. 대표적인 암묵 기억의 유형으로 절차 기억, 점화, 단순한 형태의 고전적 조건 형성, **비연합 학습**을 꼽을 수 있다.(●그림 5.5 참조). 이 항에서는 절차 기억과 점화, 고전적 조건 형성을 살펴본다.

비연합 학습
암묵 기억의 하위 유형. 자극 간의 연합을 요구하지 않는 학습. 자극에 노출된 결과 일어나는 습관화 또는 민감화가 이에 해당함.

절차 기억
암묵 기억의 하위 유형. 행위나 과제 수행 절차에 관한 기억.

절차 기억

절차 기억procedural memory은 행위나 과제 수행 절차에 관한 기억으로, 종종 기술skill이라고 불리는 것에 대한 기억을 지칭한다. 모국어 말하기, 악기 연주, 운전, 자전거 타기 등과 관련된 기억은 대표적인 절차 기억의 사례들이다. 많은 사람이 이런 절차들을 능숙하게 수행하면서도, 이를 어떻게 수행하는지, 이를 위해 무엇을 어떻게 학습했는지 질문하면 잘 답변하지 못한다. 해당 절차에 대한 명시적 기억이 있는 경우(예: 학교에서 모국어 문법을 학습) 이를 활용해서 답하기는 하지만, 이러한 답변은 대부분 실제 수행에 사용되는 기억을 인출한 것이 아니라 역으로 자신의 수행을 관찰해서 해당 절차를 어떻게 수행하는지, 이때 무엇이 중요한지 추론한 결과이다.

절차 기억은 종종 암묵 학습implicit learning을 통해 만들어진다. 암묵 학습은 의도 없이 자각하지 못한 채 일어나는 학습으로, 이를 통해 환경의 규칙성과 패턴이 탐지되곤 한다. 모국어 학습은 대표적인 암묵 학습의 사례로 간주되는데, 아동은 명시적인 학습 없이도 모국어 발화 사례에 노출되면서 자연스레 모국어의 어휘와 문법을 학습한다. 성인에게도 이러한 학습 능력이 있다. Reber(1967, 1976)는 인위적 규칙으로 구성된 인공 문법^{artificial grammar}을 사용해서 만들어진 자극을 연구 참가자들에게 제시하고 이들의 규칙 학습 능력을 살펴보았다. 인공 문법은 낱자들의 배열에 대한 것으로, 특정 낱자 다음에 어떤 낱자가 올 수 있는지에 대한 규칙들로 구성된다. 이를 사용하여 (언어 문법과 마찬가지로) 낱자를 다양하게 조합할 수 있다(●그림 5.9 a 참조). 참가자들은 인공 문법을 사용하여 생성된 낱자열(예: 'TPPTS')과 무작위로 생성된 낱자열(예: 'PTTST')을 학습하였고, 학습은 참가자들이 낱자열을 오류 없이 2회 연속으로 회상할 수 있을 때까지 반복되었다. 그런 다음 Reber는 학습을 마친 참가자들에게 새로운 낱자열 사례를 제시하고 해당 낱자열이 문법적인지 아닌지를, 즉 이전의 학습 항목과 동일한 규칙을 가지고 생성되었는지를 판단하도록 하였다. 참가자들은 학습할 때 인공 문법의 존재를 알지 못했고, 학습 후에 인공 문법의 존재를 알려주고 특성을 추론하도록 하여도 제대로 답변하지 못했다. 그럼에도 참가자들은 문법적인 낱자열을 학습할 때 더 적은 오류를 범하였다(●그림 5.9 b 참조). 또한 이전에 본 적이 없는 사례임에도 새로운 검사 항목이 문법적인지 아닌지를 우연 수준 이상으로 정확하게(69.4%) 판단하였다. 이러한 결과는 참가자들이 의식하고 있지는 않으나 낱자열의 기저에 있는 규칙을 학습하였음을 시사한다.

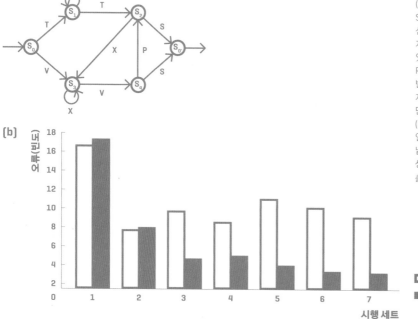

●그림 5.9 인공 문법과 암묵 학습
(a) 낱자열을 만드는 데 사용된 인공 문법
SO–S4의 선택 지점에서 다양한 낱자를 선택하여 문자열을 만들 수 있다. 시작 지점(SO)에서는 T 또는 V를 선택할 수 있다. T를 선택한 경우 다음(S1)에는 P 또는 T를 선택할 수 있는데, P는 반복 가능하다. 이런 식으로 각 선택 지점에서의 선택에 따라 낱자열이 만들어진다.
(b) 규칙 학습 능력 평가 결과
연구 참가자들은 무작위로 생성된 낱자열(Sr)에 비해 인공 문법을 사용하여 생성된 낱자열(Sg)을 더 빠르게 학습했다.
출처: Reber, 1967.

암묵 학습이 일어난다고 해당 학습의 모든 측면이 암묵적으로 학습되고 기억되지는 않는다. 위 연구 사례를 예로 들면 학습 자극에 대해서는 명시적 기억(예: 낱자열이 모두 자음으로/대문자로 구성되어 있음)이 형성되며, 기저의 규칙에 대해서만 암묵 학습이 일어난다. 반면 의도를 가지고 기저의 규칙을 학습할 경우 오히려 암묵 학습이 방해받는다. 실제로 참가자들에게 낱자의 배열에 규칙이 있다는 사실을 미리 알려 주고 낱자열을 학습하게 한 경우, 패턴을 탐지하려는 의도가 오히려 방해 요인으로 작용해 수행이 저하되었다(Reber, 1967, 1976).

언어 자극의 규칙성을 탐지할 때와 마찬가지로, 자극의 통계적인 규칙성을 탐지할 때 역시 암묵 학습이 종종 작동한다. Lewicki(1986a)는 연구 참가자들에게 머리카락이 긴 여성들과 짧은 여성들의 사진을 보여주면서, 머리 길이에 따라 여성을 친절하거나 유능하게 묘사했다(예: 긴 머리-유능, 짧은 머리-친절). 그런 다음 참가자들에게 새로운 여성의 사진을 보여주고, 사진 속 여성이 친절한지 유능한지 판단하게 하였다. 연구 결과 사진 속 여성의 특징이 이전에 학습한 내용과 관련성이 일치하지 않는 경우(예: 긴 머리 여성을 친절하다고 묘사), 참가자들의 반응 시간이 느려졌다. 해당 연구 결과는 참가자들이 의식하지 않아도 자극에 존재하는 패턴을 추출함을 시사한다. 의도하지 않아도 암묵 학습을 통해 특정 장소에서 어떤 자극이 자주 발견되는지, 그 자극이 어떤 속성과 관련되는지 등을 학습할 수 있는 것으로 보인다(Smith, 2008).

절차 기억은 명시 기억, 특히 일화 기억이 손상되는 경우에도 보존된다. 사고로 인해 자신이 누구인지, 어디에 사는지 등은 기억하지 못해도 운전이나 말하기 등의 절차 기억은 그대로 유지되는 것이다. 암묵 학습 능력도 마찬가지다. 앞에서 언급한 H.M.의 경우 새로운 서술적 지식(예: 이사 간 집 주소)은 습득하지 못했지만, 새로운 절차는 학습할 수 있었다. 그가 숙달한 과제 중 하나는 거울상 그리기^{mirror drawing} 과제로, 거울에 비친 형태를 보면서 이를 따라 그리는 과제이다(●그림 5.10 참조). H.M.은 처음에는 과제를 어려워했지만 연습을 계속하면서 그리기 시간이 줄어들고 오류가 감소하였다. 하지만 수행 능력 향상에도 불구하고 H.M.은 자신이 무엇을 학습했는지 기억하지 못하였고 항상 새로 과제를 수행한다고 생각했다(Squire, 2009). H.M. 외의 여러 기억 손상 환자들을 대상으로 연구한 결과 많은 환자가 명시

●그림 5.10 거울상 그리기 과제
H.M.은 거울상 그리기 과제를 보통 사람들과 비슷한 속도로 학습했다. 이는 H.M.의 기억 결함이 절차 기억보다는 일화 기억과 관련되어 있음을 시사한다.

적 기억의 손상에도 불구하고 거울상 그리기, 거울상 읽기, 속독, 비단어^pseudoword 읽기, 무선 점 입체도^random-dot stereograms 과제에서 수행 능력 향상을 보였다(Benzing & Squire, 1989; Cavaco et al., 2004; Mayes et al., 1991). 이는 환자들이 의식적으로 어떤 기억이 있는지, 그 내용이 무엇인지 인출할 수는 없지만, 경험의 흔적이 저장됨을 의미한다.

절차 기억은 암묵 학습뿐 아니라 명시적으로 일어나는 학습, 즉 의도된 학습을 통해 형성될 수도 있다. 의도된 학습은 타자 치기, 악기 연주, 외국어 학습 등에 중요한 역할을 한다. 예를 들어 처음 자동차 운전을 배울 때는 모든 조작이 의식적으로 학습되고 실행된다. 그러나 연습을 반복하면 생각하지 않고도 기어나 핸들을 조작하며 차를 운전할 수 있다. 외국어를 배울 때도 마찬가지다. 처음에는 단어를 선택하고 문장을 구성하는 등의 단계가 모두 의식적으로 이루어지지만, 충분한 연습 후에는 생각하지 않은 채 단어를 선택하고 문장을 만들 수 있다. 이처럼 처음에는 명시적으로 습득·저장된 지식도 연습을 반복하면 암묵 기억으로 전환될 수 있다. 이러한 현상을 **서술 기억의 절차화**^proceduralization라고 칭한다.

서술 기억의 절차화는 세 단계를 거쳐 일어난다(Anderson, 1982; Fitts, 1964). 첫 번째 단계는 절차에 대한 서술적 지식을 습득하는 단계로, 이 단계에서는 절차가 서술적 기억의 형태로 저장된다. 키보드 사용법을 배우는 과정을 예로 들어 보자. 처음에는 개별 키의 위치 및 키별로 대응하는 손가락을 익힌다. 연습이 진행되면 두 번째 단계인 연합, 즉 컴파일

서술 기억의 절차화
처음에는 명시적으로 습득·저장된 지식이 반복적인 연습 결과 암묵 기억으로 전환되는 현상.

^{compile} 단계에 도달한다. 같은 지식을 계속 기억에서 인출하여 활성화할 경우 처리 비용이 발생한다. 컴파일 단계에서는 이 비용을 줄이기 위해 이전 단계에서 학습한 내용이 절차화된다. 처음에는 낱자 하나를 칠 때 마다 키가 어디에 있는지 확인하고 특정 손가락을 가져다 대는 두 가지 작업을 의식적으로 수행했지만, 연습을 반복한 결과 두 작업이 하나로 연결되는 것이다. 연습이 계속되면서 더 큰 단위의 절차화가 일어난다. 컴파일 단계에서는 해당 절차에 대한 서술 기억과 절차 기억이 혼재한다. 마지막 단계는 튜닝^{tuning} 단계로, 절차의 시행이 정교해지면서 행동이 매끄럽고 빠르게 진행되는 단계이다. 숙련도가 증가하고 완전한 절차 기억이 되면서 의식적 자각과 인출이 점차 사라지게 된다(●그림 5.11 참조).

●**그림 5.11** 기술 습득과 서술 기억의 절차화

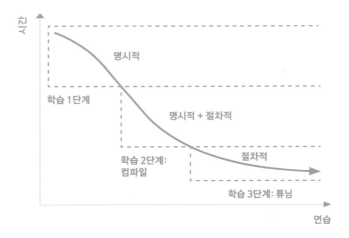

점화

점화^{priming}는 먼저 경험한 자극이 후속 자극에 대한 반응에 영향을 주는 현상이다. 점화 효과는 단어 읽기, 어휘 판단 등 다양한 과제에서 관찰되며, 일상생활에서도 종종 경험할 수 있다. 가령 최근에 읽은 책의 내용과 관련된 정보를 더 빨리 탐지하거나 처리하는 것은 모두 점화 효과의 일종이다.

점화 효과는 여러 유형으로 나눌 수 있다. 반복 점화$^{repetition\ priming}$는 같은 단어가 반복해서 제시될 때, 첫 번째보다 두 번째로 제시된 단어에 대한 때 반응이 빨라지는 현상이다. 점화 자극과 목표 자극이 다른 경우

점화
암묵 기억의 하위 유형. 먼저 경험한 자극이 후속 자극에 대한 반응에 영향을 주는 현상.

두 자극의 관련성에 따라 지각적 점화와 의미적 점화로 나뉜다. 지각적 점화^{perceptual priming}는 먼저 경험한 자극의 지각적 특징(예: 크기, 색)이 동일하거나 유사한 경우 후속 자극의 처리가 촉진되는 현상을 지칭한다. 빨간색으로 인쇄된 단어를 보고 나서 빨간색으로 인쇄된 단어를 파란색으로 인쇄된 단어보다 빠르게 처리하는 것이 이에 해당한다(남기춘 등, 2004). 의미적 점화^{semantic priming}는 먼저 경험한 자극과 의미적으로 연결된 자극의 처리가 촉진되는 현상을 말한다. '빵'을 본 다음에 '빵'과 관련된 단어(예: 버터)를 '빵'과 관련이 없는 단어(예: 지하철)보다 빠르게 처리하는 것이 이에 해당한다.

점화 효과는 이전 경험과 관련된 자극을 처리하는 것을 도와주는데, 이는 뇌가 처리 시간을 절약하는 방법일 수 있다(Schacter et al., 2004; Wiggs & Martin, 1998). 점화 효과는 경험에 대한 의식적 기억과 무관하게 일어나기 때문에 암묵 기억으로 간주된다. 따라서 기억 손상 환자에게서도 점화 효과가 일어난다. Graf 등(1985)은 일화 기억이 손상된 환자들에게 일련의 단어를 제시하고 단어의 호감도를 5점 척도로 평정하도록 한 다음, 이들의 명시 기억과 암묵 기억을 검사하였다. 명시 기억 과제로는 회상이, 암묵 기억 과제로는 단어 완성 과제^{word completion task}가 사용되었다. 정상인의 경우 명시 기억과 암묵 기억 과제에서 비슷한 수행 능력을 보였다. 반면 기억 상실증 환자의 경우 명시 기억 과제의 수행은 저조하였으나 암묵 기억 과제에서는 정상인과 유사한 수준의 수행 능력을 보였다. 이들은 무엇을 보았는지는 회상할 수 없었으나 단어 완성 과제를 할 때는 이전에 본 단어를 더 많이 사용하였다(●그림 5.12 참조). 이러한 연구 결과는 이들의 명시 기억이 손상되었으나 점화 기억은 유지되었음을 보여준다.

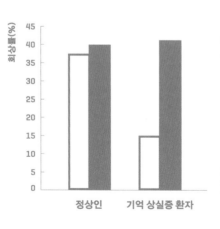

●그림 5.12 정상인과 기억 상실증 환자에게서 암묵 기억 검사 수행
출처: Graf et al., 1985.

고전적 조건 형성

고전적 조건 형성
무조건 자극과 조건 자극이 반복적으로
함께 제시된 결과, 조건 자극만으로도
반응이 유발되는 학습 현상. 고전적
조건 형성의 결과는 종종 암묵 기억으로
저장됨.

무조건 자극
무조건 반사를 일으키는 자극.

조건 자극
조건 반사(학습을 통해 습득한 반응)를
일으키는 자극.

무조건 반사
자극에 대한 무조건적인 반응. 음식을
보고 침을 흘리거나 눈에 바람이 불면
눈을 깜빡이는 행위가 이에 해당함.

조건 반사
학습 결과 특정 자극에 대해 형성된
조건적인 반응. 신 음식을 보기만
해도(먹지 않았음에도) 입 안에 침이
고이는 현상이 이에 해당함.

변별 학습
서로 다른 자극에 대해서 다르게
반응하는 것을 학습하는 것.

고전적 조건 형성simple classical conditioning은 **무조건 자극**과 **조건 자극**이 반복적으로 함께 제시된 결과, 조건 자극이 반응을 유발하는 학습 현상을 말한다. 동물을 대상으로 한 고전적 조건 형성에서는 먹이 같은 무조건 자극과 종소리 같은 조건 자극을 같이 제시하는데, 이것이 반복되면 동물은 어느 순간부터는 종소리만 들려도 침을 흘리는 반응을 한다. 고전적 조건 형성이 일어나면 무조건 자극과 조건 자극 간의 연합이 형성된다.

기억 상실증 환자도 고전적 조건 형성이 가능하다. Daum 등(1989)은 측두엽 손상으로 심각한 기억 손상을 보이는 3명의 환자를 대상으로 눈 깜빡임 반사에 대한 고전적 조건 형성을 실시하였다. 각막을 향해 바람corneal air puff을 불어넣으면 눈을 깜빡이는 **무조건 반사**unconditional reflex가 일어난다. 그런데 조건 자극인 소리conditional stimulus와 무조건 자극인 바람 분사unconditional stimulus를 반복해서 제시하고 나면, 나중에는 조건 자극인 소리만 들려주어도 눈을 깜빡이는 **조건 반사**conditioned response가 일어난다. 실험 결과 기억이 손상된 환자 모두 조건 자극인 소리가 들리자 (바람이 불지 않았음에도) 눈을 깜박이는 조건 반사 행동을 보였다. 이러한 결과는 명시적 기억이 손상된 경우에도 고전적 조건 형성이 가능하다는 것을, 즉 고전적 조건 형성의 결과가 암묵적인 형태로 기억에 저장된다는 것을 보여준다(Squire & Zola, 1996).

하지만 고전적 조건 형성과 관련된 모든 기억이 암묵적으로 저장되지는 않는다. **변별 학습**에서는 조건 자극과 무조건 자극 간의 관계가 상황에 따라 달라진다. 예를 들어 빨간색 불빛이 나타나면 소리가 들린 다음 각막에 바람이 분사되나, 녹색 불빛이 나타나면 소리가 들린 다음에도 바람이 분사되지 않는다. 이처럼 변별 학습에서 빨간색 불빛과 녹색 불빛은 언제 조건 자극과 무조건 자극이 연합되는지 알려주는 단서 역할을 한다. 따라서 변별 학습에서는 이 변별 단서의 역할을 학습하는 것이 중요하다. 정상인은 이를 무리 없이 학습한다. 이들은 빨간색 불빛이 제시될 경우에만 눈 깜빡임 반사 행동을 보이고, 녹색 불빛이 제시되면 소리가 들려도 눈 깜박임 반사 행동을 보이지 않는다. 하지만 명시적 기억이 손상된 환자들은 변별 학습을 잘 하지 못한다. 이들은 녹색 불빛이 제시되어도, 빨간색 불빛이 켜졌을 때와 마찬가지로 반응한다. 이러한 결과는 변별 단서의 역할을 학습하는 데 명시적 기억이 필요하다는 사실을 시사한다.

조건 형성의 절차에 따라서 명시적 기억 체계가 관여할 수밖에 없는 경우도 있다. 고전적 조건 형성에서 조건 자극과 무조건 자극이 시간적으로 다양한 순서로 제시될 수 있다(●그림 5.13 참조). 예를 들어 지연 절차^{delay condition}에서는 조건 자극이 제시되는 동안 무조건 자극이 제시되기 때문에(●그림 5.13 a) 조건 자극을 기억할 필요가 없다. 반면 흔적 절차^{trace condition}에서는 조건 자극이 먼저 제시된 다음에 무조건 자극이 제시된다(●그림 5.13 b). 이 경우 조건 자극에 대한 명시적 기억이 형성되어 있어야 무조건 자극이 제시될 때 두 자극이 연합될 수 있다. 기억 손상 환자들은 명시적 기억을 형성하지 못하기 때문에 흔적 절차가 사용되는 경우 이들에게서 고전적 조건 형성이 일어나기 어렵다. 고전적 조건 형성이 암묵적으로 저장된다고 하더라도 모든 유형의 고전적 조건 형성이 암묵적으로 학습되거나 저장되지는 않는 것으로 보인다(Lovibond & Shanks, 2002; Manns et al., 2000).

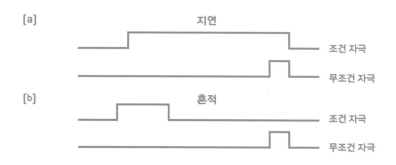

●**그림 5.13** 지연 조건 형성과 흔적 조건 형성

장기 기억: 부호화

장기 기억에는 살아가면서 경험하는 수많은 정보가 저장된다. 장기 기억이 잘 작동하기 위해서는 입력 정보를 저장할 수 있는 형태로 바꾸는 부호화, 정보를 보관하는 파지, 그리고 필요할 때 정보를 끄집어내는 인출이 모두 성공적으로 작동해야 한다. 이 장에서는 명시 기억의 습득을 중심으로, 어떤 과정을 거쳐 정보가 장기 기억으로 전달되는지, 그 과정에서 어떠한 요인들이 관여하는지 살펴본다.

6장_장기 기억: 부호화

1. 되뇌기

다중 기억 모형에서는 정보를 장기 기억으로 옮기는 중요한 수단으로 되뇌기를 강조하였다. 기억해야 할 항목을 반복적으로 되뇌는 것은 정보를 장기 기억에 부호화하는 데 효과적인데, 특히 단어 목록 같은 자극을 기억할 때는 되뇌기를 많이 한 항목일수록 이후 회상이 더 우수하다(Fischler et al., 1970; Rundus, 1971; Rundus & Atkinson, 1970). 정보를 잠시 단기 기억에 유지하기 위한 목적으로 이루어지는 유지 되뇌기maintenance rehearsal의 경우 회상이나 재인과의 상관이 높지 않다(Carik & Watkins, 1973). 하지만 의미 관계가 약한 단어 목록, 숫자열 등의 자극을 장기 기억으로 보내고자 할 때 되뇌기는 유용한 부호화 전략이다.

많은 학생이 되뇌기를 주요 학습 전략으로 사용한다. 가령 외국어 단어나 특정 사건이 일어난 시기를 외울 때 혹은 수치나 공식을 배워야 할 때, 되뇌기는 해당 정보를 정확하게 습득하는 방법으로 활용된다. 하지만 되뇌기의 유용성에도 불구하고 되뇌기가 최고의 학습 전략이라고 말할 수는 없다. 모든 기억이 되뇌기를 통해 만들어지는 것은 아니며, 되뇌기보다 정보를 장기 기억으로 이동하는 데 더 효과적인 전략들이 있다(Dunlosky et al., 2013; Rodriguez & Sadoski, 2000). 학습은 주어진 정보의 복사본을 기억에 만드는 것 이상을 의미한다. 학습에는 자극의 의미를 이해하고 세상을 다양한 관점에서 보는 능력과, 눈에 보이지 않는 것과 일어나지 않은 일을 예측하는 능력, 아직 해결 방법이 없는 문제에 대한 해결책을 찾는 능력도 중요하다. 이런 능력들은 기억을 바탕으로 작동하지만, 단순한 기억만으로는 충분하지 않다.

2. 처리 수준

많은 경우 기억 흔적은 경험의 결과 자연스레 만들어진다. 자신과 관련 있는 정보는 노력을 기울이지 않아도 손쉽게 기억되고, 중요하거나 강한 인상을 주는 사건들은 오랜 시간이 지난 다음에도 잘 기억된다. Craik과 Lockhart(1972)는 자연스러운 지각적 분석이나 의미 처리의 결과로 기억 흔적이 만들어진다는 데 주목하여 **처리 수준**^{levels of processing; LOP} **이론**을 제안하였다. 처리 수준 이론에 따르면 기억은 '과정^{process}'이다. 처리의 산물로 기억 흔적이 만들어지고, 자극에 대해서 수행되는 처리에 따라 기억 흔적의 강도가 달라진다.

처리 수준 이론
정보 처리의 깊이에 따라 기억 흔적의 강도가 달라진다고 보는 이론. 입력 정보를 더 깊게 처리할수록 더 강한 기억이 만들어진다고 봄.

얕은 처리
입력 자극의 물리적·지각적 특징에 관한 처리.

깊은 처리
입력 자극의 의미적 특징에 관한 처리.

처리 수준과 기억

동일한 대상에 대해 다양한 처리가 가능하다. 예를 들어 책의 표지를 보고 책의 형태(예: 책이 두꺼움)나 색(예: 표지가 검음) 등 물리적 특성만 인식할 수도 있는가 하면, 나아가 사용 언어(예: 한글/영어로 되어 있음)나 주제(예: 역사를 다룸) 등 의미 정보를 처리할 수도 있다. 처리 수준 이론에 따르면 이는 처리 깊이^{depth of processing}의 차이를 의미한다. **얕은 처리**^{shallow processing}는 입력 자극의 물리적·지각적 특징에 대한 처리를, **깊은 처리**^{deep processing}는 이를 바탕으로 일어나는 의미 처리를 칭한다. 처리 수준 이론에서는 입력 정보를 더 깊게 처리할수록 더 강한 기억이 만들어진다고 본다. 즉 자극의 형태나 색만 인식할 때보다 자극의 의미를 파악하고 이해할 때 더 강한 기억 흔적이 만들어진다(●그림 6.1 참조).

●그림 6.1 처리 수준과 기억 흔적

Craik과 Tulving(1975)은 연구 참가자들에게 단어 쌍과 함께 **정향 과제**^{orientation task}를 제시하였다. 정향 과제는 단어를 특정한 방식으로 처리하도록 유도하는 과제로, 단어에 대한 일련의 질문으로 구성되었다(●표 6.1 참조). 각각의 질문에 대답하기 위해서는 제시된 단어의 시각적 특징(예: 대문자로 쓰였는가?)이나 음운적 특징(예: 'weight'와 운이 맞는가?), 의미(예: 'He met a ____ in the street.'라는 문장에 넣을 수 있는가?)를 처리해야 한다.

정향 과제
제시된 단어를 특정한 방식으로 처리하도록 유도하는 과제. 일반적으로 과제 후 해당 단어에 대한 기억 검사가 실시될 것이라는 사실을 알려주지 않은 채 진행됨. '지향 과제'로도 번역됨.

●표 6.1 단어에 대한 다양한 수준의 처리를 유도하는 질문들   출처: Craik & Tulving, 1975.

처리 수준	질문	네	아니오
시각	대문자로 쓰였는가?	TABLE	table
음운	'weight'와 운이 맞는가?	Crate	MARKET
의미	'He met a ___ in the street.'라는 문장에 넣을 수 있는가?	FRIEND	cloud

참가자들이 정향 과제 질문에 답변한 다음, 깜짝 기억 검사가 실시되었다. 검사 결과에 의하면 정향 과제에서 사용된 질문에 따라 참가자들이 제시된 단어를 재인하는 정도가 달랐다(●그림 6.2 참조). 단어의 시각적 특징을 판단한 경우 '네' 반응을 한 단어의 19%, '아니오' 반응을 한 단어의 15%를 재인하였다. 반면 단어의 의미를 판단한 경우 '네' 반응을 한 단어의 81%, '아니오' 반응을 한 단어의 49%를 재인하였다. 음운적 특징을 판단한 경우 중간 정도의 수행 수준을 보였다. 음운적 특징을 판단하기 위해서는 시각적으로 제시된 단어를 음운 부호로 재부호화해야 한다. 그 결과 시각적 특징만 판단한 경우보다 더 깊은 처리가 일어나 더 강한 기억 흔적이 만들어진 것으로 보인다. 모든 질문에서, '아니오'로 답변한 경우보다 '네'라고 답변한 경우 단어를 더 잘 재인했는데, 이는 '네'라고 답변하기 위해서는 더 많은 주의를 기울여야 하기 때문인 듯하다.

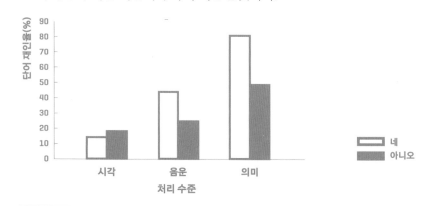

●그림 6.2 처리 수준에 따른 단어 재인율
출처: Craik & Tulving, 1975.

처리 수준과 기억 의도

정향 과제는 일종의 **우연 학습** 상황이다. 목적은 제시된 단어를 기억하는 것이 아니었지만, 질문에 답변하는 과정에서 기억 흔적이 만들어진다. Hyde와 Jenkins(1969, 1973)는 이처럼 처리의 부산물로 우연히 기억이 만들어지는 경우에 의도적으로 기억하는 경우만큼 강한 기억 흔적이 만들어지는지 알아보고자 하였다. 이들은 통제 조건 참가자들에게는 단어 목록을 제시하고 기억하게 하였다(기억 방법에 대한 지시는 하지 않았음). 반면 실험 조건 참가자들에게는 정향 과제를 주었다. 실험 조건은 정향 과제의 질문 유형에 따라 의미 처리 조건(예: 단어의 유쾌성 평정)과 통사 처리 조건(예: 단어가 명사인지 동사인지, 단어가 특정 문장 구조에 적합한지 판단), 철자 처리 조건(단어의 철자를 처리, 예를 들어 단어에 'e'와 'g'가 포함되었는지 판단)으로 구성되었다. 또한 각 실험 조건은 다시 우연 학습 조건과 의도 학습 조건으로 나뉘었는데, 의도 학습 조건에서는 정향 과제 다음에 기억 검사가 있다는 것을 알려주었고 우연 학습 조건에서는 이를 알려주지 않았다. 실험 결과, 기억 의도보다는 처리 수준이 수행에 있어 더 큰 차이를 만드는 것으로 나타났다. 의도 학습 조건과 우연 학습 조건 모두에서, 의미 처리를 한 참가자들이 단어를 가장 잘 재인하였고, 통사 처리 조건에서 철자 처리를 한 참가자들은 단어를 상대적으로 잘 재인하지 못했다(●그림6.3 참조).

실험 조건 참가자들은 정향 과제를 수행하면서 단어를 기억해야 한다. 즉 2개의 과제를 동시에 해야 하는 이중 과제 상황이다. 그럼에도 불구하고 실험 조건에서 의미 처리가 필요한 정향 과제를 수행한 참가자들은 기억 과제만 단독으로 수행한 통제 조건 참가자들과 수행 수준이 유사했다.

●**그림 6.3** 정향 과제와 학습 의도
출처: Hyde & Jenkins, 1973.

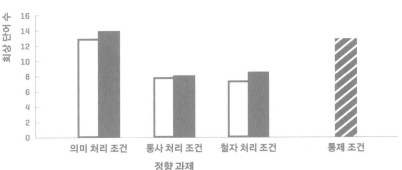

우연 학습
의도 학습

비판

처리 수준 이론은 많은 후속 연구를 촉발하였으나 비판에서 자유롭지는 않았다(Baddeley, 1978; Eysenck, 1978). 대표적인 비판은 처리 수준에 대한 독립적 정의와 측정치가 없다는 것이었다. 처리 수준 이론에서는 자극에 대한 깊은 처리가 일어나면 이를 잘 기억하는 것으로(또는 자극을 잘 기억하면 이에 대한 깊은 처리가 일어난 것으로) 가정하였으나, 기억 수행과 독립적으로 처리 수준을 정의하는 것이 쉽지 않았다. 단어와 같은 언어 자극을 처리할 때는 깊은 처리가 의미 처리와 어느 정도 동일시될 수 있다. 일반적으로 언어 자극은 의미 전달을 위해 사용되며, 자극의 시각적/청각적 특징이 처리된 뒤에 단어나 문장이 전달하는 의미가 처리되기 때문이다. 하지만 의미 처리가 언어 자극의 최종 처리 목표가 아닌 경우도 있고(예: 원고 교정, 글자체 분석), 비언어적 자극(예: 음악)의 경우 깊게 처리한다는 것이 반드시 의미 처리를 뜻하지는 않는다.

의미 처리가 항상 더 강한 기억 흔적을 만들어내지 않는다는 연구 결과도 존재한다. Stein 등(1978)은 자극의 의미를 처리하는 경우와 의미 이외의 측면(예: 형태)을 처리하는 경우를 비교했다. 이들은 연구 참가자들을 운율 조건과 의미 조건으로 나눈 다음, 동일한 단어(표적 단어)를 조건에 따라 다른 방식으로 제시했다. 운율 조건에서는 참가자들에게 표적 단어를 포함한 단어 쌍(예: short-port)이 제시되었고, 참가자들은 두 단어의 운이 맞는지 판단했다. 한편 의미 조건에서는 표적 단어가 문장 내에서 제시되었고(예: The child was comforted by the short man), 참가자들은 문장이 얼마나 이해하기 쉬운지 평정했다. 참가자들이 평정 과제를 마친 후, **단서 회상 검사**^{cued-recall test}가 실시되었다. 운율 조건에서는 운율 판단에 사용된 단어(예: port)가, 의미 조건에서는 표적 단어가 빠진 문장(예: The child was comforted by the _____ man)이 단서로 제시되었다. 참가자들에게 단서를 활용하여 표적 단어를 회상하게 한 결과, 운율 조건 참가자들이 표적 단어를 더 잘 회상했다. 비의미적 처리가 의미 처리보다 더 강한 기억 흔적을 만들어낸 것이다(●그림 6.4

단서 회상 검사
기억해야 하는 정보와 관련된 단서를 제시하고 연결된 정보를 기억하는지 알아보는 기억 검사. 일반적으로 참가자들은 단서 회상 검사에서 자유 회상 검사에서보다 정보를 더 잘 기억함.

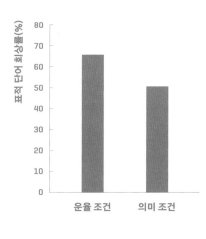

● 그림 6.4 운율 조건과 의미 조건에서 단서 회상 결과

출처: Stein et al., 1978.

참조). 의미 조건에서 단어에 대한 의미가 처리되었지만, 문장 맥락에서 표적 단어인 'short'의 의미를 충분히 밝혀지지 않았기 때문에(예: 왜 키 작은 남자가 아이를 위로해야 하는지) 강한 기억 흔적이 형성되지 못한 것으로 보인다. 이런 결과는 의미 처리가 무조건 강한 기억 흔적을 만들어내는 것이 아니라, 의미 처리가 정보의 의미를 명확히 밝히는 경우만 기억에 도움이 됨을 시사한다. 즉 의미 처리는 다양한 방식으로 이루어질 수 있고, 이에 따라 만들어지는 기억 흔적의 강도도 달라질 수 있다.

3. 정교화

정교화
입력 자극에 부가적 정보를 더하여 자세하게 만드는 것. 정교화는 비의미적 정교화, 조직화 등 다양한 방식으로 일어날 수 있음.

비의미적 정교화
의미 이외의 다른 차원 또는 정보(예: 자극의 크기, 색)를 사용한 정교화.

처리 수준의 대안으로 '**정교화**elaboration'가 제안되었다(Winograd, 1981). 정교화란 입력 자극에 부가적 정보를 더하여 자세하게 만드는 것을 지칭한다. 정교화는 자극의 다양한 차원에 대해 다양한 방식으로 일어난다. 주어진 정보의 물리적, 지각적 특징과 관련된 비의미적 정교화가 일어날 수도 있고, 정보의 의미가 정교화되는 의미적 정교화가 일어날 수도 있다.

비의미적 정교화

비의미적 정교화는 의미 이외의 다른 차원 또는 정보를 사용한 정교화를 뜻한다. 자극의 시각적 특징의 정교화(예: 형태에 대한 자세한 표상)나 청각적/음운적 특징의 정교화(예: 목소리의 발성 방식과 음색에 대한 처리)가 이에 속한다. Kolers(1973)는 연구를 통해 언어 자극을 처리할 때 일어나는 비의미적 정교화의 효과를 보여주었다. 연구 참가자

153

들은 동일한 문장을 두 조건에서 읽었는데, 한 조건에서는 문장이 정상
적으로 인쇄되었고, 다른 조건에서는 거꾸로(180도 회전) 인쇄되었다
(●그림 6.5 참조). 그런 다음 두 조건에서 참가자들의 기억을 비교한 결과
거꾸로 제시된 문장을 읽은 다음에 문장에 대한 기억이 더 우수하였다.
거꾸로 인쇄된 문장을 읽을 때는 마음속에서 해당 문장의 지각상을 뒤집
는 부가적인 처리를 해야 하는데, 바로 이 부가적인 처리, 즉 정교화가 문
장을 기억하는 데 도움이 된 것으로 보인다.

정상 인쇄   인지는 단순히 어떤 사실이나 존재를 아는 것 이상의
포괄적 정보 처리를 지칭한다.

●그림 6.5 정상적으로 인쇄된 문장과
거꾸로 인쇄된 문장의 예

거꾸로 인쇄   포괄적 정보 처리를 지칭한다.
인지는 단순히 어떤 사실이나 존재를 아는 것 이상의

Winograd(1981)는 얼굴 자극을 사용하여 정교화의 효과를 살펴보
았다. 그는 연구 참가자들을 제한된 특징 조건 집단, 독특한 특징 조건
집단, 제한된 특성 조건 집단으로 나눈 뒤, 각각의 집단에게 얼굴 사진
을 보여주었다. 제한된 특징 조건 constrained features condition 참가자들은 얼굴
의 개별적 속성(예: 코나 턱의 형태 등)에 대한 질문에 답했다. 독특한
특징 조건 distinctive feature scan condition 참가자들은 얼굴 전체에서 독특한 특징
(예: 눈이나 입에 비해 코가 큼)이 무엇인지 답했다. 두 조건 모두에서
얼굴에 대한 비의미적 정교화가 필요했지만, 독특한 특징 조건에서 더
많은 정교화가 요구되었다. 제한된 특징 조건에서는 얼굴의 개별 요소
만 처리해도 질문에 답할 수 있는 반면에, 독특한 특징 조건에서는 얼굴
전체의 특징을 처리해야 하기 때문이다. 마지막으로, 제한된 특성 조건
constrained traits condition 참가자들은 얼굴에서 보이는 내적 특성(예: 얼굴이
똑똑해 보이는지 정직해 보이는지 등)을 판단하였다. 이는 얼굴에 대한
의미적 정교화에 해당한다. 참가자들이 얼굴에 대한 판단을 마친 후, 앞
서 제시한 얼굴에 대한 재인 검사가 실시되었다. 그 결과 독특한 특징
조건 참가자들이 얼굴을 가장 잘 기억하였고, 제한된 특성 조건 참가자

들이 그 뒤를 이었으며, 제한된 특징 조건 참가자들의 기억이 가장 저조하였다(●표 6.2 참조). 이러한 결과는 비의미적 처리를 하는 경우에도 처리를 어떻게 하는가에 따라 기억 강도가 달라질 수 있으며, 비의미적인 처리도 의미적인 처리 못지 않게 강한 기억 흔적을 만들어낼 수 있음을 보여준다.

●표 6.2 조건에 따른 연구 참가자들의 재인 기억　　　　　　출처: Winograd, 1981.

정교화 조건	Hits	False positives	CRs
제한된 특징 조건	.64	.25	.39
제한된 특성 조건	.73	.16	.57
독특한 특징 조건	.78	.19	.59

Hits: 제시된 얼굴을 보았다고 답변한 비율
False positives: 제시되지 않은 얼굴을 보았다고 답변한 비율
CRs(Correct Rejections): 제시되지 않은 얼굴을 못 봤다고 답변한 비율

비의미적 정교화는 기억술^{mnemonic}에서 다양하게 활용된다. 기억술은 기억을 잘 하기 위한 기법을 지칭하는데, 많은 기억술은 이미지를 적극적으로 활용한다. 예를 들어 장소법$^{method\ of\ loci}$에서는 기억해야 하는 정보를 잘 알고 있는 장소와 연합한다. 이는 기억해야 하는 정보를 장소에 대한 이미지를 사용하여 정교화하는 것으로, 이를 통해 정보를 아무 방법도 사용하지 않고 기억할 때보다 더 잘 기억할 수 있다. 단어 목록 등을 기억할 때 단어를 되뇌는 전략과 이미지로 만들어 기억하는 전략(예: 사과를 기억할 때 사과 이미지를 떠올리기)을 비교하면, 시각적 이미지를 만들어 기억하는 경우의 수행이 우수하다(Bower & Winzenz, 1970). 더욱 효과적인 전략은 독립적인 이미지만 떠올리지 않고, 여러 이미지가 상호 작용하게 만드는 것이다(예: 사과와 오렌지가 손을 잡고 걸어가는 이미지)(Bower, 1970). 또한 기억해야 하는 내용을 노래와 운율로 만드는 것 역시 자주 사용되는 기억 전략인데(예: 알파벳송), 이는 운율 정보를 사용한 비의미적 정교화에 해당한다.

의미적 정교화

의미적 정교화가 일어나면 주어진 정보에 새로운 의미가 추가되거나 정보가 다양한 방식으로 조직화된다. 장기 기억에는 많은 의미 정보가 저장되어 있으며, 이는 다양한 방식으로 정보의 의미를 정교화하는 데 사용될 수 있다. 얼굴을 보고 성격 특성을 추론하거나, 음악을 들으면서 의미를 생각하는 것, 그리고 글을 읽으면서 선행 지식을 사용하여 빠진 내용을 추론하는 것은 모두 의미적 정교화의 사례이다. 의미 정보를 사용하여 정보를 다양한 방식으로 조직화(예: 비슷한 것끼리 묶기, 위계적 또는 시간적 관계를 기준으로 묶기 등)하는 것 또한 의미적 정교화에 해당된다. Bower 등(1969)은 **조직화**가 기억에 미치는 영향을 보여주었다. 이들은 연구 참가자들에게 특정 주제(예: 광물)와 관련된 단어 목록을 학습하게 하였다. 단어 간 관련성을 쉽게 탐지할 수 있도록 단어 목록은 한꺼번에 제시되었다. 조직화 조건에서는 단어들이 위계적으로 조직화되었고, 그 결과 상위 범주를 지칭하는 단어(예: 보석)가 하위 수준의 단어(예: 사파이어)보다 위에 제시되었다. 반면 무작위 조건에서는 단어들이 무작위적으로 위계에 할당되었고, 그 결과 하위 범주 단어(예: 사파이어)가 상위 범주 단어(예: 보석)보다 위에 제시될 수 있었다(●그림 6.6 참조).

의미적 정교화
의미 관련 정보(예: 단어의 의미, 관련된 사건)를 사용한 정교화.

조직화
의미적 정교화 전략 중의 하나로, 정보를 유사한 범주에 따라 묶거나 위계적 또는 시간적 순서로 조직화하는 등 다양한 방식이 존재함.

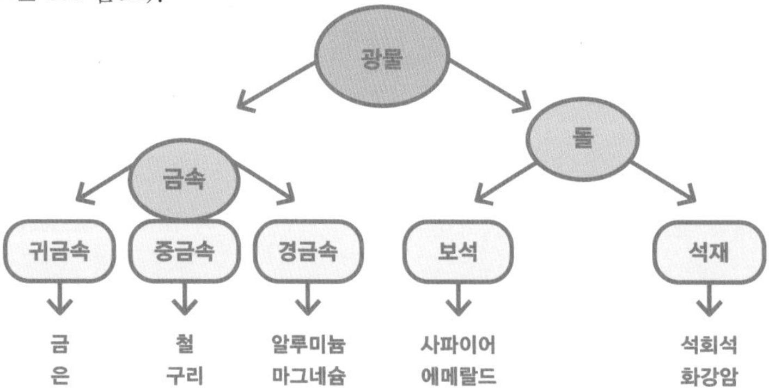

●그림 6.6 단어 목록의 위계적 조직화 예시
출처: Bower et al., 1969.

참가자들이 목록을 학습한 다음 회상이 실시되었다. 그 결과 조직화 조건 참가자들의 수행이 무작위 조건 참가자들의 수행보다 3배 이상 우수하였고, 시행을 반복해도 두 조건 간의 차이가 유지되었다(●그림 6.7참조).

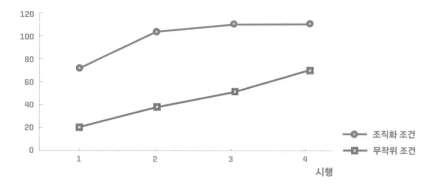

●그림 6.7 조직화 조건과 무작위
조건의 단어 회상

출처: Bower et al., 1969.

정교화의 적절성과 복잡성

정교화가 효과적이기 위해서는 적절해야 한다. Stein 등(1978, 1979)은 "The fat man read the sign(뚱뚱한 남자는 표지판을 읽었다)"과 같은 기본 문장의 형용사(예: fat)를 조건에 따라 다양하게 정교화하였다. 적절한 정교화Precise Elaboration; PE 조건에서는 기본 문장의 형용사의 의미에 적절한 정교화가 이루어졌다. 예를 들어 ●표 6.3에서 첫 번째 적절한 정교화 문장에는 표지판의 내용(얼음이 얇으므로 주의)에 대한 경고가 추가되었는데, 이러한 정보는 문장의 주어인 '뚱뚱한' 남자에게 관련성이 높은 정보

●표 6.3 정교화 문장의 예   출처: Stein & Bransford, 1978, 1979.

조건	문장(예시)
기본 문장	The fat man read the sign. (뚱뚱한 남자는 표지판을 읽었다.) The old man bought the paint. (노인은 페인트를 샀다.) The diamond was too expensive for the slow man. (다이아몬드는 그 느린 남자가 사기에는 너무 비쌌다.)
적절한 정교화	The fat man read the sign warning about thin ice. (뚱뚱한 남자는 얼음이 얇으므로 주의하라는 표지판을 읽었다.) The old man bought the paint to color his cane. (노인은 자신의 지팡이를 칠하기 위해서 페인트를 샀다.) The diamond was too expensive for the slow man who was fired from his job. (다이아몬드는 직장에서 해고된 느린 남자가 사기에는 너무 비쌌다.)
부적절한 정교화	The fat man read the sign that was two feet high. (뚱뚱한 남자는 2피트 높이의 표지판을 읽었다.) The old man bought the paint that was on the top shelf. (노인은 제일 위쪽 선반에 있던 페인트를 샀다.) The diamond was too expensive for the slow man to hand down to his son. (다이아몬드는 느린 남자가 아들에게 물려주기에는 너무 비쌌다.)

밑줄 친 단어는 정교화의 대상이 된 단어

이다. 반면 부적절한 정교화^{Imprecise Elaboration; IE} 조건에서는 형용사의 의미
와 관련이 없는 정교화가 이루어졌다. 예를 들어 ●표 6.3의 첫 번째 부적
절한 정교화 문장에는 표지판의 높이에 대한 정보가 추가되었는데, 이는
'뚱뚱한'이라는 형용사와 관련성이 낮다.

연구 참가자들은 제시된 문장에 대한 이해도를 평정한 다음, 1분간
숫자 빼기 과제를 실시하였다. 이후 단서 회상 검사가 실시되었는데, 참
가자들은 문장 맥락(예: The __ man read the sign)이 단서로 제시되면,
문장에 포함되어 있던 형용사(예: 'fat')를 회상했다. 검사 결과 단어 회
상은 적절한 조건에서 가장 좋았고, 부적절한 정교화 조건에서 가장 저
조하였다(●그림 6.8 참
조). 부적절한 정교화 조
건은 기본 문장 조건보다
기억이 더 저조했다. 이러
한 결과는 정교화가 효과
적이기 위해서는 대상의
의미와 관련이 있는 정교
화가 이루어져야 하며, 부
적절한 정교화는 정교화
를 하지 않는 것보다 못함
을 의미한다.

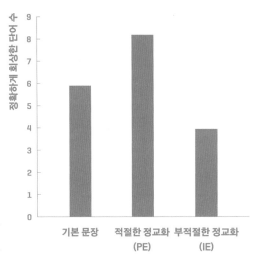

●그림 6.8 정교화 정확성이 기억에
미치는 효과
출처: Stein et al., 1978.

정교화가 일어날 때 영향을 미칠 수 있는 또 다른 요인은 정교화의
정도 또는 복잡성이다. Craik와 Tulving(1975)은 의미적 정교화의 복
잡성이 기억에 미치는 효과를 살펴보았다. 연구 참가자들은 제시된 단
어(예: 사과)가 문장 맥락에 부합하는지를 '네', '아니오'로 답변하는 정
향 과제를 수행하였다. 제시되는 문장은 포함하고 있는 명제 수에 따라
단순 복잡성 조건, 중간 복잡성 조건, 높은 복잡성 조건으로 구분되었으
며, 복잡성 수준이 높을수록 문장에 포함된 명제 수가 증가하였다. 단순
복잡성 조건에서는 맥락 문장이 단일 명제로 구성된 반면, 중간 복잡성

조건에서는 맥락 문장이 2개의 명제로 구성되었고, 높은 복잡성 조건에서는 맥락 문장이 4개의 명제로 이루어졌다(●표 6.4 참조).

●표 6.4 복잡성 조건별 문장 맥락과 명제   출처: Craik & Tulving, 1975.

조건	문장 맥락	명제
단순 복잡성	She cooked the _____. (그녀는 ___을 요리했다.)	그녀는 ___을 요리했다.
중간 복잡성	The ripe _____ tasted delicious. (잘 익은 ___은 맛이 좋았다.)	___는 잘 익었다. ___는 맛이 있었다.
높은 복잡성	The small lady angrily picked up the red _____. (그 조그마한 여인은 신경질적으로 빨간 ___을 집어 들었다.)	여인은 조그마하다. 여인은 ___을 집어 들었다. 여인은 신경질적으로 ___을 집어 들었다. ___는 빨갛다.

연구자들은 의미 관계가 더 복잡한 문장 맥락이 주어질수록 참가자들이 해당 단어를 더 정교하게 처리할 것이라고 가정했다. 참가자들이 정향 과제를 마친 후, 자유 회상과 재인 검사가 실시되었는데, 모든 검사에서 문장의 복잡도가 증가할수록 기억 수행이 우수하였다(●그림 6.9 참조).

●그림 6.9 문장 맥락의 복잡도와 기억
출처: Craik & Tulving, 1975.

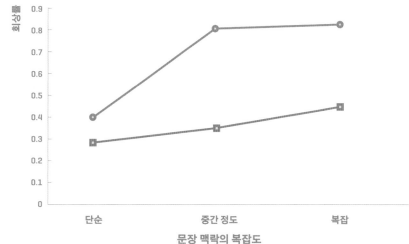

● 재인 검사 - '네' 반응
▣ 자유 회상 - '네' 반응

4. 기타 요인들

정교화 외에도 장기 기억에 정보가 저장되는 데 영향을 미치는 다양한 요인이 있다. 자극의 독특성이나 중요성(예: 생존에 중요한 정보) 같은 자극의 특성을 비롯하여, 자극/정교화가 수동적으로 주어지는가 아니면 적극적으로 생성되는가 등이 이에 속한다.

자극의 독특성과 중요성

주변의 자극과 구분되는 자극은 주의를 사로잡고, 주의를 끈 자극은 더 잘 부호화된다. 따라서 독특한 자극은 잘 기억된다. 독특한 자극의 이런 효과를 **격리 효과**isolation effect라고 칭한다(Hunt, 1995; Schmidt, 1991). 자극의 독특성은 다양한 차원에서 정의될 수 있다. Rundus(1971)는 자극의 지각적 독특성이 미치는 효과를 살펴보았다. 그는 연구 참가자들에게 단어 목록을 주고, 이를 소리 내어 반복해서 읽으며 기억하게 하였다. Rundus는 단어 목록에서 단 세 단어만 빨간색으로 제시하였다. 다른 단어들은 검은색으로 인쇄되어 있어서, 이 세 단어는 다른 단어들에 비해서 지각적으로 독특했다. 초두 효과나 최신 효과가 발생하지 않도록 빨간색 단어들은 목록의 중간 위치(5~16번째)에 무작위로 제시되었다.

그런 다음 Rundus는 참가자들을 대상으로 재인 검사를 실시하였다. 연구 결과 참가자들은 빨간색 단어와 그 근처에 제시된 단어들을 더 많이 되뇌었으며, 이를 더 잘 회상한 것으로 나타났다. 빨간색으로 인쇄되었다는 지각적 독특성 때문에 해당 단어들이 다른 단어들보다 더 많은 주의를 받았고, 그 결과 더 많은 되뇌기가 일어나 이를 더 잘 기억할 수 있었던 것으로 보인다.

자극이 의미적으로 독특할 때도 격리 효과가 발생한다(Geraci & Manzano, 2010). ●표 6.5와 같은 단어 목록을 보고 기억한다고 하자. '책상'은 두 목록에 공통적으로 제시되어 있지만, 목록 1에서 제시될 때

격리 효과
독특한 자극이 다른 자극에 비해 더 잘 기억되는 현상. 격리 효과를 처음 보고한 학자의 이름을 따 von Restorff 효과라고도 부름.

보다 목록2에서 제시될 때 더 잘 회상된다. 목록에서 제시되는 위치가 바뀌어도 동일한 효과가 나타난다. 이는 각 목록에서 '책상'의 의미적 독특성이 다르기 때문이다. 가구 관련 단어로 구성된 목록 1에서 '책상'은 독특한 단어가 아니지만, 동물 관련 단어로 구성된 목록 2에서는 독특한 단어가 된다. 그 결과 '책상'은 목록 2에서 더 많은 주의를 받게 되고 성공적인 부호화로 이어져 기억될 가능성이 높아진다.

● 표 6.5 자극의 독특성과 기억

목록 1	목록 2
의자	사자
피아노	호랑이
책상	코끼리
탁자	기린
책장	책상
협탁	곰
침대	토끼
식탁	타조
안락의자	거북이
소파	원숭이

자극의 독특성은 정보 입력 단계에서 해당 자극이 더 잘 부호화될 수 있도록 도와줄 뿐만 아니라 인출 과정에서 발생하는 간섭의 양을 줄이는 효과를 가지고 있다(간섭에 대해서는 8장에서 자세하게 다룬다). 이를 기억 전략으로 활용하는 것도 가능한데, 정보를 기억할 때 다른 정보와 구분되는 방식으로 처리하여 해당 기억 흔적의 독특성을 증가시키는 것이다. 예를 들어 학습해야 하는 단어 목록을 소리 내어 말하거나 다양한 방식으로 부호화하는 것(예: 이미지로 만드는 것)은 모두 단어의 독특성을 증가시키는 효과를 불러온다. 정보를 다른 정보보다 독특하게 만드는 전략은 오기억[false memory]을 줄이는 방법으로도 종종 활용된다(Dodson & Schacter, 2001; Israel & Schacter, 1997; Schacter et al., 1999).

중요한 정보는 그렇지 않은 정보보다 더 잘 기억된다. 자신[self]과 관련된 정보(예: 자기 이름)는 대표적으로 중요한 정보인데, 이는 다른 정보보다 더 빠르게 지각될 뿐만 아니라(2장 참조) 더 잘 기억된다. 3장에서 살펴본 바와 같이 자신과 관련된 정보를 더 잘 처리하는 현상을 자기 참조 효과라고 한다. 많은 연구에서 정보를 자신과 관련짓는 것이 효과적인 기억 전략임을 보여주었다(Symons & Johnson, 1997). Rogers 등(1977)은 연구 참가자들에게 형용사 목록을 제시하고 일련의 정향 과제 질문에 답하도록 하였다. 질문은 조건에 따라 달라졌는데, 참가자들은 '단어가 소문자로 작성되었는가'(구조 조건), 'ㅇㅇㅇ와 운이 같은가?'(운율 조건), 'ㅇㅇㅇ와 뜻이 같은가?'(의미 조건), '해당 단어가 자신을 기술하는가?'(자기 참조 조건)와 같은 질문에 답변하였다. 이후 형용사에 대한 깜짝 기억 검사가 실시되었다.

검사 결과에 따르면 자기 참조 조건에서 참가자들의 기억 수행이 의미 조건에서보다 2배 이상 우수하였다. 자신과의 관련성을 생각해 보는 것만으로도 기억에 도움이 된 것이다.(●그림 6.10 참조).

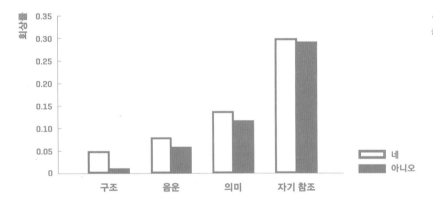

●**그림 6.10 부호화 방식과 기억**
출처: Rogers et al., 1977,

생존과 관련된 정보 또한 중요한 정보이다. 이는 진화적으로도 중요한데, 생존과 관련된 정보를 더 잘 기억하는 것이 개체의 생존에 도움이 된다. Nairne 등(2007)은 자극의 **생존가**[survival value]가 기억에 미치는 영향을 살펴보았다. 연구자들은 연구 참가자들에게 단어를 다양한 차원에서 평정하는 우연 학습 과제를 내줬다. 참가자들은 유쾌성 조건에서

생존가
개체의 특정한 행동이나 특성이 생존과 번식, 적응에 미치는 가치나 효용성.

는 각 단어가 얼마나 유쾌한지를, 이사 조건에서는 해외 이주를 준비할 때 제시된 단어에 해당하는 항목이 얼마나 필요한지를, 마지막으로 생존 조건에서는 무인도에 표류되어 음식을 구하고 맹수들로부터 자신을 보호해야 할 때 제시된 단어에 해당하는 항목이 얼마나 필요한지를 평정하였다. 참가자들이 평정을 마친 후 깜짝 자유 회상이 실시되었다. 그 결과 단어가 생존에 유용한지를 평정한 경우(생존 조건) 가장 기억이 우수하였다(●그림 6.11 참조).

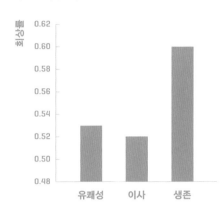

●**그림 6.11 평정 조건에 따른 기억**
출처: Naire et al., 2007.

Nairne 등은 후속 실험에서 생존 부호화와 조건과 자기 참조 부호화 조건의 기억을 비교하였다. 생존 부호화 조건에서는 앞에서처럼 각 단어가 무인도에서 생존하는 데 얼마나 필요한지를 평정하였고, 자기 참조 부호화 조건에서는 단어가 중요한 개인적인 사건을 마음속에 불러일으키는 정도를 평정하였다. 참가자들에게 평정한 단어를 회상하도록 한 결과, 이들은 자기 참조 부호화 조건보다 생존 부호화 조건에서 더 많은 단어를 회상하였다. 자극의 생존가를 평가하는 것은 결국 자극이 자기의 생존에 얼마나 중요한지를 평가하는 것이다. 그러나 자신과 관련된 정보가 모두 생존에 중요한 정보는 아니므로, 자기 참조 부호화보다는 생존 부호화가 더 강한 기억 흔적을 만들어낸 것으로 보인다. 어떤 자극이 생존에 필요한지에 대한 판단은 시대에 따라, 개인에 따라 달라질 수 있다. 하지만 어떠한 이유로든 생존에 중요하다고 간주되는 정보는 그렇지 않은 정보보다 더 많은 주의를 받고 더 다양한 방식으로 정교화되기 때문에 잘 기억되는 것으로 보인다.

생성 효과

생성 효과
스스로 자극을 생성할 때 더 강한 기억 흔적이 만들어지는 현상.

생성 효과generation effect는 스스로 자극을 생성할 때 더 강한 기억 흔적이 만들어지는 현상을 지칭한다. 고전이 된 Slamecka와 Graf(1978)의 연구에서 연구 참가자들은 두 조건에서 단어를 처리하였다. 읽기 조건에서 참가자들은 단순히 제시된 단어(예: 'save', 'ocean')를 읽기만 했다. 반면 생성 조건에서 참가자들은 질문을 받고 해당 단어를 스스로 생성했는데, 이들에게 제시된 질문은 유사어 조건과 각운 조건으로 나뉘었다. 유사어 조건 질문에는 해당 단어의 의미 단서가 포함되어 있었고(예: 'sea'와 의미가 유사한 단어 중 'o'로 시작하는 단어는?; 답은 'ocean') 음운 조건 질문에는 해당 단어의 운율 단서가 포함되어 있었다(예: 'c'로 시작하면서 'save'와 운이 맞는 단어는?; 답은 'cave'). 연구자들은 참가자들이 단어를 읽거나 생성하게 한 뒤에 단어에 대한 참가자들의 기억을 검사하였다. 그 결과 참가자들은 읽기 조건에서 보다 생성 조건에서(유사어 조건과 음운 조건 모두에서) 단어를 더 잘 기억한 것으로 나타났다(●그림 6.12 참조). 이는 동일한 정보라도 수동적으로 남이 제시한 것을 부호화하는지 아니면 직접 생성하는지에 따라 기억 흔적이 달라짐을, 또한 단순히 단어를 읽기만 할 때보다는 질문에 답하면서 스스로 단어를 생성할 때 더 강한 기억 흔적이 만들어짐을 보여준다.

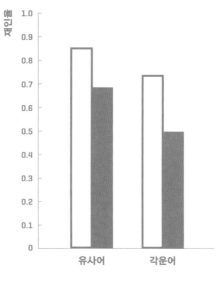

●그림 6.12 읽기 조건과 생성 조건의 회상
주어진 단어를 읽기만 한 경우와 질문에 답하면서 스스로 단어를 생성한 경우 회상률에 차이가 있었다.
출처: Slamecka & Graf, 1978.

Borrow와 Bower(1969)는 문장 단위에서 일어나는 생성 효과를 살펴보았다. 이들은 연구 참가자들에게 주어, 동사, 목적어로 구성된 문장을 기억하도록 했는데, 한 조건에서는 연구자가 만든 문장을 기억하도록 하였고, 다른 조건에서는 주어와 목적어에 사용되는 단어를 주고 참가자가 이를 사용하여 스스로 문장을 만들도록 했다. 참가자들은 연구자가 제시한 문장은 29%만 기억했으나, 스스로 만든 문장은 58%를 기억했다. 주어진 문장을 수동적으로 읽는 것보다는 스스로 문장을 생성할 때 기억이 더 우수하였다.

Stein과 Bransford(1979)는 생성 효과가 정교화에도 일어나는지 살펴보았다. 연구에서 참가자들은 다양하게 정교화된 문장을 읽거나 스스로 문장을 정교화하였다. 정교화가 주어지는 조건에서 참가자들은 조건에 따라 기본 문장, 부적절한 정교화 문장 및 적절한 정교화 문장(●표 6.3 참조)을 읽고 문장의 이해도^{sentence comprehensibility}를 평정하였다. 자기 생성 정교화 조건에서 참가자들은 제시되는 기본 문장을 스스로 정교화하였다. 참가자들에게는 특정 문구가 얼마나 잘 생성되는지 알아보는 것이 연구의 목적이라고 소개되었다. 단서 회상을 사용하여 참가자들의 기억을 측정한 결과 자기 생성 정교화 조건 참가자들의 수행은 다른 조건 참가자들보다는 우수하였으나 적절한 정교화 조건 참가자들보다는 저조했다(●그림 6.13 참조). 참가자들이 스스로 정교화를 하는 경우 자신의 이해 수준에 적합한 맞춤형 정교화를 할 수 있다는 장점이 있다. 하지만 스스로 하는 정교화의 정확성이 떨어질 수도 있는데, 실험 상황처럼 상대적으로 짧은 시간 동안 정교화를 해야 하는 경우 적절성이 부족한 정교화가 만들어질 수 있다. 자기 생성 정교화의 효과가 제대로 발휘되기 위해서는 정교화의 내용이 적절해야 하는 것으로 보인다.

●그림 6.13 기본 문장 조건과 타인 생성 정교화 조건(부적절한 정교화 조건, 적절한 정교화 조건), 자기 생성 정교화 조건에서 연구 참가자들이 정확하게 회상한 단어 수

출처: Stein & Bransford, 1979.

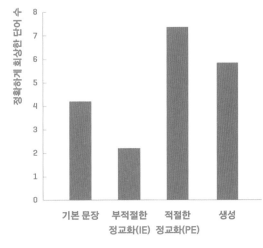

Pressley 등(1987)은 자기 생성 정교화의 효과를 보다 세밀하게 알아보았다. ●표 6.3과 유사한 기본 문장과 정교화 문장이 연구 참가자들에게 제시되었고, 총 6개의 조건으로 나누어 연구가 진행되었다. 먼저 정교화의

유무 및 주체에 따라 참가자들은 기본 문장을 읽거나^{base condition}, 주어진 정교화 문장을 읽거나^{imposed precise-elaboration condition}, 스스로 정교화한 문장을 생성하였다^{base/questioned}. 각 정교화 조건은 다시 우연 학습과 의도 학습 조건으로 나뉘었다. 참가자들은 의도 학습 조건에서 기본 문장과 주어진 정교화 문장을 학습하였고, 우연 학습 조건에서는 기본 문장 또는 주어진 정교화 문장의 이해도를 평정하거나 질문(예: '왜 주인공이 그런 행동을 했는가?')에 답하였다. 문장에 대한 학습 또는 평정과 질문 답변을 마친 후 참가자들의 기억을 검사한 결과, 우연 학습과 의도 학습 모두에서 자기 생성 정교화 조건의 기억이 가장 우수하였다(●표6.6 참조).

●표 6.6 기본 문장, 주어진 정교화, 자기 생성 정교화에서 참가자들의 수행　　　　출처: Pressley et al., 1987.

조건	우연 학습		의도 학습	
	M	SD	M	SD
기본 문장	15.0	11.3	58.1	22.8
자기 생성 정교화 문장	65.2	21.3	76.9	13.4
주어진 정교화 문장	24.2	13.4	46.0	17.9

조건 당 24번의 검사 반응을 기준으로 한 확률 계산

　　해당 연구 결과는 앞에서 살펴본 Stein과 Bransford(1979)의 연구 결과와는 다른데, 이는 일정 부분 정교화를 유도하는 방법의 차이에서 비롯된 것으로 보인다. Stein과 Bransford(1979)에서는 기본 문장에 구를 추가하라는 다소 모호한 지시가 사용되어, 주어 행동의 원인뿐 아니라 행동의 결과 또는 다른 문장 요소가 정교화될 수도 있었다. 반면 Pressley 등의 연구에서는 자기 생성 정교화 조건에서 주인공이 왜 그런 행동을 했는지 답변하도록 하였는데, 이러한 질문이 기본 문장의 형용사에 대한 보다 정교한 처리를 촉발한 것으로 보인다. 이러한 결과는 적절한 정교화를 할 수 있다면, 스스로 하는 정교화가 가장 강한 기억 흔적을 만들어낼 수 있다는 것을 보여준다.

간격 효과

간격 효과
시간적으로 집중하여 학습할 때보다
시간적인 간격을 두고 분산하여 학습할
때 학습 내용이 더 잘 기억되는 현상.

간격 효과^{spacing effect}는 단기적으로 집중하여 학습할 때보다 시간적인 간격을 두고 분산하여 학습할 때 학습 내용이 더 잘 기억되는 현상을 지칭한다(Dempster, 1989). 예를 들어 어떤 내용을 공부하는 데 3시간이 필요하다면, 한꺼번에 3시간을 학습하는 것보다 매일 1시간씩 3일에 걸쳐 학습하는 것이 더 효과적이라는 것이다. 학습 시간이 분산되면 정보가 다양한 맥락에서 부호화될 수 있기 때문에 다양한 인출 단서가 만들어진다. 그 결과 집중해서 학습할 때보다 회상이 촉진되는 것으로 보인다.

간격 효과는 학교 수업 상황에서도 일어난다. Vlach와 Sandhofer (2012)는 초등학교 아동들을 대상으로 과학 관련 개념(예: 먹이 사슬)을 학습하도록 하였다. 수업은 4시간에 걸쳐 진행되었으며, 세 유형의 학습 일정 조건이 존재하였다. 집중^{massed} 조건에서는 4시간 수업이 하루에 연달아 이루어졌고, 덩어리^{clumped} 조건에서는 하루에 2시간씩, 2일에 걸쳐 수업이 실시되었다. 마지막으로 분산^{space} 조건에서는 하루에 1시간씩 4일에 걸쳐 수업이 진행되었다. 단순한 일반화 문제와 복잡한 일반화 문제를 사용하여 학습이 측정되었는데, 학습을 분산하는 것이 단순한 일반화 문제는 물론, 복잡한 일반화 문제에서도 훨씬 더 우수한 효과를 보였다(●그림 6.14 참조).

● 그림 6.14 과학 개념 학습과 간격 효과

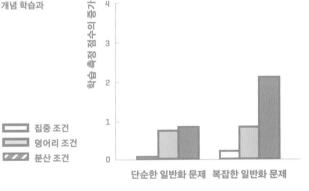

5. 부호화와 인출

되뇌기, 깊은 처리, 정교화는 모두 부호화 전략의 일종으로 장기 기억에 정보가 부호화되는 단계에 관여한다. 부호화 단계에서의 처리가 중요하지만, 부호화 전략의 효과는 궁극적으로 인출 단계에서 일어나는 처리에 달려있다. 부호화 전략은 독립적으로 작용하지 않는데, 전이 적절성 처리와 부호화 특수성 원리는 입력 단계의 처리 전략이 인출 단계에서의 처리와 상호 작용함을 보여준다.

전이 적절성 처리

기억 인출은 과거의 학습 내용을 새로운 맥락과 상황에서 인출하는 일종의 **전이**[transfer] 상황이다. 인출이 잘 일어나기 위해서는 부호화 단계에서 전이에 적절한 처리, 즉 **전이 적절성 처리**[transfer-appropriate processing]가 일어나는 것이 중요하다. 인출 시 요구되는 처리와 유사한 방식으로 정보가 부호화될 때 인출이 촉진된다. Morris 등(1977)은 정보 입력 시의 처리와 인출 상황에서 요구되는 처리의 상호 작용을 살펴보았다. 연구 참가자들은 단어가 문장 맥락과 함께 제시되면 해당 단어가 맥락에 적절한지 판단하였다. 판단을 위해서 참조해야 하는 정보에 따라 음운 처리 조건과 의미 처리 조건이 존재하였다. 음운 처리 조건에서는 표적 단어의 운[ryhyme]에 대한 문장(예: ___ rhymes with pain)이 제시되었고, 의미처리 조건에서는 단어의 의미에 대한 문장(예: ___ has a silver engine)이 제시되었다(●표 6.7 참조).

전이
이전에 학습한 지식이나 기술이 새로운 상황이나 맥락에서 사용되는 것.

전이 적절성 처리
인출 시 전이를 용이하게 만드는 처리. 인출 시 요구되는 처리와 유사한 방식으로 정보가 부호화될 때 인출이 촉진됨.

●표 6.7 음운 처리 조건과 의미 처리 조건에서 사용된 문장 맥락과 단어 출처: Morris et al., 1977.

	문장 맥락	표적 단어	반응
음운 처리	___ rhymes with pain.	Train	네
	___ rhymes with pain.	Eagle	아니오
의미 처리	The ___ has a silver engine.	Train	네
	The ___ has a silver engine.	Eagle	아니오

참가자들이 질문에 답한 후 전통적 재인 검사와 음운 재인 검사가 실시되었다. 참가자들은 전통적 재인 검사에서는 특정 검사 단어(예: 'train', 'eagle')가 이전에 제시되었는지 답하였고, 음운 재인 검사에서는 검사 단어(예: 'beagle')가 이전에 본 단어와 운이 같은지를 답하였다. 기

억 검사 결과, 실시된 검사에 따라 참가자들의 단어 재인이 달라졌다. 전통적 재인 검사에서는 의미 처리 조건의 수행이 더 우수하였으나, 음운 재인 검사에서는 음운 처리 조건의 수행이 (특히 '네' 반응을 한 경우) 더 우수하였다(●표 6.8 참조). 이러한 결과는 입력 단계에서 사용되는 부호화 전략의 효율성이 인출 시 요구되는 처리에 따라 일정 부분 달라질 수 있음을 보여준다.

●표 6.8 정향 과제 질문과 재인 검사 유형에 따른 재인율 출처: Morris et al., 1977.

부호화 조건	전통적 재인 검사	음운 재인 검사
의미 처리 중 '네' 반응	.844	.333
의미 처리 중 '아니오' 반응	.859	.325
음운 처리 중 '네' 반응	.633	.489
음운 처리 중 '아니오' 반응	.524	.184

Jacoby(1983)는 전이 적절성 처리의 영향을 살펴보기 위해 단어가 부호화되는 맥락과 인출 과제를 변화시켰다. Jacoby의 연구에서 연구 참가자들은 세 조건에서 단어를 부호화했다. 무맥락 조건[no context condition]에서 참가자들은 단독으로 제시된 단어를 읽었다. 맥락 조건[context condition]에서 참가자들은 반대어 맥락에서 제시된 두 단어 중 나중에 제시된 단어를 읽었다(예: 'hot' 다음에 'cold'가 제시되면 'cold'를 읽음). 마지막으로, 생성 조건[generate condition]에서 참가자들은 반대어 맥락의 두 단어 중 한 단어가 제시되면 직접 반대어를 생성했다(예: 'hot'이 제시되면 'cold'를 생성함). 즉 맥락 조건과 생성 조건에서는 의미 단서가 단어를 읽거나 생성하는 데 사용될 수 있었다. 그런 다음 참가자들을 대상으로 재인 검사와 **지각 식별 검사**[perceptual identification test]를 실시하였다. 재인 검사에서 참가자들은 단어가 제시되면 해당 단어를 이전에 본적이 있는지 답변하였다. 지각 식별 검사에서 참가자들은 짧은 시간(약 20~25 msec) 동안 단어가 제시되면, 지각한 단어를 보고하였다. 검사 과제에 따라 결과가 달라졌다. 전통적 재인 검사에서는 단어를 스스로 말한 생성 조건에서 참가자들의

지각 식별 검사
암묵 기억 검사의 일종. 지각 식별 검사에서 연구 참가자는 매우 짧은 시간 동안 제시된 단어를 지각하여 보고함.

기억이 가장 우수하였고, 맥락 속에서 단어를 제시받은 맥락 조건이 그 뒤를 이었다. 무맥락 조건에서의 수행은 가장 저조하였다. 즉 이전 연구에서 보고된 의미적 정교화의 효과 및 생성 효과가 얻어졌다. 하지만 지각 식별 검사 결과에서는 반대의 결과가 나타났다. 단독으로 단어를 제시받은 무맥락 조건에서 참가자들의 수행이 가장 우수하였고, 단어를 직접 생성한 생성 조건에서는 수행이 가장 저조하였다(●표 6.9 참조). 지각 식별 검사의 경우 단어의 지각적 특징만 처리하면 되기 때문에 부호화 단계에서 자극의 의미 처리를 한 것이 도움이 되지 않았던 것으로 보인다.

●표 6.9 부호화 조건에 따른 지각 식별 검사의 정반응률　　　　　　　출처: Jacoby, 1983.

실험	무맥락	맥락	생성
1	.620	.544	.466
2	.822	.755	.669
3	.655	.583	.525

적절한 부호화 전략은 인출 시 어떤 처리가 요구되는지에 따라 달라진다. 일반적으로 기억이 검사되는 경우(예: 자유 회상, 의미 단서 회상, 지식 관련 질문 답변), 자극을 부호화할 때 의미 기반 처리(예: 이해, 관련 단어 생성하기)가 우수한 수행을 만들어낸다. 하지만 인출 시 자극에 대한 지각적 분석이 요구되는 경우(예: 지각 식별 검사, 음운 재인 검사), 부호화 단계에서 자극의 지각적 특징을 분석하는 처리(예: 음운 분석, 글자체 분석)를 하는 것이 우수한 수행을 만들어낸다(Blaxton, 1989). 이는 인출 단계에서 요구되는 처리에 부합하는 방식으로 정보를 부호화하는 것이 중요함을 보여준다.

부호화 특수성 원리

정보는 맥락 속에서 제시된다. **부호화 특수성 원리**^{encoding specificity principle}에 따르면 정보를 기억할 때, 기억해야 하는^{to be remembered; TBR} 항목과 맥락이 함께 부호화되어 저장된다. 맥락은 정보가 인출될 때 단서 역할

부호화 특수성 원리
정보를 저장할 때, 기억해야 하는 항목과 맥락이 함께 부호화되어 저장된다고 보는 이론. 인출 단서의 효과는 해당 단서가 목표 정보를 부호화할 때도 있었는지에 따라 달라진다고 봄.

을 하는데, 입력할 때 있던 단서가 인출 시에도 있으면 인출이 촉진된다 (Tulving & Thomson, 1973).

단어 목록과 같은 자극을 학습한 후 이에 대한 기억을 검사하기 위해서 재인 검사[recognition test]나 단서 회상[cued recall], 자유 회상[free recall] 등이 종종 사용된다. 일반적으로 재인 검사에서 기억이 가장 우수하고, 다음으로 단서 회상, 자유 회상의 순이다. 검사 유형에 따른 기억 양의 변화는 부호화 특수성 원리에 기인한다. 검사에 따라 인출 시 존재하는 단서의 양이 달라지기 때문이다. 재인 검사에서는 기억해야 하는 항목 자체가 단서로 제시되고, 단서 회상에서는 의미적 또는 지각적으로 관련된 단서가 제시되는데, 이러한 단서들은 저장된 기억에 대한 접근을 도와준다. 반면 자유 회상에서는 앞에서 학습한 내용을 기억하라는 지시만 주어지고, 기억 내용에 대한 단서가 제공되지 않기 때문에 이러한 도움을 받을 수 없게 되고, 그 결과 가장 적은 내용이 기억된다.

인출 단서의 효과는 해당 단서가 목표 정보를 부호화할 때도 있었는지에 따라 달라진다. 부호화할 때 없던 단서는 해당 정보를 인출하는 데 도움이 되지 않는다(Tulving, 1968). Thomson과 Tulving(1970)은 연구 참가자들에게 단어 목록을 학습하게 하였다. 단어 목록에서 표적 단어(예: 'COLD')는 강한 단서(예: 'hot-COLD') 또는 약한 단서(예: 'ground-COLD')와 함께 제시되었다(●표 6.10 참조). 참가자들이 학습을 마친 후 강한 단서와 약한 단서를 사용하여 단서 회상이 실시되었다. 회상은 부호화와 인출 단계에서 사용된 단서가 일치될 때 가장 우수하였다. 부호화 단계에서 약한 단서(예: 'ground')가 사용된 경우, 단서 회상에서 동일한 단서가 사용될 때 회상이 가장 우수하였다. 반면 표적 단어와 강하게 연합된 단서(예: 'hot')가 제시되어도, 해당 단서가 부호화

●표 6.10 표적 단어에 대한 약한/강한 단서 단어 예시   출처: Tulving & Thompson, 1973.

약한 단서	강한 단서	표적 단어
ground	hot	COLD
head	dark	LIGHT
bath	want	NEED
cheese	grass	GREEN
stomach	small	LARGE

표적 단어는 대문자로 표기

단계에서 사용되지 않았을 경우, 약한 단서가 제시되는 경우보다 회상이 저조하였다.

Tulving과 Thomson(1973)에서는 부호화 특수성 원리가 재인과 회상 간에 일반적으로 관찰되는 수행 차이를 바꿀 수 있는지 살펴보았다. 연구 자들은 연구 참가자들이 표적 단어를 약한 단서 단어와 함께(예: 'ground-COLD') 학습하게 한 다음, 재인 검사와 단서 회상을 실시하였다. 재인 검 사에서는 참가자들에게 먼저 강한 단서(예: 'hot')를 제시하고, 연상되는 단어를 모두 생성하도록 하였다. 이 과정에서 종종 표적 단어(예: 'COLD') 가 생성되기도 했다. 참가자들은 스스로 생성한 연상 단어 목록에서 이전 에 학습한 표적 단어를 선택하였다. 단서 회상 검사에서는 참가자들이 표 적 단어를 학습할 때 사용된 약한 단서(예: 'ground')가 그대로 제시되었 고, 참가자들은 이를 보고 표적 단어를 회상하였다.

일반적인 경우 단서 회상보다 재인 검사에서 참가자들의 수행이 우 수하게 나타난다. 그러나 이 연구에서 참가자들은 단서 회상 검사에서는 63%의 표적 단어를 회상하였으나, 재인 검사에서는 자신이 생성한 표적 단어의 24%만 재인하였다. 참가자들은 자신들이 생성한 단어 목록에 표 적 단어가 다수 포함되어 있었음에도 이를 인식하지 못하였는데[recognition failure of recallable items], 이는 재인 검사 항목을 만드는 데 사용된 단서와 표적 단어가 기억에 부호화될 때 있었던 단서가 달랐기 때문이다. 해당 연구 결과는 인출 시 단서가 중요하지만 정보를 부호화할 때 사용한 것과 동 일한 단서가 사용되어야 기억 흔적에 대한 접근이 촉진됨을 보여준다.

정보를 저장할 때는 기억해야 하는 정보 자체뿐 아니라 부호화할 때 의 맥락도 같이 저장된다. 표적 단어와 함께 제시된 의미 단서뿐 아니라, 부호화가 일어난 다양한 맥락 정보(예: 표적 정보가 제시된 시간적·공간 적 맥락)가 함께 저장된다. 이러한 맥락 정보들도 해당 정보가 인출될 때 단서 역할을 하며, 그 결과 맥락에 따라 인출이 달라진다. 맥락에 따라 기 억이 달라지는 것을 맥락 의존적 기억[context-dependent memory]이라고 칭한다 (맥락이 인출에 미치는 효과에 대해서는 8장에서 자세하게 살펴본다).

7장

장기 기억: 간섭, 통합, 응고화

파지란 정보를 기억에 보관하는 것을 말한다. 물건과 마찬가지로, 마음속에 저장된 정보 역시 제대로 정리하여 저장하지 않으면 필요한 때 찾는 데 애를 먹는다. 기억의 보관과 관련된 처리는 대부분 우리의 의식과 통제 밖에서 일어나기 때문에, 기억이 어떠한 방식으로 보관되는지는 실험을 통해서 간접적으로 추론할 수밖에 없다. 이 장에서는 정보가 어떤 과정을 거쳐 마음속에 저장되는지, 정보 보관에 영향을 주는 요인들은 무엇인지 살펴본다.

7장 _ 장기 기억: 간섭, 통합, 응고화

1. 소멸 대 간섭

단단하고 튼튼한 물건도 시간이 흐르면서 구조가 약해지고 형체가 손상된다. 마음속의 정보에도 비슷한 일이 일어날 수 있다. **쇠퇴 이론**^{decay} theory에 따르면 기억과 함께 형성된 신경 흔적은 시간이 흐르면서 마모되고 소멸된다. 쇠퇴 이론은 직관적인 설득력을 가지고 있지만 제대로 평가하기는 쉽지 않다. 기억이 신경학적 기반을 가지고 있는 것은 맞지만 신경 흔적의 약화가 무엇을 대상으로 어느 시점부터 측정되어야 하는지는 아직 분명하지 않기 때문이다.

일반적으로 기억은 시간이 지남에 따라 약해지지만, 시간 경과와 함께 일어나는 다양한 사건이 기억의 쇠퇴에 영향을 줄 수 있다. **간섭 이론** interference theory 에 따르면 기억 흔적이 만들어진 다음, 기존의 기억과 유사한 정보들이 입력되면서 기억 흔적의 생성이나 인출을 방해한 결과 망각이 일어난다.

Jenkins와 Dallenbach(1924)는 쇠퇴 이론과 간섭 이론을 비교하기 위해 연구 참가자들에게 이른 아침 또는 늦은 밤에 무의미 음절^{nonsense} syllables을 학습하도록 하였다. 학습 시점에 따라 수면 조건과 활동 조건이 존재하였다. 수면 조건에서는 늦은 밤에 학습을 한 후 바로 수면하게 하였고 활동 조건에서는 이른 아침에 학습을 하고 이후 정상적인 생활을 하게 하였다. 학습 후 1, 2, 4, 8시간 후에 회상 검사가 이루어졌다. 활동

쇠퇴 이론
기억과 함께 형성된 신경 흔적이 시간이 흐르면서 마모, 소멸된다고 제안하는 이론. 소멸 이론이라고도 함.

간섭 이론
기억 흔적이 만들어진 다음 새로 입력된 정보가 만들어내는 간섭으로 인해 망각이 발생한다고 제안하는 이론. 간섭의 방향에 따라 순행 간섭과 역행 간섭이 존재함.

조건의 참가자들은 다른 활동을 하다가, 수면 조건의 참가자들은 자다가 깨서 회상을 했다. 소멸 이론에 따르면 두 집단의 기억 흔적이 동일한 정도로 쇠퇴할 것으로 예측된다. 반면 간섭 이론에 따르면 아침에 학습하는 경우 이후 활동하면서 더 많은 자극을 경험하기 때문에 더 많은 간섭이 발생하고, 따라서 더 많은 망각이 일어날 것으로 예측된다. 실험 결과 수면 집단은 학습 직후를 제외하고는 망각이 크지 않았던 반면에, 활동 집단은 파지 시간이 길어짐에 따라 점점 더 많은 음절을 망각하였다(●그림 7.1 참조). 이러한 결과에 따르면 절대적인 시간의 경과보다는 파지 기간 동안 일어나는 간섭이 망각에 더 중요한 역할을 하는 것으로 보인다.

간섭을 일으키는 정보와 간섭을 당하는 정보 간의 시간적 관계에 따라서 순행 간섭과 역행 간섭을 구분한다. **순행 간섭**proactive interference 이란 먼저 경험하거나 학습한 내용이 후행 학습을 방해하는 현상을, **역행 간섭** retroactive interference 이란 후행 학습이 선행 학습 내용을 방해하는 현상을 가리킨다. 예를 들어 친한 친구의 전화번호가 새로 바뀌었는데, 자꾸 이전의 전화번호가 생각나는 경우가 순행 간섭에 해당한다. 반면 친구의 이전 전화번호를 기억해야 할 때 새로운 전화번호만 생각나는 경우는 역

순행 간섭
선행 학습이 후행 학습을 방해하는 현상.

역행 간섭
후행 학습이 선행 학습을 방해하는 현상.

●**그림 7.1 학습 후 깨어나서 활동한 집단과 수면을 취한 집단의 기억 수행**
H, Mc는 연구 참가자의 이니셜이다.
출처: Jenkins & Dallenback, 1924.

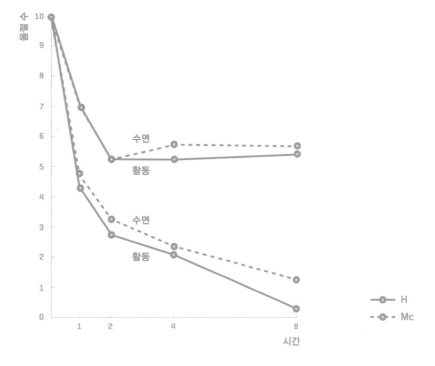

행 간섭에 해당한다. 새로운 정보를 습득할 때는 이전에 유사한 경험을 해보았을 가능성과 곧 유사한 경험을 하게 될 가능성이 공존한다. 따라서 장기 기억은 끊임없이 역행 간섭과 순행 간섭에 노출될 수밖에 없다. 저장된 정보가 많을수록 순행 간섭의 가능성이 증가하며, 비슷한 시기에 저장된 정보들 사이에서 간섭이 더 많이 일어난다(Fernandes & Grady, 2008).

2. 파지의 역동성

기억 흔적은 만들어진 다음에 지속적으로 사용되고 변형된다. 해당 기억 흔적과 동일한 자극이나 정보를 다시 접하면서 인출되기도 하고, 관련된 정보를 학습하면서 추가적인 연결이 만들어지기도 하는가 하면, 틀린 기억이 정정되거나 보완되기도 한다. 이러한 활동은 기억에 저장된 정보에 영향을 주고 파지를 역동적으로 만든다.

활성화 확산

한번 만들어진 기억 흔적은 유사한 자극이나 내적 사고 과정에 의해 소환되고, 이는 해당 기억 흔적을 활성화한다. 예를 들어 '사과'라는 단어를 보면 기억에 있는 '사과' 마디가 활성화되는데, 활성화는 신경세포의 흥분에 비유될 수 있다. 기억의 **활성화 확산 모형** spreading activation model 에서는 활성화가 연결된 마디로 확산된다고 제안한다(Anderson, 1983). '사과'라는 단어의 활성화가 연결된 단어인 '배', '과일' 등의 단어에도 전파된다는 것이다. 활성화는 일정 기간 유지되다가 점진적으로 감퇴한다. 최근에 보거나 들은 자극을 다시 접하면, 그렇지 않은 자극보다 더 빨리 처리되는 점화 효과(5장 참조)가 일어나는데, 이는 이전 자극에 대한 활성화가 아직 남아있기 때문이다. **단어 빈도 효과** word frequency effect 또한 유사한 기제에 의해 일어난다. 단어 빈도 효과는 고빈도 단어(예: '은행', '할아버지')가 저빈도 단어(예: '고깔', '불가사리')보다 빠르고 정확하게 처리되

활성화 확산 모형
기억을 저장하는 마디들이 서로 연결되어 있으며, 한 마디의 활성화가 다른 기억 마디로 전파된다고 보는 기억 모형.

단어 빈도 효과
고빈도 단어가 저빈도 단어보다 빠르고 정확하게 처리되는 현상.

는 현상을 지칭한다. 고빈도 단어들은 이전에 노출된 흔적이 사라지기 전에 다시 접하는 일이 잦은데, 이는 자극의 역치를 낮추는 효과를 만들어낸다(3장 참조).

　활성화 확산은 관련된 항목의 인출을 촉진한다. Loftus(1973)는 연구 참가자들에게 잘 학습된 기억을 반복해서 인출하도록 하였다. 참가자들은 범주(예: 과일)가 제시되면 해당 범주의 사례(예: 사과)를 인출하였는데, 이때 사례 단어의 첫 철자가 단서로 제시되었다. 예를 들어 '과일-p'라는 단서가 제시되면 과일 범주에서 'p'로 시작하는 사례(예: peach, plum)를, '과일-b'라는 단서가 제시되면 과일 범주에서 'b'로 시작하는 사례(예: banana, blackberry)를 인출하였다. 참가자들은 조건에 따라 같은 범주의 사례를 연이어 인출하거나 중간에 다른 범주의 사례를 인출했다. 연속 인출 조건(삽입 과제 없는 조건)에서는 같은 범주의 사례를 연이어 인출했다(예: '과일-p' 다음에 '과일-b'). 삽입 과제 조건에서는 두 인출 시행 사이에 해당 범주와 무관한 다른 범주(예: 나라 이름)의 사례를 인출했는데(예: '과일-p' 다음에 '나라-b'), 삽입 과제 조건에는 중간에 무관한 범주의 사례를 1회 인출하는 조건(삽입 과제 1개 조건)과 2회 인출 하는 조건(삽입 과제 2개 조건)이 존재하였다.

　참가자들이 맨 처음 범주 이름을 제시받고 사례를 인출할 때는 반응에 1.53초가 걸렸다(●그림 7.2 참조). 동일 범주에 대해 두 번째로 인출하는 경우 반응 시간이 단축되었는데, 삽입 과제가 없을 때는 1.21초로 줄어들었다. 같은 범주(예: '과일')의 항목을 반복적으로 인출하면서 활성화 확산이 일어난 결과, 동일 범주의 사례를 다시 인출할 때 반응 시간이 단축된 것이다. 활성화의 확산은 시간이 지나면서 줄어들었는데, 사례 인출 시간은 삽입 과제가 1

●**그림 7.2 인출 간격과 반응 시간**
맨 오른쪽의 최초 인출 막대는 연구 참가자들이 맨 처음 범주 사례를 인출했을 때의 반응 시간을 보여준다. 왼쪽의 선분으로 연결된 세 점은 두 번째 사례를 인출할 때의 반응 시간이다. 사례를 두 번째 인출할 때 최초 인출보다 반응 시간이 짧아지나, 삽입 시행의 수가 늘어남에 따라 점진적으로 증가한다.
출처: Loftus, 1973.

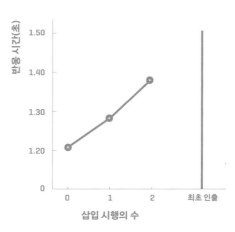

개일 때 1.28초, 2개일 때 1.33초로 점점 느려졌다. 두 번째 인출 시행이 지연될수록 활성화가 감소하면서 반응 시간 단축의 정도가 감소한 것이다. 이러한 결과는 기억 흔적이 만들어진 다음에도 이를 얼마나 최근에 사용하였는지에 따라서 활성화 상태가 계속 변화함을 보여준다.

부채 효과

기억에 저장된 정보의 양은 지속적으로 증가한다. 학습량이 늘어날수록 주제와 관련된 정보들의 수가 늘어난다. 이는 해당 항목과 연결된 부챗살^{fan}이 증가하는 것으로 생각할 수 있다(●그림 7.3 참조).

F1   F3   F5

●그림 7.3 연결된 항목의 수에 따른 부챗살의 증가
F1은 연결된 항목, 즉 부챗살이 1개인 경우를, F3는 3개, F5는 5개인 경우를 지칭한다.

Anderson(1974)은 관련된 지식의 증가, 즉 부챗살의 증가가 기억에 미치는 영향을 알아보았다. 연구 참가자들은 사람과 관련된 일련의 진술문(예: '소방관이 공원에 있다', '소방관이 은행에 있다' 등)을 학습했다. 학습 문장 세트에는 총 26개의 진술문이 있었는데, 문장의 주어(예: '소방관')와 장소(예: '공원')가 학습 문장 세트에서 언급되는 빈도에 차이가 있었다(예: 26개의 학습 문장에서 '배우'는 1회 언급되었지만, '은행'은 2회, '히피'는 3회 언급되었음). 이는 해당 인물이 있는 장소와 연결된 부챗살의 차이를 만들어냈다. 예를 들어 '배우'는 하나의 장소(예: '은행')와 부챗살 1개만 가지고 있지만, '은행'은 두 인물(예: '배우', '히피')과 연결된 부챗살 2개, '히피'는 세 장소(예: '공원', '교회', '은행')와 연결된 부챗살을 3개 가지게 된다(●표 7.1 참조).

재인 검사에서 참가자들은 검사 문장이 이전에 제시된 문장('참' 문장)인지 아니면 이전에 제시되지 않은 문장('거짓' 문장)인지 판단하였다. 검사 문장의 주어 또는 장소가 학습 문장에서 언급된 횟수, 즉 부챗살의 수는 문장마다 달랐으며, 이는 검사 문장 뒤에 숫자로 표기되었다

(●표 7.1 참조). 가령 '히피는 공원에 있다'와 같은 '참'인 검사 문장의 경우 '히피'는 학습 문장에서 3회(학습 문장 1, 2, 3), '공원'은 학습 문장에서 3회(학습 문장 1, 4, 7) 언급되었다(●표 7.1에서 '3-3'으로 표기). 반면 '변호사는 동굴에 있다'라는 검사 문장의 경우 '변호사'와 '동굴' 모두 학습 문장 세트에서 1회 언급되었다(●표 7.1에서 '1-1'로 표기). '거짓' 검사 문장들도 마찬가지로 구성되었다.

●표 7.1 부채 효과 연구에 사용된 문장 예시 출처: Anderson, 1974.

학습 문장	재인 검사 문장
1. 히피는 공원에 있다.	**'참' 문장**
2. 히피는 교회에 있다.	히피는 공원에 있다. (3-3)
3. 히피는 은행에 있다.	변호사는 동굴에 있다. (1-1)
4. 선장은 공원에 있다.	배우는 은행에 있다. (1-2)
5. 선장은 교회에 있다.	…
6. 배우는 은행에 있다.	**'거짓' 문장**
7. 소방수는 공원에 있다.	히피는 동굴에 있다. (3-1)
…	변호사는 공원에 있다. (1-2)
26. 변호사는 동굴에 있다.	배우는 동굴에 있다. (1-1)
	선장은 은행에 있다. (2-2)

재인 검사 문장 뒤의 숫자는 인물과 장소가 학습 문장에서 나타난 횟수를 표시함

재인 검사 문장에 대한 답변 시간을 살펴본 결과, 검사 문장에서 인물이나 장소가 학습 세트에서 많이 언급되었을수록, 즉 부챗살이 많을수록 반응 시간이 증가했다(●그림 7.4 참조). 즉 '히피는 공원에 있다'(3-3), '히피는 동굴에 있다'(3-1)와 같은 문장의 진위에 대한 판단 시간이 '변호사는 동굴에 있다'(1-1), '배우는 동굴에 있다'(1-1)와 같은 문장의 진위에 대한 판단 시간보다 더 길었다. 이는 답변을 위해 확인해야 하는 기억 연결의 수가 다르기 때문이다. '히피'와 '공원'은 둘 다 학습 문자 세트에 세 번씩 나왔기 때문에 3개의 부챗살을 확인해야 한다. 반면 '변호사

●**그림 7.4 부채 효과**
장소 옆에 표기된 숫자(1, 2, 3)는 해당 장소와 관련된 명제 수를 의미한다.
출처: Anderson, 1974.

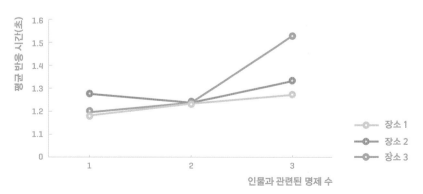

가 동굴에 있다'와 같은 검사 문장의 경우 '변호사'와 '동굴'이 학습 문장 세트에 한 번씩밖에 나오지 않았기 때문에 각각 1개의 연결만 확인하면 된다. 이렇듯 관련된 기억 연결의 수가 증가할수록 기억을 인출하고 판단하는 데 더 오래 걸리는 현상을 **부채 효과**[fan effect]라고 부른다.

정보의 관련성

부채 효과의 발생은 역설적이다. 기억이 증가할수록, 즉 아는 것이 많아질수록 인출 효율성이 떨어짐을 시사하기 때문이다. 다행히 부채 효과는 지식 습득의 필연적인 결과는 아니다. Bradshaw와 Anderson(1982)은 역사적 인물들에 관해 별로 알려지지 않은 정보를 연구 참가자들이 학습하게 했다. 참가자들은 해당 사실만 단독으로 학습하거나(단일 사실 조건 [single condition]), 무관련 정보(무관련 사실 조건 [unrelated condition]) 또는 관련 정보 (관련 사실 조건 [related condition])를 추가적으로 학습하였다. 관련 사실 조건은 추가적으로 학습하는 정보가 사건의 원인과 관련되는 경우 [caused-by condition] 와 결과와 관련되는 경우 [resulted-in condition] 로 구분되었다(●표 7.2 참조).

●표 7.2 정보의 수와 관련성 출처: Bradshaw & Anderson, 1982.

조건	문장 예시
단일 사실 조건	뉴턴은 어릴 때 정서적으로 불안정하고 자신감이 없었다.
관련 사실 조건: 원인	뉴턴은 어릴 때 정서적으로 불안정하고 자신감이 없었다. 그가 태어났을 때 뉴턴의 아버지가 사망하였다. 뉴턴의 어머니는 할아버지에게 뉴턴을 남기고 재혼을 해서 떠났다.
관련 사실 조건: 결과	뉴턴은 어릴 때 정서적으로 불안정하고 자신감이 없었다. 뉴턴은 동료들과 갈등이 생기면 비이성적으로 편집증적 증상을 보였다. 뉴턴은 어머니가 사망하자 신경쇠약에 걸렸다.
무관련 사실 조건	뉴턴은 어릴 때 정서적으로 불안정하고 자신감이 없었다. 뉴턴은 런던 조폐국의 소장이 되었다. 뉴턴은 캐임브리지의 트리니티대학에 다녔다.

조건별로 참가자들이 정보를 학습한 직후와 일주일 후에 회상 검사가 실시되었다. 실험 1에서는 모든 조건에서 전반적 기억 수행이 우수하여 **천장**

부채 효과
관련된 기억 마디의 수가 증가할수록 기억을 인출하는 데 더 오래 걸리는 현상.

천장 효과
검사 과제의 난이도가 지나치게 낮아서 모든 조건에서 연구 참가자들의 수행 점수가 매우 높게 나타나는 현상. 천장 효과가 나타나면 실험 조건의 차이를 알아보기 어려움.

효과[ceiling effect]가 의심되었으므로, 학습의 난이도를 높여서 실험 2와 실험 3이 수행되었다. 세 실험 모두에서 부채 효과는 무관련 사실을 학습할 때만 관찰되었다(●표 7.3 참조). 단일 사실 조건과 무관련 사실 조건을 비교한 결과 단일 사실 조건의 수행이 더 우수하였는데, 추가적인 정보의 학습이 회상률을 낮추는 부채 효과가 관찰되었다. 하지만 관련 사실을 학습하는 경우 부채 효과가 나타나지 않았고, 오히려 회상이 더 우수하였다. 추가로 학습한 정보가 관련 사실(결과)일 때 회상이 더 잘 되었는데, 실험 3에서는 단일 사실을 학습한 것과 관련 사실(결과)을 학습한 것 사이에 두 배에 가까운 회상 차이가 발생하였다. 이러한 결과는 기억에 저장된 정보가 증가하면서 부채 효과가 발생하지만, 이는 정보 간의 관련성이 없는 경우에 국한됨을 보여준다.

●표 7.3 정보의 관련성과 부채 효과

		단일 사실	관련 사실 (원인)	관련 사실 (결과)	무관련 사실
실험 1	즉시 회상	93%	93%	96%	80%
	지연 회상(1주)	87%	89%	92%	74%
실험 2	지연 회상(1주)	61%	70%	75%	45%
실험 3	지연 회상(1주)	38%	52%	61%	32%

숫자는 회상률을 의미함

Myers 등(1984)은 항목들이 강하게 연결된 정도가 기억에 미치는 영향을 살펴보았다. 연구 참가자들은 3개 또는 6개의 문장으로 구성된 단락을 읽었다. 단락 내의 문장들이 서로 통합된 정도에 따라 고통합[high integration] 조건과 저통합[low integration] 조건으로 구분하였다(●표 7.4 참조).

●표 7.4 F6* 조건에서 고통합 및 저통합 단락 예시　　　　　　출처: Myers et al., 1984.

번호	고통합 조건	저통합 조건
	그 은행원은	그 은행원은
1	쇼핑을 하기로 결정했다.	쇼핑을 하기로 결정했다.
2	백화점에 도착했다.	백화점에 도착했다.
3	많은 사람이 입구에 서 있는 것을 보았다.	입구에서 하늘의 구름을 보았다.
4	줄을 서서 기다렸다.	줄을 서서 기다렸다.
5	매장이 있는 층으로 이동했다.	입구 정면의 그림에 시선을 빼앗겼다.
6	원하는 물건을 찾아 구매했다.	원하는 물건을 찾아 구매했다.

* F6은 문장 6개로 이루어진 단락을 지칭함

두 조건은 3번과 5번 문장에서 차이가 났는데, 고통합 조건에서는 이들 문장이 이후의 문장의 원인을 제공한다. 예를 들어 고통합 조건에서 3번 문장(그 은행원은 많은 사람이 입구에 서 있는 것을 보았다)은 4번 문장의 원인(그 은행원은 줄을 서서 기다렸다)을 제공한다. 반면, 저통합 조건에서는 3번 문장(그 은행원은 입구에서 하늘의 구름을 보았다)과 4번 문장(그 은행원은 줄을 서서 기다렸다) 간에 큰 관련성이 없었다.

이후 회상 검사를 사용하여 단락에 대한 기억을 측정하였다. 그 결과 연결된 문장들이 잘 통합되어 있는 고통합 조건에서 회상이 더 우수하였는데, 이러한 현상은 인물과 연결된 연합이 증가할수록, 즉 부챗살이 증가할수록 두드러졌다(●그림 7.5 참조). 해당 연구 결과는 정보들이 인과적으로 연결된 경우 오히려 연결된 정보가 증가하면 기억이 촉진된다는 사실을, 즉 부채 효과의 반대 결과가 나타난다는 사실을 보여준다.

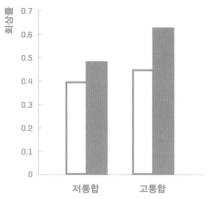

●그림 7.5 저통합 조건 및 고통합 조건에서의 회상

출처: Myers et al., 1984.

3. 선행 기억과의 통합

기억에 새로운 정보를 추가한다는 것은 새로운[new] 정보를 기존[old] 기억과 연합[association]하는 것을 의미한다. 상이한 맥락에서 습득된 정보들이 이러한 방식을 통해서 하나의 기억으로 연결된다.

새로운 정보와 주어진 정보

입력 정보는 종종 기존에 기억에 저장된 정보를 참조한다. 새로운 기억이 만들어질 때 기존에 저장된 기억과의 연결이 만들어진다. Clark(1977)는 글을 통해서 정보가 습득될 때 신구[given-new] 계약 또는 전략이 작동한다고 보았다(Clark, 1977; Clark & Haviland, 1977). Clark에 따르면 글을 읽으면서 습득하는 새로운 정보는 세 단계를 거쳐서 기억 속의 정보와 통합된다(●표 7.5 참조). 첫 번째 단계에서는 문장에서 무엇이 오래된 또는 주어진given 정보이고 무엇이 새로운new 정보인지에 대한 구분이 일어난다. 언어에는 이 구분을 도와주는 암묵적인 장치, 즉 관행이 있다. 예를 들어 영어의 'the man'과 같은 표현에서 정관사 'the'는 독자/청자가 'the' 이후에 나오는 정보, 즉 'man'에 대한 정보를 이미 알고 있음을 신호한다. 문장의 구조가 이런 신호를 전달하기도 하는데, 'It was Maxine who hit Max'와 같은 문장의 경우 누군가가 Max를 때린 것은 주어진 사실이고, 새로운 정보는 때린 사람이 Maxine임을 함축한다. 두 번째 단계에서는 첫 단계에서 주어진 정보로 확인된 선행 정보(예: '그' 또는 'Max가 맞은 사건')가 기억에서 검색된다. 선행 정보는 과거에 일어난 사건일 수도, 글이나 대화 앞부분에서 언급되었던 내용일 수도 있으며, 상황에 따라 현재 장면에서 지각할 수 있는 정보일 수도 있다. 선행 정보를 참조하는 과정을 통해서 '그'가 누구인지, 'who hit Max'가 어떤 사건을 지칭하는지 파악할 수 있게 된다. 세 번째 단계에서는 두 번째 단계에서의 처리를 바탕으로 기억에 저장된 내용이 갱신된다. 예시의 경우 '그'에 대한 정보와 Max가 맞은 사건에 대한 정보, 즉 Max를 때린 사람이 Maxine이라는 정보가 추가된다.

●표 7.5 글의 이해 과정에서 신구 정보의 통합 | 출처: Clark, 1977.

문장	❶ 그는 백만장자이다. ❷ It was Maxine who hit Max.	
단계	하는 일	예시
1단계	문장에서 주어진 정보와 새로운 정보가 구분됨	❶ '그'가 주어진 정보, '백만장자'는 새로운 정보가 됨 ❷ Max가 맞은 것이 주어진 정보, Maxine이 새로운 정보가 됨
2단계	주어진 정보가 기억에서 검색됨	❶ 기억에서 '그'가 누구인지, ❷ 'Max가 맞은 사건'이 무슨 사건인지 검색됨
3단계	새로운 정보가 기억에 추가됨	❶ '그'는 백만장자이고, ❷ Max를 때린 것이 Maxine이라고 기억이 갱신됨

정보 습득의 맥락

동일한 사람이나 주제에 대한 정보가 종종 여러 맥락에서 반복적으로 습득되는데, 이 경우 정보를 습득한 맥락이 달라도 동일한 주제나 항목에 대한 기억은 서로 연결될 수 있다. Sulin과 Dooling(1974)은 연구 참가자들에게 아래와 같은 단락을 읽게 했다. 동일한 단락이지만 조건에 따라서 주인공의 이름이 달라졌다. 가상 인물 조건에서는 아래 단락에서처럼 가상 인물의 이름(예: 캐럴 해리스, 제럴드 마틴)이, 유명 인물 조건에서는 잘 알려진 유명인(예: 헬렌 켈러, 아돌프 히틀러) 이름이 사용되었다. 단락의 문장들은 단독으로는 특정 인물을 연상시키지 않았다. 즉 모두 낮은 주제 관련성 문장이었다.

> **전문적 도움이 필요한 캐럴 해리스.** 캐럴 해리스는 태어날 때부터 문제아였다. 그녀는 거칠고 고집이 세고 난폭했다. 8살이 되었을 때도 캐럴은 여전히 다루기 어려웠다. 그녀의 부모는 캐럴의 정신 건강을 매우 염려했다. 그들이 사는 지역에는 그녀의 문제를 해결해 줄 만한 적절한 기관이 없었다. 그녀의 부모는 마침내 조치를 취하기로 작정했다. 그들은 캐럴을 위해서 가정 교사를 고용했다.

참가자들이 단락을 읽고 5분 후와 일주일 후에 재인 검사가 실시되었다. 재인 검사에서는 참가자들이 처음에 읽은 단락에서 한 문장(예: '그녀는 거칠고, 고집이 세고 난폭했다')만 높은 주제 관련성 문장(예: '그 소녀는 들을 수도 말할 수도 앞을 볼 수도 없었다')으로 바뀐 단락이 제시되었다. 참가자들은 단락을 다시 읽으면서 각 문장이 이전에 읽은 문장과 동일한지 exactly the same, 조금 다른지 slightly different, 매우 다른지 very different 평정하였다. 높은 주제 관련성 문장은 원래 단락에서 제시되지 않았으므로, 참가자들이 원래 단락을 잘 기억할수록 '매우 다르다' 또는 '조금 다르다'라는 반응이 많이 나타나야 했다. 검사 결과 참가자들의 재인 정확률은 등장 인물의 이름에 따라 달라졌는데, 특히 높은 주제 관련성 문장에 대한 재인 정확률이 크게 낮아졌다. 캐럴 해리스 조건(가상 인물 조건)에서는 회상이 일주일 지연되어도 '그 소녀는 들을 수도 말할 수도 앞을 볼 수도 없었다'라는 문장을 읽었다고 잘못 반응한 경우가 5%밖에 되지 않았다. 하지만 헬렌 켈러 조건(유명 인물 조건)에서는 참가자들 중 50%가 해당 문장을 읽었다고 잘못 답변하였다(●표 7.6 참조). 유명 인물 조건과 가상 인물 조건의 재인 기억 차이는 재인 검사가 지연될수록 더 커졌다. 높은 주제 관련성 문장에 대한 재인 정확률 차이는 재인 검사가 5분 지연된 경우 20%였으나(.80 대 1.00), 일주일 지연된 경우에는 45%로 증가하였다(.50 대 .95).

●표 7.6 단락의 주인공 유형에 따른 재인 정확률   출처: Sulin & Dooling, 1974.

구분	검사 문장	유명 인물 조건	가상 인물 조건
5분 지연 회상	낮은 주제 관련성	.80	.90
	높은 주제 관련성	.80	1.00
일주일 지연 회상	낮은 주제 관련성	.75	.80
	높은 주제 관련성	.50	.95

이러한 결과는 동일한 주제에 대한 정보는 습득 맥락이 달라도 기억에서 통합됨을 보여준다. 높은 주제 관련성 문장은 헬렌 켈러에 대해서 알려진 사실과 부합하는 문장이다. 글을 읽기 전에 알고 있던 정보와 글에서 새로 습득한 정보가 통합되어 어느 맥락에서 해당 정보를 본 것인지를 변별하기 어려워진 것이다. 단락을 읽은 직후에는 해당 문장을 접한 일화적 맥락에 대한 기억이 생생하지만, 시간이 지나면서 정보가 통합되고 일회적 맥락에 대한 기억이 약화되면서 재인 오류가 증가하게 된다. 반면 가상 인물 조건의 주인공인 캐럴 해리스의 경우 장기 기억에 저장된 정보가 없다. 글에서 읽는 내용은 그 자체로만 저장되기 때문에 선행 지식의 간섭으로 인한 재인 오류가 발생할 가능성이 낮다.

간섭 대 통합

여러 맥락에서 습득된 정보들이 장기 기억에서 서로 연결되고 통합되지만, 이 통합은 즉각적이거나 자동적이지 않다. 통합이 언제, 어떻게 일어나는지에 대한 연구는 그리 많지 않으나, 몇 가지 대안이 존재한다.

예를 들어 다음과 같은 글이 있다고 하자.

웨카(Weka)는 뉴질랜드에서 발견된 새로, 풀, 민달팽이, 동물의 사체 및 다른 조류를 먹는
잡식성 동물이다. 시어워터(shearwater) 새의 둥지에 침입해서 새끼를 잡아먹기도 한다.
족제비(weasel)과에 속하는 스토트(stoat)는 웨카의 알이나 새끼를 잡아먹는다.

이 글을 통해서 웨카가 뉴질랜드에 서식하고, 스토트는 족제비과에
속한다는 등의 정보를 알 수 있다. 즉시적 통합 가설은 위와 같은 글을 읽
을 때 새로 습득된 정보가 곧바로 선행 지식 기반에 통합된다고 제안한
다. 웨카나 스토트에 대한 내용이 글을 읽는 사람이 이미 알고 있는 조
류나 족제비 등에 대한 지식 기반에 즉각적으로 통합되는 것이다(●그
림 7.6 a 참조). Anderson과 Bower(1973)가 초기에 이러한 제안을 하였
으나, 즉시적 통합이 일어나면 새로운 정보를 즉각 많은 간섭에 노출시
킨다는 문제점이 있다. 이러한 문제점으로 인하여 새로 습득된 정보가 별
도의 노드^{node}에 저장된다는 가설이 제안되었다(Clifton & Slowiaczek,
1981; McCloskey & Bigler, 1980). 즉 새로 학습된 내용이 모두 별도의
'STORY' 노드에 저장되고 선행 지식 기반과는 'STORY' 노드를 통해서
만 연결된다는 것이다(●그림 7.6 b 참조). Potts와 Peterson(1985)은 절충
적인 입장을 취했다. 이들은 새로 습득되는 정보의 일부는 별도의 노드
에 저장되지만, 일부는 바로 선행 지식과 통합된다고 제안하였다. 즉 새
로 학습한 내용이 별도의 STORY 노드에 저장되지만 일부는(예: 스토
트와 족제비의 연결, 웨카와 새의 연결 등) 선행 지식 기반과 바로 연결
된다는 것이다(●그림 7.6 c 참조).

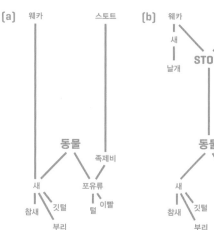

●**그림 7.6 새로 습득되는 지식이
장기 기억과 통합되는 방식에 대한
세 가지 모형**
출처: Potts & Peterson, 1985.

Potts와 Peterson(1985)은 어떤 활동이 기억의 통합을 촉진하는지 알아보기 위해 연구 참가자들에게 앞에서 제시된 단락을 읽은 다음 몇 가지 질문에 답하게 하였다. 일부 질문은 단락에 제시된 정보만으로는 답변할 수 없었고 참가자들이 새, 족제비 등에 대해서 알고 있는 선행 지식을 활용해야 답변할 수 있는 질문이었다. 이 질문들에 잘 답변했다는 사실은 이들이 글을 읽으면서 관련 배경지식을 활성화했음을 의미했다. 참가자들이 글 읽기와 질문 답변을 마친 후, 연구자들은 점화 과제를 사용하여 새로운 정보가 선행 지식과 통합되었는지를 알아보았다. 그 결과 글을 이해하는 동안 주어진 질문에 잘 답변한 경우, 즉 배경지식을 많이 활용한 경우에 더 많은 통합이 일어났다.

우리는 같은 주제에 대한 정보를 여러 맥락에서 습득한다. 같은 인물과 같은 사건에 관한 정보는 장기 기억에서 서로 연결되고 통합될 수 있지만, 이런 통합이 자동적으로 일어나지는 않는다. 특히 학교에서 짧은 시간 동안 많은 지식을 습득하는 경우, 습득된 지식이 서로 연결되지 않고 분리된 채 기억에 존재하는 경우가 왕왕 존재한다. 심리학 수업과 통계 수업에서 배운 내용은 서로 관련되어 있지만, 장기 기억 내에서 연결되지 못한 채 따로 저장된다. 책에서 읽은 내용이 영화에서 언급됨에도, 두 정보가 별개의 기억으로 저장된다. 이는 지식의 파편화^{knowledge fragmentation}나 비활성화 지식^{inert knowledge} 이 만들어지는 원인이 된다. 옷장이나 냉장고를 잘 정리하기 위한 노력이 필요하듯이, 기억을 잘 통합하려면 정보를 함께 활용하는 노력이 필요하다.

4. 응고화

응고화는 물질이 액체 상태에서 고체화되는 과정을 지칭한다. 묵이나 젤리를 만들 때 처음에는 액체 상태였던 것이 시간이 지날수록 점차 굳어감을 볼 수 있다. 많은 연구자들이 이와 유사한 응고화가 기억이 저장되는 과정에서도 일어난다고 제안한다. 기억이 만들어진 직후에는 기억

응고화
새로 만들어진 기억이 처음에는 불안정한 상태이지만 시간이 흐르면서 점차 안정화되는 과정.

흔적이 불안정한 상태로 있다가 시간이 흐르면서 점차 안정화된다는 것이다. 응고화 초기에는 방해에 민감한데, 기억이 안정화되기 전에 간섭이나 방해를 받으면 기억 흔적이 형성되는 데 어려움이 생긴다.

Müller와 Pilzecker(1900)는 응고화가 방해될 때 기억에 미치는 영향을 최초로 보여주었다(Dewer et al., 2007에서 재인용). 연구 참가자들은 목록 1과 목록 2를 즉시 조건과 지연 조건에서 학습하였다. 즉시 조건에서는 목록 1을 학습하고 지연 없이 곧바로 목록 2를 학습하였다. 반면에 지연 조건에서는 목록 2를 학습하기 전에 6분의 지연이 있었다. 두 집단이 목록 1을 학습하고 동일한 시간이 지난 다음에 목록 1에 대한 회상 검사가 실시되었다(●그림 7.7 참조).

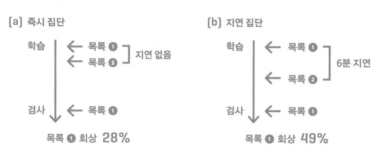

●그림 7.7 Müller와 Pilzecker(1900)의 실험 설계와 결과

검사 결과 목록 1에 대한 두 집단의 기억은 상당한 차이를 보였다. 즉시 집단에서는 목록 1의 약 28%를 회상하였지만, 지연 집단에서는 49%를 회상하였다. 두 집단 간의 유일한 차이는 목록 2의 학습이 지연 집단에서 6분 지연된 것이었다. 목록 1을 학습한 직후 목록 2를 학습한 것이 목록 1의 응고화를 방해한 것으로 보인다. 이 연구의 결과는 응고화에 최소한 6분 이상의 시간이 소요됨을 시사하는데, 응고화에 걸리는 시간은 과제에 따라 달라진다(Lechner et al., 1999).

수면 또한 응고화에 관여한다. Gais 등(2006)은 학습 후 잠을 잔 집단(수면 집단)과 깨어있던 집단(각성 집단)의 기억을 비교하였다. 학습 후 동일한 시간이 지난 다음에 검사를 실시하였는데, 두 집단의 망각량에는 상당한 차이가 있었다(●그림 7.8 참조). 학습 후 잠을 자는 경우 응

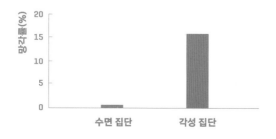

●그림 7.8 수면과 응고화

출처: Gais et al., 2006.

고화가 방해받지 않고 진행될 수 있지만, 깨어있으면 각성 상태에서 경험하는 자극들이 간섭으로 작용하면서 이전의 학습 내용이 응고화되는 것을 방해하는 것으로 보인다.

응고화는 기억의 생리적 기제와 관련되어 있다. 기억이 형성되면 대뇌에서 두 수준의 응고화가 진행되는 것으로 보이는데, 신경세포 수준의 응고화와 뇌 전체 시스템 수준의 응고화가 일어난다(Dudai, 2004). 신경세포 수준의 응고화는 신경세포 간에 새로운 시냅스가 만들어지거나 기존 시냅스가 변화하는 것을 의미한다. 학습의 결과 시냅스 간의 연결이 강화되는 것을 장기 시냅스 강화$^{Long-term\ potentiation;\ LTP}$라고 부른다. 신경세포 수준의 변화는 학습이 일어난 다음 몇 분에서 몇 시간에 걸쳐 일어난다. 이 과정에서 구조 변화에 필요한 새로운 단백질의 합성이 이루어지는데, 단백질이 합성되는 동안 별다른 사건이 일어나지 않으면 응고화가 예정대로 진행되지만, 단백질 합성이 방해를 받으면 응고화가 제대로 일어나지 않는다. 새로운 목록을 학습하는 것 같은 사건이 응고화를 방해하기도 하지만, 생화학적 사건도 마찬가지 효과를 만들어 낼 수 있다. 예를 들어 아니소마이신^{anisomycin}은 기억 형성에 관여하는 단백질 합성을 억제하는 물질로, 기억이 만들어진 직후 주사되면 기억 형성을 방해한다.

Schafe와 LeDoux(2000)는 파블로프 조건 형성 절차를 사용하여 쥐에게 종소리에 대한 공포 반응을 학습시켰다. 그는 소리^{tone}를 조건 자극으로 하여 쥐의 발에 전기 충격을 주고 24시간 후 소리를 제시하고 조건 형성이 이루어졌는지 검사하였다. 쥐의 경우 공포 조건 형성에 **편도체**^{amygdala}가 관여한다. 조건 형성이 일어난 직후에 편도체의 LBA$^{lateral\ and\ basal\ amygdala}$ 영역에 아니소마이신을 주사하자, 공포 조건 형성이 제대로 일어나지 않았다. 반면 조건 형성이 일어나고 6시간 후에 아니소마이신을 주사한 경우에는 소리에 대한 공포 반응이 나타났다. 즉 학습 직후에 주사한 아니소마이신이 기억의 응고화를 방해한 것이다(응고화 과정은 정보가 인출되면 다시 반복되는데, 이에 대해서는 8장에서 살펴본다).

편도체
측두엽에 있는 아몬드 모양의 뇌 구조. 자극을 감정(특히 공포와 공격성)과 연결하는 데 중요한 역할을 수행함.

신경세포 수준의 응고화와 더불어 시스템 수준의 응고화^{system consoli} dation가 진행된다. 신경세포 수준의 응고화에서는 새로운 기억이 기존의 기억과 통합된다. 기억이 형성된 초기에는 **내측두엽**^{medial temporal lobe}, 특히 해마가 관여한다. 학습과 관련된 다양한 감각 운동 정보, 인지 정보가 모두 부호화되는데, 해마는 이 정보들을 연결하여 일관된 기억 흔적으로 통합하는 역할을 한다. 하지만 해당 기억 흔적이 반복적으로 인출되고 강화되면서 피질 영역 간의 연결도 강화되고, 기억은 해마보다는 피질 네트워크에 더 의존하게 된다(●그림 7.9 참조). 이 과정은 수일에서 수년이 걸리는 것으로 추정된다(Frankland & Bontempi, 2005; Zola-Morgan & Squire, 1990).

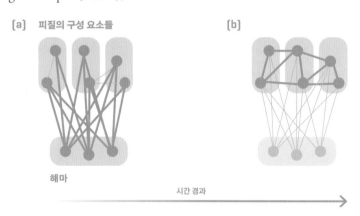

[a] 피질의 구성 요소들

[b]

해마

시간 경과

내측두엽
측두엽의 안쪽 부분. 측두엽은 대뇌 피질의 네 가지 주요 영역 중 하나로, 피질의 측면부에 위치함.

REM 수면
급속 안구 운동을 특징으로 하는 수면 단계. REM 수면 단계에서는 근육이 마비되고, 꿈을 꾸게 됨.

느린 뇌파 수면
비급속 안구 운동을 특징으로 하는 깊은 수면 단계. 느린 뇌파 단계에서는 심박수가 저하되고 근육이 이완됨.

●그림 7.9 시스템 응고화 과정
(a) 초기에는 해마를 중심으로 피질에 존재하는 감각 운동과 인지 처리의 흔적이 연결되나, (b) 시간이 지나면서 피질 간 연결이 증가하고 해마와의 연결은 약화된다.
출처: Akers & Frankland, 2009.

수면은 특히 시스템 수준의 응고화에 관여한다. 해마에 일시적으로 보관되어 있던 기억 흔적들은 잠을 자는 동안 재활성화되어 피질의 여러 영역으로 분산된다. 이러한 변화는 REM^{rapid eye movement} **수면** 단계 직전에 나타나는 **느린 뇌파 수면**^{slow wave sleep; 이하 SWS} 단계에서 주로 일어난다 (Born & Wilhelm, 2012). 잠을 자는 동안 일어나는 기억 흔적의 재활성화가 응고화를 촉진하는지 알아보기 위해서 Rasch 등(2007)은 목표 기억 재활성화^{targeted memory reactivation; 이하 TMR} 절차를 사용하였다. 연구 참가자들은 2차원 공간에서 그림 카드의 위치를 학습하였다(참가자들이 학습하는 동안 장미 향기 등의 냄새가 제시되었다). 참가자들은 학습 후 수면을 취했고, 실험 집단에서는 참가자들이 SWS 단계에 있을 때 장미 향기가 다시 제시되었다. 반면 통제 집단에서는 냄새가 나지 않는 용기만 제시되었다. 참가자들이 깨어난 후 카드 위치에 대한 기억 검사가 진행되었는데, 통제 조건보다 실험 조건에서 카드 위치에 대한 기억이 더 우수했다. TMR 효과는 자는 동안 냄새 단서가 제시되었으나 학습하는 동안에는 냄새 단서를 제시받지 않은 경우에는 발생하지 않았다. 또한 이는 서술 기억에 국한되어 발생했고, 청각이나 후각 단서가 SWS 단계에서 제시될 때만 나타났다. 이러한 결과는 SWS 단계에서 기억과 관련된 단서가 제시되면 해마의 재활성화를 유도하여 저장된 기억의 응고화가 촉진되는 것을 보여준다(Oudiette & Paller, 2013).

8장

장기 기억:
인출 단서와 경험의 재구성

인출은 이전에 경험했던 사건이나 기억에 저장한 정보를 끄집어 내어 다시 활성화하는 과정을 지칭한다. 이는 기억에서 가장 중요한 단계로, 부호화와 저장은 모두 인출을 위한 것이기도 하다. 잘 부호화되어 보관된 정보는 인출될 가능성이 높다. 하지만 잘 부호화해서 저장했다고 항상 인출에 성공하는 것은 아니다. 인출은 기억을 재구성하는 작업으로, 인출 시 존재하는 인출 단서의 유무, 경합하는 정보의 존재 등의 영향을 받는다. 이 장에서는 인출 과정에 관여하는 여러 변인의 역할을 살펴본다.

8장_장기 기억: 인출 단서와 경험의 재구성

1. 망각 곡선

기억에서 정보를 인출할 때 나타나는 가장 뚜렷한 패턴 중 하나는, 정보가 저장된 후 시간이 지날수록 인출의 용이성이 감소한다는 것이다. Ebbinghaus의 **망각 곡선**^{forgetting curve}은 이를 잘 보여준다. 그는 연구 참가자들에게 무의미 철자열(예: XPT)을 학습하도록 하였다. 의미가 있는 자극을 사용하면 해당 단어에 대한 참가자들의 배경지식이 영향을 줄 수 있기 때문에 순수하게 기억의 작용만 측정하기 위함이었다. 그는 참가자들의 기억을 측정하기 위해서 최초 학습으로부터 일정 시간이 지난 다음 동일한 목록을 다시 학습하도록 하였다. 목록을 재학습했을 때는 시간이 절약(단축)됐다.

Ebbinghaus는 절약된 시간을 바탕으로 절약 점수를 계산하였다. 최초 학습에 20분 걸렸고 재학습에 5분이 걸렸다면 15분이 절약된 것이고, 이때의 절약 점수는 75%(=15/20)이다. 즉 절약 점수는 최초 학습 내용이 남아있는 정도를 반영하는 것으로, 점수가 높을수록 기억이 좋은 것을 의미하였다. Ebbinghaus는 파지 간격을 변화시키면서 절약 점수를 계산하였는데, 그 결과 망각은 학습 직후에 가장 빠르게 일어났고, 1~2일이 지나고 나면 속도가 완만해졌다(●그림 8.1 참조).

무의미 철자 학습에 대한 망각 곡선은 순수한 기억 흔적의 지속 시간을 보여주지만, 사람들이 실생활에서 기억하는 정보는 대부분 의미가

망각 곡선
시간이 지남에 따라 기억 내용이 망각되는 추이를 나타내는 곡선. 학습 직후 망각이 가장 빠르게 일어나며, 1~2일이 지난 뒤부터 망각 속도가 완만해짐.

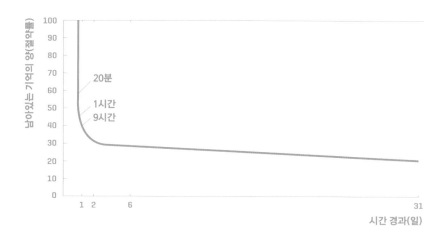

●그림 8.1 Ebbinghaus(1885)의 망각 곡선

있는 자극이다. Conway 등(1991)은 보다 의미 있는 자극에 대한 망각은 어떻게 일어나는지 알아보기 위해 학생들이 대학교 수업에서 배운 내용을 졸업 후 얼마나 기억하는지 살펴보았다. 연구자들은 대학에서 10년 동안 인지심리학 수업을 수강한 학생들을 대상으로 수업 내용에 대한 기억을 검사하였다. 연구 참가자들이 수업을 수강한 시기는 3개월 전에서 125개월 전까지였다. ●그림 8.2와 같은 결과가 얻어졌는데, 전반적인 기억 수준은 무의미 철자를 학습한 경우보다 우수하였다. 무의미 철자의

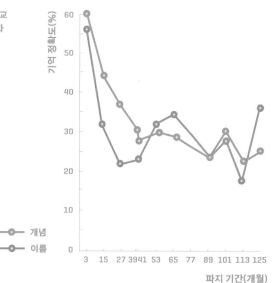

●그림 8.2 시간에 따른 대학교 수업 내용에 대한 기억의 변화
출처: Conway et al., 1991.

경우 1개월 정도 지났을 때 20% 조금 넘는 기억이 남아 있었지만, 대학교 수업의 경우 3개월이 지난 다음에도 50% 이상의 기억이 남아있었다. 학습 직후 망각이 가장 빠르게 일어나고 시간이 경과하면서 망각 속도가 느려지는 것은 동일하였다. 이러한 결과는 대중적인 믿음과는 달리 학교에서 배운 지식이 오래 지속됨을 보여준다.

2. 인출 유형

인출은 과제나 맥락에 따라 다양한 방식으로 일어난다. 시험을 보면서 공부한 내용이 인출되기도 하지만, 친구와 이야기하면서 주제와 관련하여 과거에 습득한 정보와 경험이 인출되기도 한다. 기억 유형과 인출 단서, 인출되는 정보의 범위가 인출 방식에 영향을 준다.

회상과 재인

명시 기억은 자각되는 기억으로, 이를 인출하기 위해서는 기억 의도가 중요하다. 명시 기억을 인출하고자 할 때는 재인 검사, 단서 회상, 자유 회상이 가장 많이 사용된다. 세 과제는 인출 시 존재하는 단서의 유무 및 정도에 따라서 구분된다. 재인 검사는 자극이나 항목이 제시되면, 이전에 해당 자극이나 항목을 경험하거나 학습한 적이 있는지를 인식하는 과제이다. 사람을 소개받고 이전에 만난 적이 있는지를 기억하거나 시험 문제의 보기가 수업에서 배운 것인지를 기억하는 것 등이 이에 해당한다. 단서 회상은 인출해야 하는 정보에 대한 단서나 힌트가 제시되면, 기억에 저장된 정보를 회상하는 과제이다. 해당 항목과 관련된 정보, 즉 항목의 범주 혹은 기억할 때 함께 제시되었던 자극이나 맥락(예: 고등학교 1학년 때 짝이 한 말) 등이 단서로 사용된다. 자유 회상은 단서 없이 기억에 저장된 내용을 스스로 회상하는 과제이다. 시험에서 서술형 질문에 답하거나 특정 주제와 관련된 기억을 스스로 인출하는 상황에서 일어난다. 재인 검사에서는 기억해야 하는 항목이 제시되면, 이를 본 적이 있는지 없는지만을 판단하면 되지만, 회상 검사에서는 해당 정보를 스스로 인출해야 한다. 따라서 일반적으로 회상 과제보다는 재인 과제가 사용될 때 더 많은 기억을 인출할 수 있다(이러한 이유로 많은 이가 시험을 볼 때 서술형 질문보다는 사지선다형 질문을 선호한다). 하지만 재인이 회상보다 더 저조한 경우도 있다. 재인해야 하는 항목이 학습 맥락과 무관한 맥락에서 제시되는 경우, 눈앞에 학습한 항목이 있어도 이를 깨닫지 못하는 일이 발생하기도 한다(6장 부호화 특수성 원리 참조).

시간이 흐르면 회상/재인 가능한 정보의 양뿐 아니라, 회상/재인의 정확성 역시 감소한다. 또한 기억의 세부 사항을 잘못 기억하거나 일어나지 않은 사건을 경험했다고 기억하기도 하는데, 이러한 오기억에 대해서는 9장에서 자세하게 살펴본다.

알기와 기억하기

어떤 자극이나 대상을 재인할 때 다양한 정보가 함께 인출될 수 있다. 모임에 참석해서 누군가를 소개받는다고 가정하자. 소개받은 사람에 대한 반응은 아래와 같이 다양할 수 있다.

> 1. 모르는 사람이다.
>
> 2. 아는 사람인데, 어디서 만났는지 이름이 무엇인지 기억나지 않는다.
>
> 3. 고등학교 친구 ○○○이고, 학교 다닐 때 같은 동아리에서 활동했다.

1번 상황은 소개받은 사람을 만난 적이 없거나 만난 사실을 전혀 기억하지 못하는, 즉 해당 인물을 재인하지 못하는 경우에 해당한다. 2번과 3번 상황은 소개받은 사람을 재인하는, 즉 과거에 만난 적이 있음을 기억하는 경우에 해당한다. 하지만 두 상황에서 대상에 대해 인출되는 정보에는 차이가 있다. 2번 상황은 대상에 대한 기억은 있지만 이름이나 알게 된 장소 등 관련된 정보를 인출하지 못하는 경우인 반면, 3번 상황은 대상을 알 뿐만 아니라, 이름이나 알게 된 맥락 등 관련된 정보와 에피소드까지 인출할 수 있는 경우이다.

Tulving은 재인을 할 때 일어나는 '알기^{knowing}'와 '기억하기^{remembering}' 반응을 구분하였다(Tulving, 1985). '알기'는 2번 상황처럼 기억 항목이 친숙하다는 판단은 있으나 세부 사항을 인출하지 못하는 경우를, '기억하기'는 3번 상황처럼 기억 항목에 대해 구체적인 세부 사항을 인출할 수 있는 경우를 지칭한다.

알기
대상을 친숙하다고 판단하기는 하나, 세부 사항을 인출하지 못하는 재인 반응.

기억하기
대상을 알 뿐 아니라 대상에 대한 세부 사항을 인출할 수 있는 재인 반응.

기억하기와 알기 반응은 서로 다른 특성을 보인다(Gardiner et al., 2002). 안다는 반응은 빠르고 자동적으로 일어나는 반면, 기억하기 반응은 상대적으로 느리게 일어난다. 두 반응에 영향을 미치는 요인 역시 상이하다. 자극을 학습할 때 반복적으로 암기하는 전략을 사용하면 알기 반응은 증가하지만 기억하기 반응은 증가하지 않는다. 반면 자극이 독특하거나 깊게 처리되면 기억하기 반응이 증가하지만 알기 반응은 증가하지 않는다. 또한 기억하기 반응은 알기 반응보다 노화의 영향을 많이 받는데, 노화가 진행됨에 따라 기억하기 반응은 빠르게 감소하지만, 알기 반응은 상대적으로 느리게 감소한다(Petrican et al., 2010).

알기와 기억하기 반응 간의 차이를 설명하고자 다양한 재인 기억 이론이 제시되었다(Jacoby, 1991; Ratcliff, et al., 2004), **단일 과정 이론**single process theory에서는 입력 자극이 저장된 기억 흔적과 비교되는 과정에서 재인이 이루어지며, 기억하기와 알기 반응이 동일한 기제, 즉 저장된 정보의 강도에 기반하여 일어난다고 제안하였다. 인출되는 정보의 종류나 반응에 사용되는 결정 기준에 따라서 기억하기와 알기 반응에 차이가 발생하지만, 두 반응 모두 동일하게 기억 흔적에 대한 친숙성을 기반으로 작동한다는 것이다. 반면 **이중 과정 이론**dual process theory에서는 재인이 친숙함familiarity 판단과 상기recollection라는 별개의 과정을 거쳐 일어난다고 제안하였다. 친숙함 판단은 해당 항목을 이전에 경험한 적이 있는지 없는지에 대한 판단 또는 느낌을, 상기는 해당 항목과 관련된 세부 정보를 인출하는 것을 의미한다. 이중 과정 이론에 따르면 친숙함 판단은 저장된 정보의 강도에 기반하여 빠르고 자동적으로 일어나는 반면, 상기는 저장된 정보와 관련된 정보에 대한 의식적인 인출을 수반하므로 느리게 일어난다. 단일 과정 이론의 경우 더 단순하고 경제적이라는 장점이 있지만, 이중 과정 이론이 다양한 과제 상황에서 얻어진 결과를 더 잘 설명하는 것으로 보인다(Diana et al., 2008).

친숙함 판단과 상기는 저장된 정보에 접근하는 방식의 차이를 반영하는 것일 수 있으며, 이는 일화 기억과 의미 기억 간의 차이와도 관련

단일 과정 이론
재인 기억을 설명하는 이론의 하나. 입력 자극이 저장된 기억 흔적과 비교될 때 기억 강도에 따라서 '알기' 또는 '기억하기' 반응이 만들어진다고 제안함.

이중 과정 이론
단일 과정 이론과 대비되는 재인 기억에 대한 이론으로, 재인이 친숙함 판단과 상기라는 별개의 과정을 거쳐 일어난다고 제안함.

된다(Tulving, 1989). 의미 기억 시스템과 일화 기억 시스템은 상대적으로 독립적으로 작동하는데, 일화적 정보를 인출할 때와 의미 정보를 인출할 때 각각 뇌의 다른 부분이 관여한다(5장 참조). 이와 마찬가지로 친숙함 판단과 상기 역시 각각 다른 뇌 영역에서 처리되는 것으로 보인다. 상기가 관여하는 기억하기 반응은 뇌에서 해마 영역의 활성화와 관련이 있지만 친숙함 판단을 기반으로 하는 알기 반응은 전전두 피질의 활성화와 관련이 있다(Yonelinas, 2002).

의미 기억 시스템은 자극의 의미 자체(예: '에펠탑'이 무엇인지)를 인출하지만, 일화 기억 시스템은 정보가 경험된 세부 맥락(예: '에펠탑'을 어떤 맥락에서 접했는지)을 인출한다. 의미 기억 및 일화 기억을 각각 친숙함 판단 및 상기와 동일시할 수는 없으나, 의미 기억 시스템은 친숙함 판단에, 일화 기억 시스템은 상기에 더 의존하는 것으로 보인다.

암묵 기억

암묵 기억(내현 기억 또는 간접 기억)의 경우 자각하거나 의도적으로 접근할 수 없으므로, 재인이나 회상 같은 명시적인 인출 과제를 사용하여 인출할 수 없다. 암묵 기억은 해당 기억이 사용되는 과제를 수행할 때 간접적으로 드러난다(박태진, 2002).

단어나 글에 대한 암묵 기억을 측정하는 경우 단어를 지각했는지 판단하게 하거나(지각 식별 과제), 일련의 낱자열이 단어인지 아닌지를 판단하는 **어휘 판단 과제**[lexical decision task], 단어의 일부를 주고 완성하도록 하는 단어 조각 완성[word-fragment completion] 과제 또는 어간 완성[word-stem completion] 과제가 종종 사용된다. 어휘 판단 과제는 제시되는 자극(예: '기억', '기엉')이 단어인지 비단어인지를 판단하는 과제이다. 직전에 같은 단어 또는 관련된 단어(예: '공부')를 경험한 경우 무관한 단어(예: '오렌지')를 경험한 경우보다 판단 시간이 빨라진다. **단어 완성 과제**[word completion task]는 단어의 일부가 제시되면 온전한 단어를 완성하는 과제이다. 한글을 사용하는 경우 연구 참가자들에게 'ㅅㄹ'과 같은 초성만 제시하고 단어를 완성

어휘 판단 과제
제시된 낱자열이 단어인지 아닌지 판단하는 과제. 암묵 기억을 측정하는 과제로 종종 사용됨.

단어 완성 과제
초성이 제시되면 단어를 완성하는 과제. 암묵 기억을 측정하는 과제로 종종 사용됨.

하게 한다. 참가자들이 생성하는 단어는 직전에 본 단어나 자극의 영향을 받는다. 앞에서 '사랑'을 본 참가자는 '사랑'을, '소리'를 본 참가자는 '소리'를 말할 확률이 높다. 이러한 수행은 이전 경험의 흔적을 반영하는 것으로, 참가자가 이전에 본 단어를 회상하거나 재인하지 못하는 경우에도 발행한다.

문법성 판단 과제grammaticality judgment task는 언어에 대한 문법적 지식을 가지고 있는지를 판별하는 데 사용된다. 문장이 제시되면(예: 학교은 슬프다) 해당 문장이 말이 되는지 아닌지를 판단하는 과제이다. 모국어 문법에 대한 지식은 절차적 지식으로, 암묵적인 형태로 저장되기 때문에 문법에 대한 교육을 받지 않는 한 자각이 어렵다. 문법은 몰라도 언어가 능숙한 아동에게 문장을 제시하고 말이 되는 문장인지 아닌지 판단하게 하면, 대부분의 아동은 말이 되는 문장(예: The dog barked at the cat)과 그렇지 않은 문장(예: The dog barked on the cat)을 능숙하게 판별한다. 이유나 규칙은 잘 설명하지 못해도, 어떤 어휘 배열이나 전치사, 조사의 사용이 적절한지 알고 있기 때문이다. 반면 해당 언어의 문법에 대한 지식이 없거나 불충분한 경우, 말이 되는 문장과 그렇지 않은 문장을 제대로 판별할 수 없다.

문법성 판단 과제는 언어 지체 아동의 언어 발달 수준을 판별하는 도구로도 종종 사용된다. 언어 발달이 지체되는 경우 문법 습득 역시 지체되는데, 문법성 판단 과제를 통해 언어 발달 지체아들의 문법 습득 수준을 알아볼 수 있다(정미란 & 황민아, 2007). 문법성 판단 과제는 외국어 학습의 수준을 평가하는 데도 종종 사용된다. 이 경우 외국어 학습이 언제 이루어졌는지, 어느 정도 수준인지에 따라 문법성 판단 과제에서의 수행이 달라진다(McDonald, 2000).

3. 인출 실패와 인출 단서

기억할 때 당면하는 가장 큰 문제는 저장은 했는데 인출이 안 되는

문법성 판단 과제
제시된 문장이 말이 되는지 안 되는지 판별하는 과제. 언어의 문법에 대한 암묵적 지식이 있는지 판별하는 데 종종 사용됨.

경우이다. 하지만 인출이 안 된다고 정보가 사라졌음을 의미하지는 않는데, 잘 알고 있는 정보도 일시적으로 기억이 나지 않는 경우가 종종 있다. 일상에서 경험하는 일시적인 인출 장애 사례로 **설단**^{tip of the tongue} **현상**을 들 수 있다. 설단 현상은 말 그대로 혓바닥 끝에서 단어가 맴도는 것처럼 정보가 인출될 듯 말 듯 하다가 끝내 인출되지 않는 현상을 지칭한다. 원하는 정보는 인출하지 못해도 관련된 정보는 종종 인출되는데, 해당 단어가 특정 철자로 시작하거나 길이가 긴 단어라는 등의 부수적 정보들이 종종 인출된다. 사람들은 평균 일주일에 한 번 정도 설단 현상을 경험하는데, 대부분 1분 이내에 해소된다(Brown, 1991).

설단 현상
혓바닥 끝에서 단어가 맴도는 것처럼 정보가 인출될 듯 말 듯하다가 끝내 인출되지 않는 인출 장애 현상.

인출 실패의 원인은 다양하지만, 많은 경우 인출 단서의 부재에 기인한다. 인출 단서는 저장된 정보에 대한 접근을 안내하고 기억의 검색과 복원을 도와준다. 또한 관련된 정보를 활성화시키는 것은 물론 검색해야 하는 범위를 한정하고 인출된 정보가 맞는지 판단하는 것을 지원하기도 한다. 다양한 단서가 인출 단서로 활용되는데, '사과-배'처럼 함께 자주 경험된 자극들은 서로에 대해서 인출 단서 역할을 한다. 정보를 습득한 맥락이 인출 단서 역할을 하는 경우도 있다. 부호화 특수성 원리에 따르면 정보를 학습할 때 같이 제시되었던 정보와 맥락들이 함께 부호화되어 인출 단서의 역할을 한다. 적절한 인출 단서가 제시되는 경우에는 망각한 줄 알았던 정보도 인출되는 반면, 부적절한 인출 단서가 제시되면 눈앞에 정보가 제시되어도 이를 인식하지 못하는 일이 발생할 수도 있다(부호화 특수성 원리에 대해서는 6장 참조).

Anderson과 Pichert(1978)의 연구는 인출 단서의 역할을 잘 보여준다. 이들은 연구 참가자들에게 집에 대한 글을 제시한 다음, 한 집단은 집 구매자의 관점에서, 다른 집단은 도둑의 관점에서 글을 읽도록 하였다. 해당 글에는 두 관점 모두에 유용한 정보(예: 출입구의 위치, 방에 있는 물건 등)가 포함되어 있었다. 참가자들이 글을 읽은 다음에 두 차례 회상 검사가 실시되었다. 첫 번째 회상에서 참가자들은 글을 읽었을 때의 관점을 유지하면서 글의 내용을 가능한 한 많이 그리고 정확하게 회상했다. 두 번째 회상에서 참가자들의 반은 글을 읽었을 때와 동일한 관점을 유지하였으나, 나머지 반은 관점을 변경하여 회상했다. 예를 들어 첫 번째 회상에서 구매자의 관점에서 글을 회상한 참가자는 두 번째 회상에서는 도둑의 관점에서 글을 회상했다.

참가자들은 일반적으로 회상할 때의 관점에 중요한 정보를 더 많이 인출하고 중요하지 않은 정보를 덜 인출하였다. 하지만 두 번째 회상에서 관점을 바꾸자, 첫 번째 회상에서 인출하지 못한 내용을 인출하는 경우가 증가했다. 추가적으로 회상된 정보들은 첫 번째 관점에서는 중요하지 않았으나, 두 번째 관점에서는 중요한 정보들이었다. 관점을 바꾸자, 부호화되었으나 기억하지 못한 정보들에 대한 접근이 가능해진 것이다. 이러한 결과는 기억 흔적에 대한 접근이 관점이나 단서에 따라서 달라진다는 것을 보여준다.

인출 단서는 많으면 많을수록 좋다. Mäntylä(1986)는 연구 참가자들에게 명사 목록을 보고 각 명사에 대해 단서를 생성하도록 하였다. 참가자들은 조건에 따라 명사별로 1개 또는 3개의 단서를 생성하였다. 이후 목록에 대한 깜짝 단서 회상이 실시되었다. 참가자들이 이전에 생성한 단서들이 단서 회상의 단서로 제시되었다. 1개보다는 3개 단서가 제시될 때 회상이 우수하였는데, 기억 흔적에 접근할 수 있는 통로가 더 많았기 때문에 해당 명사를 더 잘 인출할 수 있었다. 후속 연구에서는 학습자가 단서 생성에 관여하였는지에 따라 단서의 효과가 달라지는지 살펴보았다. 참가자들은 조건에 따라 스스로 단서를 만들지 않고 다른 사람이 만든 단서를 제시받거나(무학습 조건), 스스로 만든 단서를 제시받거나(자기 생성 단서 조건), 단서를 만들기는 했으나 회상할 때 다른 사람이 만든 단서를 제시받았다(타인 생성 단서 조건). 연구 결과 회상은 자기 생성 단서 조건에서 가장 우수하였고, 타인 생성 단서 조건이 그 뒤를 이었으며, 무학습 조건의 수행이 가장 저조하였다(●그림 8.3 참조). 즉 단서가 없는 것보다는 있는 것이 좋으나, 타인이 만든 단서보다는 스스로 만든 단서가 인출에 더 효과적이었다. 무학습 조건보다 타인 생성 단서 조건에서 더 많은 항목을 회상하였는데, 이는 스스로 만든 단서가 인출 시 제시되지 않아도 단서를 생성하는 경험 자체가 해당 단어에 대한 보다 정교한 처리를 유도하였기 때문으로 보인다.

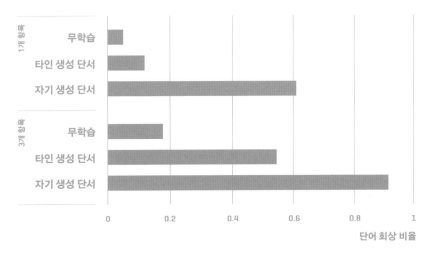

●그림 8.3 인출 단서 수 및 유형에 따른 회상 변화
단서를 생성한 경험이 있거나 자신이 생성한 단서가 인출 단서로 제시될 때 회상이 촉진되었다.
출처: Mäntylä, 1986.

4. 인출의 맥락 의존성

인출 단서의 효과는 기억의 맥락 의존성을 만들어낸다. 인출 단서가 있는지 없는지에 따라, 또는 어떤 인출 단서가 제시되는지에 따라 기억이 달라진다. 부호화 시의 맥락이 인출 시와 동일할 때 인출이 촉진되는데, 정보를 부호화할 때의 물리적 맥락은 물론 신체적, 심리적, 인지적 맥락이 광범위하게 이런 역할을 한다.

물리적 맥락

Godden과 Baddeley(1975)는 물리적 맥락이 기억에 미치는 영향을 알아보기 위해 잠수부[diver]를 대상으로 연구를 수행하였다. 연구자들은 잠수부들이 단어 목록을 학습하는 맥락과 인출하는 맥락을 조작하였다. 참가자들의 반은 지상에서, 나머지 반은 수중에서 단어 목록을 학습하였다. 회상 맥락도 마찬가지로 변화되었다. 지상에서 학습한 참가자들 중 반은 지상에서, 나머지 반은 수중에서 학습한 단어를 회상하였고,

수중에서 학습한 참가자들도 마찬가지 방식으로 나뉘어 회상을 진행하였다(●표 8.1 참조). 총 네 가지 조건이 존재했는데, 이 중 반은 학습과 인출의 맥락이 일치하였고(지상 학습-지상 회상 조건, 수중 학습-수중 회상 조건) 나머지 반은 학습과 회상의 맥락이 일치하지 않았다(지상 학습-수중 회상 조건, 수중 학습-지상 회상 조건).

●표 8.1 Godden과 Baddeley(1975) 연구 설계

	지상 학습	수중 학습
지상 회상	지상 학습-지상 회상	수중 학습-지상 회상
수중 회상	지상 학습-수중 회상	수중 학습-수중 회상

밑줄은 학습과 회상의 맥락이 일치하는 조건

회상 검사 결과, 학습과 인출의 맥락이 일치하는 경우 회상이 우수하였다. 지상에서 학습하고 지상에서 회상하는 조건에서 회상이 가장 우수하였고, 수중에서 학습하고 수중에서 회상하는 조건이 그 뒤를 이었다(지상 학습-지상 회상 조건이 수중 학습-수중 회상 조건보다 우수한 것은 잠수부들에게도 지상이 더 익숙한 환경이었기 때문으로 보인다). 지상에서 학습하였지만 수중에서 회상하거나, 수중에서 학습하고 지상에서 회상하는 경우 수행이 저조하였다(●그림 8.4 참조).

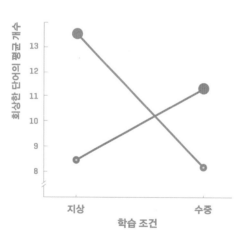

●그림 8.4 부호화와 회상 맥락의 효과
출처: Godden & Baddeley, 1975.

신체적 맥락

학습자의 신체 상태도 맥락으로 작용한다. Miles와 Hardman(1998)은 연구 참가자들이 자신의 최대 심박의 60% 이상 수준을 유지하며 자전거를 타도록 함으로써 이들의 신체 상태를 조작했다. 참가자들은 휴

식을 취하거나(휴식) 자전거를 타면서(운동) 단어 목록을 학습하고 인출하였다. Godden과 Baddeley의 연구에서와 마찬가지로 일치 조건에서는 동일한 신체적 상태에서 목록 학습과 인출이 이루어졌다(휴식-휴식 조건, 운동-운동 조건). 반면 불일치 조건에서는 학습할 때와 인출할 때의 신체적 상태가 상이하였다(휴식-운동 조건, 운동-휴식 조건).

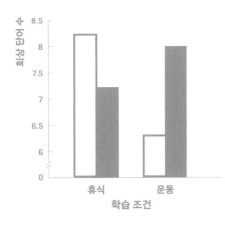

●그림 8.5 학습과 회상 시 신체 상태와 기억

출처: Eich et al., 1975.

휴식 인출
운동 인출

●그림 8.5에서 볼 수 있듯이 참가자들은 학습 맥락과 인출 맥락이 일치하는 경우 더 많은 단어를 회상하였다. 이러한 결과는 자전거 타기와 같은 유산소 활동에 의해 유도된 신체 상태 역시 기억 흔적이 저장되고 인출될 때 맥락으로 작용함을 보여준다.

인지적 맥락

정보를 부호화할 때의 인지적 맥락 또한 인출 단서 역할을 한다. Geiselman과 Glenny(1977)는 연구 참가자들에게 단어를 시각적으로 제시하면서 각 단어가 남성 목소리(남성 음성 부호화) 또는 여성 목소리(여성 음성 부호화)로 들린다고 상상하라고 지시하였다. 그런 다음 기억을 검사할 때 단어를 실제로 들려주면서 이전에 본 단어를 재인하도록 하였는데, 이때 여성 목소리(여성 음성 인출) 또는 남성 목소리(남성 음성 인출)가 사용되었다. ●그림 8.6에서 볼 수 있듯이, 단어를 여성 목소리로 부호화한 경우에는 인출 시 여성 목소리로 단어가 제시될 때 수행이 좋았고, 남성 목소리로 부호화한 경우에

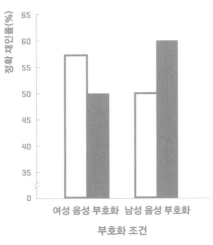

●그림 8.6 부호화 및 인출 음성 조건에 따른 재인

출처: Geiselman & Glenny, 1977.

여성 음성 인출
남성 음성 인출

는 인출 시 남성 목소리로 단어가 제시될 때 수행이 좋았다. 즉 부호화와 인출 시 같은 성의 목소리가 사용된 경우 기억 수행이 좋았고, 다른 성의 목소리가 사용된 경우는 수행이 상대적으로 저조하였다. 단어에 대한 기억이 만들어질 때 단어를 시각적으로 제시하고 목소리를 상상하도록 했기 때문에 참가자들마다 상상한 목소리는 동일하지 않았고, 이는 재인 검사에서 사용된 목소리와도 달랐다. 동일한 목소리가 아니었음에도 같은 성 범주의 목소리라는 사실이 여전히 인출 단서 역할을 한 것이다.

언어 환경

정보가 입력될 때 사용되는 언어^{language}도 인출 단서로 작용한다. Marian과 Fausey(2006)는 영어와 스페인어 이중 언어 사용자^{bilingual}를 대상으로 기억을 검사하였다. 이야기를 들려줄 때 사용한 언어와 회상에 사용된 언어를 조작하였는데, 일치 조건에서는 이야기를 듣고 기억할 때 같은 언어가 사용되었고(영어-영어 조건, 스페인어-스페인어 조건), 불일치 조건에서는 다른 언어가 사용되었다(영어-스페인어 조건, 스페인어-영어 조건). ●그림 8.7에서 볼 수 있듯이 이야기를 들을 때의 언어와 인출할 때의 언어가 일치하는 경우 이야기에 대한 회상률이 더 높았다. 이러한 결과는 자극이 제시된 언어 역시 인출 단서 역할을 할 수 있음을 보여준다.

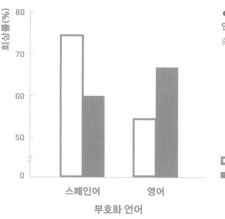

●그림 8.7 부호화 시 사용된 언어와 인출 시 사용된 언어에 따른 회상률
출처: Martian & Fausey, 2006.

Marian과 Neisser(2000)는 기억 흔적이 만들어질 때의 언어 환경도 인출 단서로 작용할 수 있는지 살펴보기 위해 러시아에서 미국으로 이주한 사람을 대상으로 연구를 실시하였다. 연구자들은 연구 참가자들에게 러시아에서 있었던 사건들과 미국에 이주한 후의 사건들에 대한 기억을 영어 또는 러시아어를 사용하여 질문하였다. 참가자들은 러시아어로 인터뷰할 때 러시아 환경에서 만들어진 기억(러시아에 거주하던 때의 사건 또는 이민 후 러시아어를 사용하는 사람들과 있었던 사건에 대한 기억)을, 영어로 인터뷰할 때 영어 환경에서 만들어진 기억(이민 후에 일어난 사건)을 더 많이 회상하였다. 러시아어와 영어가 함께 사용된 환경에서 만들어진 기억(혼합 언어 기억)은 인터뷰 언어의 영향을 거의 받지 않았다(●그림 8.8 참조). 이러한 결과는 정보가 저장될 때 사건의 내용뿐 아니라 사건을 경험할 때의 언어 환경도 함께 저장됨을 의미한다.

●**그림 8.8 부호화와 인출의 언어**
출처: Marian & Neisser, 2000.

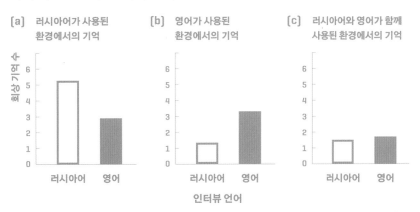

[a] 러시아어가 사용된 환경에서의 기억

[b] 영어가 사용된 환경에서의 기억

[c] 러시아어와 영어가 함께 사용된 환경에서의 기억

인터뷰 언어

5. 경험의 재구성

기억 연구의 초기에는 기억이 경험에 대한 복사본을 만드는 과정이며, 인출은 사진첩에서 사진을 찾아보거나 파일을 컴퓨터 화면에 불러내는 과정과 유사한 것이라고 여겨졌다. 그러나 기억에 대한 연구가 진전되면서 이러한 생각은 수정되었다. 경험은 하나의 온전한 흔적으로 저장되지 않고, 뇌의 여러 영역에 분산되어 저장된다. 분산된 경험의 흔적은 인출 과정에서 재구성되는데, 이 과정에 지식이나 추론이 종종 개입한다(Schachter et al., 1998).

기억의 재구성

사람들은 종종 실제로 일어난 사건이 아니라, 일어났을 법한 사건을 기억한다. Deese(1959)와 Roediger와 McDermott(1959)이 고안한 DRM 절차Deese-Roediger-McDermott paradigm는 기억의 이러한 구성적인 속성을 잘 보여준다. DRM 절차에서 연구 참가자들은 표적 단어(예: 의자)와 연결된 단어들(예: 탁자, 책상 등)을 학습하였는데, 이때 표적 단어 자체는 학습 목록에 포함되지 않았다 (●표 8.2 참조). 참가자들이 목록의 단어를 학습한 후 회상 검사와 재인 검사가 실시되었다. 회상 검사에서 참가자들은 평균적으로 목록의 65%를 회상하였다. 흥미로운 사실은 표적 단어는 제시된 적이 없음에도 참가자의 약 40%가 이를 보았다고 회상한 것이다.

DRM 절차
연구 참가자에게 표적 단어를 제시하지 않은 채 이와 의미상 관련이 있는 단어를 학습하게 하여, 참가자의 기억 오류를 유도하는 실험 방법.

●표 8.2 DRM 절차에서 사용되는 전형적인 단어 목록

학습 단어 목록

탁자
앉다
다리
책상
나무
휴식
스툴
소파
팔걸이

회상 검사를 마친 후 재인 검사가 실시되었다. 재인 검사에는 학습 단어(예: 탁자), 학습 목록과 무관한 단어(예: 밥솥), 학습 목록과 약하게 관련된 단어(예: 마루 바닥), 학습 단어는 아니지만 학습 목록과 강하게 연결된 표적 단어(예: 의자) 등 네 가지 유형의 검사 단어들이 제시되었다. 참가자들이 검사 단어를 이전에 본 적이 있는지 평정하게 한 결과, 학습한 항목들의 경우 보았다는 반응(평정치 3과 4)이 대부분(86%)이었고, 나머지 답변은 소수였다. 하지만 학습하지 않은 항목(비학습 단어)의 경우 표적 단어와의 관련성에 따라서 반응이 달라졌다. 비학습 단어가 표적 단어와 무관련한 경우 확실히 보지 않았다는 반응(평정치 1과 2)이 대부분(98%)이었다. 하지만 비학습 단어가 표적 단어인 경우 대부분(84%)이 확실하게 보았다고 답변(평정치 3과 4)하였다 (●표 8.3 참조). 이러한 결과는 사람들은 경험한 것을 기억하기보다는 경험했을 것이라고 생각하는 것을 기억함을 보여준다.

●표 8.3 학습한 단어와 학습하지 않은 단어에 대한 재인 반응　　　　　　출처: Roediger & McDermott, 1995.

구분		보았음		보지 않음		
단어 유형		4	3	2	1	평균
학습 단어		75%	11%	9%	5%	3.6
비학습 단어	무관련 단어	0%	2%	18%	80%	1.2
	약간 관련된 단어	4%	17%	35%	44%	1.8
	표적 단어	58%	26%	8%	8%	3.3

　　표적 단어는 학습 시 제시되지 않았기 때문에 이를 회상하거나 재인하는 것은 오기억에 해당한다. 왜 표적 단어에 대한 오기억이 이렇게 높은 빈도로 나타난 것일까? 이 연구에서 주목할 것은 오기억이 모든 비학습 단어에 대해서 같은 정도로 나타나지는 않았다는 것이다. 오기억이 많이 일어난 자극은 기억해야 하는 항목과 높게 관련된 표적 단어였다. 학습 목록을 저장하고 인출하는 과정에서 해당 항목에 대한 기억 흔적이 만들어지고, 그 활성화는 관련된 단어에 확산된다. 연구에 제시된 학습 목록의 단어 중 다수가 표적 단어와 관련되어 있었으므로, 이 단어들의 활성화가 표적 단어에 전파되었을 것이다. 여러 단어에서 온 활성화가 누적되면서 실제로 제시된 자극이 만들어낸 활성화와 구분할 수 없는 수준에 도달한 결과, 제시되지 않은 단어를 보았다고 착각하는 일이 발생한 것으로 보인다. 이 연구 결과는 기억 흔적이 활성화되고 확산되는 방식, 즉 기억의 작동 방식 자체가 오기억을 만들어내는 것임을 시사한다.

도식

　　기억 흔적이 인출될 때 장기 기억에 저장된 정보가 영향을 미친다. 장기 기억에 저장된 지식은 종종 공간, 장소, 활동 등 다양한 대상에 대한 '도식schema'의 형태로 조직되어 있다. 예를 들어 연구 활동을 수행하는 공간을 지칭하는 '연구실'의 경우 전형적인 모양, 사용자, 크기, 위치, 집기와 기기 등에 대한 정보들이 함께 연결되어 도식의 형태로 저장된다(도식에 대해서는 10장에서 다룬다). 도식은 인출 과정에서 기억이 재구성될 때 중요한 역할을 하는데, Brewer와 Treyens(1981)의 연구는 장소에 대해 사람들이 가지고 있는 도식이 기억에 미치는 영향을 보여 주었다. 연구자들은 연구 참가자들이 실험실에 도착하면, 실험이 준비될 동안 잠시 대기실에서 기다리도록 하였다. 대기실은 전형적인 대학원생 연구실처럼 보이도록 책상, 의자 등의 가구와 함께 타자기, 보드 등이 배치되어 있었다. 하지만 대학원생 연구실에 응당 있을 것으로 기대되는 물건들(예: 책)이 없거나 연구실에 어울리지 않는 물건들(예: 해골 장난감)도 있었다(●그림 8.9 참조). 각각의 참가자들은 35초 동안 홀로 대기실에 있다가 실험실로 이동하여 기억 검사를 받았다. 기억 검사에서 참가자들은 대기실에 있는 동안 무엇을 보았는지 구두로 회상했다. 그런 다음 그림 회상 과제drawing recall task가 실시되었는데, 참가자들은 제시된 대기실 윤곽에 기다리는 동안 방에서 자신이 본 것을 그렸다.

●그림 8.9 참가자들이 있었던 대기실 예시
출처: Brewer & Treyens, 1981.

대기실에 있던 물체가 대학원생 연구실에 있을 법한 것인지, 즉 대학원생 연구실 도식에 있을 법한 물건인지에 따라서 참가자들의 기억이 달라졌다. 대학원생 연구실이라는 도식과 부합하는 항목(예: 의자, 책상)은 30명의 참가자 중 29명이 회상하였다. 반면, 도식과 부합하지 않는 항목(예: 해골)은 8명만이 회상하였다. 참가자들은 실제로는 대기실에 없던 항목도 회상하였는데, 이러한 회상 오류는 대부분 대학원생 연구실이라는 도식에 부합하는 항목에 국한되었다(예: 책, 연필, 전화). 도식과 부합하지 않는 항목들의 경우 재인은 할 수 있었지만 회상률은 낮았다. 이러한 결과는 기억이 사람들이 장소에 대해 가진 지식, 즉 장소 도식의 영향을 받는다는 사실을 보여준다. 도식은 기억이 재구성되는 과정에서 어떠한 상황이 전형적인지, 어떠한 사건이 일어났을 법한지 안내하는데, 이 과정에서 경험하지 않은 것도 경험한 것으로 잘못 회상하는 일이 발생할 수 있다.

사회·문화적 배경

사회·문화적 지식도 기억에 영향을 준다. 이제는 고전이 된 Bartlett (1932)의 연구는 사회·문화적 배경이 기억에 미치는 영향을 잘 보여준다. 그는 영국인 연구 참가자들에게 '유령들의 전쟁 The War of the Ghosts'이라는 캐나다 원주민 이야기를 들려주었다. 이야기는 아래와 같은데, 등장 인물의 이름, 개념, 이야기 진행 방식에 있어 당시의 영국인 참가자들에게는 매우 생소한 이야기였다.

유령들의 전쟁

어느 날 밤 에듈락(Edulac)에서 온 두 젊은이가 물개 사냥을 하러 강을 타고 내려갔다. 그러던 중 강기슭에 안개가 끼고 주위가 조용해지더니, 이내 싸움을 알리는 함성이 들려왔다. 그들은 아마도 전사들의 무리가 지른 함성이라 생각하고는, 강기슭을 벗어나서 나무 위에 숨었다. 노 젓는 소리가 들리더니 여러 척의 카누가 나타났다. 그중 한 척이 두 젊은이에게 다가왔다. 카누에는 다섯 명이 타고 있었고, 그들은 "강을 거슬러 올라가서 싸움을 하려고 하네. 자네들이 우리와 같이 가면 좋겠는데 어떤가?"라고 물었다.

원주민 젊은이 중 한 명이 대답했다. "나는 화살이 없소." 카누에 탄 사람들이 답했다. "화살은 카누에 많이 있네." 원주민 남자가 다시 답했다. "나는 따라가지 않겠소. 내가 죽을지도 모르는데, 내 친척들은 내가 어디로 갔는지도 모르게 될 거요." 그러더니 그는 옆에 있는 친구를 돌아보며 말했다. "하지만 너는 가도 돼."

카누를 탄 전사들은 강을 거슬러 올라가서 캘러마(Kalama)의 맞은편에 있는 마을로 쳐들어갔다. 마을 사람들도 강기슭으로 나와 맞붙어 싸우기 시작했고, 많은 사람이 죽었다. 그러다가 원주민 남자는 전사들 중 한 명이 이렇게 말하는 것을 들었다. "빨리 집으로 돌아가자. 원주민이 당했어!" 그제서야 그는 이들이 유령임을 깨달았다. 그는 아픔을 느끼지 못했지만, 전사들은 그가 활에 맞았다고 말했다. 그들은 카누를 타고 다시 에듈락으로 돌아왔고, 원주민 남자는 물에 내린 뒤 자기 집으로 돌아가 불을 피웠다. 그리고 모든 사람에게 말했다. "나는 유령들과 함께 전투에 참가했다. 우리 편도, 우리의 적도 많이 죽었다. 그들은 내가 활에 맞았다고 말했지만, 나는 아프지 않다." 이야기를 마치고 나서 그는 조용해졌다. 해가 뜨자 그는 땅에 쓰러졌고, 무엇인가 검은 것이 그의 입에서 흘러나왔다. 그의 얼굴이 일그러졌다. 사람들은 펄쩍 뛰어 일어나서 울었다. 그가 죽은 것이다.

Bartlett은 이야기에 대한 주기적인 회상을 실시하여 기억이 시간에 따라 어떻게 변화하는지 추적하였다. 참가자들이 이야기를 들은 후 15분부터 일 년까지의 기억을 살펴본 결과, 시간이 지나면서 기억의 양이 줄어들고 내용에 대한 왜곡^{distortion}이 증가하였다. Bartlett은 기억 왜곡이 체계적이라는 점에 주목하였다. 참가자들의 기억에서 당시의 영국인들에게 익숙하지 않은 정보(예: 지역명)는 생략되었으며, 세부 사항이 영국의 문화와 일치하도록 바뀌어 있었다. 참가자들은 '카누' 대신 '보트'를 회상하였고, '무엇인가 검은 것이 그의 입에서 흘러나왔다' 같은 문장은 '그가 토했다', '거품이 나왔다'로 회상하였다. 원래 이야기에 없던 정보가 추가되기도 했는데, 참가자들의 문화적 규범에 비추어 묘사되는 사건에 전형적인 감정적 반응(예: 슬퍼했다) 등이 회상되었다. 이는 기억이 재구성될 때 사회·문화적 배경지식이 부족한 부분을 메꾸고 경우에 따라서는 이해가 되지 않는 부분을 변경하는 데 관여한 결과로 보인다.

6. 인출의 효과

컴퓨터에 저장된 파일은 불러와서 내용만 확인하고 그대로 다시 닫는 경우, 저장된 내용이 변하지 않는다. 하지만 사람의 기억은 이와는 다른 방식으로 작동한다. Bjork와 Bjork(1992)는 인출이 기억 흔적의 변화를 수반하는 일종의 재학습 과정이라고 주장하였다. 이 주장에 따르면 인출은 기억 흔적을 강화시킬 수도, 불안정하게 만들 수도 있다.

인출 연습

인출의 효과 중 하나는 기억 흔적의 강화인데, 이는 **시험 효과**^{testing effect}에서 잘 드러난다. 시험 효과란 학습 후 학습 내용을 스스로 인출해 볼 때, 즉 해당 내용에 대해 스스로 시험을 볼 때 이를 더 잘 기억하는 현상이다. 실제로 많은 사람이 학습을 하고 나서 학습한 내용에 대해 스스로 시험을 보는 전략을 사용한다. 이러한 시험 보기는 저장된 정보를 인

시험 효과
학습 후 학습 내용을 스스로 인출해 볼 때, 즉 해당 내용에 대해 스스로 시험을 볼 때 학습 내용을 잘 기억하는 현상. 인출 과정에서 학습 시 일어나지 않은 부가적 정교화가 일어나는 것이 시험 효과의 원인으로 추정됨.

출하는 인출 연습^{retrieval practice}에 해당하는데, 학습 전략으로 상당히 효과적이다. Roediger와 Karpicke(2006)은 연구에 참여한 학생들에게 글을 읽고 학습하도록 하였다. 참가자들은 공부-공부 조건에서는 두 세션에서 연이어 제시된 글을 공부하였고, 공부-시험 조건에서는 첫 세션에서만 제시된 글을 공부하고 두 번째 세션에서는 스스로 시험을 보는 인출 연습을 하였다. 참가자들이 학습을 마치고 5분, 이틀, 그리고 일주일 후 학습에 대한 회상이 실시되었다. 그 결과 학습 직후(5분 후)에 회상이 실시되었을 때는 공부-공부 조건에서의 회상이 공부-시험 조건에서보다 더 우수하였다. 하지만 학습 후 이틀 뒤부터는 공부-시험 조건에서의 회상이 공부-공부 조건에서보다 우수했고, 일주일이 지나자 그 차이는 더 커졌다(●그림 8.10 참조). 인출 연습이 학습을 반복하는 것보다 더 지속적인 학습 효과를 만들어냈는데, 이는 인출 과정에서 학습 시 일어나지 않은 부가적 정교화가 일어나기 때문으로 보인다.

●**그림 8.10 시험 효과**
출처: Roediger & Karpicke, 2006.

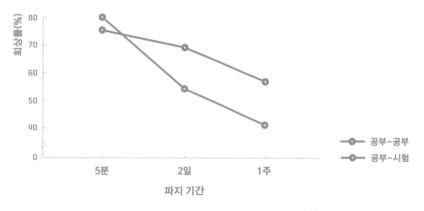

재응고화

정보를 인출할 때 항상 기억 흔적이 강화되는 것은 아니다. 인출로 인해 기억 흔적이 불안정해지는데, 재응고화되기 전까지는 방해 자극에 취약하다. 학습 시행 직후 응고화를 방해하는 아니소마이신을 주사하면 학습 내용을 기억하지 못한다(7장 참조). Nader 등(2000)은 아니소마이신 주사가 야기하는 응고화 방해가 기억을 인출한 다음에도 일어나는지 살펴보았다. 연구자들은 쥐를 대상으로 3일에 걸쳐 실험을 진행하였다. 이들은 1일 차에 소리와 전기 충격을 짝짓는 고전적 조건 형성 절차를 실시하였고, 3일 차에는 조건 자극을 제시한 뒤 쥐의 반응을 관찰하였다. 2일 차 실험 절차는 조건에 따라 달라졌다. 통제 조건에서는 쥐들에게 어떤 처치도 가하지 않았다. 반면 실험 조건에서는 쥐들에게 아니소마이신을 주사하였다. 실험 조건 1에서는 조건 자극 제시 없이 아니소마이신만 주사하였고, 실험 조건 2에서는 조건 자극을 제시한 다음 아니소마이신을 주사하였다(●표8.4 참조). 연구자들은 인출 시에도 재응고화가 일어난다면, 아니소마이신 주사가 기억의 응고화를 방해할 것이라고 기대하였다. 하지만 아니소마이신의 방해 효과는 기억이 인출되는 경우에만 국한될 것으로 기대하였다. 실험 조건 1과 2 모두에서 쥐들에게 아니소마이신이 주사되었지만, 1일 차 조건 형성에 대한 기억 흔적은 실험 조건 2에서만 활성화된다. 따라서 방해 효과는 실험 조건 2에서만 나타날 것으로 기대되었다.

●표 8.4 Nader 등(2000)의 실험 절차 및 결과

조건	1일 차(학습)	2일 차	3일 차(검사)
통제 조건	소리(CS) + 전기충격(US)		소리(CS) → 얼어붙는 반응(CR)
실험 조건 1	소리(CS) + 전기충격(US)	[아니소마이신 주사]	소리(CS) → 얼어붙는 반응(CR)
실험 조건 2	소리(CS) + 전기충격(US)	소리(CS) + [아니소마이신 주사]	소리(CS) → 얼어붙는 반응 없음

3일 차에 쥐들의 기억이 검사되었다. 조건 자극이 제시되자 통제 조건에서는 소리 자극에 대한 조건 반응이 나타났는데, 이는 1일 차에 일어난 조건 형성의 결과가 온전하게 기억되었음을 의미한다. 아니소마이신이 주사된 실험 조건의 경우 실험 조건 1에서는 조건 반응이 나타났지만, 실험 조건 2에서는 나타나지 않았다. 실험 조건 2에서는 조건 형성에 대한 기억이 인출될 때 아니소마이신을 주사하여 기억 흔적이 재응고화되는 것을 방해하였기 때문이다. 실험 조건 1에서도 아니소마

이신을 주사하였지만 기억이 온전하였는데, 학습 내용이 인출되지 않았기 때문에 기억 흔적이 불안정해지지 않아서 아니소마이신이 기억을 방해하지 못한 것으로 보인다. 이러한 결과는 인출이 기억 흔적을 다시 불안정하게 하여 재응고화가 필요하게 만든다는 것을 보여준다.

Hupbach 등(2007)은 인간 참가자들을 대상으로 인출 경험이 기억 흔적의 불안정화를 만들어내는지 살펴보았다. 해당 연구는 Nader 등(2000)의 연구와 유사하게 설계되었으나, 아니소마이신 주사 대신 참가자들에게 새로운 학습 목록을 학습하도록 하였다. 실험은 3일에 걸쳐 진행되었는데, 1일 차에는 모든 참가자가 단어 목록(목록 1)을 학습하였고 3일 차에는 이에 대한 기억 검사가 실시되었다. 2일 차 실험 절차는 조건에 따라 달라졌는데, 통제 조건에서는 아무 처치가 이루어지지 않았다. 반면 실험 조건 1(비상기 조건)에서 참가자들은 새로운 목록(목록 2)을 학습하였고, 실험 조건 2(상기 조건)에서 참가자들은 1일 차에 학습한 목록 1을 상기[reminder]한 다음 목록 2를 학습하였다. 상기 조건에서는 실제 목록 회상은 이루어지지 않았으나 목록의 존재가 상기되었다 (●표 8.5 참조).

●표 8.5 Hupbach 등(2007)의 연구 절차

구분	1일 차(학습)	2일 차	3일 차(검사)
통제 조건	목록 1 학습	–	목록 1 기억 검사
실험 조건 1 (비상기 조건)	목록 1 학습	목록 2 학습	목록 1 기억 검사
실험 조건 2 (상기 조건)	목록 1 학습	목록 1 상기 + 목록 2 학습	목록 1 기억 검사

3일 차에 목록 1에 대한 참가자들의 기억을 검사한 결과, 통제 조건에서의 기억이 가장 우수한 것으로 나타났다. 비상기 조건(실험 조건 1)에서의 기억이 그 뒤를 이었으며, 상기 조건(실험 조건 2)에서의 기억이 가장 저조하였다(●그림 8.11 참조). 상기 조건에서는 회상의 양이 가

장 적었을 뿐 아니라, 잘못 회상한 항목도 가장 많았다. 상기 조건에서는 2일 차에 목록 1을 회상한 직후 목록 2를 회상하였는데, 목록 1에 대한 회상이 기억 흔적을 불안정하게 만들었고, 그 결과 연이어

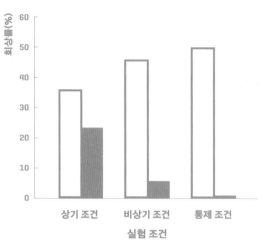

●**그림 8.11** 상기 조건, 비상기 조건, 통제 조건에서 연구 참가자들의 수행
출처: Hupbach et al., 2007.

정확한 회상
부정확한 회상

학습한 목록 2로부터의 방해와 간섭에 취약해진 것으로 보인다. 비상기 조건에서도 동일하게 목록 2를 학습하였으나, 목록 1을 상기하지 않았기 때문에 목록 1의 기억이 불안정해지지 않았다. 상기 절차로 인해 불안정해진 것은 (전반적인 기억이 아니라) 인출 대상이 된 목록 1에 대한 기억 흔적에 국한되었는데, 목록 2에 대한 기억은 두 조건에서 유사하였다.

인출 유도 망각

어떤 사건이나 주제와 관련된 기억이 다수 존재하는 상황에서 어떤 이유로 그중 일부만 인출하는 경우가 있다. 영화나 책에 수많은 장면과 내용이 있었지만, 그중 일부만 반복적으로 인출하거나 어렸을 때 경험한 사건 중 특정 에피소드만 반복적으로 회상하기도 한다. 앞에서 살펴보았듯이 인출은 (재응고화가 방해되지 않는다면) 기억 흔적을 강화하므로, 어떤 이유로든 반복적으로 인출되는 기억은 점점 더 잘 인출된다. 하지만 함께 저장되었지만 인출되지 않은 기억들(예: 같은 영화에서 본 장면이지만 인출되지 않은 장면에 대한 기억)의 경우 인출이 저하되는 결과가 발생한다. 신폐기 이론 ^{new theory of disuse}에 따르면 인출 통로에 접근하는 여러 기억 흔적들은 서로 경쟁 관계에 있다(Bjork & Bjork, 1992). 즉 특정 기억 흔적이 자주 인출되면 해당 흔적이 인출될 가능성은 증가

하지만, 이는 동시에 다른 기억 흔적이 인출 통로에 접근할 가능성을 차단하는 결과를 가져온다(●그림8.12 참조).

●**그림 8.12** 인출 통로를 향한 기억 흔적 간의 경쟁

Anderson 등(1994)은 연구 참가자들에게 범주 이름과 짝지어진 사례를 학습한 다음 그중 일부 항목을 인출하도록 하였다. 총 8개의 범주 목록이 학습 목록으로 사용되었는데, 각 목록은 다음과 같이 범주와 그 사례로 구성되었다.

목록 1(과일) **fruit-orange, fruit-peach, fruit-pineapple,**
fruit-banana, fruit-lemon, fruit-cantalope
(굵은 글씨는 인출 연습에 사용된 사례들임)

목록 2(취미) hobby-gardening, hobby-coins, hobby-bicycle,
hobby-stamps, hobby-pottery, hobby-drawing

참가자들이 목록을 학습한 다음에 학습 범주 일부에 대해서 인출 연습이 실시되었다. 이들은 범주와 함께 사례의 첫 두 알파벳이 제시되면(예: 'fruit-or...') 해당하는 단어를 인출하였다(예: 'orange'). 인출 연습은 해당 범주의 일부에 대해서만 실시되었다. 예를 들어 과일 범주에 속한 6개 사례 중에서는 3개의 사례만 인출 연습에 사용되었다(위에서 굵은 글씨 표기). 학습 항목들은 인출 연습 여부와 범주에 따라서 다음과 같이 세 집단으로 분류할 수 있다.

(1) Rp+ 항목: 인출 연습을 한 항목(예: 'orange').

(2) Rp- 항목: 인출 연습을 하지 않았으나, 인출 연습을 한 항목과 같은 범주에 속한 항목
(예: 'banana').

(3) Npr 항목: 인출 연습을 하지 않았고, 인출 연습을 한 항목과 다른 범주에 속한 항목
(예: 'gardening').

인출 연습 후 각 범주 목록에 속한 모든 항목에 대해 참가자들의 기억을 검사하였다. 그 결과 인출 연습을 한 Rp+ 항목에 대한 회상이 가장 좋은 것으로 나타났다(●그림 8.13 참조). 이는 인출 연습이 항목에 대한 기억 흔적을 강화한 결과이다. Nrp 항목과 Rp- 항목 모두 인출 연습을 하지 않은 것은 동일했으나, Rp- 항목에 대한 기억이 Nrp 항목에 비해 저조하였다. Rp- 항목은 Rp+ 항목과 같은 범주에 속한다. 실험에서 범주와 과일이 함께 학습되었고, 범주명이 인출 단서로 사용되었기 때문에 Rp+ 항목과 Rp- 항목은 인출 통로를 공유한다. 같은 인출 단서를 사용하나 인출되지 않은 결과, 기억 인출 통로에 대한 접근이 약화 또는 억압되어 기억 수행이 저조해진 것으로 보인다. 이는 단순히 인출되지 않음으로써 기억 흔적이 약화된 데 더해서, Rp+항목과 인출 통로를 공유하기 때문에 Rp- 항목에 대한 추가적인 억압이 발생하였음을 시사한다.

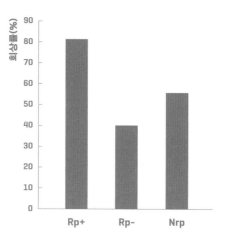

●그림 8.13 항목의 일부가 인출된 범주와 그렇지 않은 범주의 회상률
출처: Anderson, Bjork, & Bjork, 1994.

인출 유도 망각^{retrieval induced forgetting}은 특정 기억 흔적을 인출하는 과정에서 인출되지 않는 관련 항목이 망각되는 것을 지칭한다. 즉 인출된 항목과 단서를 공유하지만(예: 범주 이름), 인출이 되지는 않은 항목들에 대한 접근이 약화되는 현상이다(●그림 8.14 참조). 이는 단순히 기억을 사용하지 않아서 흔적이 약화되는 것을 넘어 단서를 공유하면서 경쟁하는 기억 흔적으로부터 적극적인 억제의 결과 발생한다.

인출 유도 망각
특정 기억 흔적이 인출될 때 인출된 기억과 인출 단서를 공유하지만, 인출이 되지는 않은 기억 흔적이 억제되어 망각되는 현상.

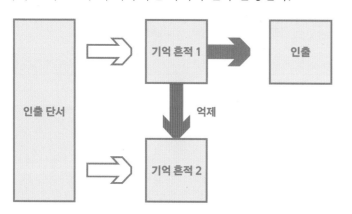

●그림 8.14 인출 유도 망각
인출 단서를 공유되는 기억 흔적의 경우, 일부만 인출되면 인출되지 않은 항목의 인출이 억제되는 효과가 발생한다.

인출 유도 망각은 인출이 인출되는 기억은 물론 인출되지 않은 기억에도 영향을 준다는 것을, 즉 기억은 서로 연결되어 있다는 것을 보여준다.

인출 유도 망각은 실생활에서의 기억 문제에 함의를 갖는다. 예를 들어 목격자 기억의 경우 정확한 기억을 회상하는 것이 매우 중요하다. 범죄 상황에 관한 정보를 수집하는 과정에서 사건의 특정 부분에 대한 기억을 반복적으로 묻기도 하는데, 인출 유도 망각은 이러한 선택적 질문이 목격자 기억을 손상시키는 효과를 가져올 수 있음을 시사한다(MacLeod, 2002). 목격자 기억을 수집하는 과정에서 발생할 수 있는 인출 유도 망각을 최소화하기 위해서는 인출할 때 전체 경험을 모두 회상하는 것이 도움이 될 것으로 보인다. 대부분의 기억 문제는 정보를 제대로 기억하지 못해서 발생하지만, 임상 장면에서는 정보가 망각되지 않아서, 즉 기억 흔적이 약화되지 않아서 문제가 되기도 한다. 외상 후 스트레스 장애post-traumatic stress disorder; PTSD 환자의 경우 끔찍한 경험을 한 후 해당 사건이 마음속에서 자꾸 생각나는 것이 문제가 된다. 그러나 마음속에서 기억을 억누르는 것은 오히려 기억 흔적을 강화하는 역효과를 만들어낼 수 있다. 이 문제와 관련하여 신폐기 이론에서는 트라우마 경험과 관련된, 즉 인출 단서를 공유하는 다른 사건을 회상하는 것이 해당 트라우마에 대한 기억 흔적을 약화시키는 데 유용하다고 제안한다. 주변 기억 흔적이 강화되면서 자연스레 트라우마 사건 자체가 인출될 가능성이 약화될 수 있기 때문이다.

9장

메타 인지와 오기억, 정서

메타 인지(초인지라고도 함)는 인지에 대한 인지, 즉 생각에 대한 생각으로, 인지 과정이 어떻게 작동하는지 파악하고 조절하는 데 관여한다. 메타 인지의 하위 개념인 메타 기억은 기억 과정을 모니터링하고 관리한다. 이 장에서는 먼저 메타 인지와 메타 기억에 대해 알아본 다음, 오기억과 정서가 기억에 미치는 영향을 살펴본다.

메타 인지

오기억
- 원천 모니터링 오류
- 오정보 효과
- 암시
- 기억의 신뢰도

정서와 기억
- 정서적 자극
- 섬광 기억
- 자극을 부호화할 때의 정서 상태
- 기분 일치 효과와 기분 의존 효과

9장_메타 인지와 오기억, 정서

메타 인지
인지에 대한 인지, 즉 생각에 대한 생각으로, 인지 과정이 어떻게 작동하는지 파악하고 조절하는 데 관여함.

전전두엽
이마 앞부분에 위치한 전두엽의 앞쪽 부분. 계획, 의사 결정 등 고등 인지 과정에 관여하는 것으로 알려짐.

1. 메타 인지

Nelson과 Narens(1994)는 인지를 기본 수준과 메타 수준으로 구분하였다(●그림 9.1 참조). 이들의 정의에 따르면 기본 수준^{basic level}은 처리를 직접 수행하는 수준으로, 이 수준에서는 눈앞의 대상을 지각하고, 본 것을 기억하거나 그 의미를 해석하는 등의 처리가 일어난다. 반면 메타 수준^{meta-level}은 기본 수준에서 일어나는 정보 처리와 활동을 관리하는 수준으로, 진행 중인 정보 처리가 잘 진행되고 있는지 점검하고, 필요시 개입한다. 강의를 들으면서 요약하고 이해하는 것이 인지 활동이라면, 강의 내용이 어렵다는 것을 인지하고 예습 시간을 늘리거나 문제가 풀리지 않아서 새로운 방법을 시도하는 것 등은 메타 인지 활동이다. 메타 인지 능력은 가장 최근에 진화한 능력으로 간주되며, 대뇌의 **전전두엽**^{prefrontal lobe}의 집행 기능과 밀접하게 관련되어 있다(Metcalfe, 2008; Pannu & Kaszniak, 2005).

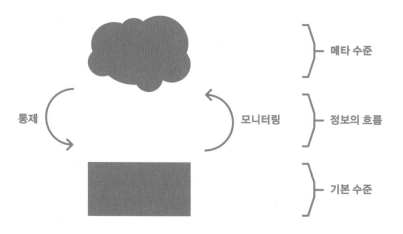

●**그림 9.1 인지의 기본 수준과 메타 수준**
출처: Nelson & Narens, 1994.

메타 인지의 정의와 측정 방법에 대해서는 다양한 견해가 있지만 (Jacobs & Paris, 1987; Reder, 1996), 메타 인지 지식, 메타 인지 경험, 메타 인지 기술/메타 인지 전략(메타 인지 과정)이 메타 인지의 주요 요소로 간주된다. 메타 인지 지식meta-cognitive knowledge은 인지에 대한 서술적 지식knowledge about cognition을 지칭한다. 인지의 일반 특성에 대한 지식(예: 기억은 불완전하다), 특정 개인의 인지에 대한 지식(예: '나는 숫자를 잘 기억한다', '어머니의 기억력이 예전 같지 않다'), 정보 처리 과제나 전략에 대한 지식(예: 재인이 회상보다 쉽다) 등이 이에 해당한다.

메타 인지 경험meta-cognitive experience은 진행 중인 과제 또는 처리에 대한 주관적인 경험으로, 인지 상태 혹은 과정에 대한 자각과 주관적인 판단(예: 무언가를 '안다'거나 '모른다'는 느낌, '제대로 이해했다'거나 '어렵다'는 느낌)을 의미한다. 메타 인지 경험에는 '안다' 혹은 '모른다' 같은 정보적 평가뿐 아니라 '재미있다' 같은 정서적 반응도 포함된다 (Flavell, 1979; Schneider & Löffler, 2016). 메타 인지 경험은 과제 수행 중 또는 전후에 자각되는 경험을 지칭하지만, 이는 의식적/무의식적인 처리의 결과물이다(Efklides, 2006).

메타 인지 기술metacognitive skill 또는 메타 인지 전략meta-cognitive strategy은 다양한 인지 과제를 수행하는 과정에서 이를 관리하고 조절하는 절차적 지식을 지칭한다(Efklides, 2006; Jacobs & Paris, 1987). 메타 인지 기술은 크게 인지 과정을 모니터링monitoring하는 데 관여하는 기술과, 인지 과정을 조절regulation하는 데 관여하는 기술로 구분할 수 있다. 인지 모니터링이란 인지 상태나 활동에 대한 정보를 수집하고 평가하는 과정으로, 주관적인 느낌, 사회적 비교(예: 친구의 반응), 또는 객관적인 정보(예: 시험 성적) 등이 사용될 수 있다. 모니터링 결과를 바탕으로 메타 수준에서 현재 활동이나 전략을 지속할지 변화시킬지, 다음에는 어떤 행동을 할지 등이 결정되고, 이에 맞추어 인지 과정이 조절된다. 이러한 조절 시도는 성공적일 수도, 그렇지 않을 수도 있다. 강의 내용에 집중하고자 다짐하지만 그러지 못할 수도 있고, 외부의 요인 때문에 예습에 충분한 시간을 할애하지 못할 수도 있다. 조절 행동이 효과적이지 않은 경우 결과에 대한 모니터링을 통해 추가적인 조절 행동이 일어날 수 있다.

메타 인지는 정보 처리의 모든 과정에 대해서 일어나며, 정보 처리 영역별로 기억과 관련된 메타 인지를 메타 기억^{meta-memory}(초기억), 언어 이해와 관련된 메타 인지를 메타 이해라고 한다(Dunlosky et al., 2005; Nelson & Narens, 1994). 메타 기억은 가장 많이 연구된 영역 중의 하나이다. ●그림 9.2는 학습을 할 때 일어나는 메타 기억 과정의 일부를 보여준다.

정보를 기억에 넣는 것은 부호화, 파지, 인출하는 과정으로 구분하는데(4장 참조), 메타 기억은 부호화가 시작되기 전부터 일어날 수 있다. 예를 들어 기억 과제 수행에 앞서 기억 항목이 얼마나 기억하기 용이한지, 즉 학습 용이성 혹은 학습 난이도^{Ease of Learning, EOLs}에 대한 평가나 예측이 일어날 수 있다. 무의미 철자를 기억하는 것과 나들이를 위한 쇼핑 목록을 기억하는 것은 종종 다른 학습 용이성을 의미한다. 기억 과제에 어느 정도 시간을 배분할지, 어떤 전략을 사용할지 등에 대한 결정도 이 단계에서 일어난다. 그 결과 난이도가 높다고 평정한 항목이나 과제에 대해서 더 많은 학습 시간이 할애되기도 한다.

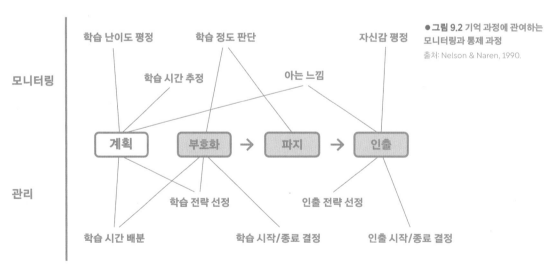

●**그림 9.2** 기억 과정에 관여하는 모니터링과 통제 과정
출처: Nelson & Naren, 1990.

학습이 시작되고 진행되면서 학습이 잘 진행되고 있는지에 대한 모니터링이 일어난다. 학습 정도 판단^{Judgement of Learning, JOLs}은 특정 항목이나 과제를 얼마나 잘 학습했는지, 나중에 그 내용이 시험에 나오면 얼마나 잘 기억할지에 대한 판단을 지칭한다. 학습 정도 판단은 학습하는 동안뿐 아니라, 학습을 마친 후에도 일어날 수 있다. 학습에 대한 모니터링 결과 학습이 부족하다고 판단되면, 학습 시간이 재배분되거나 새로운 기억 전략이 사용될 수 있다. 자신이 기대하는 수준까지 학습이 충분히 진행되었다고 생각하면 학습 활동이 종료된다.

습득한 정보를 인출해야 할 때도 다양한 모니터링과 통제 과정이 관여한다. 아는 느낌^{Feeling of Knowing, FOKs}은 특정 정보가 기억에 존재하는지, 당장 인출할 수는 없어도 언젠가 인출할 수 있는지에 대한 평가를 지칭한다. 예를 들어 대한민국의 초대 대통령의 이름을 회상하려 하는데 잘 되지 않을 때, 당장 이를 회상할 수는 없지만 알고는 있다고 판단하면 해당 항목을 기억에서 회상하기 위한 검색이 일어난다. 반면 캐나다의 초대 수상의 이름을 회상하려 한다면, 당장 회상하지 못하는 것은 물론 기억에 존재한 적도 없다고 판단하게 된다. 아는 느낌이 부재한 것이다. 이러한 항목에 대해서는 더 이상의 탐색 없이 인출 시도가 종료된다. 아는 느낌에 대한 모니터링은 학습이 완결된 후뿐 아니라 정보 습득 전의 계획 단계에서도 일어날 수 있다. 정보 습득 단계에서 아는 느낌이 있는 항목에 대해서는 학습 활동이 제대로 시도되지 않거나 학습을 하더라도 많은 시간과 자원이 배분되지 않을 수 있다.

메타 기억 연구에서는 종종 기억 과정에 대한 다양한 모니터링에 대해 자신감 평정^{confidence rating}이 함께 이루어진다. 자신감 평정이란 연구 참가자들이 자신의 난이도 평정이나 학습 정도, 알고 있다는 판단에 대해 얼마나 확신하는지 평정하는 것이다(예: 시험에서 잘 답변할 것이라는 자신의 평가를 얼마나 자신하는지). 물론 이러한 평정과 모니터링은 실제 수행과는 구별된다. 공부 내용이 시험에 나오면 잘 답변할 것이라고 확신한 참가자들도 실제 인출 과정에서는 답변이나 인출에 실패할 수 있다.

Nelson과 Leonesio(1988)는 대학생을 대상으로 학습 난이도 지각에 따른 학습 시간 배분을 살펴보았다. 연구 참가자들은 학습이 시작되기 이전에 기억해야 할 항목들의 난이도를 평정하였다. 이후 스스로 학습 시간을 조절할 수 있는 자기 조절 학습self-paced learning 절차를 사용하여 학습을 진행하였고 학습을 마친 후 회상 검사가 실시되었다. 참가자들의 평정과 학습 시간, 그리고 회상 검사에서의 수행을 살펴본 결과, 참가자들은 처음에 어렵다고 판단한 항목들에 대해서는 더 많은 학습 시간을 할애하였다. 이러한 결과는 참가자들이 모니터링의 결과를 활용하여 학습 활동을 관리할 수 있음을 보여준다. 하지만 학습자들은 종종 충분히 학습이 이루어지기 전에 학습을 중단하였는데, 학습 과제의 난이도는 잘 모니터링하였지만, 자신의 기억 상태(즉 나중에 회상할 수 있을 정도로 학습이 되었는지)는 잘 모니터링하지 못하는 것으로 보인다.

메타 인지 능력은 인지 능력보다 늦게 발달하기 시작한다(Kuhn, 2000). 아동의 메타 인지 능력은 언어 및 마음 이론theory of mind 발달과 밀접하게 관련되어 있으며, 3~4세경에 발달을 시작한다(Flavell, 2000; Schneider & Löffler, 2016). 연구에 따라 차이가 있으나 5세경부터 기억 전략(예: 되뇌기) 사용이 보고된다. 기억 전략을 처음 사용하기 시작했을 때는 기억 수행이 증가하지 않는데, 이 시기를 **이용 결여**utilization deficiency **시기**라고 부른다. 시간이 지나면서 점차 기억 전략을 효율적으로 사용하게 되는데, 되뇌기 전략의 경우 7세를 전후로, 조직화 전략의 경우 9세를 전후로 효율성이 증가한다(박영아 & 최경숙, 2007). 아동기와 청소년기에 정보 처리 경험이 증가하면서 상당한 양의 메타 인지 지식과 기술이 습득된다. 하지만 대학생이나 성인이 된 다음에도 메타 인지 능력이 충분히 발달하지 않는 경우가 많다. 이들은 뭔가에 대해 스스로 잘 알고 있거나 학습했다고 자신감을 보이지만, 이를 실제 수행과 비교하면 대부분 정확하지 않다. 실제 수행보다 더 잘한다고 평가하는 과대평가와 반대로 실제 수행보다 더 못한다는 과소평가가 존재하는데, 대부분 실제보다 스스로의 인지 수행을 과대평가한다(Flavell,

이용 결여 시기
학습 전략을 사용해서 학습해도 효과가 없는 시기로 대략 5~7세경에 일어난다.

1979; Kruger & Dunning, 1999; 정혜선, 2008). 이러한 결과는 아동기와 청소년기에 메타 인지 능력에 대한 보다 적극적인 교육과 훈련이 필요함을 시사한다.

메타 인지는 자신이 현재 아는 것과 더 알아야 할 것을 파악하여, 이를 바탕으로 적절한 조절 행동이 일어날 수 있도록 지원한다(Garner, 1990). 메타 인지 능력의 함양은 적절한 메타 인지 관련 지식을 습득하는 것에서부터 시작할 수 있다. 예를 들어 인지심리학 관련 책이나 강의를 통해 인지의 특성과 마음속에서 정보 처리가 일어나는 방식, 메타 인지 함양 전략 등을 배울 수 있다. 지식 습득에 더해서, 다양한 정보 처리 상황에서 메타 인지 처리를 실습할 필요가 있다. 이를 위해서는 막연히 공부하거나 정보를 습득하는 것보다는, 학습의 과정과 결과를 모니터링하고 이를 바탕으로 인지 과정을 조절하는 훈련이 필요하다. 학습을 하기 전에 학습 활동을 계획하고 예측하거나(예: 과제의 성격과 적절한 전략이 무엇인지, 어느 정도의 학습 자원을 할당하는지 등), 학습 활동을 하는 동안 자신의 활동을 적극적으로 모니터링하고(예: 이해가 잘 되는지, 문제 풀이가 잘 진행되는지), 이를 결과와 비교하는 것을 반복하면서 부정확한 부분을 개선해 나갈 수 있다(Schraw, 1998). 또한 과제마다 독특한 정보 처리 특성과 전략이 있으므로, 다양한 과제를 경험하는 것 역시 중요하다. 다양한 과제와 전략을 경험함으로써 메타 인지 과정의 정확성을 높이고 조절 능력을 기를 수 있다.

2. 오기억

경험한 내용을 기억하는 것 못지 않게 정확하게 기억하는 것이 중요하다. **오기억** false memory은 일어나지 않은 일을 일어났다고 기억하거나, 일어난 일을 사실과 다르게 기억하는 것을 지칭한다. 오기억의 상당 부분은 인출 시 기억이 재구성되는 과정에서 일어난다. 기억 흔적이 약해진 상태에서 간섭이 발생하거나 배경지식이 관여한 결과 실제 일어난 사

오기억
일어나지 않은 일을 일어났다고 기억하거나, 일어난 일을 사실과 다르게 기억하는 것.

건이 아니라 일어났을 법한 사건을 회상하는 것이다(8장 참조). 이 절에서는 정보의 출처 정보와의 연결이 약해지거나 손실되어 발생하는 원천 모니터링 오류와 의도적 거짓말이나 틀린 정보가 제시/암시될 때 일어나는 기억 오류에 대해서 살펴본다.

원천 모니터링 오류

정보를 습득할 때 습득한 정보의 내용과 함께 출처^{source}(예: 정보를 알려준 사람, 책, 매체 등)에 대한 기억이 공존한다. 출처 정보는 내용과 함께 부호화된다. 하지만 시간이 흐르면서 출처 정보가 손상되거나 내용과의 연결이 약해질 수 있다. 그 결과 원천 오귀인$^{source\ misattribution}$, 즉 **원천 모니터링 오류**$^{source\ monitoring\ error}$가 일어난다. 원천 모니터링 오류란 정보 자체는 기억하지만 정보의 출처를 잘못 기억하는 현상으로, 친구 A에게 들은 이야기를 친구 B가 이야기했다고 기억하거나 TV에서 접한 내용을 책에서 보았다고 기억하는 경우가 이에 해당한다.

원천 모니터링 오류로 인하여 유명하지 않은 사람의 이름을 (대중 매체에서 자주 접하는) 유명한 사람의 이름이라고 잘못 판단할 수 있다. Jacoby 등(1989)은 연구 참가자들에게 가상의 무명인들의 이름(예: Sebatian Weissdorf)으로 구성된 목록을 주고 이름이 잘 부호화될 수 있도록 발음의 정확도와 속도에 신경을 쓰면서 읽도록 하였다. 이후 이름을 제시하고 유명인의 이름인지를 판단하는 명성 판단 과제$^{fame\ judgement}$를 실시하였다. 명성 판단 과제에는 이전에 학습한 무명인 이름과 본 적이 없는 무명인 이름, 그리고 '진짜' 유명인 이름이 제시되었다. 연구자들은 명성 판단 과제를 실시하기 전에 참가자들에게 이전에 읽은 이름들은 모두 무명인 이름이라는 사실을 상기시켰다. 참가자들은 조건에 따라 무명인 이름을 읽은 직후에(즉시 판단 조건) 혹은 24시간 후에(지연 판단 조건) 명성 판단 과제를 실시하였다.

참가자들은 전반적으로 유명인은 유명인으로, 무명인은 무명인으로 판단하였다. 하지만 무명인을 유명인으로 잘못 판단하는 경우도 존재

원천 모니터링 오류
정보 자체는 기억하지만 정보의 출처를 잘못 기억하는 현상. 출처 정보가 시간이 흐르면서 손상되거나 내용 정보와의 연결이 약해져 발생하며, 원천 오귀인이라고도 함.

하였다. 흥미로운 것은, 해당 무명인 이름을 이전에 본 적이 있는지 여부와 명성 판단 과제 실시 시점이 오기억에 영향을 주었다는 점이다(● 표 9.1 참조). 명성 판단 과제가 이름 학습 직후 실시된 경우, 이전에 무명인 이름이라고 학습한 이름을 유명인으로 판단하는 비율(.12)은 처음 보는 무명인 이름을 유명인으로 판단하는 비율(.21)보다 낮았다. 하지만 명성 판단 과제가 지연되는 경우, 이전에 학습한 무명인 이름을 유명인으로 판단하는 비율(.16)은 처음 보는 무명인 이름을 유명인으로 판단하는 비율(.08)보다 높았다. 즉 이전에 이름을 학습한 경험이 있는 경우 시간이 흐르면서 오기억이 증가하였는데, 이러한 결과는 시간 경과와 함께 이름을 학습한 출처(예: 이전 학습 시행)에 대한 기억이 망각되기 때문으로 보인다. 학습 직후 명성 판단 과제가 실시되면, 이름과 출처 정보와의 연결이 여전히 강하기 때문에 이전에 학습한 이름이 무명인 이름이라는 판단을 잘 할 수 있다. 하지만 시간이 지나면서 출처 정보와의 연결이 약해지면, 이름에 대한 기억 흔적에만 의존해서 명성 판단을 할 확률이 증가한다. 어디서 보았는지 기억나지 않으나 기억 흔적이 존재하기 때문에 유명한 사람의 이름일 것이라고 판단하는, 일종의 오귀인이 일어나는 것으로 보인다.

●표 9.1 명성 판단 과제의 결과 　　　　　　　　　　　　　　　　　　　　출처: Jacoby et al., 1989.

	즉시 판단 조건	지연 판단 조건
이전에 무명인으로 학습한 이름을 유명인으로 판단	.12	.16
처음 보는 무명인 이름을 유명인으로 판단	.21	.08
유명인 이름을 유명인으로 판단	.64	.55

　　사람들은 말을 자주 바꾸는 사람이나 검증되지 않은 보도를 하는 매체에서 나온 메시지는 신뢰하지 않는다. 메시지의 출처, 즉 원천에 대한 정보가 메시지의 신뢰도에 중요한 영향을 주기 때문이다. 하지만 한때 신뢰하지 않던 메시지를 시간이 흐른 뒤 수용하거나, 반대로 처음에는 신뢰하던 메시지를 시간이 흐른 뒤 의심하는 경우도 존재한다.

수면자 효과^{sleeper effect}는 출처에 대한 불신으로 신뢰하지 않던 메시지를 시간이 지남에 따라 점차 신뢰하게 되는 현상을 지칭한다. 이는 메시지와 메시지 출처 간의 연결이 약화되거나 분리^{dissociation}되면서 원천 정보가 메시지 신뢰도에 미치는 효과가 감소한 결과 발생하는 것으로 보인다. 메시지의 원천에 대한 기억이 강할수록 수면자 효과는 줄어든다 (Kumkale & Albarracín, 2004).

원천 모니터링 오류는 의도하지 않은 표절로 이어질 수 있다. Marsh 등(1997)은 연구 참가자들이 집단으로 학교 발전 방안에 관해 토의하도록 하였다. 참가자들은 집단 토의를 마친 후 혼자서 집단 토론에서 논의되지 않은 새로운 아이디어를 생성했는데, 한 조건에서는 이를 집단 토론을 마친 직후에 실시하였고, 다른 조건에서는 일주일 후에 실시하였다.

토론을 마친 직후에는 다른 사람의 아이디어를 자신의 아이디어로 제시하는 일이 일어나지 않았다. 하지만 일주일이 지나자 집단 토론에서 논의된 아이디어를 자신의 아이디어로 제시하는 경우가 발생하였다. 처음 토론을 마친 직후에는 아이디어를 누가 말했는지 기억이 생생하여 다른 사람의 아이디어를 자신의 아이디어로 착각하지 않았지만, 시간이 흐르고 아이디어의 원천에 대한 기억이 약해지면서 마음속에 떠오르는 아이디어가 자신의 생각이라고 착각하는 일이 발생한 것으로 보인다. 이러한 현상을 **잠복 기억 상실증**^{cryptomnesia}이라고 한다. 잠복 기억 상실증은 출처에 대한 기억이 약화되면서 종종 발생하는데, 출처에 대한 기억을 인출할 수 있는 자원이 부족한 경우(예: 빠른 반응이 요구되는 경우) 증가하지만, 정보의 출처에 주의를 기울이거나 출처 정보가 중시되는 경우 감소한다.

오정보 효과

오기억은 정보를 습득한 다음에 오정보^{misinformation}가 제시된 결과 발생할 수도 있다. **사후 오정보**^{misleading post-event information; MPI} **효과**는 사건이 일어난 다음 제시된 오정보로 인하여 기억이 왜곡되는 현상을 지칭한다.

Loftus 등(1978)은 연구 참가자들에게 자동차와 보행자의 충돌사고를 단계별로 묘사하는 30개의 슬라이드로 구성된 영상을 보여주었다. 슬라이드 영상에는 자동차가 교차로에서 우회전을 한 직후 길을 건너던 보행자를 치는 사고가 제시되었다. 조건에 따라 슬라이드 영상에 묘사된 상황이 달랐는데, 한 영상에는 교차로에 정지 표지판이, 다른 영상에는 양보 표지판이 있었다(●그림 9.3 참고).

●그림 9.3 교차로에서 차가 우회전하는 상황 예시
Loftus 등의 연구에서는 조건에 따라 교차로의 표지판이 다르게 제시되었다.

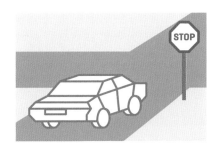
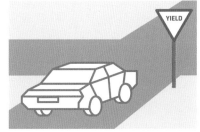

참가자들이 슬라이드 영상을 본 직후 연구자들은 참가자들에게 영상에서 다른 차가 지나갔는지 질문하였다. 질문에는 정지^{STOP} 표지판(예: 자동차가 정지 표지판 앞에서 멈추었을 때 다른 차가 지나갔는가?) 또는 양보^{YIELD} 표지판이 언급되었다(예: 자동차가 양보 표지판 앞에서 멈추었을 때 다른 차가 지나갔는가?). 슬라이드 영상과 질문의 조합에 따라 슬라이드 쇼에서 본 표지판과 질문에서 언급된 표지판이 일치하거나 불일치하였다. 일치 조건에서는 슬라이드와 질문에 사용된 표지판이 동일하였고(예: 정지 표지판 슬라이드 영상–정지 표지판 질문), 불일치 조건에서는 슬라이드와 질문에 사용된 표지판이 달랐다(예: 정지 표지판 슬라이드 영상–양보 표지판 질문). 불일치 조건의 경우 영상에 나타난 표지판과 다른 표지판에 대해 묻는, 즉 오도하는^{misleading} 질문이 사용되었는데, 이는 사후 오정보 제시에 해당한다

참가자들이 질문에 답변한 다음 재인 검사가 실시되었다. 참가자들은 제시된 슬라이드가 처음에 보았던 슬라이드인지 아닌지를 답하였다. 일치 조건의 재인율(75%)보다 불일치 조건의 재인율(41%)이 저조했는데, 이는 불일치 조건에서 슬라이드 내용과 일치하지 않는 정보를

제시받은 결과 기억이 방해받았기 때문으로 보인다. 기억 흔적이 만들어진 다음에 오도하는 정보가 제시되었으므로, 이는 시간적으로 나중에 입력된(만들어진) 정보가 이전의 기억에 간섭하는 역행 간섭에 해당한다. 오정보 효과는 기억이 암시에 취약하다는 것을 보여준다. 기억 흔적이 만들어진 다음이라도 해당 경험에 대해서 부정확한 정보 또는 불일치한 정보가 직접적/간접적으로 제시되는 경우 원 기억 흔적이 영향을 받을 수 있다.

Hyman 등(1995)은 오정보 효과가 어린 시절 기억에 대해서도 일어날 수 있는지 알아보았다. 이들은 연구 참가자들의 동의를 받아 부모들과 미리 접촉하여 참가자들의 어린 시절(2세-10세)에 있었던 사건들에 관한 정보를 수집하였다. 어렸을 때 길을 잃어버리거나, 반려동물을 상실한 경험 등 20명의 참가자가 어렸을 때 경험한 74개의 실제 사건에 관한 정보가 수집되었다. 이후 참가자들을 인터뷰하면서 이 사건들에 대한 기억을 회상하도록 요청하였다. 이에 더해서 (실험자가 만들어낸) 가상의 사건을 제시하고 회상을 요청하였다. 가상의 사건은 실제 일어나지는 않았지만 어렸을 때 일어날 법한 사건들이었다(예: 어릿광대가 생일파티에 갑자기 방문한 경험, 한밤중에 고열로 응급실을 방문한 경험 등). 참가자들이 과거 사건을 회상할 때 사건의 범주와 당시 참가자의 연령이 단서로 제시되었고(예: 7살 때의 가족 휴가), 참가자가 기억하지 못하는 경우 추가적 단서 정보가 제시되었다(예: 함께 있었던 사람들, 장소 등). 참가자가 여전히 해당 사건을 기억하지 못하면 다음 사건에 대한 회상이 진행되었다. 인터뷰는 2회 실시되었다. 첫 인터뷰를 마칠 때 참가자들에게 다음 인터뷰까지는 더 회상할 수 있도록 계속 해당 사건들을 기억해 보되, 이 기억들에 대해 부모와 상의하지 말라고 요청하였다.

어린 시절 있었던 사건에 대한 참가자들의 기억은 부모의 기억과 상당 부분 일치했다. 참가자들이 2회에 걸쳐 사건에 대해 회상한 내용과 부모의 기억을 비교한 결과 참가자들과 부모의 기억은 약 80%의 일치도를 보였고, 첫 번째 인터뷰보다 두 번째 인터뷰에서 조금 더 많은 내용이

●**그림 9.4** 2회의 인터뷰에서 실제 사건과 가짜 사건을 회상한 비율
막대 안의 숫자는 해당 범주의 전체 사건 중 이를 회상한 참여자 수를 의미한다(예: 74개의 실제 일어났던 사건 중 참가자들은 62개를 회상하였다).
출처: Hyman et al., 1995.

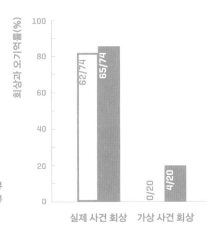

□ 첫 번째 인터뷰
■ 두 번째 인터뷰

회상되었다(●그림 9.4 참조). 가상의 사건의 경우 첫 번째 인터뷰에서는 모든 참가자가 그런 일이 없었다고 부정하였고 관련된 정보를 회상하지도 않았다. 하지만 두 번째 인터뷰에서는 20명 중 4명(20%)이 해당 사건을 기억했는데, 이들은 단순히 그런 사건이 있었다고 말하는 것을 넘어서 사건에 대한 세부 사항을 보고하였다(예: 길을 잃었을 때 입고 있던 옷의 색). 첫 인터뷰가 아닌 두 번째 인터뷰에서 오기억을 보고한 것은 첫 인터뷰에서 제시된 단서들을 바탕으로 생각하는 과정에서 해당 기억이 구성되었음을 시사한다. 가상의 사건이 실제 사건이라는 실험자의 암시가 일어나지 않은 사건에 대한 오기억이 만들어지는 데 영향을 주었고, 이러한 과정은 실험자가 암시한 사건들이 지닌 친숙성 또는 그럴듯함plausibility 때문에 촉진된 것으로 보인다.

암시

기억 흔적을 인출할 때 사용되는 단서 역시 오기억의 실마리가 될 수 있다. Loftus와 Palmer(1974)에서는 자동차 사고 영상(●그림 9.5 참조)을 연구 참가자들에게 보여주고 영상에 대한 질문에 답하게 하였다. 질문은 영상에서 제시된 자동차 사고와 관련된 것이었는데, 예를 들어 '자동차가 서로 부딪쳤을 때 얼마나 빨리 달리고 있었는가(How fast were the cars going when they smashed into each other?) 같은 질문이 주어졌다. 조건에 따라 자동차 충돌을 묘사하는데 'smashed', 'collided',

●**그림 9.5** 차의 충돌 묘사 장면 예시

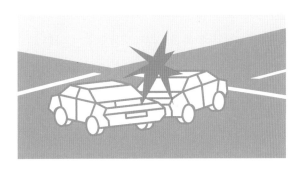

'bumped', 'contacted', 또는 'hit' 등으로 다양한 동사가 사용되었다. 이 동사들은 모두 자동차의 충돌을 묘사하지만, 충돌 강도에 대한 함의가 다르다. 'smashed'는 아주 강한 강도의 접촉을 함의하지만 'contacted' 같은 동사는 약한 강도의 접촉을 함의한다. 참가자들이 자동차의 속도에 대한 질문에 답한 후 영상에 관한 재인 기억 검사가 실시되었다.

모든 참가자들이 동일한 영상을 보았기 때문에 영상에 대해서는 동일한 기억 흔적이 형성되었을 것이다. 그럼에도 불구하고 참가자들은 영상에 대한 질문에 사용된 동사에 따라 자동차의 속도를 다르게 추정했다. 가장 약한 강도의 접촉을 함축하는 'contacted' 동사가 사용된 경우 추정 속도는 시속 31.8마일(51.2km)이었고, 'hit'이 사용된 경우 시속 34마일(54.7km), 가장 강한 강도의 접촉을 함축하는 'smashed' 동사가 사용된 경우 추정 속도는 시속 40.8마일(65.7km)이었다. 연구자들은 재인 기억 검사에서 참가자들에게 영상에 있던 대상뿐 아니라 영상에 없던 대상이나 사건에 대해서도 질문하였다(예: 영상에서 차가 두 대 있었는가? 영상에서 부서진 유리창을 보았는가?). 영상에는 부서진 유리창이 나오지 않았으나, 상당수의 참가자가 이를 보았다고, 즉 '네'라고 답변하였는데, 이러한 오류는 속도 추정 질문에 사용된 동사에 따라 달라졌다. 속도 추정 질문에 더 강한 충돌을 함축하는 동사가 사용되었을수록 부서진 유리창을 보았다는 답변이 증가하였다. 'hit' 동사가 사용되었을 때는 재인 오류가 14%에 불과했으나, 더 강한 강도의 충돌을 시사하는 동사인 'smashed'가 사용되었을 때는 32%로 증가하였다. 이러한 결과는 동일한 기억 흔적이 형성되어도 기억 탐색에 사용되는 질문에 따라 회상 내용이 달라질 수 있음을 보여준다.

자동차 사고 영상을 보고 일련의 질문에 답하는 상황은 목격자 기억이 인출되는 상황과 비슷하다. 범죄 사건을 경험한 목격자의 기억을 경찰서나 법정에서 조사·인출할 때 다양한 질문이 사용된다. 이때 질문하는 사람의 가정이나 접근에 따라 질문에 사용되는 어휘가 달라질 수 있다. 예를 들어 특정 사고가 심각한 사고라는 믿음이나 특정 인물이 범인일 수 있다는 가정은 질문에 사용되는 어휘에 영향을 줄 수 있다. 사후 오정보 효과는 목격자의 기억을 조사할 때 조사하는 사람이 지닌 암묵적인 가정이나 어휘 사용이 목격자의 기억을 왜곡시키지 않도록 주의해야 함을 시사한다. 특히 아동의 경우 성인보다 암시에 취약하기 때문에 아동의 기억을 검사할 때는 더욱 각별한 주의가 필요하다(Ackil & Zaragoza, 1995).

암시에 의한 기억 왜곡은 상담 장면에서도 발생할 수 있다. 과거에 있었던 성적 학대를 잊고 지내다가 상담 장면에서 기억하면서 가족 관계가 손상되고, 이로 인해 사회적 문제가 발생하기도 한다. 그러나 이러한 억압된 기억 repressed memory 역시 앞에서 살펴본 바와 유사한 방식으로 왜곡되었을 가능성이 있다. 상담자가 내담자의 문제에 대해 세운 가설에 따라서 (예: 부모의 학대를 의심하는 경우) 의도하지 않아도 사용하는 어휘가 달라질 수 있고, 이러한 어휘는 내담자가 오기억을 만들어내는 단초 역할을 할 수 있다. 따라서 상담 장면에서 과거 기억을 알아볼 때도 각별한 주의가 요구된다(Loftus, 1996).

기억의 신뢰도

모든 기억이 오정보와 암시에 취약하지는 않다. 누군가가 나를 다른 이름으로 부른다고 자신의 이름을 의심하지는 않는다. 오정보와 암시에 대한 취약성은 주로 기억 흔적이 약할 경우 발생한다. 목격자 기억이나 어린 시절의 기억은 대부분 기억 흔적이 약한 경우이다. 범죄 현장을 목격하는 것은 대개 의도되지 않은 우연한 상황이다. 따라서 발생하는 시간에 주의를 충분히 기울이고 있지 않은 경우가 대부분이기 때문에 정보가 제대로 부호화되지 않았을 확률이 높다. 어린 시절의 기억 또한 마찬가지이다. 어린 시절의 기억을 잘 기억하지 못하는 유아기 기억 상실증 infantile amnesia 이 있을 뿐 아니라, 이미 10년 이상 지난 사건이기 때문에 성인이 되어 이를 회상하는 경우 대부분의 기억 흔적은 상당히 약화되어 있다. 기억 흔적이 약한 경우 오정보나 암시에 취약해지는데, 특히 신빙성 있는 출처(예: 부모, 실험자, 상담가)로 부터 오정보나 암시를 받을 때 기억이 왜곡될 가능성이 더 커진다.

기억 흔적이 약할 때는 인출에 각별한 주의가 요구된다. 목격자 기억의 취약성이 알려짐에 따라 목격자 기억을 알아보는 방법이 정교화되고 있다. 예를 들어 인지 인터뷰$^{cognitive interview; CI}$ 기법은 기억의 작동 원리에 기반하여 정보의 왜곡을 최소화하면서 목격자의 기억을 조사하는 기법이다. 인지 인터뷰 기법은 기억 왜곡을 막기 위해 사건이 일어난 후 가능한 한 빨리 목격자들의 기억을 조사하고 최대한 중립적인 단어를 사용하여 열린^{open} 질문을 할 것을 강조한다. 또한 사건의 맥락을 먼저 인출하고$^{reinstate the context}$, 다양한 순서로 사건에 대한 기억을 인출하고 (예: 사건의 순서를 거꾸로 회상하기), 가능한 한 자세하게 기억을 인출하고$^{recall everything}$, 관점을 바꾸어 기억을 인출하는$^{change perspective}$ 등의 기법을 사용한다. 이러한 기법을 통해 목격자 기억의 신뢰도를 높일 수 있다(Wixted et al., 2018).

기억은 오정보에 항시적으로 노출된다. 의도적으로 오정보가 제시되는 경우도 있지만, 일상적인 대화 과정에서 대안적 관점이나 반대 정보 또는 암시에 노출되는 일도 빈번하게 발생한다. 이러한 오정보와 암시를 모두 제거하는 것은 불가능하다. 그보다는 기억을 위협하는 일련의 위험 요인을 인식하고 이에 적절하게 대비할 필요가 있다. 연령에 따라 다르지만 오류의 가능성에 대해 경고를 받고 인지적 노력을 기울이는 경우 오기억이 줄어든다(박명숙 & 박창호, 2007; 박영신 & 김채연, 2011). 기억을 인출하는 상황에서의 인지 부하는 오기억에 영향을 주는데, 부가적 과제로 인해 처리 부담이 증가하는 상황이나 정서적 각성이 높은 상황에서 오기억이 증가한다(도경수 & 김현정, 2010; 박미자, 2004). 이 같은 연구 결과는 정보 인출에 충분한 주의를 기울이고 정확하게 기억을 인출하려 노력하는 것이 오기억을 줄이는 데 유용함을 시사한다. 이러한 노력과 더불어 사진이나 노트를 사용한 기록 등 대안적인 저장 방식을 사용하여 기억을 보완하는 것 역시 중요하다.

3. 정서와 기억

긍정적이거나 부정적인 자극/사건은 그렇지 않은 자극/사건보다 중요할 확률이 높고, 정서적인 자극을 잘 기억하는 능력은 부정적인 경험을 피하고 긍정적인 경험을 반복하는 데 도움이 될 수 있다. 정서와 인지는 종종 독립적인 것으로 간주되지만, 정서 또한 정보의 한 유형으로 정보 처리의 대상이다. 정서적인 자극은 기억하는 사람에게 정서적인 반응을 야기하는데, 정서가 기억에 미치는 영향은 자극의 정서가(긍정적, 중립적, 부정적), 기억하는 사람의 정서 상태, 그리고 자극과 기억하는 사람에 대한 정서가 일치하는지 여부에 따라 달라진다.

정서적 자극

정서의 기억 상승 효과
중립적 자극보다 정서적 자극이 더 잘 기억되는 현상.

●**그림 9.6** 정서의 기억 상승 효과
출처: LaBar & Phelps, 1998.

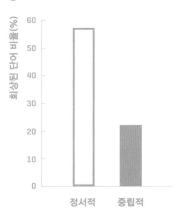

정서적 자극은 중립적 자극보다 더 잘 기억된다. 이를 **정서의 기억 상승** emotional enhancement of memory; EEM **효과**라고 한다. 정서의 기억 상승 효과는 다양한 자극에서 관찰된다. LaBar와 Phelps(1998)는 정상 성인 연구 참가자들에게 정서적 단어와 중립적 단어를 제시하고 기억을 살펴보았다. 참가자들은 중립적인 단어보다는 정서적인 단어를 더 잘 회상하였다(●그림 9.6 참조).

한편 Heuer와 Reisberg(1990)는 대학생 연구 참가자들에게 슬라이드와 문장을 사용하여 중립적인 이야기 및 정서적인 이야기를 제시하고 기억을 비교하였다. 이야기는 어머니와 아들이 아버지의 직장을 방문하고 돌아오는 내용이었는데, 조건에 따라 아버지의 직장이 달라졌다. 중립적 조건에서 아버지의 직장은 자동차 정비소였으며, 아버지가 동료들과 사고로 부서진 차를 점검하고 수리하는 일화가 묘사되었다. 정서적 조건에서 아버지의 직장은 병원이었으며, 아버지가 동료들과 사고를 당한 환자를 수술하는 일화가 묘사되었다. 이야기를 학습하고 일주일 후에 참가자들은 이야기의 내용을 회상하였다. 그 결과 참가자들은 정서적인 이야기에 제시된 정보를 더 많이 회상하였으며, 특히 이야기의 핵심 정보를 더 잘 기억하였다(● 표 9.2 참조).

●표 9.2 정서적 이야기와 중립적 이야기에 대한 평균 회상 정보 수 출처: Heuer & Reisberg, 1990.

조건	중심 정보	주변 정보	전체 정보
정서적 조건	10.60	12.50	23.10
중립적 조건	6.44	8.56	15.00

정서적 자극의 기억 상승 효과는 긍정적 정서 자극과 부정적 정서 자극 모두에서 관찰된다(Adelman & Estes, 2013). 하지만 부정적 정서 자극이 긍정적 정서 자극보다 종종 더 큰 기억 상승 효과를 만들어낸다는 보고도 존재한다. 또한 긍정적 정서 자극과 부정적 정서 자극을 처리하는 데 서로 다른 신경 기제가 관여한다는 연구 결과도 보고된 바 있다(Kensinger, 2009; Kensinger & Schachter, 2006).

정서적 자극은 부호화 단계에서 더 많은 주의를 받으며, 그 결과 더 많은 정교화가 일어난다. 정서적 각성은 스트레스 반응을 유발하는데, 스트레스 호르몬들(예: 코르티솔, 아드레날린)은 방출되면 기억을 향상하는 효과를 가지고 있다. 편도체는 스트레스 호르몬의 방출을 조절하는데, 편도체의 활동은 정서적 자극이 부호화되는 단계와 응고화되는 단계 모두에 영향을 미친다(●그림 9.7 참조). 정서적 자극을 처리할 때 편도체가 활발하게 활성화될수록 정서 자극에 대한 기억이 더 큰 폭으로 향상된다(Hamann, 2001). 편도체가 손상된 환자의 경우 정서의 기억 상승 효과가 관찰되지 않는다(LaBar & Phelps, 1998).

●그림 9.7 정서가 기억에 미치는 효과

부호화 단계	→	부호화 이후 단계
◦ 주의 향상 ◦ 정교화 증가		◦ 응고화 촉진

정서의 기억 상승 효과는 자극이나 경험의 일부에 대해서만 차별적으로 일어난다. Christianson과 Loftus (1991)는 연구 참가자들에게 중립적 사진(예: 자전거 타는 여자)과 정서적 사진(예: 자전거 옆에 교통사고를 당해 쓰러진 여자), 특이한 사진(예: 자전거를 어깨에 든 여자)을 제시한 다음, 이들의 기억을 검사하였다. 정서적 사진에 대한 기억이 우수한 경우, 이는 사진의 중심 정보(예: 여자가 입은 옷의 색)에 국한되었고, 주변 정보(예: 배경에 있는 자동차의 색)에 대한 기억은 중립적 또는 특이한 사진 조건에서 더 좋았다(●표 9.3 참조). 정서적 자극의 경우 자극의 요지^{gist}에 대한 기억은 향상되지만, 중심 사건과 연결되지 않는 정보에 대한 기억에 대해서는 오히려 방해 효과가 일어나는 것으로 보인다(Burke et al., 1992).

●표 9.3 연구 참가자들이 회상한 항목의 비율　　　　　　　　출처: Christianson & Loftus, 1991.

조건	정서적 조건	특이한 조건	중립적 조건
중심 정보	0.73	0.27	0.27
주변 정보	0.08	0.04	0.30

정서가 기억에 미치는 영향은 대부분 실험실에서 자극과 실험 상황을 조작하여 연구된다. 실험실에서 범죄 사진을 보는 것은 불쾌한 정서 경험과 스트레스를 야기하지만 여전히 '안전한' 상황이다. 하지만 실제 현장에서 경험하는 정서적 사건은 실험실에서 경험하는 것과는 비교할 수 없는 강한 스트레스와 각성을 유발할 수 있다. 과도한 각성^{arousal} 수준은 주의의 범위를 좁히므로 오히려 기억에 부정적인 영향을 줄 수 있다. 범죄 피해자나 제대 군인의 사례는 정서적 경험이 오히려 기억에 부정적인 영향을 줄 수 있음을 보여준다. 많은 사람이 자신을 위협한 사람의 얼굴을 결코 잊을 수 없을 거라고 생각하지만, 실제로는 범인의 얼굴을 제대로 기억하지 못하거나 전투 장면을 정확하게 회상하지 못하는 일이 종종 발생한다. 이는 누군가가 자신에게 총구를 겨누는 것과 같은 위급한 상황에서 온 주의가 무기에만 집중되어 다른 세부 상황을 기억하지 못하는

무기 초점화^{weapon focus} 현상이 일어나기 때문이다(Loftus et al., 1987).

Morgan 등(2004)은 해군과 해병대 장교 훈련을 받는 사람들을 대상으로 실제와 유사한 스트레스 상황을 만들었다. 연구 참가자들은 훈련의 일환으로 적군에게 붙잡혀 가상의 포로 수용소에 감금된 채 취조를 받았다. 취조는 30분 이상 지속되었고, 취조 전 48시간 동안 음식 섭취가 제한되었으며, 편하게 수면을 취할 수도 없었다. 참가자들은 신체적 위협이 없는 조건(낮은 스트레스 조건)과 신체적 위협이 있는 조건(높은 스트레스 조건)에서 취조를 받았다. 참가자들이 모의 취조 상황을 경험하고 24시간이 지난 다음에 모의 취조 상황에서 취조자와 간수 역할을 한 사람을 기억하는 검사가 실시되었다. 기억 검사 결과 참가자들의 기억은 낮은 스트레스 조건보다 높은 스트레스 조건에서 더 저조하였다. 이는 위협으로 인한 극심한 스트레스가 자극을 처리하고 기억할수 있는 처리 자원/용량을 감소시켰기 때문으로 보인다. 스트레스에 대한 반응에는 개인차가 있었지만, 이러한 연구 결과는 정서나 스트레스가 만들어내는 기억 상승 효과가 대부분 자극의 정서가가 과도하지 않을 때에 국한되고, 극심한 또는 만성적인 스트레스는 오히려 기억 수행을 손상시킬 수 있음을 시사한다(LaBar & Cabeza, 2005).

섬광 기억

섬광 기억^{flashbulb memory}은 정서적 기억의 일종으로, 사회적으로 큰 함의가 있는 충격적이고 정서적인 사건(예: 2009년 노무현 전 대통령 서거)에 대한 생생한 기억을 지칭한다(박명숙 & 박창호, 2010; Brown & Kulik, 1977). 섬광 기억에 관한 연구는 1963년 미국 댈러스에서 일어난 John F. Kennedy 대통령 암살 사건으로 촉발되었다. 많은 사람이 암살 소식을 처음 들었던 상황에 관한 기억(예: 누구로부터 소식을 처음 접했는지, 당시 어디에 있었는지, 무엇을 하고 있었는지, 소식을 접한 직후 어떻게 반응했는지 등)이 오랜 시간이 지나도 강렬하고 생생하게 지속하는 것을 보고하였다. 이러한 보고들을 바탕으로 정서적으로 충

무기 초점화 현상
누군가가 자신에게 총구를 겨누는 것과 같은 위급한 상황에서 온 주의가 무기에만 집중되어 다른 세부 상황을 기억하지 못하는 현상.

섬광 기억
정서적 기억의 일종. 사회적으로 큰 함의가 있는 충격적이고 정서적인 사건에 대한 생생한 기억.

격적인 사건인 경우, 기억이 다른 방식으로 작동할 것이라는, 즉 시간이 지나도 감퇴하지 않고 생생하게 기억될 것이라는 가설이 제기되었다.

다수의 사회 구성원에게 섬광 기억을 야기하는 사건이 자주 발생하지는 않지만, 1986년 챌린저 우주 왕복선 폭발 사건과 2001년 9.11 테러는 섬광 기억을 체계적으로 연구할 수 있는 기회를 제공하였다. 각 사건이 일어난 후 해당 사건에 대한 기억을 주기적으로 검사하고, 이를 같은 시기에 일어난 일상적 사건들에 관한 기억과 비교하였다(Neisser & Harsch, 1992; Talarico & Rubin, 2003). 그 결과 섬광 기억의 정확성 역시 일상 기억과 마찬가지로 시간이 지나면서 감소하였다. 소식을 처음 접한 시간과 상황, 이를 전달해 준 사람 등에 대한 기억이 시간이 지남에 따라 점점 더 부정확해진 것이다(●그림 9.8 참조). 유일하게 감소하지 않은 것은 기억에 대해 느끼는 생생함이었다(예: 그 순간을 다시 경험하는 것 같은 느낌, 눈앞에 선명하게 보이는 느낌 등). 일상 기억에 대한 생생함은 시간에 따라 감소하였지만, 섬광 기억에 대한 생생함은 시간이 지나도 유지되었다. 즉 사건에 대한 기억 자체는 약화되었지만, 해당 사건에 대한 기억이 생생하게 유지되고 있다는 주관적 느낌은 여전히 유지되었다(Pezdek, 2003; Talarico & Rubin, 2003).

●**그림 9.8** 시간 경과에 따른 기억 정확도 및 생생함의 변화
출처: Talarico & Rubin, 2003.

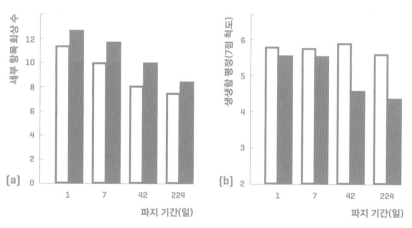

이러한 결과는 섬광 기억도 다른 기억과 마찬가지로 작동하는 것을, 즉 시간이 지나면 기억 흔적이 약화되는 것을 보여준다. 기억 흔적이 약

화됨에도 생생하게 느껴지는 이유에 대해 다양한 설명이 제안되었는데, 그중 한 가지 가설은 섬광 기억을 야기하는 사건들이 대부분 강한 정서적 반응을 야기하기 때문이라는 것이다. 강한 정서적 사건은 아는 느낌 같은 메타 인지 경험에 더 큰 영향을 줄 수 있다. 또 다른 가설은 **설화적 되뇌기 가설**^{narrative rehearsal hypothesis}이다. 섬광 기억이 보고되는 사건들은 많은 경우 사회 구성원이 공유하는 사건들로, 신문이나 뉴스에서 종종 다시 언급·논의된다. 일종의 집단적이고 사회적인 되뇌기가 일어나는 것인데, 이러한 집단적 되뇌기가 주관적 생생함을 유지하는 데 기여하는 것으로 추정된다(Neisser, 1996).

설화적 되뇌기 가설
섬광 기억이 보고되는 사건이 신문이나 뉴스 등에 다시 보도·언급되고 사회 구성원 사이에 이에 대한 논의가 일어난 결과, 일종의 집단적 되뇌기가 일어나 사건에 대한 주관적 생생함이 유지된다는 가설.

자극을 부호화할 때의 정서 상태

자극의 정서가와 독립적으로, 부호화 시 기억하는 사람의 정서 상태 역시 기억에 영향을 줄 수 있다. Erk 등(2003)은 부호화 시 정서 상태가 기억에 미치는 영향을 연구하였다. 해당 연구에서 연구 참가자들이 기억해야 하는 자극은 중립적이었는데, 연구자들은 참가자들의 정서 상태(긍정적, 중립적, 부정적)에 따라 이들의 기억이 어떤 영향을 받는지 살펴보았다. 먼저 참가자들의 정서 상태를 유도하기 위해서 긍정적, 중립적, 부정적 사진(예: 맛있는 음식, 가구, 교통사고 상황 등)을 제시하였다(●그림 9.9 참조).

[a]   [b]   [c]

●**그림 9.9** 정서 상태를 유도하기 위한 사진 예시
(a) : 긍정적 사진
(b) : 중립적 사진
(c) : 부정적 사진

사진으로 특정 정서 상태가 유도된 다음 참가자들에게 중립적 단어를 제시하고, 단어가 추상적인지 아니면 구체적인지를 분류하도록 하였다. 참가자들이 분류를 마친 후 분류한 단어 자극을 회상하도록 한 결

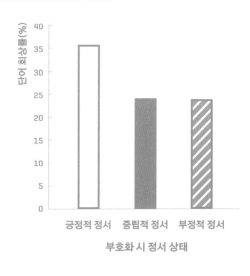

●**그림 9.10** 부호화 시 정서 상태가 미치는 효과
출처: Erk et al., 2003.

과, 단어를 분류할 때 긍정적 정서 상태에 있었던 경우 회상이 더 우수하였다(●그림 9.10 참조). 또한 과제를 수행하는 동안 이들의 뇌 활성화를 살펴본 결과, 전반적인 기억 수행과 관련이 높은 것은 하전두 피질 inferior frontal cortex 영역이었다. 참가자의 정서 상태에 따라서 다른 뇌 영역이 부가적으로 활성화되었는데, 긍정적 정서 상태에 있었던 경우 오른쪽 전측 해마방회 right anterior parahippocampal gyrus 와 선조 외 피질 extrastriate cortex 영역의 활성화가 두드러졌고, 부정적 정서 상태에 있었던 경우 편도체의 활성화가 두드러졌다.

　　정서 상태는 오기억에도 영향을 준다. 긍정적이거나 중립적 상태에 있을 때보다 부정적 정서 상태에 있을 때 오기억이 줄어든다. 이는 긍정적 정서 상태와 부정적 정서 상태가 서로 다른 정보 처리 방식을 활성화시키기 때문으로 보인다. 긍정적 정서 상태는 정보를 부호화할 때 관계적 정보의 처리를 촉진하는데, 이는 오기억을 증가시키는 원인으로 작용한다. 반면, 부정적 정서 상태는 자극의 세부 사항에 대한 처리를 촉진하는데, 이러한 이유로 오기억이 줄어드는 것으로 보인다(Storbeck, 2005).

　　Cahil 등(2003)은 자극의 정서가와 이를 기억하는 사람의 정서 상태(예: 스트레스 상황)가 어떻게 상호 작용하는지 살펴보았다. 연구 참가자들은 중립적 사진과 정서적 각성을 유발하는 사진을 무스트레스 조건 또는 스트레스 조건에서 보았다. 스트레스 조건에서는 참가자들이 사진을 본 다음 얼음물에 팔을 담그도록 하여 스트레스를 유발하였다. 연구 결과 스트레스 유무에 따라서 정서적 자극의 효과가 달라졌다. 참가자들은 정서적 사진을 중립적 사진보다 더 잘 기억하였으나(정서의 기억 상승 효과), 이러한 효과는 스트레스 상태에서 더 뚜렷하였다(● 그림 9.11 참조).

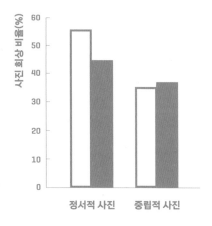

●**그림 9.11 스트레스와 회상**
참가자들은 스트레스 조건에서 정서적 사진을 훨씬 더 잘 기억하였다.
출처: Cahil et al., 2003.

기분 일치 효과와 기분 의존 효과

정보를 인출하는 경우, 자극의 정서가와 기억하는 사람의 정서 상태가 일치할 때 그렇지 않을 때보다 기억 수행이 우수하다. 이때 무엇이 일치하는가에 따라 기분 일치 효과와 기분 의존 효과를 구분한다(Blaney, 1986; Lewis & Critchley, 2003).

기분 일치 효과^mood-congruent effect는 자극의 정서가와 기억을 인출하는 사람의 정서 상태가 일치할 때 나타나는 효과이다. 사람들은 자신의 현재 정서 상태와 일치하는 자극을 더 잘 회상하는데, 기분이 긍정적일 때는 긍정적 사건을 더 잘 기억하고, 기분이 부정적일 때는 부정적 사건을 더 잘 기억한다(●그림 9.12 참조). 우울한 것으로 진단되거나 다른 이유로 부정적 정서 상태를 많이 경험하는 집단의 경우, 통제 집단보다 긍정적 사건보다는 부정적 사건을 더 많이 회상한다.

기분 일치 효과
자극의 정서가와 기억을 인출하는 사람의 정서 상태가 일치할 때, 해당 자극을 더 잘 기억하는 현상.

기분 의존 효과
자극을 부호화할 때의 정서 맥락과 기억을 인출할 때의 정서 맥락이 일치할 때, 해당 자극을 더 잘 기억하는 현상.

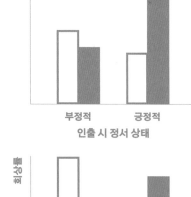

●**그림 9.12 기분 일치 효과(가상의 결과)**
자극의 정서가와 연구 참가자의 정서 상태의 상호 작용을 보여준다.

반면 기분 의존 효과^mood dependent effect는 자극을 부호화할 때의 정서 맥락과 기억을 인출할 때의 정서 맥락이 일치할 때 해당 자극이 더 잘 기억되는 현상을 지칭한다(●그림 9.13 참조). 즉 기분이 좋을 때 학습한 정보는 기분이 좋을 때 더 잘 생

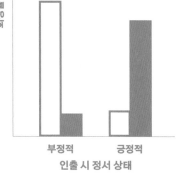

●**그림 9.13 기분 의존 효과(가상의 결과)**

각나고, 우울할 때 일어난 사건은 우울할 때 더 잘 기억나는 현상으로, 기분 의존 기억 ^{mood dependent memory} 또는 상태 의존 기억 ^{state-dependent memory} 이라고도 불린다. 신체적 상태, 물리적 맥락 등이 맥락 단서로 작용하여 기억을 촉진하거나 방해할 수 있는데(8장 참조), 기분 또한 마찬가지로 맥락 단서로 작용하기 때문에 이러한 현상이 발생한다.

기분 의존 효과는 일관되게 관찰되지 않는데(Bower, 1989; Blaney, 1986; Eich, 1995), 이는 정서 상태를 유도하는 것의 어려움과 관련되어 있다. 연구 참가자들의 정서 상태를 유도하기 위해 그림을 보여주거나 음악을 들려주는 등의 절차가 사용되지만, 이러한 자극과 절차가 참가자들에게 동일한 경험을 같은 강도로 유발하지 못할 수 있다. 개인에 따라서 특정 정서를 야기하는 이미지나 음악이 다를 수 있기 때문이다. 또한 기분 의존 효과가 일어나기 위해서는 학습할 때 참가자들이 여러 가지 정서 상태를 경험하는 것이 중요하다. 학습할 때 한 가지 정서 상태만 경험한 경우 정서 상태가 효과적인 인출 단서로 기능하지 않을 수 있다(Bower, 1978). 인출 과제(명시적 기억 과제, 암묵적 기억 과제), 여러 정서가 유도될 때의 방향성(긍정 정서에서 부정 정서로 전환되는지 아니면 부정 정서에서 긍정 정서로 전환되는지) 등도 기분 의존 효과에 복합적으로 영향을 주는 것으로 보고되었다(Eich, 1995).

10장

지식

장기 기억에 저장된 정보 중 많은 부분은 지식이라고 불리는 의미적 지식이다. 지식은 인류가 오랜 역사를 통해 축적한 지적 자산으로, 세상을 이해하고 의미 있는 상호 작용을 하는 데 필수적이다. 의미적 지식의 종류는 다양하지만, 이 장에서는 범주와 개념에 대한 지식이 마음속에서 어떻게 표상되고 처리되는지 살펴본다.

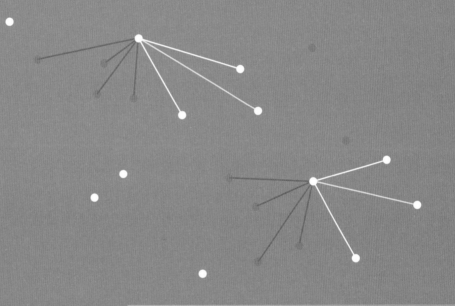

10장_지식

1. 지식의 역할

지식은 경험과 교육을 통해서 습득되는 사실, 아이디어, 기술 등을 지칭하는 것으로, 환경에서 입력되는 자극을 해석하는 것은 물론, 어떻게 반응해야 할지 결정하는 데에도 사용된다. 지식은 지각부터 기억, 언어, 문제 해결에 이르기까지 정보 처리의 전 과정에 관여하는데, 지식이 정보 처리에서 하는 역할을 다음과 같이 요약할 수 있다.

첫째, 지식은 입력 정보 중 어떤 정보가 더 중요한지, 어떤 정보를 선택해야 할지 안내한다. 인간은 환경에서 입력되는 수많은 자극에 노출되어 있고, 감각 기관은 이러한 정보를 시시각각으로 전달한다. 이 입력들을 잘 처리하여 환경의 변화를 감지하고 주변 사람들의 의도와 상태를 파악하는 것은 중요한 정보 처리 과업이다. 하지만 밀려드는 정보를 모두 처리하는 것은 인간의 처리 역량을 넘어서는 일이다. 전달되는 정보의 양이 증가할수록 이를 선별하여 처리할 필요성이 증가한다. 지식은 입력 정보 중 어떤 정보가 더 중요한지, 어떤 정보를 더 신뢰할 수 있는지 안내하여 정보 처리의 부담을 관리·완화하는 데 기여한다.

둘째, 지식은 외부 세계로부터 수집된 자극에 의미를 부여한다. 눈앞에 있는 대상이 무엇인지 알기 위해서는 상당한 양의 선행 지식이 필요하다. 대상의 전형적인 물리적 특징뿐 아니라, 대상이 전형적으로 보이는 행동, 함께 존재하는 물건이나 대상들, 활동하는 장소 등에 대한

지식
경험과 교육을 통해서 습득된 사실, 정보 및 기술. 지각, 기억, 언어, 문제 해결 등 정보 처리의 전 과정에 관여함.

다양한 지식이 눈앞의 대상이 사람인지 물건인지 지각하는 데 관여한다(2장 참조). 지식의 역할은 눈에 보이지 않는 것들을 파악하고 이해해야 할 때 더욱 중요하다. 눈에 보이지는 않지만 배후에 존재하는 다양한 힘과 기제들을 이해하기 위해서는 지식이 필요하다. 지식을 통해 중력이 무엇이고 어떤 현상을 통해서 드러나는지, 막연하게 '비정상적'이라고 여겼던 행동들이 어떻게 다양한 심리 장애의 유형으로 분류되는지 이해할 수 있다.

셋째, 지식은 환경에서 들어오는 입력 자극의 불완전성을 극복할 수 있도록 도와준다. 망막에 맺히는 자극 패턴은 대상에 대한 정보의 일부만 전달한다. 맹점에 상이 맺힐 수도 있고, 자극의 일부가 보이지 않거나 정보가 전달되는 과정에서 일부 소실될 수도 있다. 말과 글로 정보 전달이 일어나는 경우에도 마찬가지이다. 언어는 많은 정보를 전달할 수 있지만 글을 쓰는 사람이 알고 있거나 경험한 것을 모두 전달하지는 못한다. 언어로 표현할 수 없는 내용도 있으며, 말을 하거나 글을 쓰는 과정에서 배경 정보나 중요하지 않은 정보는 종종 생략된다. 입력 자극을 처리하는 과정에서 생략된 정보가 복원되고 추론이 일어나야 하는데, 지식은 이 과정에서 생략되었거나 표현되지 않은 것들에 대한 적절한 추론이 일어나도록 도와준다.

넷째, 지식은 대상 또는 상황에 대한 행동을 안내한다. 눈앞에 있는 물건이 스마트폰이라는 것을 알면 화면을 터치해 보게 되는 것, 식탁 위에 놓인 그릇이 핑거볼$^{finger\ bowl}$이라는 것을 알면 마시지 않고 손가락을 씻는 것은 모두 대상에 대한 지식이 행동에 영향을 준 경우이다. 상황이나 문제에 대한 적절한 지식은 현재 상황에서 어떻게 행동해야 하는지는 물론, 앞으로 다가올 상황에서 어떠한 일이 일어날지, 어떻게 행동해야 할지 안내한다. 조울증 환자라면 지금은 우울해도 조만간 조증^{manic} 상태가 올 것임을, 물가가 계속 오르면 금리 또한 조만간 올라갈 것임을 예측할 수 있도록 도와준다.

다섯째, 지식은 학습과 정보 처리의 부담을 줄여준다. 범주^{category}는 여러 사례를 공통 속성에 따라 묶거나 구분한 것이다. 특정 고양이가 아닌 '고양이' 범주에 관한 지식을 가지고 있다는 것은 고양이들이 공통적으로 보이는 특성에 관한 지식을 가지고 있다는 것을 의미한다. 이러한 범주적 지식은 새로운 범주 사례를 접할 때 신속한 처리가 일어나도록 도와준다. 그 결과 길에 보이는 동물이 고양이라는 것을 알면, 그 동물에 대한 추가적인 정보 수집이나 학습 없이도 대상의 기본 특성과 행동을 예측할 수 있다. 과거의 경제 위기 때 중앙은행이나 정부가 어떤 조치를 취했는지에 대한 지식은 다시 경제 위기가 발생하면 어떻게 대응해야 하는지, 최소한 어떻게 대응하면 안 되는지를 알려준다.

지식이 제공하는 다양한 지원에도 불구하고 지식의 사용이 항상 긍정적인 결과를 가져오지는 않는다. 지식은 환경의 복잡성을 줄여주지만, 동시에 이를 단순화한다. 해당 지식 체계에 포함되지 않거나 전형적이지 않은 행동과 특징들은 간과되기 때문에, 과도한 일반화나 편향 등이 발생할 수 있다. 사람의 성격을 몇 가지 유형으로 분류하여 파악하면 대인 관계가 단순해질 수는 있지만, 동시에 해당 개인의 독특성을 보지 못하는 문제가 발생할 수 있다. 과거의 사례와 역사를 바탕으로 미래의 위험에 대비할 수는 있지만, 경험해 보지 않은 새로운 사건이 발생하는 경우 오히려 적절한 대응을 지연시킬 수도 있다.

지식은 환경을 이해한 결과물이지만, 지식의 속성상 지식은 언제나 실제 자체가 아닌, 실제에 대한 근사치를 제공할 수밖에 없다. 궁극적으로 지식 효용성은 환경과의 상호 작용을 얼마나 정확하게 안내하는지에 달려있다. 부정확한 지식은 정보 처리의 부담을 가중시키거나 부적절한 해결책을 안내할 수 있다. 칼과 같은 도구는 손으로 자르기 어려운 재료들을 자를 수 있도록 도와주지만, 잘못 사용하면 상처를 입을 수 있다. 이와 마찬가지로 지식도 정보 처리와 사고 활동이 효율적으로 일어날 수 있도록 도와주지만, 현상을 제대로 보지 못하게 하거나 잘못된 해결책으로 안내할 수도 있다. 지식을 습득하는 것 못지않게 지식이 환경과의 상호 작용을 적절히 안내하는지 점검하는 것이 중요하다.

2. 개념과 범주

지식은 경험을 조직하고 일반화한 결과물이다. 우리의 일상 경험과 감각 정보, CCTV가 기록하는 수천수만 장의 이미지와 영상이 '기록'이 아닌 '지식'이 되기 위해서는 우선 조직화·범주화되어야 한다. 세상을 조직화할 때 가장 먼저, 그리고 많이 사용하는 방법은 비슷한 것들끼리 묶고, 서로 다른 것들을 구분하는 것이다. 모습이 비슷한 것들을 묶기도 하고, 살아있는 것과 생명이 없는 것을 구분하기도 한다. 눈에 보이지 않는 특징들도 분류에 사용되는데, 성격이나 사회적 지위, 정치적인 가치 등 다양한 특성이 고려된다. 범주화 과정에서 사례가 가진 정보 중 일부가 선택되고 나머지 부분은 무시된다. 또한 어떤 기준을 사용하는지에 따라서 동일한 대상이 다르게 분류되기도 한다. 예를 들어 성격 특성 정보가 사용되는 경우 교육 수준 정보는 무시되지만, 교육 수준을 사용하여 분류가 일어날 때는 반대로 교육 수준과 관련이 없는 정보가 무시된다.

범주는 일정한 속성을 공유하거나 특정한 기준을 만족하는 사물이나 사건의 집합을 지칭한다. 범주^{category}는 개념^{concept}과 구분되는데, 범주는 대상의 묶음(●그림 10.1 a)을, 개념은 해당 범주에 대한 내적 요약(●그림 10.1 b)을 지칭한다(Eysenck & Brysbaert, 2018/2021; Medin & Rips, 2005; Murphy, 2010). 우리가 세상에 대해 알고 있는 지식의 상

범주
일정한 속성을 공유하거나 특정 기준을 만족하는 사물이나 사건의 집합이나 묶음.

개념
범주에 대한 내적 표상.

●**그림 10.1 범주, 개념, 범주화 예시**
(a) : '고양이' 범주
(b) : '고양이' 개념
(c) : 범주화 과제

당 부분은 개념적 지식이다. 개념적 지식은 세상을 직접 경험한 결과 학습되기도 하지만, 글이나 영상, 이야기 등을 통해 간접적으로 학습되기도 한다. 개인의 학습량 및 직접/간접 경험의 양과 유형에 따라 개념적 지식의 범위와 깊이가 달라진다.

초보적 형태라도 개념이 존재하면 이는 새로운 사례를 범주화하는 데 사용될 수 있다. 범주화classify는 새로운 사례가 해당 개념에 속하는지 판단하는 것이다(●그림 10.1 c). 처음 보는 동물이 고양이인지 분류하는 것, 직장 동료의 성격 특성을 평가하는 것, 질병을 치료하면서 환자의 증상이 어떠한 질병에 해당하는지 진단하는 것 등은 모두 범주화 판단을 필요로 한다. 범주화 판단에 대해서 종종 피드백이 주어지는데, 그 결과 기저의 개념 표상이 강화되거나 수정된다. 예를 들어 고양이가 무엇인지를 방금 학습한 어린아이가 고양이를 제대로 분류하면, 부모와 교사의 칭찬을 받는다. 새로운 고양이 사례를 학습한 아이의 개념 표상은 강화되고 정교화된다. 반면 잘못된 범주화가 일어나면 주위의 성인들이 잘못된 분류라는 것을 알려주고, 해당 동물은 모습이 유사하지만 고양이가 아닌 강아지라는 등의 추가적인 정보를 제공하기도 한다. 정확한 지식을 알려주는 사람이 없어도 지식을 적용하는 과정에서 판단의 정확성에 대한 피드백이 일어난다. 고양이를 강아지로 착각해서 산책을 시키려 했다가 실패할 수도 있고, 의료진이 질병을 잘못 진단하고 치료를 진행했다가 환자의 증상이 악화될 수도 있다. 이러한 경우 범주화의 근거가 된 개념 지식을 수정하거나 포기하게 된다.

3. 개념 표상

다양한 사례를 범주로 분류하고 표상하는 작업은 간단하지 않다. 범주에 대한 초기 연구에서는 개념이 속성을 기반으로 표상된다고 보았으나(속성 기반 이론), 이후 범주에 대한 요약된 표상(원형 이론)과 사례에 대한 기억의 중요성(본보기 이론)이 강조되었다.

속성 기반 이론

속성 기반 이론
개념이 속성을 기반으로 표상된다고
주장하는 이론. 범주 구성원 간의 공통
속성에 주목함.

정의적 속성
범주의 모든 구성원이 가지고 있는
속성으로, 범주를 정의하는 속성.

가족 유사성
가족 구성원들이 서로 닮아있는 방식.
가족 유사성 개념에 따르면 가족
구성원 모두에게 공통적인 특징은
없을지라도, 개별 구성원 간에는
상당한 유사성이 있음.

속성 기반 이론은 범주 구성원 간의 공통 속성에 주목한다. 아리스토텔레스는 범주를 구성하는 사례들에는 공통의 속성이 있다고 보았는데, 이는 **정의적 속성**^{defining characteristics 또는 defining feature}으로 불린다. '삼각형은 내각의 합이 180도'라거나, '짝수는 2로 나누어지는 수' 등의 개념이 이에 해당한다. 모든 범주에 정의적 속성이 존재한다면 개념을 이해한다는 것은 해당 범주의 정의적 속성을 학습하는 것을 의미하고, 새로운 사례에 대한 범주화는 새로운 사례가 해당 속성을 가지고 있는지에 대한 판단을 의미한다.

정의적 속성은 '삼각형'이나 '짝수' 같은 인위적 범주를 설명하는 데 효과적이다. 반면 자연적 범주의 경우 범주 구성원 간의 다양성이 크고 모든 구성원이 공유하는 정의적 속성을 파악하기가 쉽지 않다. 예를 들어 ●그림 10.1 (b)에 따르면 고양이에게는 털이 있으며, 고양이는

●**그림 10.2 범주와 정의적 속성**
비트겐슈타인은 범주를 정의적
속성으로 정의하는 것이
부적절하다고 보았다. 범주의
모든 구성원에게 공통적인 특징이
없을 수 있기 때문이다. 그는 이를
입증하기 위해 '게임'이라는 범주를
예로 들었다. 게임 중 일부가
공유하는 특성은 있으나, 모든
게임에 공통적인 특징은 없다.

물을 싫어한다. 하지만 털이 없는 고양이도 있으며, 모든 고양이가 물을 싫어하지도 않는다. Wittgenstein은 범주를 정의적 속성으로 정의하는 것은 부적절하다고 보았다(●그림 10.2 참조). 대신 그는 범주의 구성원들이 **가족 유사성**^{family resemblance}으로 연결되어 있다고 주장했다. 가족 유사성은 가족 구성원들이 서로 닮아있는 방식을 지칭한다. 가족 유사성 개념에 따르면 가족 구성원 모두에게 공통적인 특징은 없을지라도, 개별 구성원 간에는 상당한 유사성이 있다(●그림 10.3 참조). 가족 유사성으로 함께 묶인 범주의 경

●**그림 10.3 가족 유사성 예시**
다수의 가족 구성원이 머리카락이
검고, 귀가 크고, 코와 눈이 크고,
안경을 쓴다는 특징을 가지고 있지만,
모든 가족 구성원이 공유하는 속성은
없다. 가족의 속성을 가장 많이 가지고
있는 사람이 그 가족의 가장 전형적인
구성원이다. 가운데에 있는 9번
구성원이 이에 해당한다.

우 정의적 속성을 가지고 개념을 정의하거나 표상하는 것은 불가능하다.

정의적 속성을 기반으로 개념을 정의하고자 할 때 발생하는 또 다른 문제는 전형성이다. **전형성**^{typicality}은 범주의 구성원이 범주를 대표하는 정도를 지칭한다. 범주의 사례들은 저마다 범주를 대표하는 정도가 다르다. 예를 들어 '총각'이라는 범주는 '결혼하지 않은 남성'으로 정의할 수 있다. 결혼하지 않은 32세 성인 남자, 2세 남자아이, 65세 카톨릭 신부 모두 '총각'의 정의적 속성을 만족시키지만, 32세의 남자가 가장 전형적인 '총각'의 사례로 간주된다. 세 사례에 대해서 '총각'이라는 범주에 속하는지 판단할 경우, 32세 성인 남자에 대한 판단이 가장 빠르게 일어난다(Rosch et al., 1976). 이처럼 가장 전형적인 범주 구성원에 대한 처리가 촉진되는 현상을 **전형성 효과**^{typicality effect}라고 한다.

Rosch(1975)는 다양한 범주에서 전형성 효과를 살펴보고, 같은 범주에 속한 구성원 간에도 전형성에 큰 차이가 존재함을 발견하였다. 개똥지빠귀와 박쥐는 모두 새 범주의 사례이지만, 개똥지빠귀는 전형적인 범주 사례로 간주된 반면 박쥐는 그렇지 않았다. 선풍기와 소파 모두 가구의 사례이지만, 소파는 전형적 범주 사례로 간주되었으나 선풍기는 아니었다(●그림 10.4 참조).

전형성
범주의 구성원이 범주를 대표하는 정도.

전형성 효과
전형적인 범주 구성원에 대한 처리가 촉진되는 현상.

특징적 속성
모든 범주 사례가 가지고 있지는 않으나, 다수의 범주 사례에서 관찰되는 속성.

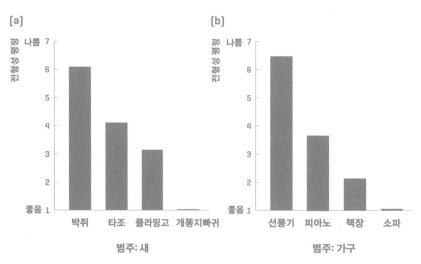

●**그림 10.4 새와 가구 범주의 사례에 대한 전형성 평정치**
개똥지빠귀는 전형적인 새의 사례로 간주되나 박쥐는 그렇지 않다.
마찬가지로 소파 등은 전형적인 가구 범주의 사례로 간주되나, 선풍기는 그렇지 않다.
출처: Rosch, 1975.

전형성 효과를 설명하기 위하여 **특징적 속성**^{characteristic feature}이라는 개념이 도입되었다(Smith et al., 1974). 특징적 속성은 모든 범주의 사례가 가지고 있지는 않으나, 다수의 범주 사례에서 관찰되는 속성을 지칭한다. 예를 들어 모든 고양이가 털을 가지고 있거나 물을 싫어하지는 않지만, 다수의 고양이가 이러한 속성을 가지고 있다. 특징적 속성을 사용하면 왜 특정 구성원이 더 전형적으로 판단되는지 설명할 수 있다. 즉 전형성 효과는 특징적 속성을 많이 가진 구성원이 더 전형적으로 판단되는 현상이라고 할 수 있다. 특징적 속성 개념은 속성 기반 이론의 설명 범위를 확장하였지만, 여전히 속성만으로는 개념 표상을 설명하기에 충분하지 않다. 사고로 다리가 절단된 고양이의 경우 더 이상 네 다리를 가지고 있지 않아도 고양이 범주의 일원으로 간주된다. 이러한 사례들은 속성이 중요하기는 하지만, 속성만으로는 사람들이 가지고 있는 개념 표상을 설명하기 부족하다는 것을 시사하였다. 이에 따라 대안적인 이론으로 원형 이론과 본보기 이론이 제안되었다.

원형 이론

원형 이론prototype theory은 개념 표상의 중심이 원형prototype이라고 제안한다. 원형은 범주의 사례들에서 추론되고 계산된, 이상적이거나 평균적인 모습을 지칭한다. 범주의 전형적 사례나 대표성이 높은 사례(예: 제비)와 유사할 수는 있지만, 특정 사례와 동일하지는 않다(●그림 10.5 참조). 원형 이론에서는 사람들이 범주의 사례를 접할 때 범주의 원형을 추출한다고 제안한다. 원형 이론은 개, 고양이 등 자연적 범주naturalistic categories에 대한 범주 판단을 잘 설명한다(Rosch, 1973; Rosch & Mervis, 1975; Hampton, 2007).

원형 이론
원형이 개념 표상의 중심이라고
제안하는 이론. 새로운 사례와
원형을 비교함으로써 범주 판단이
일어난다고 주장함.

●**그림 10.5 고양이의 범주 사례와 원형**
원형은 범주의 전형적인 사례와 유사할 수
있으나, 특정 사례와 동일하지는 않다.

　원형 이론에 따르면 사례에 대한 범주 판단은 사례와 원형을 비교하여 이루어진다. 전형성 효과가 일어나는 이유는 원형이 범주의 특정 구성원과 더 비슷한 모습을 가졌기 때문으로, 사례가 원형과 유사할수록 전형성이 높은 것으로 판단된다. 제비나 참새가 박쥐에 비해 더 전형적인 새로 판단되는 것은 이 사례들이 새의 원형과 더 유사하기 때문이다. 반면 칠면조는 새의 원형과 유사성이 떨어지기 때문에 덜 전형적인 새로 판단된다.

　원형은 범주 구성원들로부터 계산/추론되기 때문에 경험하고 저장된 사례가 무엇인지에 따라 그 모습이 달라진다. Lynch 등(2000)은 나무에 대한 전문가와 초보자에게 다양한 나무 사례(예: 참나무, 소나무, 고무나무, 매발톱나무)의 전형성을 평가하도록 하였다. 전문가들의 경우 이상적 나무의 모습을, 초보자들의 경우 가장 친숙한 모습을 더 전형적으로 판단하였다. 나무에 대해 가진 지식에 따라 원형이 달라진 것이다. 개인마다, 문화마다 범주에 대해 가진 지식과 경험의 양과 관점이 다르다. 눈이 많이 내리는 지역에 사는 사람과 미디어를 통해서만 눈을 접한 사람은 눈에 대한 이해가 다를 수밖에 없다. 날생선을 먹는 문화와 그렇지 않은 문화 간에는 생선에 대한 원형의 모습과 내용이 상이하다. 이처럼 지식과 경험의 차이는 개념 지식의 차이에 반영된다.

　동식물과 같은 구체적 대상뿐 아니라 추상적 개념(예: 우정)에도 원형이 존재한다(Fehr, 2004). 하지만 모든 범주에서 같은 정도로 원형이 만들어지거나 사용되지는 않는 것으로 보인다. Hampton(1981)은 8개의 추상적 개념(범죄, 믿음, 본능, 규칙 등)을 연구 참가자들에게 제시하고 각 개념을 대표하는 속성과 본보기들을 질문하였다. 이후 참가자들의 반응을 분석한 결과, 8개의 개념 중 '믿음', '규칙', '본능'의 세 개념들에 대해서는 원형 추출이 용이하지 않다고 보고하였다. 이러한 결과는 추상적인 개념의 경우 원형이 분명하지 않을 수도 있음을 시사한다. 추상적인 개념의 경우 물리적인 공통점이 적고 사례들 간의 다양성이 크다. 예를 들어 '범죄'라는 개념에는 살인, 강도, 사기, 절도, 배임 등 매우 다양한 유형의 사례가 속한다. 사례의 다양성은 원형 추출을 어렵게 만든다. 이런 이유로 범주 사례의 일부에 대해서만 원형이 구성되거나, 하나 이상의 원형이 존재할 가능성도 제안되었다(Vanpaemel & Storms, 2008).

본보기 이론

본보기 이론
범주 사례에 대한 기억 자체를 개념 표상으로 간주하는 이론. 새로운 사례와 기억에 저장된 본보기를 비교함으로써 범주 판단이 일어난다고 주장함.

본보기 이론exemplar theory에서는 범주 사례에 대한 기억을 강조한다 (Medin & Schaeffer, 1978). 본보기exemplar는 마음속에 저장된 범주의 사례에 대한 기억을 지칭한다. 본보기 이론을 지지하는 연구자들은 범주의 속성이나 원형을 추출하는 것 같은 별도의 처리가 없어도 본보기에 대한 기억을 바탕으로 개념을 이해하고 범주를 판단할 수 있다고 보았다. 대상에 대한 범주 판단은 저장된 다양한 본보기들과 비교를 통해서 일어나는데, 유사한 사례가 기억에 특정 범주로 더 많이 저장되어 있을수록 대상을 해당 범주로 판단한다(●그림 10.6 참조). 본보기 이론은 범주 사례에 대한 기억 자체를 개념 표상으로 간주하기 때문에 원형이나 속성을 추출하는 과정을 가정하지 않는 단순한 설명을 제공한다는 장점이 있다.

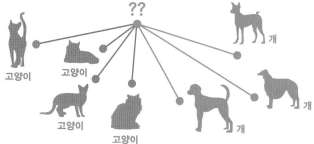

●**그림 10.6 본보기 이론에 따른 범주 판단**
범주 판단 시 새로운 사례(그림에 ?로 표시)가 기억에 저장된 고양이와 개의 본보기들과 비교된다. 이 그림에서처럼 유사한 사례가 기억에 고양이로 더 많이 저장되어 있는 경우 고양이라고 판단된다.

본보기 이론에 따르면 전형성 효과는 전형적 사례들과 관련된 사례가 기억에 더 많이 존재하기 때문에 발생한다. 즉 제비나 참새가 새의 원형에 더 유사하기 때문이 아니라, 일상에서 이들과 비슷한 사례를 더 많이 접하고, 그 결과 더 많은 기억 흔적이 존재하기 때문에 전형성 효과가 나타나는 것이다. 또한 범주의 정의적 또는 특징적 속성을 가지고 있지 않거나 위반하는 사례들일지라도, 일단 범주의 사례로 저장된 후에는 해당 범주의 구성원으로 처리될 수 있다고 본다. 예를 들어 칠면조나 펭귄은 새의 전형적인 모습이나 특징을 가지고 있지는 않으나, '새' 범주로 기억에 저장된 다음부터는 새로 범주화된다. 이처럼 본보기 이론은 특이한 사례나, 범주를 구성하는 규칙, 특징이 불분명한 범주들이 어떻게 처리되는지 잘 설명한다는 장점을 가지고 있다.

본보기 이론은 적은 수의 사례를 가진, 잘 구조화되지 않은 범주에 관한 범주 판단을 효과적으로 설명한다. 범주에 관해 저장된 본보기의 수가 적을 때는 저장된 본보기와 비교하는 것이 그리 어렵지 않다. 하지만 사례 수가 많아지면 비교할 대상이 늘어난다. 예를 들어 앞에 있는 사람이 '한국인'으로 보이는지 (아니면 '중국인'으로 보이는지) 판단하기 위해 기억에 저장된 한국 사람 얼굴의 사례를 모두 인출해서 비교해야 한다면, 아주 오랜 시간이 걸릴 수밖에 없다. 본보기 이론의 또 다른 문제는 구체적 사례가 분명하지 않은 범주가 어떻게 처리되는지 잘 설명하지 못한다는 것이다. '포유류' 같은 개념은 동물을 분류하는 과정에서 도출된 개념으로, 하위 범주(예: 조류)가 아닌 '포유류'에 고유한 본보기가 존재하지 않는다. 그럼에도 불구하고 사람들은 '포유류' 개념을 이해하고 사용하는데, 이는 사례에 대한 기억 외의 다른 정보가 범주 판단에 관여함을 시사한다. 본보기 이론은 범주 간에 존재하는 위계적 구조나 포함 관계(예: 냉장고는 가전제품의 일종이다) 역시 잘 설명하지 못한다. 또한 무엇을 본보기로 볼 것인지가 모호하다는 문제점도 존재한다. '새'라는 범주의 본보기로 종종 '비둘기'나 '참새' 등을 들지만, '비둘기'와 '참새'는 본보기가 아닌 범주이다(Murphy, 2016).

원형 이론과 본보기 이론 비교

원형 이론과 본보기 이론은 개념 관련 처리에 있어 추론이나 규칙이 어떤 역할을 하는지, 범주 관련 처리가 어느 단계에서 일어나는지에 대해 서로 다른 주장을 한다. 원형 이론에서는 추론이 중요하다. 사례에서 원형이 추출되어야 하고, 이는 사례에 대한 기억과 별도로 저장된다. 이러한 처리는 주로 범주 사례를 학습하는 단계에서 일어나고, 일단 원형이 만들어지면 새로운 사례를 범주화하는 단계에서는 처리 부담이 크지 않다. 새로운 사례를 원형과만 비교하면 되기 때문이다.

반면 본보기 이론에서는 범주 사례를 학습할 때 통상적인 기억 흔적을 만드는 것으로 충분하다. 범주를 정의하는 규칙이나 원형에 대한 추론 없이, 사례를 범주명과 함께 기억에 저장하기만 하면 된다. 하지만 범주 판단 시 발생하는 처리 부담은 상대적으로 크다. 범주 판단을 위해서는 새로운 사례를 저장된 본보기와 비교해야 하는데, 저장된 본보기가 많을수록 처리 부담이 증가한다.

두 이론을 경험적으로 비교한 연구들은 종종 본보기 모형이 범주 판단 과제에서의 수행을 더 잘 설명한다고 보고한다(Storms et al., 2000; Dopkin & Gleason, 1997). 하지만 이는 실험실 연구에서 사용된 개념과 범주 판단 과제의 특징 때문일 수 있다. 실험 연구에서는 대부분 구조가 분명하지 않거나 사례 수가 적은 범주가 사용되었는데, 이러한 범주는 본보기 이론이 잘 설명하는 범주들이기 때문이다(Smith & Minda, 1998, 2000). 범주의 크기는 두 이론의 설명력에 영향을 주는 주요한 변인이다. Homa 등(1981)은 연구 참가자들에게 다양한 사례 수(5, 10, 20)를 가진 범주를 학습시킨 후 새로운 사례에 대한 범주 판단을 하도록 하였다. 그 결과 사례 수가 증가할수록 원형 이론이 결과를 더 잘 설명하였다.

최근의 연구는 원형 추출과 본보기에 대한 기억 모두 개념 학습과 범주 판단에 관여함을 시사한다(Ashby & Ell, 2001). 신경과학 연구 결과에 따르면 범주 판단을 하는 동안 대뇌에서 구체적 사례와 관련된 감각 흔적이 활성화된다. 이는 사례를 학습할 때 입력된 감각 정보에 대한 기억이 활성화되는 것을 의미한다(Mack et al., 2013). 또한 뇌에는 여러 감각 양상에서 오는 입력에 반응하는 '수렴 영역convergence zones'이 존재하는데, 이 영역은 사례 간의 유사성, 관련성 등을 파악하고 추상적 의미 정보의 처리를 담당하는 것으로 보인다(Binder, 2016; Binder &

Desai, 2011). 이러한 결과는 사례와 관련된 구체적인 감각 정보에 대한 기억(즉, 본보기 저장)과 추상화된 처리(예: 원형 추출)가 대뇌에서 모두 일어남을 시사한다.

원형을 사용할지 본보기에 의존할지는 여러 요인에 따라 달라지는 것으로 보인다. 범주의 구조가 불분명한 경우 원형을 추출하기 어렵기 때문에 본보기에 대한 기억에 의존하는 것이 더 효율적일 수 있다(Ruts et al., 2004). 하지만 범주의 사례가 많아질수록 기억에만 의존하는 것은 어렵기 때문에 원형과 같은 요약된 표상이 필요하다. 범주 학습 초기에는 규칙이 중요하지만 이후에는 사례가 중요해지는데, 범주에 대한 학습 정도 또한 원형을 사용할지 본보기에 의존할지에 영향을 주는 것으로 보인다(Rouder & Ratcliff, 2006). 범주가 사용되는 맥락과 목적도 중요하다. 예를 들어 질병을 이해하는 것이 목적인 경우, 개별 사례의 특수성보다는 질병의 일반적인 특징과 기제를 이해하는 것이 중요하다. 반면 질병에 대한 치료제를 개발하는 것이 목적인 경우, 구체적인 개별 사례가 중요해진다. 같은 치료제에 대해서도 사람마다 보이는 반응과 부작용이 다르기 때문이다. 결국 관련된 범주의 크기, 범주의 구조, 그리고 범주가 사용되는 맥락과 목적에 따라서 유용한 범주 표상이 달라지는 것으로 보인다.

4. 의미 지식의 조직화

여러 범주들이 모여서 이루는 의미 지식이 마음속에 어떻게 조직화되고 표상되는지 역시 의미 기억의 주요 연구 주제이다(Chang, 1986; Tulving 1972). 연구 초기에는 지식들이 조직화되는 데 논리성과 경제성이 중요하다고 간주되었으나, 이후 해당 지식을 얼마나 자주 사용하는지, 얼마나 최근에 사용했는지, 얼마나 주요한 정보인지 등이 강조되었다. 지식은 분리되어 존재하는 것이 아니라 다른 지식과 다양한 형태로 서로 연결되고 구조화된다. 도식schema은 함께 일어나는 속성, 사건, 기능에 대한 정보가 구조화된 것으로, 정보 처리에서 중요한 역할을 한다.

위계망

연구자들은 처음에는 개념과 같은 의미적 지식들이 위계적으로 조직화되어 저장되어 있다고 가정하였다(Quillian, 1966). **위계망**hierarchical network **모형**에 따르면 마음속에 저장된 지식이 범주 간의 논리적 관계를 반영한다. 위계망 모형에는 논리적으로 상위에 있는 개념 아래 하위 개념이 배열된다. 예를 들어 '동물' 범주에는 '조류', '어류' 등의 하위 범주가 속하고, 그 하위 범주에는 다시 '참새', '타조' 등이 속한다(●그림 10.7 참조). 각 범주와 관련된 속성들은 해당 속성을 가진 가장 상위 범주에 저장된다. 즉 칠면조와 연어 모두 '먹는다'는 속성을 가지고 있지만, 이 속성들이 반복적으로 각 범주에 저장되지 않고, 해당 속성을 가진 가장 상위 범주인 '동물' 범주에만 저장된다는 것이다. 이러한 방식으로 속성을 저장하면 저장 공간을 줄이고 인지적 경제성cognitive economy을 최대화한다는 장점이 있다.

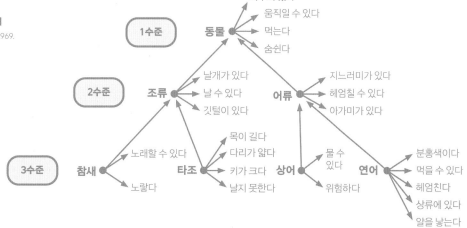

●그림 10.7 위계망의 예
출처: Collins & Quillian, 1969.

위계망은 범주 간의 관계(예: 참새는 조류이다) 또는 범주의 속성(예: 참새는 날 수 있다)을 판단할 때 사용된다. '참새는 조류이다', '참새는 날 수 있다'와 같은 진술문을 평정하기 위해서는 위계망에서 '참새'가 속한 범주 및 관련 속성을 검색해야 한다. '참새는 참새이다'와 같은 문장은 자기 참조 문장이기 때문에 '참새' 범주만 검색하면 되지만, '참새는 조류이다', '참새는 동물이다'와 같은 문장을 처리하기 위해서는 연결된 범주까지 검색해야 한다. '참새는 조류이다'라는 문장을 평정하는 경우 바로 위의 2수준 범주인 '조류'까지만 검색하면 되나, '참새는 동물이다'는 위계에서 더 멀리 떨어진 1수준의 동물 범주까지 이동해서 탐색해야 한다(●표 10.1 참조). 범주의 속성에 대한 진술도 마찬가지이다. '참새는 노래할 수 있다'라는 문장의 경우 '참새' 범주에 저장된 정보만 검색하면 된다. 하지만 '참새는 날개가 있다'라는 문장의 경우 2수준의 '조류' 범주에 저장된 속성을, '참새는 피부가 있다'라는 문장의 경우 더 멀리 떨어진 1수준의 '동물' 범주의 속성까지 탐색해야 한다.

●표 10.1 범주 및 속성 판단 문장과 위계망에서의 이동 수준

범주 판단	속성 판단	이동 수준 수
참새는 참새이다.	참새는 노래할 수 있다.	0
참새는 조류이다.	참새는 날개가 있다.	1
참새는 동물이다.	참새는 피부가 있다.	2

위계망 모형에서 제안하는 방식으로 마음속의 지식들이 저장되고 탐색되는지 알아보기 위해 연구자들은 연구 참가자들에게 범주와 관련된 진술문을 제시하고 해당 진술문이 '참'인지 '거짓'인지 판단하는 데 걸리는 시간을 측정하였다(Collins & Quillian, 1969). 속성을 검증하기 위해서 위계망에서 이동해야 하는 수준이 증가할수록 판단 시간이 증가할 것으로 가정되었다. 연구 결과는 이러한 가설을 지지하였는데, 지식망에서 이동해야 하는 거리가 증가할수록 문장 검증에 걸리는 시간이 증가하였다(●그림 10.8 참조). 이러한 결과는 위계망 모형에서 가정한 바

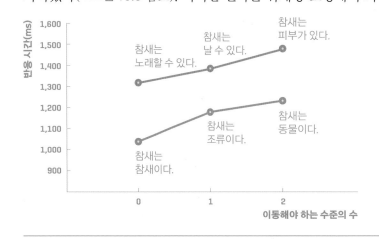

●그림 10.8 검증에 필요한 위계망에서의 이동 수준과 문장 검증 시간
출처: Collins & Quillian, 1969.

와 같이 지식이 마음속에 위계적으로 저장되어 있음을 시사한다.

하지만 모든 범주에서 위계망 모형을 지지하는 결과가 얻어지지는 않았다. Rips 등(1973)은 연구 참가자들에게 '돼지는 포유류이다', '돼지는 동물이다'와 같은 문장을 제시하고 진위를 판단하도록 하였다. 전자의 문장은 위계망에서 1수준만 이동하면 되는 문장이고, 후자의 문장은 2수준을 이동해야 하는 문장이었다(●표 10.2 참조).

●표 10.2 검증 문장과 위계망에서의 이동 수준

조류	포유류	이동 수준 수
참새는 조류이다.	돼지는 포유류이다.	1
참새는 동물이다.	돼지는 동물이다.	2

문장의 진위 판단에 걸린 시간을 살펴본 결과 범주에 따라 다른 결과가 얻어졌다. '조류' 범주의 경우(예: 참새, 비둘기, 오리) 위계망에서 이동해야 하는 수준이 증가할수록 판단 시간이 느려졌다. 반면 '포유류' 범주의 경우(예: 곰, 고양이, 사슴), 이동해야 하는 수준이 증가할수록 판단 시간이 빨라졌다. 연구자들은 후속 실험에서 참가자들에게 속한 하위 범주와 상위 범주 간의 관련성을 평정하도록 하였다. 참가자들은 조류의 하위 범주(예: 참새)는 '동물'보다는 '조류'에 더 가까운 것으로 평정한 반면, '포유류'의 하위 범주(예: 돼지, 말)는 '포유류'보다는 '동물'과 더 관련성이 높은 것으로 평정하였다.

'돼지'는 '포유류'와 위계적으로 더 가깝지만, '동물'의 하위 범주로 더 자주 언급된다. 즉 '동물' 범주와 의미적으로 더 가깝다. 의미적 거리 semantic distance는 두 개념 간의 의미적 관련성을 지칭한다. '돼지는 동물이다'라는 문장에 대한 판단이 '돼지는 포유류이다'라는 문장에 대한 판단보다 빠르게 일어난 것은 의미적 관계가 위계적 관계보다 우선적으로 고려됨을 뜻한다. 이러한 결과는 모든 범주적 지식이 위계적으로 조직화되어 있지는 않으며, 위계적 관계보다는 범주 간의 의미적 거리가 중요한 경우가 존재함을 시사한다.

의미망

위계적 지식망 모형에 대한 대안으로 개념들 간의 **의미망**^{semantic network} **모형**이 제안되었다(Collins & Loftus, 1975). 의미망 모형은 범주들이 논리적 위계보다는 의미 관계^{semantic relatedness}에 따라 연결된다고 제안한다. 의미망 모형에서는 논리적으로 관련성이 없어도 자주 함께 언급되는 범주들은 서로 연결될 수 있다고 본다(●그림 10.9 참조). 예를 들어 장미, 사과, 불, 소방차는 논리적으로는 매우 멀리 떨어져 있지만, 붉은색이라는 공통 속성을 통해 서로 연결될 수 있다. 범주들은 다른 범주와 맺고 있는 의미 관계에 따라 하나 이상의 범주와 연결될 수 있다. 장미는 바이올렛이라는 다른 꽃 범주와 연결되는 동시에 빨간색이라는 색 범주와도 연결되어 있고, 이를 통해 다른 색(예: 초록, 노랑)은 물론 과일(예: 사과, 체리), 자연 현상(예: 불), 탈것(예: 소방차)과도 연결된다. ●그림 10.9에서 볼 수 있듯이 연결에 중요한 것은 위계적 범주 관계가 아니라 두 범주 간의 관련성(예: 공통 속성의 존재, 원인-결과 관계)이다. 의미망에서 정보가 인출되는 과정은 활성화 확산 과정으로 설명된다. 특정 범주 사례를 접하는 것은 관련된 개념과 속성 마디의 활성화를 의미한다. 이 활성화는 연결된 모든 마디로 확산된다. 가까이 연결되어 있는 항목이 먼저 그리고 더 강하게 활성화되고, 범주 간의 거리가 멀어질수록 활성화 정도는 약화된다(8장 참조).

의미망 모형
범주들이 논리적 위계보다는 의미적 관계에 따라 연결된다고 제안하는 이론.

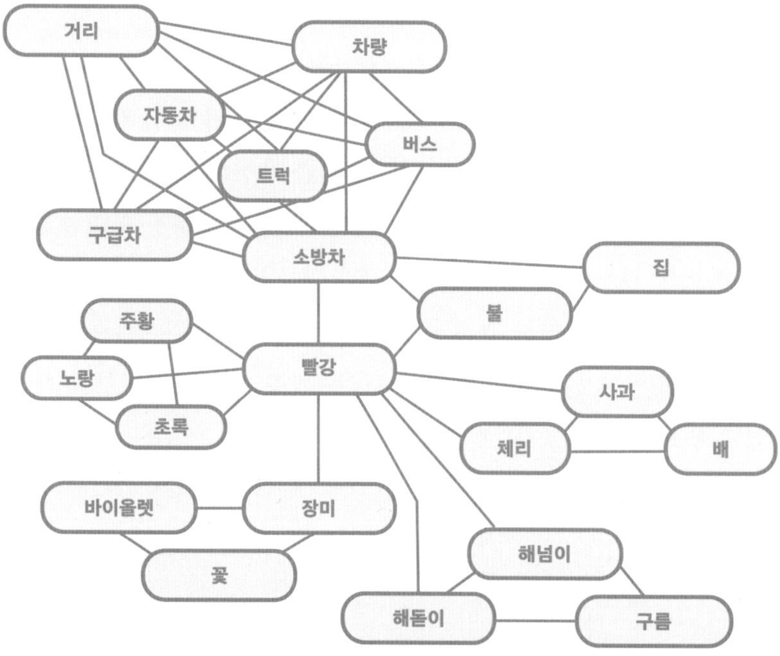

●**그림 10.9 의미망 모형**
출처: Collins & Loftus, 1975.

의미망은 경험과 학습에 따라 변한다. 새로운 개념을 학습하면 이전에 없었던 노드가 만들어진다. 경험의 빈도와 밀접성을 반영하여 범주를 연결하는 링크의 굵기가 변할 수도 있다. 함께 많이 경험하는 범주들의 경우 더 가깝게, 또는 더 굵은 선으로 연결된다. 기존에 있던 연결이 강화/약화되기도 하고, 경우에 따라서 사라지기도 한다. 예를 들어 '전화기' 개념은 지난 20년간 큰 변화를 겪었는데, 20년 전에는 '전화기'와 연결된 개념 중에 '공중전화'가 있었지만 이 둘 사이의 연결은 현재 현저하게 약화되어 있다. 연령에 따라 '공중전화' 개념이 존재하지 않을 수도 있다. 대신 이전에는 없던 '스마트폰'이라는 개념이 추가되었고, 전화기와 관련된 속성(예: '터치', '스마트', '폴더') 또한 많은 변화를 겪었다.

의미망에서 같은 범주에 속한 다른 사례와 더 많이 연결되고 그 연결이 강할수록 해당 범주의 전형적이고 대표적인 사례로 여겨진다. 연구 초반에는 의미망 모형이 의미적 지식에 대해서만 적용되었으나, 이후 다른 유형의 지식에도 적용되었다. Bock과 Levelt(1994)는 단어 의미에 대한 지식을 통합한 확대 모형을 제안하기도 하였다. 의미망 모형의 이러한 유연성은 다양한 유형의 지식이 통합적으로 작용하는 것을 설명할 수 있다는 장점을 제공하지만, 동시에 검증이 어렵다는 문제점으로 작용하기도 한다.

기본 수준

대상이나 물체는 대부분 동시에 여러 범주에 속한다. 예를 들어 고양이는 동물에 속하지만, 포유류에 속하기도 한다. 원형 이론에서는 한 대상이 동시에 여러 범주에 속할 때 사람들이 어느 수준에서 대상을 범주화하는지에 관심을 가졌다. 원형 이론에서는 대상이 범주화될 수 있는 여러 수준 중 세상을 이해하는 데 더 중요한 역할을 하는 수준이 있다고 주장하며, 이를 **기본 수준**[basic level] 이라고 칭하였다(●그림 10.10 참조; Rosch et al., 1976; Murphy et al., 2012).

기본 수준
대상이 범주화될 수 있는 여러 수준 중 세상을 이해하는 데 기본적인 역할을 하는 수준.

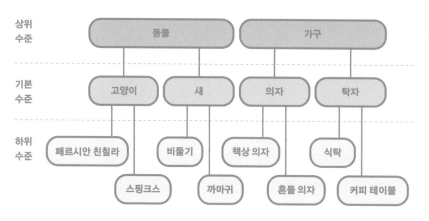

원형 이론에 따르면 기본 수준은 사람들이 대상을 판별하고 인식하는 데 가장 우선적으로 사용되는 수준이다. 과제나 맥락에 따라 상위 수준 또는 하위 수준의 범주가 필요할 때도 있지만, 대부분의 경우 기본 수준이 대상을 인식하는 수준으로 사용된다.

●**그림 10.11** 무엇이 보이나요?
출처: 저자 소장.

●그림 10.11과 같은 사진을 제시하고 사람들에게 무엇이 보이는지 질문하면 대부분 '고양이'라고 답한다. 이를 보고 '동물' 혹은 '포유류'('고양이'의 상위 수준 범주)라고 말하거나, '페르시안 친칠라' 혹은 '스핑크스'('고양이'의 하위 수준 범주)라고 말하는 사람은 드물다.

기본 수준이 다른 수준보다 더 많이 사용되는 것은 기본 수준에서 범주들이 가장 잘 변별되기 때문이다. 상위 수준 범주의 경우 추상적이고 광범위해서 포함된 하위 수준의 범주에 공통되는 특징을 찾기 어렵고, 하위 수준으로 갈수록 구체적인 속성이 많지만 같은 수준의 다른 범주들과 변별하기 어려워진다(예: 흔들의자, 안락의자, 책상의자 모두 유사한 속성들로 이루어졌다). 사람들에게 범주의 속성을 나열하게 할 경우, 대부분 기본 수준의 범주에 대해 가장 많은 속성을 나열한다(Rosch, 1976). 기본 수준은 아동이 범주명을 학습할 때 가장 먼저 학습하는 수준이기도 하다(Mandler & Bauer, 1988).

어느 수준이 기본 수준 역할을 할지는 개인의 경험과 지식에 따라 달라진다. Tanaka와 Taylor(1991)는 새와 개의 전문가들에게 '새'와 '개'의 사례 사진을 보여주고 무엇인지 판단하도록 하였다(●그림 10.11 참조). 전문가들은 자신의 전문 영역에 속하는 사례(예: '새' 전문가-'새' 사례)와 전문성이 없는 영역의 사례(예: '새' 전문가-'개' 사례)를 판별하였다. 전문 지식이 있는지에 따라 대상을 판별하는 데 사용하는 개념 수준이 달라졌다. 전문성이 없는 영역의 사례를 판단하는 경우 기본 수준의 범주를 사용하였으나 전문성이 있는 경우 하위 수준 범주를 사용하였다. 이러한 결과는 기본 수준이 고정된 것이 아니라는 것을 보여준다. 기본 수준의 중요성은 변별성에 있으며, 어느 수준이 가장 변별력이 있는 수준이 되는지는 해당 영역에 대해서 가진 지식과 경험의 양에 따라 달라지는 것으로 보인다. 일반인의 경우 나무를 '나무'로 변별하는 것으로 충분하지만, 나무 전문가의 경우 더 자세한 수준에서 대상을 변별하고 범주화하는 것으로 보인다.

도식

도식
범주적 지식이 조직화된 형태.
서로 관련이 있는 개념과 정보들이
조직화되어서 묶인 것으로,
세상이나 사건, 사람, 역할 등에
대한 전형적이고 일반화된 지식을
표상함.

개념 지식은 종종 도식의 형태로 조직화된다. **도식**^{schema}은 서로 관련된 개념과 정보들이 조직화되어서 묶인 것으로, 세상이나 사건, 사람, 역할 등에 대한 전형적이고 일반화된 지식을 표상한다. 예를 들어 사람들이 '아파트'에 대해 가지고 있는 지식(예: 정의, 관련 사례, 전형적 기능, 재료, 형태 등)은 종종 도식의 형태로 조직화된다. 다음과 같은 정보가 '아파트' 도식에 포함될 수 있다.

- 여러 세대가 모여 사는 거주 공간이다.
- 세대별 공간과 공용 공간이 있다.
- 관리 사무소에서 전체 단지를 관리한다.
- 여러 층으로 이루어져 있다. 저층부터 30층 이상의 고층까지 높이가 다양하다.
- 현관식 아파트와 복도식 아파트로 나뉜다.
- 일반적으로 방, 거실, 부엌, 화장실/욕실로 구성된다.
- 크기가 다양하지만, 가장 흔한 크기는 32평형이다.
- 창문이 있다.
- 철근과 콘크리트로 지어진다.

도식은 속성(예: 아파트의 크기, 세대 수)을 포함한다. 속성의 값은 정해져 있지 않지만, 속성이 취할 수 있는 기본값^{default value} 또는 기본값 범위^{default range}가 존재한다. 예를 들어 개별 아파트의 크기나 층수는 다를 수 있지만, '일반적인 아파트의 크기나 층수'에 대해서는 대략적인 범위가 존재한다. 기본값은 해당 범주에 속한 다양한 사례를 바탕으로 만들어지는데, 입력 정보에 속성 값이 밝혀져 있지 않는 경우 기본값이나 범위를 바탕으로 처리가 일어난다.

건물이나 물체뿐 아니라 시간에 따라 전개되는 행동 절차나 상황에도 도식이 존재한다. 절차나 상황에 대한 도식의 경우 **스크립트**^{script}라고 한다. '지하철 환승하기', '마트에서 장보기', '카페에 가기' 등을 예로 들 수 있다. 이 중 '카페에 가기'는 다음과 같은 전형적인 행위와 사건들로 구성될 수 있다.

스크립트
절차나 상황에 대한 도식.

- 카페에 들어간다.
- 카운터에 가서 줄을 선다.
- 주문할 차례가 되면 음료의 종류와 사이즈를 선택한다.
- 뜨거운 음료인지 차가운 음료인지 선택한다.
- 매장에서 마시고 갈 것인지 밖으로 가지고 나갈 것인지 말한다.
- 결제를 하고 포인트를 입력한다. 포인트 입력을 위해 전화기 앱 화면을 제시한다.
- 주문한 음료가 준비될 때까지 기다린다.
- 음료가 준비되면 냅킨, 빨대 등 필요한 것들을 챙긴다.
- 빈 자리를 찾아서 앉는다.
- 음료를 마신다.
- 다 마신 그릇과 쓰레기를 서비스 카운터에 가져가서 분류한다.
- 카페 문을 나선다.

도식은 경험과 함께 변한다. 코비드 팬데믹 동안에는 카페나 식당에 입장할 때 체온을 측정하고, 백신 접종 사실을 인증해야 했다. 과거에는 직원에게 대면으로 메뉴를 주문하는 것이 일반적이었지만, 키오스크 주문이 보편화되면서 주문 관련 절차와 행위 또한 변화하고 있다. 이러한 변화는 카페 및 식당 이용과 관련된 도식의 일시적 또는 영구적 변화를 가져온다.

도식을 가지고 있다고 해서 도식이 항상 활성화되지는 않는다. 도식의 활성화는 직접 경험 또는 독서나 영화 감상 같은 간접 경험에 의해 촉발된다. 활성화된 도식은 정보 처리에 중요한 역할을 한다. 활성화된 도식과 부합하는 정보는 더 잘 부호화되고 인출된다. 도식은 입력 정보에서 생략된 정보를 추론하고, 다음에 일어날 사건을 예측할 수 있도록 도와준다. 마트 입구에서 (카트를 사용하기 위해) 동전을 먼저 꺼내거나, 계산을 하면서 (포인트 적립을 위해) 스마트폰 화면을 켜는 것은, 장보기가 어떠한 절차나 행위를 통해 일어나는지에 대한 도식을 가지고 있기 때문에 가능하다. 도식은 정보 처리의 효율성을 높이지만, 동시에 편향과 오류의 원천이 될 수도 있다(8장 참조). 특히 인종, 나이, 국적 등을 토대로 만들어진 특정 사회 집단에 대한 고정 관념과 편견은 사회·문화적 권력 관계를 정당화하는 직접적·간접적 수단으로 작용하기 때문에 각별히 주의해야 한다.

11 장

심상과 명제

환경 정보가 감각 기관에 입력된 후 처리되는 과정에서 다양한 표상이 사용된다. 외부 자극이 감각을 통해 입력된 직후에는 입력 감각 양상의 특성을 반영한 표상이 사용되나, 정보 처리를 거쳐 표상이 변환된다. 이 장에서는 마음에서 일어나는 정보 처리에 중요한 역할을 하는 이미지 표상과 명제 표상에 대해서 공부한다.

표상과 정보 처리
- 표상의 중요성
- 아날로그 표상과 상징 표상

내적 표상
- 명제 표상과 심상
- 단일 부호 이론
- 이중 부호 이론
- 심성 모형: 이미지와 명제의 종합
- 분산 표상

지각과 심상
- 신경 기제의 공유
- 처리의 촉진과 방해
- 질적 차이

명제 표상과 심상
- 관계 정보와 순서 정보
- 명제 표상과 심상의 상호 작용

11장 _ 심상과 명제

1. 표상과 정보 처리

표상^{representation}은 어떤 대상이나 사건을 표현한 것으로, 우리가 사용하는 글, 기호, 이미지 등은 모두 표상의 일종이다. 표상을 사용한다는 것은 대상이 눈앞에 없어도 해당 대상에 대해서 기록하고 소통할 수 있다는 것을 의미한다. 표상은 기록과 소통뿐 아니라 사고의 도구이다. 어떠한 표상을 사용하는지는 정보 처리에 중요한 함의를 갖는다.

표상
물체, 사건, 개념 등을 글, 기호, 이미지 등으로 표현한 것으로, 기록과 소통, 정보 처리 등에 사용됨.

표상의 중요성

표상은 다양한 물체, 사건, 개념을 표현하는 데 사용된다. 표상을 사용한다는 것은 대상에 대해 해당 대상과 독립적으로 사고할 수 있다는 것을 의미한다. 예를 들어 눈앞에 호랑이가 없어도, '호랑이'라는 단어를 사용하면 호랑이에 대해 이야기하고 생각할 수 있다. 동일한 대상을 다양한 방식으로 표상하는 것이 가능하다. '호랑이'라는 단어뿐만 아니라 그림으로 호랑이를 표현할 수도 있다. 호랑이를 표상하는 방식이 어떻게 사고와 정보 처리에 영향을 미칠까? 수^{number}에 대한 표상을 중심으로 표상이 정보 처리에 미치는 영향을 살펴보자.

첫째, 표상은 어떤 정보가 처리될지에 영향을 준다. 표상은 대상을 축약한다. 대상이 가진 정보의 일부는 남거나 강조되지만, 나머지는 사라진다. 가령 '호랑이가 두 마리 있다'라고 표현할 때 두 마리라는 양

quantity에 대한 정보는 남지만, 호랑이의 크기, 색 등에 대한 정보는 사라진다. 극사실주의 그림이나 사진의 경우에도 시각적 정보는 보존되지만 소리, 냄새, 촉각 등 다른 정보는 생략된다. 그 결과 표상에 포함되는 정보들에 대해서는 후속 정보 처리가 가능하지만, 생략되는 정보들에 대해서는 후속 정보 처리가 가능하지 않다.

둘째, 표상은 정보 처리의 용이성에 영향을 준다. 수를 나타내는 가장 초기 방법 중 하나는 일진법unary numeral system이다. 일진법에서는 수에 대응하는 기호(예: 점, 선)를 개수로 표기한다. 기호 하나는 1개, 기호 2개는 2개의 수를 표시하는 식이다(●그림 11.1 참조).

●**그림 11.1 일진법의 수 표기**

일진법이 도입되면서 동물이나 물건의 수를 정확하게 표현하고 기록할 수 있게 되었다. 더 이상 양quantity을 눈대중만으로 가늠하지 않게 된 것이다. 간단한 계산도 가능해졌다. 하지만 일진법은 숫자가 커지면 유용하지 않다. 천이나 만 같은 큰 수를 일진법으로 표기할 수는 있지만, 표기하는 데 많은 시간이 필요하다. 표기된 것을 보고 정확한 수량을 빠르게 파악하는 것도 쉽지 않다. 명수법sign-value notation은 이러한 문제에 대한 해결책을 제시한다. 명수법에서는 자주 사용되는 특정 수(5, 10, 100)에 대해 별도의 기호를 사용한다. 로마자 숫자 체계가 대표적이다. 라틴어에서는 기본적으로 I을 나열하여 수를 표시하지만(I, II, III 등), 5, 10, 100 등의 특정한 수들에 대해서는 'V', 'X', 'C'와 같은 별도의 기호를 사용한다. 그 결과 선을 10번, 100번 긋지 않아도 'X', 'C'라는 기호로 큰 수를 간편하게 표기할 수 있다. 명수법을 사용하면 큰 수를 보다 간단하게 표기할 수 있지만, 계산할 때는 여전히 문제가 있다. 덧셈과 뺄셈은 큰 문제가 되지 않으나 곱셈과 나눗셈을 하는 것은 쉽지 않다. 방법이 복잡하여 로마 시대에는 따로 곱셈표를 만들어 사용했다고 한다(●그림 11.2 참조).

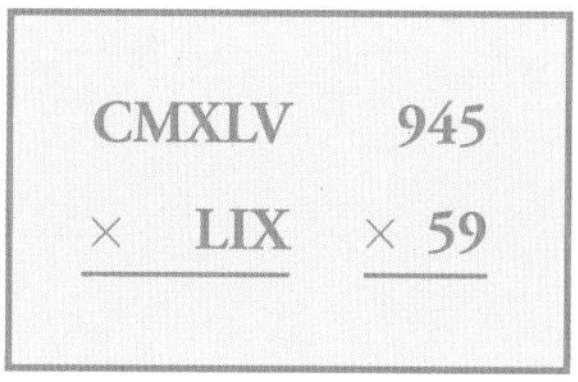

●**그림 11.2 로마 숫자를 사용한 곱셈**
아라비아 숫자 945와 59를 곱하는 문제를 로마 숫자로 표기하면 CMXLV(945)와 LIX(59)를 곱하는 문제가 된다. 로마 숫자에서 I, V, X, L, C, M은 각각 1, 5, 10, 50, 100, 1000을 나타낸다. CMXLV(945)는 CM(900)+XL(40)+V(5)로 구성되고(CM은 1000에서 100을 뺀 900을, XL은 50에서 10을 뺀 40을 나타낸다), LIX는 L(50)+IX(9)로 구성된다. 로마 숫자는 일진법에 비해 큰 수를 간략하게 표기할 수 있다는 장점이 있지만, 곱셈과 나눗셈 같은 계산은 잘 지원하지 못한다.

CMXLV	945
× LIX	× 59

현재 사용되는 수 표기 체계는 위치 기수법^{positional system}이다. 위치 기수법에서는 숫자를 표기할 때의 위치 또는 자리^{position}를 통해 수의 크기를 표시한다. 십진법의 경우 오른쪽 맨 처음은 1의 자리 수, 그 다음은 10의 자리 수 등으로 자리에 따라 수의 크기가 달라진다. 위치 정보를 함께 사용함으로써 큰 수를 간단하게 표기하는 것은 물론, 곱셈과 나누기가 이전보다 더 용이해졌다. 예를 들어 곱셈의 경우 각 자리 수를 따로 곱하고 그 결과를 합하는 방식을 사용할 수 있다.

표상은 외적으로 수를 표기하고 계산할 때뿐 아니라, 마음속에서 정보를 처리할 때도 중요하다. 스마트폰 비밀번호를 암기하는 경우 '12569'와 같이 숫자를 기억할 수도, ●그림 11.3과 같은 잠금 패턴을 기억할 수도 있다. 이는 동일한 정보를 다른 방식으로 표상한 것이다. 이러한 표상 방식이 기억에 영향을 줄까?

●**그림 11.3 스마트폰 잠금 패턴**
왼쪽 위부터 차례로 각 점에 숫자를 할당하면 1-2-5-6-9라는 숫자열로 표상할 수 있다.

Jenkins 등(1967)은 단어와 그림에 대한 기억을 비교하였다. 이들은 연구 참가자들에게 일상에서 사용되는 물건을 지칭하는 단어 또는 그림을 학습하게 한 다음, 단어 또는 그림에 대한 재인 기억을 검사하였다. 조건에 따라서 학습할 때와 재인할 때 동일한 표상이 사용되거나(단어-단어 조건, 그림- 그림 조건) 다른 표상이 사용되었다(단어-그림 조건, 그림-단어 조건). 검사 결과 참가자들의 재인 기억은 그림-그림 조건에서 가장 우수하였다. 즉 '사과' 그림을 학습하고 기억 검사에서 '사과' 그림이 제시되었을 때 가장 재인 기억이 좋았다. 이는 사람들이 일반적으로 이미지 정보를 언어 정보보다 더 잘 기억하기 때문으로 보인다. 그림-단어 조건과 단어-단어 조건의 수행이 그 다음으로 우수하였는데, 두 조건의 재인 기억에는 유의미한 차이가 존재하지 않았다. 그림으로 제시된 정보는 종종 언어적으로 변환되어 저장된다. 제시될 때 사용된 표상이 다르지만, 기억 표상은 동일하기 때문에 두 조건의 재수행이 큰 차이를 보이지 않은 것으로 보인다. 단어-그림 조건의 재인 기억은 가장 저조하였다. 단어로 제시된 정보는 종종 그대로 저장되는데, 재인 기억에서 제시된 이미지와 기억 표상을 대조하는 부가적인 처리로 인해 수행이 가장 저조했던 것으로 보인다(Jenkins et al., 1967; Shepard, 1967).

수는 아라비아 숫자뿐 아니라 언어로도 표상된다. 언어마다 수를 표기하는 체계가 다르다. 한국어와 영어를 비교하면, 두 언어 모두 1부터 10까지 각 숫자에 대해 고유한 단어를 사용한다(명수법의 반영). 수가 커지면 규칙을 사용한다. 한국어의 경우 11부터는 '십일', '십이' 등으로 십의 자리 숫자와 일의 자리 숫자를 결합하여 표기한다. 영어의 경우에도 20 이상의 수에 대해서는 같은 방식이 사용되나(예: 'twenty-one', 'twenty-two'), 11에서 20 사이의 수에 대해서는 여러 체계가 혼재되어 있다. 처음에는 'eleven', 'twelve' 등으로 고유한 단어를 사용하다가, 13부터 19까지는 수에 teen을 결합하는 규칙이 사용된다(예: 'thirteen', 'fourteen' 등). 11에서 19 사이에 적용되는 수 단어 표기의 비규칙성은 아동의 수 개념 발달에 영향을 주는 것으로 보인다. 영어권 아동의 수 개념 학습이 다른 언어권보다 느리다는 연구 결과는 수 표상 방식이 아동의 수 개념 발달과 계산 능력에 영향을 줌을 시사한다(Göbel et al., 2014; Miura, 1987).

숫자의 자릿수 역시 비슷한 방식으로 표기된다. 수가 작을 때는 자릿수마다 고유한 단어가 사용되지만(예: '십', '백', '천', '만'), 수가 커지면 단위들을 결합하여 표기(예: '천만' '십억')한다. 한국어(일본, 중국도 동일)의 경우 처음 네 자릿수까지는 새로운 단어를 사용하다가(예: '십', '백', '천', '만'), '만' 이후부터 자릿수가 4개씩 늘어날 때마다 새로운 단위(예: '억', '조' 등)가 도입된다. 반면 영어의 경우는 3개 자릿수마다 새로운 단위(예: 'thousand', 'million', 'billion')가 도입된다. 이는 아라비아 숫자로 표기할 때는 0이 3개 추가될 때마다 콤마로 구분하는 관행과 일치한다. 이러한 차이는 큰 수에 대해서 영어 표현과 한글 표현 간의 변환을 방해하는 요인으로 작용한다. 즉 단위를 일대일로 대응시키기 어렵기 때문에(예: '만', '억'에 해당하는 영어 단어 부재), 영어로 표현된 수를 한글로 바꾸거나 반대로 한글로 표현된 수를 영어로 바꿀 때 부가적인 처리 부담이 야기될 수 있다. 3개 자릿수마다 쉼표로 구분하는 아라비아 숫자 표기를 한글로 변환할 때도 마찬가지의 처리 부담이 발생한다.

아날로그 표상과 상징 표상

경험한 일을 기록하거나 소통할 때 언어나 그림을 종종 사용한다. 그림은 대표적인 묘사적 표상, 즉 **아날로그 표상**analog representation이다(●그림 11.4 a 참조). 아날로그 표상은 대상의 물리적 특성을 표현한다. 예를 들어 바나나 그림은 바나나의 색과 형태를 표현한다. '부르릉' 같은 의성어는 자동차 엔진 소리의 청각적 패턴을 표현한다. 아날로그 표상은 직관적이기 때문에 즉각적으로 이해된다는 장점이 있다. 해외 여행을 할 때 방문한 국가의 언어를 몰라도 그림이나 손짓, 발짓 등의 아날로그 표상을 사용하여 어느 정도 소통하는 것도 가능하다. 하지만 아날로그 표상은 구체적 실체가 없는 것(예: 포유류, 정의)을 표상하는 데는 적합하지 않다.

상징 표상symbolic representation에서는 대상과 표상 간의 관계가 임의적이다. 언어는 대표적인 상징 표상으로, 특정한 대상을 특정한 단어로 표현한다는 약속을 바탕으로 한다. '바나나'라는 단어(●그림 11.4 b 참조)를 이해를 한다는 것은 '바나나'가 무엇을 지칭하는지에 대한 약속을 이해한다는 것이다.

아날로그 표상
대상의 물리적 특성을 묘사하는 표상. 이미지는 대표적인 아날로그 표상에 속함.

상징 표상
약속된 기호나 부호 등을 사용하여 대상을 나타내는 표상. 언어는 대표적인 상징 표상에 속함.

[a]

[b]

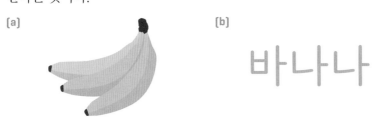

●그림 11.4 아날로그 표상과 상징 표상의 예시
바나나 그림은 바나나의 색과 형태를 나타낸다. '바나나'라는 단어는 바나나의 물리적인 속성과 닮지 않았으나 바나나를 나타낸다.

언어에 따라서 다른 약속, 즉 다른 표상이 사용된다. ●그림 11.5는 다양한 언어에서 사과를 지칭하는 단어를 보여준다. 동일한 대상을 언어마다 다르게 표기하기 때문에 약속을 이해하지 못하면 표상의 의미를 이해할 수 없다. 상징 표상은 직관적이지 않지만, 대상을 경제적으로 표현할 수 있다는 장점을 갖는다. 상징 표상을 사용하면 '전쟁'이나 '선거'처럼 복잡한 사건과 상황을 단어 하나로 지칭할 수 있으며, 추상적이고 실체가 분명하지 않아 구체화하기 어려운 개념들(예: '사랑', '신뢰', '정의')을 표현하는 것도 가능해진다.

●**그림 11.5 다양한 언어에서의 '사과' 표기**
윗줄 왼쪽부터 순서대로
일본어, 아랍어, 태국어, 튀르키예어,
중국어, 네팔어, 러시아어이다.

りんご　تفاحة　แอปเปิล　elma
苹果　स्याउ　Яблоко

그림이나 소리, 손짓^{gesture} 형태의 상징 표상도 있다(●그림 11.6 참조). 원고를 교정하는 데 사용되는 교정 부호들은 단어나 문장의 순서를 바꾸거나 삭제하는 등의 처리를 나타낸다. 부호의 형태가 어떠한 처리가 필요한지 직관적으로 알려주는 경우도 있지만, 약속을 알아야 의미를 정확하게 해독할 수 있다. 한때 아날로그 표상이었지만 시대가 바뀌면서 상징 표상이 되는 경우도 있다. 컴퓨터에서 저장을 표시하는 아이콘이나 통화를 표시하는 아이콘은 한때 데이터를 저장하는 플로피 디스크나 다이얼식 전화기를 표현한 아날로그 표상이었다. 하지만 기술 발전과 함께 더 이상 '저장'이나 '통화'에 대한 아날로그 표상의 역할을 하지 못하고 있다. 특히 플로피 디스크와 다이얼식 전화기를 모르는 세대에게는 더 이상 아날로그 표상이 아니다.

●**그림 11.6 비언어적인 상징 표상**
(a) 원고 교정 부호
(b) 자전거 수신호
(c) 저장을 표시하는 아이콘
(d) 통화를 표시하는 아이콘

[a]　자리 바꿈　띄어쓰기　문단 바꿈　이동　삭제

[b]　정지　좌회전　우회전　속도 줄임　바닥 조심

[c]　[d]

2. 내적 표상

표상은 어디에 존재하는지에 따라 외적 표상과 내적 표상으로 구분할 수 있다. 외적 표상^{external representation}은 책, 말, 그림, 영상 등의 형태로 표현되는, 사람 외부에 존재하는 표상을 지칭한다. 반면 내적 표상^{internal representation}은 마음에서 사용하는 표상으로, 내적 사고와 정보 처리에 사용된다.

명제 표상과 심상

무언가를 기억하거나 언어를 이해하려면 해당 정보를 어떤 식으로든 마음속에 표상해야 한다. 즉 내적 표상을 만들어야 한다. 내적 표상은 아날로그 표상 혹은 상징 표상의 형태를 띨 수 있다. **심상**^{mental image}은 마음속에서 사용되는 아날로그 표상을 지칭한다. 전날 생일 파티에서 있었던 일을 생각하거나 좋아하는 가수의 노래를 생각할 때 마음속에 떠오르는 이미지나 소리 등이 심상에 해당한다. 심상은 감각별로 존재하며, 개별 감각의 독특성과 풍부함을 표현한다. 시각적 심상은 이미지 형태이고, 청각적 심상은 소리와 유사하다. 심상은 지각 경험과 비슷하지만 동일하지는 않다. 예를 들어 엄마와 마주 보고 이야기하면서 얼굴을 보고 말소리를 듣는 것은 지각에 해당하지만, 엄마와 멀리 떨어져 있을 때 마음속으로 엄마 얼굴을 떠올리거나 목소리를 상상하는 것은 심상에 해당한다.

심상은 감각을 통해서 들어오는 자극의 물리적인 특징을 처리한 결과 만들어진다. 하지만 마음에서 자극의 물리적인 특징만 처리하는 것은 아니다. '중력'이나 '양극화' 같은 현상을 이해하기 위해서는 보다 추상적인 의미 관계의 표상이 필요하다. **명제 표상**^{proposition representation}은 마음속에서 사용되는 상징 표상에 해당한다. 명제는 언어학에서 비롯된 개념으로, 참, 거짓을 판별할 수 있는 의미의 최소 단위를 지칭한다. 명제는 기본적으로 논항^{argument} 간의 관계를 나타낸다. 관계의 성격에 따라

심상
마음속에서 사용되는 아날로그 표상. 마음속에 떠오르는 이미지나 노랫말 등이 이에 속함.

명제 표상
마음속에서 사용되는 상징 표상. 특정 감각에 국한되지 않으며, 물리적 특징뿐 아니라 추상적 개념이나 관계를 표현할 수 있음.

서 대상의 속성(예: 고양이가 검다) 또는 행위(예: 고양이가 사과를 먹는다) 등을 나타낸다. 명제를 이해한다는 것은 명제가 표상하는 세상에 대한 정보를 이해한다는 것이다. 명제가 세상에 존재하는 논항 간의 관계를 정확하게 기술하는지에 따라서 참, 거짓을 판별할 수 있다. 명제 표상은 특정 감각에 국한되지 않으므로, 시각적 정보뿐 아니라 청각적 정보도 표상할 수 있으며, 구체적인 물리적 특징뿐 아니라 추상적 개념이나 관계를 표상할 수도 있다.

동일한 대상이나 경험을 명제 또는 이미지로 표상할 수 있다. ●표 11.1에는 동일한 문장이 명제 또는 이미지로 어떻게 표상되는지 제시되어 있다.

표 11.1 명제 표상과 이미지 표상

관계의 유형	문장	명제 표상	이미지 표상
행동	개가 고양이를 쫓는다.	쫓다[행동], 개[행동의 주체], 고양이[객체]	
속성	개는 꼬리가 있다.	꼬리가 있음[속성], 개	
공간적 위치	개가 의자 옆에 있다.	옆[공간적 위치], 의자, 개	
범주 관계	개는 동물이다.	동물[범주], 개[범주 구성원]	

단일 부호 이론

단일 부호 이론
마음이 명제라는 단일 부호를 사용한다고 제안하는 이론. 시각적, 청각적 심상의 기저에는 명제라는 단일 부호가 존재한다고 봄.

동일한 대상을 명제나 이미지로 표상할 수 있지만, 각 표상이 마음에서 하는 역할에 대해서는 이견이 있었다. 초기에 문제가 된 것은 이미지 표상의 실재였다. Socrates와 Wundt 같은 학자들은 이미지와 감각은 의식의 기초 요소이며, 이미지 없는 사고[imageless thought]는 불가능하다고 주장하였다. 이러한 주장에도 불구하고 심상의 중요성에 대해 회의적 사고가 존재하였는데, Pylyshyn은 마음이 명제라는 단일 부호를 사용한다고 제안하였다. 그는 시각적, 청각적 이미지가 경험될 수는 있으나, 그 기저에는 명제라는 단일한 부호가 존재하며, 심상은 명제 표상을 기반으로 만들어진 2차 표상이라고 보았다. 다양한 컴퓨터 프로그래밍 언어가 있고, 컴퓨터가 이미지와 텍스트 파일을 모두 만들 수 있지만, 모든 프로그램이 종국에는 010101… 형태의 기계어 부호로 표상되는 것과 마찬가지라는 것이다.

이러한 주장의 배후에는 지각 정보와 의미 정보가 동시에 존재할 때 의미 정보가 지각 정보보다 우선적으로 처리된다는 것을 보여주는 일련의 연구가 있었다. Weisberg(1969)는 연구 참가자들에게 "Children who are slow eat bread that is cold"와 같은 문장을 암기하도록 하였다. 해당 문장은 'children are slow', 'children eat bread', 'bread is cold'라는 세 명제로 구성된다. 문장에서 같은 명제에 속한 단어들은(예: 'children'과 'slow') 의미적으로 근접한 것으로 간주할 수 있다. 하지만 의미적으로 근접한 단어가 문장에서 항상 근접하여 제시되지는 않았다. 예를 들어 'slow'와 'bread'는 물리적으로 가깝지만(두 단어 사이에 'eat'이라는 단어 하나만 존재) 같은 의미 단위에 속하지는 않는다. Weisberg는 참가자들이 문장 학습을 마친 후 이들에게 문장에 포함된 단어(예: 'bread')를 단서로 제시하고 마음속에 가장 먼저 떠오르는 단어를 말하게 하였다. 그 결과 참가자들은 물리적으로 가까이 있던 단어보다는 같은 명제에 속한 단어를 먼저 답하였다. 즉 'bread'와 물리적으로 근접한 'slow'보다는 같은 명제에 속한 'cold'를 먼저 떠올렸다. 이러한 결과는 문장이 시각적으로 입력되어도 배후에서 명제 단위의 의미 관계가 표상됨을 시사한다.

Wiseman과 Neisser(1974)는 연구 참가자들에게 모호하지만 얼굴로 지각될 수도 있는 시각 자극을 제시하였다(●그림 11.7 참조). 시각 자극을 얼굴로 지각한다는 것은 자극의 의미(예: '사람 얼굴', '여자 얼굴')를 표상한 것으로 볼 수 있다. 반면 제시된 자극을 얼굴로 지각하지 않은 경우 자극의 시각적 패턴을 그대로 부호화하고 표상한 것으로 볼 수 있다. 연구 결과 참가자들이 자극을 어떻게 지각하는지에 따라서 기억이 달라졌는데, 사람 얼굴로 지각한 경우 그렇지 않은 경우보다 자극에 대한 기억이 훨씬 더 우수하였다. 이러한 결과는 시각적 패턴보다는 자극의 의미가 중요함을 보여준다.

●**그림 11.7 모호한 시각 자극**
출처: Wiseman & Neisser, 1974.

이중 부호 이론

단일 부호 이론과 달리 이중 부호 이론에서는 마음이 2개의 부호, 즉 명제와 이미지를 모두 사용한다고 제안하였다(Pearson & Kosslyn, 2015). 심상이 명제로부터 재부호화된다고 본 단일 부호 이론과는 달리, **이중 부호 이론**에서는 심상과 명제 표상이 서로 다른 표상이라고 보았다. 마음을 일종의 이중 언어 사용자로 본 것이다. 지각 경험이 심상의 배후에 있다고 보았는데, 심상과 지각이 기능적으로 동일하다는(즉 엄마 얼굴을 지각하는 것과 상상하는 것이 동일하다는) 기능적 등가설 functional equivalence theory 을 제안하였다(Finke, 1979; Kosslyn, 1980). 기능적 등가설을 입증하기 위해서 지각상에 대한 처리와 심상에 대한 처리가 유사함을 보여주는 일련의 연구들이 진행되었다.

이중 부호 이론
마음이 명제와 이미지라는 2개의 부호를 모두 사용한다고 제안하는 이론.

모양과 크기 판단

두 대상의 지각적 속성을 비교한다고 하자. 예를 들어 아버지와 아들 중 누가 더 큰지 판단하는 경우, 아들이 유치원생일 때는 신속한 판단이 가능하다. 그러나 아들이 점점 자라서 아버지와 키가 비슷해지면 판단하는 데 시간이 걸린다. 속도를 판단하는 경우도 비슷하다. 육상 경기에서 누가 선두이고 누가 꼴찌인지 판단하는 것은 쉽지만, 비슷하게 달리는 선수들 중 누가 앞서는지 판단하는 것은 어렵다. 대상 간에 존재하는 차이가 줄어들수록 더 정밀한 검토가 필요하고 판단이 더 어려워진다.

Paivio(1978)는 심상을 비교하는 경우에도 이와 동일한 관계가 존재하는지 살펴보았다. 그는 ●그림 11.8과 같은 아날로그 시계를 사용해, 시침과 분침이 만들어 내는 각도를 판단하는 과제를 실험 참가자들에게 제시하였다.

●그림 11.8 1시 20분과 2시 15분일 때 시침과 분침의 위치
시침과 분침 간의 각도는 1시 20분일 때 약 90도, 2시 15분일 때 약 30도가 된다.

참가자들은 제시된 두 시계를 보고 시침과 분침이 만드는 각도가 작은 시간을 선택해야 했다. 그 결과 두 시계에서 시침과 분침 간 각도의 차이가 클수록 반응 시간이 빨라졌고 오류가 줄어들었다(●그림 11.9 참조).

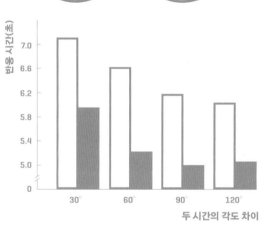

●그림 11.9 두 시간의 각도 차이와 반응 시간
출처: Paivio, 1978.

□ 저심상 능력 집단
■ 고심상 능력 집단

심상 능력이 우수할수록 수행이 우수하였다. 참가자들이 사용한 전략을 조사한 결과, 대부분이 마음속에 시간에 대한 심상을 만들었다고 보고하였다. 수적인 계산을 사용한 경우는 매우 드물거나 없었다. 이러한 결과는 마음속에서 심상이 적극적으로 사용되며, 심상을 사용할 때도 지각할 때와 마찬가지로 비교 대상 간의 차이가 줄어들수록 판단이 어려워진다는 것을 보여준다.

이와 유사하게 대상(예: 글자, 얼굴)이 가까이 있을 때는 세부 특징을 잘 변별할 수 있지만, 거리가 멀어질수록 변별이 어려워진다. 대상이 지각자에게서 멀어질수록 망막상이 작아져, 세부 사항에 대해 정확한 상이 맺히기 어려워지기 때문이다. 심상도 비슷한 속성을 지니고 있는 지 알아보기 위해서 Kosslyn(1975)은 연구 참가자들에게 동물에 대한 이미지를 상상하게 하였다. 그는 심상의 크기를 조작하기 위해 참가자들에게 동물을 쌍으로 제시하였다. 예를 들어 참가자들은 '토끼-코끼리' 혹은 '토끼-파리'가 나란히 있는 것을 상상해야 했다. 토끼 심상의 크기는 코끼리 같은 큰 동물과 같이 있을 때는 상대적으로 작아지는 반면, 파리와 함께 있을 때는 커진다(●그림 11.10 참조).

●**그림 11.10 심상 크기의 조작**
토끼 심상의 크기를 조작하기 위해 토끼가 코끼리 또는 파리와 나란히 있는 것을 상상하도록 하였다. 큰 동물과 같이 있는 것을 상상할 경우 토끼 심상은 상대적으로 작아지는 반면, 작은 동물과 함께 있는 것을 상상하는 경우 토끼 심상은 커진다.

참가자들은 동물 쌍의 이미지를 상상한 다음, 토끼에 대한 질문(예: 토끼에게 귀가 있는가?)에 답변하였다. 토끼와 코끼리를 함께 상상한 조건에서는 답변이 상대적으로 느렸지만, 토끼와 파리를 함께 상상한 조건에서는 답변이 빨랐다. 함께 상상한 동물에 따라서 마음속에서 형성한 심상의 크기가 달라졌기 때문이다. 이는 지각상이 클 때와 마찬가지로, 심상이 클 때 세부 특징 변별이 용이하다는 것을 보여준다.

심적 주사

주사^{scanning}는 공간이나 장면을 이동하면서 살피는 행동을 지칭한다. 예를 들어 혼잡한 장소에서 사람이나 물건을 찾을 때는 왼쪽에서 오른쪽으로 또는 위에서 아래로 차례로 시선을 이동하며 장소를 주사한다. 지도에서 특정 지점을 찾을 때도 주사가 일어난다.

Kosslyn 등(1978)은 사람들이 눈앞에 지도를 놓고 주사하는 것과 마음속에서 공간을 상상하면서 주사하는 것의 차이를 살펴보았다. 연구자들은 ●그림 11.11과 유사한 가상의 섬 지도를 연구 참가자들에게 제시하고, 지도를 보지 않고도 마음속에 떠올릴 수 있을 정도로 학습하도록 하였다. 학습을 마친 후 참가자들은 마음속으로 지도를 떠올리며 섬 안의 한 지점에서 다른 지점으로 이동하는 것을 상상하였다.

●그림 11.11 심적 주사
연구 참가자들은 왼쪽의 지도와 비슷한 가상의 지도를 학습한 다음, 이를 마음속에 떠올리며 지도의 한 지점에서 다른 지점으로 이동하는 것을 상상했다.
출처: Kosslyn, Ball, & Reiser, 1978.

연구자들은 참가자들이 심상을 사용하여 지도의 두 지점 간을 주사하는 데 걸린 시간과 두 지점 간의 실제 거리와의 관계를 살펴보았다. 그 결과 실제 눈앞에 있는 공간을 주사할 때와 마찬가지로, 심상에서 먼 거리를 주사할수록 참가자들의 반응 시간이 증가하였다(●그림 11.12 참조).

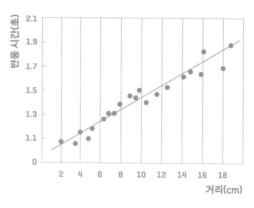

●그림 11.12 지도에서 두 지점 간 거리 증가에 따른 반응 시간의 증가
출처: Kosslyn et al., 1978.

심적 회전

물건을 조립하다 보면 부품이 동일한지 판단해야 할 때가 있다. 이 경우 대상의 3차원 형태를 판단해야 하는데, 이때는 정면의 모습뿐 아니라 측면과 후면의 모습 등도 함께 고려해야 한다. 대상이 눈앞에 있거나 너무 무겁지만 않다면 손으로 대상을 조작하여 살필 수 있지만, 그렇지 않다면 정지된 이미지를 바탕으로 판단해야 한다. 이러한 작업을 마음속에서 수행하기는 쉽지 않다. 이미지를 마음속에서 움직이고, 그 조작이 가져오는 결과를 상상해야 하기 때문이다.

[a]

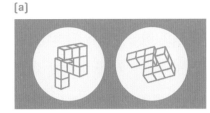

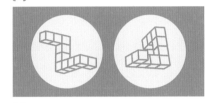

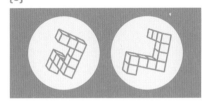

●그림 11.13 심적 회전 연구에서 사용된 자극
(a): 평면(x축)에서 80도 회전하면 일치하는 경우
(b): 깊이(z축)에서 80도 회전하면 일치하는 경우
(c): 회전을 해도 일치하지 않는 경우
출처: Shepard & Metzler, 1971.

Shepard와 Metzler(1971)는 사람들이 마음속에서 이미지를 어떻게 회전하는지, 즉 심적 회전 mental rotation 이 어떻게 일어나는지 살펴보았다. 연구자들은 연구 참가자들에게 회전축과 회전 각도가 다른 두 3차원 도형을 제시하고, 두 도형이 같은 도형인지 아닌지 판단하도록 하였다(●그림 11.13 참조). 회전 각도를 증가시키면서 판단 시간이 어떻게 증가하는지 살펴본 결과, 회전 각도가 증가할수록 반응 시간도 선형적으로 증가하였다(●그림 11.14 참조). 즉 실제 도형을 조작할 때와 유사하게, 마음속에서 이미지를 많이 회전해야 할 수록 판단 시간이 증가하였다.

●그림 11.14 두 도형이 회전한 정도에 따른 판단 시간 변화
(a): 평면(x축)에서 회전한 도형 쌍
(b): 깊이(z축)에서 회전한 도형 쌍
회전축에 따라 반응 시간이 증가하는 속도가 달라졌지만, 차이는 크지 않았다.
출처: Shepard & Metzler, 1971.

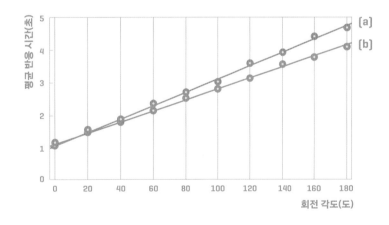

심성 모형: 이미지와 명제의 종합

Johnson-Laird(1983)는 표상이 마음속에서 하는 역할에 주목하였다. 그는 환경과 상호 작용하는 과정에서 **심성 모형** mental model 이 만들어진다

심성 모형
환경과 상호 작용하는 과정에서 만들어진 내적 표상. 개인이 자극이나 사건에 대해 형성한 이해가 반영되어 있음.

고 제안하였다. 심성 모형은 다양한 상황에서 만들어진다. 글을 이해하면서 글에서 묘사하는 사건이나 현상에 대한 심성 모형이 구성되거나 (13장 참조), 일상의 경험을 통해 자연 현상은 물론 물건의 작동 방식과 원리에 대한 심성 모형이 구성되기도 한다(Carroll & Olsen, 1988; Chi et al., 1994; Vosniadou & Brewer, 1992).

심성 모형은 환경에서 입력되는 자극 및 장기 기억에 저장된 정보를 바탕으로 만들어진다. 장기 기억에 저장된 정보가 심성 모형을 만들 때 사용되지만, 그렇다고 경험해 본 대상에 대해서만 심성 모형을 구성할 수 있는 것은 아니다. 장기 기억에 저장된 정보를 사용하여 한 번도 경험한 적이 없는 대상이나 장소에 대한 심성 모형을 구성하는 것도 가능하다.

사람들은 심성 모형을 바탕으로 세상과 상호 작용한다. 심성 모형은 삼단 논법 같은 논리적 추론 문제의 결론을 내리는 것은 물론, 아직 발생하지 않은 상황을 예측하고 적절한 대안을 선택하는 데도 사용된다 (14장, 15장 참조). 동일한 현상에 대해 단순한 심성 모형이 만들어질 수도, 복잡한 심성 모형이 만들어질 수도 있다. 특정 주제나 영역에 대해서 정교하고 정확한 심성 모형을 학습하는 것이 학습의 목표로 간주된다(Butcher, 2006). 적절한 심성 모형은 대상에 대한 정확한 예측을 가능하게 하지만, 잘못된 심성 모형은 오개념^{misconception}과 잘못된 조작 및 의사 결정의 원인이 된다(Kieras & Bovair, 1984). 개인뿐 아니라 집단 역시 업무 및 구성원의 역할과 관계에 대한 심성 모형을 구성하는데, 집단이 공유하는 심성 모형은 집단 수행의 근간이 된다(Lim & Klein, 2006).

심성 모형은 추상적이지만 이미지, 명제 등 다양한 형태로 표현될 수 있다. 어떠한 표상을 사용하든, 중요한 것은 심성 모형이 입력 자극의 흔적이나 복사가 아니라, 세상을 이해한 결과의 반영이라는 사실이다. 심성 모형이 이미지로 표현되어도 이는 지각 경험의 흔적을 인출한 것이 아니다. 지각 능력은 심성 모형을 구성하는 능력과 별개로 간주된다. 뇌 손상으로 지각 능력이 손상된 경우에도 이미지나 공간에 대한 심성 모형을 만들 수 있다(Behrmann et al., 1992). 글을 통해서 구성된 심성 모형은 글 자체가 아닌 글이 묘사하는 상황을 지칭한다. 글에 포함된 문장에 의존해서 심성 모형이 만들어지지만, 심성 모형이 글 자체에 대한 표상을 지칭하지는 않는다. 글을 읽고 글이 묘사하는 상황에 대한 이미지가 만들어지듯이, 글을 이해한 결과가 이미지로 표상되는 것이다.

심성 모형이 만들어질 때 중요한 요인 중 하나는 정보가 심성 모형 구성에 충분한 정보를 전달하는지이다. 글이나 영상 같은 입력 자극이 묘사하는 상황이 분명하지 않은 경우 심성 모형의 형성이 방해받을 수 있다. Mani와 Johnson-Laird(1982)는 두 가지 조건에서 심성 모형의 구성을 살펴보았다. 이들은 연구 참가자들에게 물체의 공간적 배열에 대해 세 문장으로 구성된 짧은 단락을 제시하였다. 연구는 단락에서 기술하는 공간 모형이 분명한 조건determinate condition과 모호한 조건indeterminate condition으로 나뉘어 진행되었는데, 후자의 조건에서는 복수의 공간 모형이 가능했다(●표 11.2 참조).

●표 11.2 분명한 공간 모형이 있는 조건과 공간 모형이 모호한 조건　　출처: Mani & Johnson-Laird, 1982.

조건	제시 단락	가능한 공간 모형
분명한 공간 모형	A는 D 뒤에 있다. A는 B 왼쪽에 있다. C는 B 오른쪽에 있다.	A B C D
모호한 공간 모형	A는 D 뒤에 있다. A는 B 왼쪽에 있다. C는 A 오른쪽에 있다.	A B C　　A C B D　　　　D

참가자들은 진술문을 학습한 다음 공간 배열을 나타낸 다이어그램을 보고 자신들이 학습한 단락과 일치하는지를 분류하였다. 참가자들이 다이어그램 분류를 마친 다음 깜짝 기억 검사가 실시되었다. 참가자들은 원 단락과 표현을 제시된 대로verbatim 기억한 다음, 재인 검사 단락을 원문과 일치하는 순서대로 평정하였다. 가자들이 원래 학습한 단락, 문장의 표현은 바뀌었으나 의미는 동일한 단락, 표현과 의미가 모두 바

꿴 단락이 검사 단락으로 제시되었다(●표 11.3 참조).

●표 11.3 재인 검사 단락 유형 　　　　　　　　　　　　출처: Mani & Johnson-Laird, 1982.

검사 단락 유형	예시
1 학습한 단락	The bookshelf is to the right of the chair. The chair is in front of the table. The bed is behind the chair.
2 표현은 바뀌었으나 의미는 동일한 단락	The bookshelf is to the right of the chair. The table is behind the chair. The chair is in front of the bed.
3-1 의미가 바뀐 단락 a	The bookshelf is to the right of the table. The chair is in front of the table. The table is behind the bed.
3-2 의미가 바뀐 단락 b	The bookshelf is to the right of the table. The table is behind the chair. The bed is in front of the table.

　●표 11.3에서 1번 단락을 2번 단락보다 더 높게 평정하는 것은 학습 원문의 언어적 형태를 그대로 잘 기억하고 있음verbatim recognition을 의미한다. 문장의 언어적 형태를 기억하지 못하지만 의미를 기억하는 경우 1번과 2번 평정 간에 차이가 없지만, 1번과 2번 단락(의미가 동일한 단락)에 대한 평정과 3-1번과 3-2번 단락(의미가 바뀐 단락)에 대한 평정이 다를 것이다. 반면 의미를 제대로 처리하지 않은 경우 선택지 간에 차이가 없을 것으로 기대되었다.

　기억 검사 결과 단락의 의미에 대한 기억은 공간 모형이 모호한 조건(3.1개)에서보다 분명한 조건(5.6개)에서 더 정확하였다. 반면 단락의 언어적 형태에 대한 기억은 공간 모형이 분명한 조건(57%)에서보다 모호한 조건(63%)에서 더 우수하였다. 글에서 묘사하는 공간 모형이 분명한 경우 원 단락의 언어적 형태는 더 이상 중요하지 않은 것으로 보인다. 단락이 묘사하는 의미, 즉 공간 모형만 정확하게 기억하면 되는 것이다. 반면 글에서 묘사하는 공간 모형이 모호한 경우 최종 모형을 확정할 수 없기 때문에 언어적 세부 사항을 기억할 필요가 있다. 글을 이해할 때 최종 산물로 남는 것은 글을 구성하는 문장이 아니라 글이 기술하는 상황, 즉 심성 모형이지만, 이 연구의 결과는 심성 모형을 구성하는 것이 용이하지 않을 때는 처리가 그 이전 단계에 머문다는 것을 보여준다.

분산 표상

인지신경과학의 발달과 함께 뇌에서 정보를 표상하는 방식에 대한 이해가 진전되면서 뇌의 작동 원리에 기반하여 표상을 설명하려는 시도가 이루어졌다. 1980년대에 시작된 **연결주의**connectionism는 뇌의 작동 원리에 기반하여 마음이 분산 표상distributed representation을 사용한다고 제안하였다. 연결주의에 따르면 단일 신경세포가 아닌 신경세포 집단이 정보를 표상한다. 즉 정보가 여러 처리 단위에 분산되어 표상된다는 것

연결주의
연결된 여러 단위에 분산된 처리가 만들어내는 패턴을 중심으로 인지를 설명하려는 이론. 어느 한 단위가 아닌 연결된 단위들이 병렬적으로 만들어내는 패턴을 중시함.

●**그림 11.15** 은닉층이 1개인 인공신경망

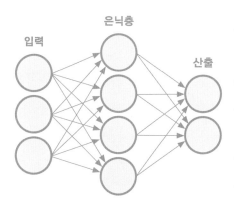

이다. 특정 처리 단위가 특정 표상에 대응되지 않고, 여러 처리 단위가 집단적으로 만들어내는 흥분과 패턴이 표상으로 간주된다. 분산 표상의 원리는 최근 인공신경망에 구현되었는데, 은닉층을 활용한 딥러닝은 최근 인공지능 연구의 성장 배경이 되고 있다(●그림 11.15 참조).

연결주의와 분산 표상은 종종 명제 표상과 같은 상징 표상의 존재를 부정하는 것으로 간주된다. 신경세포 자체는 흥분과 휴지(또는 억제)라는 두 가지 상태만 가지고 있으므로, 마음이 상징 표상을 사용하지 않는다고 주장한다. 하지만 분산 표상의 원리는 처리가 여러 단위에 분산되어 일어난다는 것이지, 기능적으로 단순한 처리 단위들이 결합해서 상징이나 의미 정보를 처리하는 것이 불가능하다는 것을 의미하지는 않

는다. 예를 들어 '참새'를 단독으로 처리하는 신경세포가 없어도 '참새'를 지각할 수 있듯이, '참새' 범주를 처리하는 신경세포가 없어도 참새 범주를 처리할 수 있다. 신경세포들이 집합적으로 보이는 흥분과 억제의 패턴이 중요하지만, 이들 패턴이 감각 정보만 처리하는 것은 아니다. 실제로 뇌는 감각 정보와 독립적으로 의미 정보를 표상하는 것으로 보인다. 의미 치매[semantic dementia]는 치매의 일종으로 일화적 기억의 손상을 보이는 알츠하이머성 치매와는 달리 의미 기억의 손상을 보인다. 의미 치매 환자는 사진이나 단어를 보여주어도 의미를 파악하지 못한다. 의미 정보에 국한된 치매의 존재는 의미 정보가 대뇌에서 독립적으로 처리됨을 보여준다.

분산 표상과 상징 표상을 결합하는 것도 가능하다. 신경세포와 상징 표상을 매개하는 별도의 표상 수준이 존재하고, 처리 수준에 따라 다른 표상이 사용될 가능성도 제안되었다(Smolensky, 1987). 상징적 연결주의[symbolic connectionism]에서는 신경세포 수준에서는 단순한 처리가 일어나지만 이들이 집단적으로 만들어 내는 패턴을 통해 의미 정보가 분산 표상될 수 있다고 본다(Hummel & Holyoak, 2003). 인지신경과학과 인공신경망의 발전과 함께 다양한 표상들이 어떻게 통합될 수 있을지가 분명해질 것으로 보인다.

3. 지각과 심상

지각은 실제 자극이 제시될 때 일어나는 경험이다. 심상은 입력 자극이 없을 때 일어나는 경험으로, 이러한 유사성은 뇌에서 상당 부분 처리 기제가 공유되기 때문에 발생한다.

신경 기제의 공유

대뇌의 일차 시각 피질(V1 영역)은 시각 처리를 담당한다. 눈으로 들어오는 자극은 제일 먼저 이 영역에 전달된다. 이 영역은 실제 자극을 볼 때뿐만 아니라 이미지를 상상할 때도 관여한다. Le Bihan 등(1993)은 기능 자기공명 영상법^{fMRI}을 사용하여 연구 참가자들이 자극을 지각하거나 상상하는 동안 일차 시각 피질의 활성화를 측정하였다. 참가자들에게 일정 시간 동안 시각 자극이 제시되었다가(자극 제시), 빈 화면이 제시되었다가(자극 부재) 다시 자극이 제시되는 절차가 반복되었다. 자극이 사라진 동안 참가자들은 휴식을 취하거나 앞에서 본 자극을 회상하였다. 참가자들이 자극을 회상할 때 자극에 대한 심상이 만들어졌는데, 실제 자극을 볼 때뿐 아니라 자극을 상상할 때도 일차 시각 피질이 활성화되었다(●그림 11.16 참조).

●**그림 11.16 상상과 시각 피질**
시각 자극이 연이어 제시되는 사이에 자극이 부재한 기간이 존재하였다. (a)는 이 기간 동안 휴식한 경우 시각 피질의 활동을, (b)는 이 기간 동안 앞에서 본 자극을 상상한 경우 시각 피질의 활동을 나타낸다. 신호 강도 변화가 클수록 시각 피질이 더욱 활성화되었음을 의미한다.
출처: Le Bihan et al., 1993.

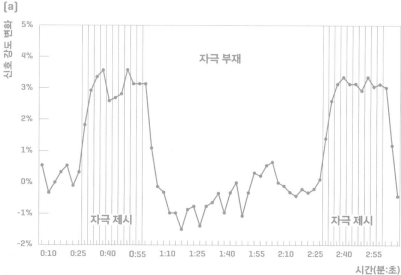

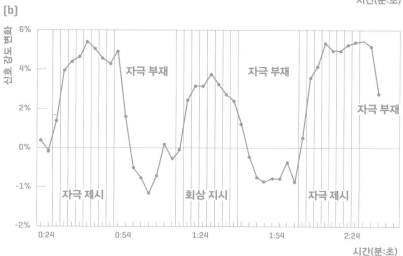

Ganis 등(2004)은 지각과 심상에 공통적으로 관여하는 대뇌 영역을 보다 정확하게 알아보고자 하였다. 이를 위해 연구 참가자들에게 흔히 관찰할 수 있는 단순한 물체(예: 나무)의 그림을 제시하거나 마음속으로 상상하게 하였다. 그 다음 해당 물체에 대한 질문에 답하도록 하였는데, '물체의 가로 길이보다 세로 길이가 더 긴가?', '물체에 각진 부분이 있는가?' 등의 질문이 사용되었다. 참가자들이 질문에 답하는 동안 시각 피질이 있는 후두엽뿐 아니라 두정엽, 전두엽, 측두엽의 활성화가 측정되었다. 눈에서 입력된 자극은 제일 먼저 후두엽에 도착한다. 후두엽에서 대상의 세부 특징이 추출된 다음, 두정엽과 측두엽 등에서 대상의 형태, 위치 등에 대한 후속 처리가 일어난다(2장 참조). 그림을 지각하거나 상상하는 동안 공통적으로 활성화되는 영역을 살펴본 결과, 후두엽과 측두엽보다는 전두엽과 두정엽에서 더 큰 활성화의 공유가 관찰되었다. 이러한 결과는 시각과 심상의 유사성이 초기 시각 처리에서 일어나는 세부 특징의 추출과 분석보다는 후반부에 일어나는 세부 특징의 통합과 위치 처리에 있음을 시사한다.

지각과 심상 처리가 동일한 영역의 활성화를 수반하는 정도는 사용된 과제에 따라 달라진다. 윗 단락에서 소개된 Ganis 등(2004)의 연구에서는 연구 참가자들에게 대상을 제시하거나 상상하도록 한 다음, 대상의 특성에 대해 질문하는 과제를 사용하였다. 반면 Kosslyn 등(1997)의 연구에서는 참가자들이 이름과 그림 자극을 비교하거나(예: 그림에 대한 이름이 적절한지) 이전에 본 자극에 대한 심상을 형성하게 한 다음, 질문(예: 심상이 눈앞의 그리드^{grid}에 맞는지)에 답변하도록 하였다. 21개 대뇌 영역에서 활성화를 살펴본 결과, 21개 영역 중 14개 영역에서 공통된 활성화가 보고되었다. Ganis 연구에서보다 훨씬 더 넓은 뇌의 영역에서 활성화가 공유되었는데, 이러한 결과는 지각상과 심상에 대해 어떠한 처리가 요구되는지에 따라 활성화가 공유되는 범위가 달라짐을 시사한다.

처리의 촉진과 방해

지각상의 처리와 심상의 처리에 모두 관여하는 대뇌 영역의 존재는 과제 수행에 다양한 함의를 가진다. 대뇌 영역이 지각과 심상 처리에 모두 관여한다는 것은 지각과 심상이 서로의 처리를 촉진할 수 있다는 것을 시사한다. Farah(1989)는 심상 형성이 이후 제시되는 자극의 지각을 촉진할 수 있는지 알아보았다. 연구 참가자들은 화면을 응시하면서 격자 화면이 꽉 차도록 H 또는 T를 상상하였다(●그림 11.17 참조). 이후 화면에 별 모양 자극이 제시되면 이를 탐지하였는데, 자극이 제시되는 위치에 따라 두 가지 조건으로 나뉘었다. 심상 내^{on-image} 조건에서는 참가자들이 상상한 글자 안에 별 모양 자극이 제시되었다. 심상 외^{off-image} 조건에서는 참가자들이 상상한 글자 밖에 별 모양 자극이 제시되었다. 참가자들은 글자 안에 제시된 별 모양 자극을 더 잘 탐지하였는데(77% vs. 67%), 이러한 결과는 특정 위치에 심상을 만든 것이 이후의 지각 처리를 촉진함을 의미한다.

●**그림 11.17 Farah의 연구에서 제시된 자극 예시**
본 화면은 총 25(5X5)개의 격자로 구성되었다. 화면 정중앙의 응시점을 제외한 24개의 격자에 별 모양 자극이 제시되었는데, 심상 내 조건에서는 글자 안에, 심상 밖 조건에서는 글자 밖에 제시되었다.
출처: Farah, 1989.

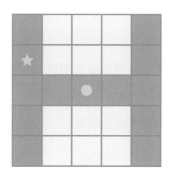
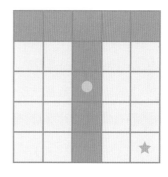

하지만 지각과 심상이 항상 서로의 처리를 촉진하는 것은 아니다. Segal과 Fusella(1970)는 연구 참가자들에게 물체나 소리를 상상하면서 자극이 제시되면 탐지하는 이중 과제를 부여하였다. 조건에 따라 상상 과제와 지각 과제에 관여하는 감각 양상이 일치하거나 일치하지 않았다. 일치 조건에서는 두 과제에 동일한 감각이 사용되었고(예: 나무 모습을 상상할 때 눈에 화살표 자극 제시), 불일치 조건에서는 다른 감각이 사용되었다(예: 나무 모습을 상상할 때 귀에 오보에 소리 제시). 제시

된 시각 또는 청각 자극을 얼마나 정확하게 탐지하는지 살펴본 결과, 지각 과제와 상상 과제에서 다른 감각을 사용할 때보다 같은 감각을 사용할 때 참가자들의 수행이 더 저조하였다. 이러한 결과는 4장에서 살펴본 Brooks(1968)의 연구 결과와 일치한다. Brooks의 연구에서 참가자들이 심상을 스캔하는 과제를 하면서 언어적으로 반응하는 것은 수행의 지연을 야기하지 않았다. 하지만 시각적으로 반응하는 것(예: '바깥쪽' 또는 '안쪽'이라고 쓰여진 글자를 찾아 손가락으로 가리키기)은 수행의 지연을 야기하였다. 지각 과제와 심상 과제에서 동시에 동일한 감각을 사용하는 경우 지각상에 대한 처리와 심상에 대한 처리가 대뇌에서 동일한 처리 자원을 놓고 경합하게 되고, 이는 처리의 지연으로 이어진다. 반면 지각 과제와 심상 과제가 시차를 두고 수행되거나 서로 다른 감각을 사용하는 경우 이러한 문제에서 상대적으로 자유로울 수 있다. 지각과 심상이 서로의 처리를 방해하는 현상은 일상생활에서도 관찰된다. 자동차 운전을 하면서 시각적 이미지(예: 머리를 자른 다음의 얼굴 모습)를 상상하기는 쉽지 않은데, 이는 두 과제가 대뇌에서 같은 처리 기제를 사용하기 때문이다. 반면 운전을 하면서 말을 하는 것은 이러한 제약에서 상대적으로 자유롭다. 지각과 언어는 뇌에서 상대적으로 독립된 영역에서 처리되기 때문이다. 하지만 작업 기억이 관여하는 과제의 경우 이중 과제 수행은 작업 기억의 용량 제한 문제에서 자유로울 수 없다.

질적 차이

심상은 기억에 저장된 정보를 바탕으로 만들어지기 때문에 지각상만큼 정확하지 않다. Nickerson과 Adams(1979)는 미국인 연구 참가자들을 대상으로 1센트(페니) 동전에 대한 기억을 알아보았다. 보지 않고 1센트 동전 그리기, 동전 특징 목록(예: 앞면에 주조 연도 표기됨)을 참조해서 1센트 동전 그리기, 동전 그림을 보고 정확한 1센트 동전 그림인지 답하기, 여러 동전 그림 중 정확한 1센트 동전 그림 찾기 등 다양한 과제가 사용되었다. 당시 일상에서 1센트 동전이 자주 사용되었음에도, 참가자들의 수행은 모든 과제에서 저조하였다. 정확한 1센트 동전 그림을 보고 맞다고 판단한 참가자는 50%에 불과했고, 틀린 그림을 보고 67%의 참가자가 맞는 그림이라고 답변한 경우도 있었다(●그림 11.18 참조). 이러한 결과는 자주 접하는 물체라도 마음속에 정확한 심상을 형성하기가 어려움을 보여준다. 심상은 저장된 시각 정보에 근거해서 만들어지므로, 이러한 결과는 대상에 대한 시각적 기억이 세세하지 않음을 의미한다. 동전을 자주 사용한다고 해도, 다른 동전들과 변별할 수 있을 정도로만 동전에 대한 정보를 처리하면 충분하기 때문에 군이 세부 사항까지 정확하게 기억에 저장하지 않는 것으로 보인다.

●**그림 11.18 미국의 1센트 동전 그림**
(a)는 정확한 1센트 동전 그림임에도 맞다고 판단한 연구 참가자는 50%에 지나지 않았다. (b)는 틀린 1센트 동전 그림의 예시인데, 참가자 중 67%는 해당 그림이 정확한 1센트 동전 그림이라고 판단하였다.
출처: Nickerson & Adams, 1979.

Chambers와 Reisberg(1985)는 지각상과 심상이 동일하다면, 심상에 대해서도 재해석이 가능해야 한다고 보았다. 이들은 심상에 대한 재해석이 가능한지 알아보기 위해서 연구 참가자들에게 다양하게 해석될 수 있는 모호한 자극을 제시하고 이를 기억하도록 하였다(●그림 11.19 참조). 이후 참가자들에게 자극을 상상하면서 자신이 처음 본 형태와 다른, 대안적인 형태를 찾도록 요청하였다(예: 처음에 오리를 본 참가자라면, 오리 말고 다른 형태를 볼 수 있는지). 참가자들이 대안적 해석을 찾는 데 어려움을 보이면, 이미지의 어느 부분에 집중해야 하는지 힌트를 주었다. 참가자들이 계속 어려워할 경우, 마지막으로 마음속에 떠오른 이미지를 종이에 그린 다음 대안적 해석을 찾도록 하였다. 자극을 상상하면서 대안적 해석을 찾는 데 성공한 참가자는 1명도 없었으나, 마지막에 자신이 그린 그림을 보면서는 모두 재해석에 성공하였다.

●**그림 11.19 오리 또는 토끼로 보이는 가역적 그림**
처음에는 오리와 토끼 중 한 가지 형태만 보지만, 다른 형태를 볼 수 있다는 것을 알려주면 대부분 손쉽게 다른 형태를 볼 수 있다.

망막에 맺힌 상은 해석이 필요하다. 반면 심상은 이미 해석이 일어난 결과물을 반영한다. 어떠한 해석을 했는지에 따라 부가적인 처리가 가능할 수도, 불가능할 수도 있다. Reed(1974)는 연구 참가자들에게 두 도형을 차례로 보여주고, 두 번째 도형이 첫 번째 도형에 포함되었는지를 질문하였다(●그림 11.20 참조). 두 도형을 눈앞에 나란히 놓고 이 질문에 답하는 것은 어렵지 않다. 하지만 이 과제에서는 첫 번째 도형이 사라진 다음에 두 번째 도형이 제시되기 때문에 참가자들은 첫 번째 도형에 대한 기억에 의존해서 질문에 답해야 했다. 참가자들의 수행은 두 번째 제시된 도형에 따라서 달라졌다. ●그림 11.20에서 왼쪽에 있는 다윗의 별이 제시된 다음에 삼각형이 제시되었을 때는 80명의 참가자 중 71명이 정확하게 답변하였다(예: 다윗의 별에 삼각형이 포함된다고 정확하게 답변함). 하지만 다윗의 별 다음에 평행사변형이 제시되었을 때는 제대로 답변한 참가자가 11명에 불과했다.

●그림 11.20 심상에 의존한 도형 분석 과제
왼쪽의 다윗의 별 같은 도형이 제시된 다음 오른쪽 도형 중 하나가 제시된다. 연구 참가자들은 해당 도형이 앞에서 본 도형에 포함되는지 답변해야 했다. 왼쪽 도형이 더 이상 눈앞에 없으므로, 참가자들은 기억에 의존해서 답변해야 했다.
출처: Reed, 1974.

연구자들은 시각 자극이 지각될 때 형태 정보뿐 아니라 구조에 대한 정보가 함께 추출되기 때문에 이러한 차이가 발생한다고 보았다. 예를 들어 다윗의 별과 같은 도형을 볼 때는 2개의 삼각형이 다른 방향으로 포개졌다는 구조적 기술structural description이 종종 함께 저장되지만, 평행사변형은 포함되지 않는 경우가 대부분이다. 저장된 구조적 기술 정보는 이후 해당 도형에 대한 질문에 답할 때 사용된다. 구조적 기술에 포함된 도형(예: 삼각형)에 대한 질문에는 잘 답변할 수 있으나, 구조적 기술에 포함되지 않은 도형(예: 평행사변형)에 대한 질문에는 답변이 어렵다.

망막에 맺힌 상은 일련의 처리를 거치면서 해석된다. 이 과정에서 중요하지 않은 정보는 제거되고 중요한 정보만 남는다. 자극에 대한 기억은 이러한 해석을 반영한다. 심상은 이러한 해석을 바탕으로 만들어지므로, 모호한 이미지를 재해석하거나 이미지를 새로운 방식으로 분석하는 데 필요한 세부 정보는 종종 누락된다. 즉 지각과 심상은 기능적으로 상당히 유사하지만, 둘 간에는 질적인 차이가 존재한다.

4. 명제 표상과 심상

단일 부호와 이중 부호, 연결주의와 상징 표상에 대한 논쟁은 종결되지 않았지만, 명제와 심상 부호 모두 정보 처리의 일정 수준에서 실재하는 것으로 보인다. 같은 정보를 명제와 심상을 사용하여 모두 표상할 수 있다(●표 11.1 참조). 어느 표상이 더 우선하는지에 대한 질문 못지않게 각 표상이 어떠한 처리에 적합한지, 어떻게 서로 영향을 주고받는지 살펴볼 필요가 있다.

관계 정보와 순서 정보

표상은 대상을 축약한다. 그 과정에서 자극의 특정 측면이 부각되거나 생략된다. 명제 표상과 심상은 각각 드러내고 강조하는 정보에서 차이를 보인다. Kosslyn(2005)에 따르면 명제 표상은 대상을 기술[describe]하지만, 심상은 대상을 묘사[depict]한다. 기술은 대상의 속성을 표현하는 것으로, 예를 들어 얼굴에 대한 기술은 눈·코·입의 존재 여부, 색, 크기와 모양 등에 대한 정보를 제공한다. 반면 묘사는 관계 정보를 표상하는 것으로, 눈·코·입이 존재하고 어떤 값을 갖는지뿐 아니라 눈·코·입이 서로 어떠한 관계를 가지는지 알려준다. 명제 표상도 이러한 관계 정보를 표상할 수는 있지만(예: 눈·코·입의 정확한 위치에 대한 좌표 기술), 이 구성 요소들이 통합되어 만들어내는 패턴을 전달하는 데는 비효율적이다. 심상은 관계 정보를 손쉽게 처리할 수 있는 형태로 나타내는데, 이로 인해 단어보다 그림을 더 잘 기억하는 것으로 보인다.

명제 표상은 순서 정보 처리에 심상보다 더 적합하다. 순서 정보는 어떤 사건이 먼저 일어나고 어떤 사건이 나중에 일어났는지를 알려주므로, 일의 진행과 인과 관계를 파악할 때 매우 중요한 정보이다. 언어 정보는 계열적으로 제시되기 때문에 그 속성상 순서 정보를 처리하는 것이 중요하다. 문장에서 어떤 단어가 먼저 제시되었는가에 따라서 역할과 의미가 달라지기도 한다. 'The dog ate the apple'과 'The apple ate the man'이라는 두 문장의 경우 구조는 동일하지만 어떤 단어가 먼저 나왔는가에 따라서 매우 다른 의미 관계가 만들어진다. 이미지의 제시 순서는 일반적으로 그리 중요하지 않다. 오른쪽에서부터 이미지가 제시될 수도, 왼쪽에서부터 제시될 수도 있다. 배경이 먼저 제시된 다음 가운데에 형figure이 제시될 수도, 반대의 순서로 제시될 수도 있다. 하지만 제시 순서가 달라진다고 이미지가 무엇인지가 달라지지는 않는다.

명제와 심상이 가진 이러한 특성은 해당 표상을 처리하는 데 반영된다. Paivio(1969)는 연구 참가자들에게 그림과 단어를 각각 제시하고 기억하도록 하였다. 이후 참가자들이 학습한 것을 회상할 때, 자극이 제시된 순서에 따라 회상하는 조건(순서 회상 조건)과 제시 순서와 무관하게 회상하는 조건(무순서 회상 조건)으로 나뉘어 연구가 진행되었다. 그 결과 순서 회상 조건에서는 단어에 대한 회상이 더 우수하였으나 무순서 회상 조건에서는 그림에 대한 회상이 더 우수하였다. 언어 정보에 내재된 순서 정보 때문에 제시 순서를 더 잘 회상할 수 있었던 것으로 보인다.

Nielsen과 Smith(1973)는 연구 참가자들에게 얼굴에 대한 언어적 기술(언어 조건) 또는 얼굴 그림(그림 조건)을 제시하고, 이를 학습하도록 하였다. 얼굴은 5개의 속성(눈, 코, 입, 눈썹, 귀)에서 차이가 났는데, 각 속성 값에 따라서(예: 큰 눈, 중간 크기 눈, 작은 눈) 다양한 얼굴이 존재하였다. 참가자들이 학습을 마친 뒤, 연구자들은 이번에는 얼굴 그림을 제시하고 해당 얼굴 그림이 전에 학습한 얼굴 정보와 동일한지 판단하게 하였다. 검사에 사용된 얼굴 자극에 따라 원자극과 검사 자극 간에 변화된 얼굴 속성 수가 달라졌다. 예를 들어 변화된 속성이 3개인 조건에서는 5개 속성 중 3개(예: 눈, 코, 입)만 변화되었고, 5개인 조건에서는 모든 속성의 값이 변화되었다. 얼굴에 대한 판단 시간을 살펴본 결과 언어 제시 조건에서는 변화된 속성의 수가 많아지면 반응 시간이 점차 증가하였다. 반면 그림 조건에서는 변화된 속성 수가 반응 시간에 영향을 미치지 않았다(●그림 11.21 참조). 얼굴 그림을 학습한 경우 얼굴의 속성이 병렬적으로 처리되어 변화된 속성이 증가해도 판단 시간이 증가하지 않은 것으로 보인다. 반면 얼굴에 대한 언어적 기술을 학습한 경우 속성별로 한 번에 하나씩 비교되는 계열 처리가 일어난 것으로 보인다.

●**그림 11.21 변화된 얼굴 속성 수와 판단 시간**
출처: Nielsen & Smith, 1973.

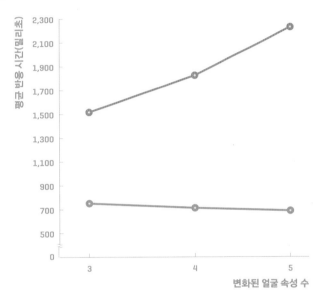

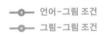

언어-그림 조건
그림-그림 조건

명제 표상과 심상의 상호 작용

동일한 대상에 대해서 종종 명제 표상과 심상이 공존하며, 두 표상은 서로 영향을 주고받는다. Carmichael 등(1932)은 연구 참가자들에게 다소 모호한 그림 자극과 함께 그림에 대한 언어적 명칭을 제공하였다. 동일한 그림에 대해서 2개의 서로 다른 명칭이 사용되었는데, 예를 들어 동일한 그림이 한 조건에서는 '창문 커튼'으로, 다른 조건에서는 '사각형 안의 다이아몬드'로 명명되었다(●그림 11.22 참조). 그림을 학습한 후 참가자들은 순서에 상관 없이 학습한 그림을 회상하였다. 참가자들이 재생한(그린) 그림은 앞에서 제시된 명칭에 부합하는 방식으로 변형되었다. 동일한 그림이 '사각형 안의 다이아몬드'라고 명명된 경우 더 다이아몬드 모양과 유사한 모습으로 표현되었고, '창문 커튼'으로 명명된 경우 커튼과 더 부합되게 그려졌다. 이는 언어적 명칭이 그림의 해석에 영향을 주어 그림의 특정 부분을 강조하거나 무시하게 만든 것이다.

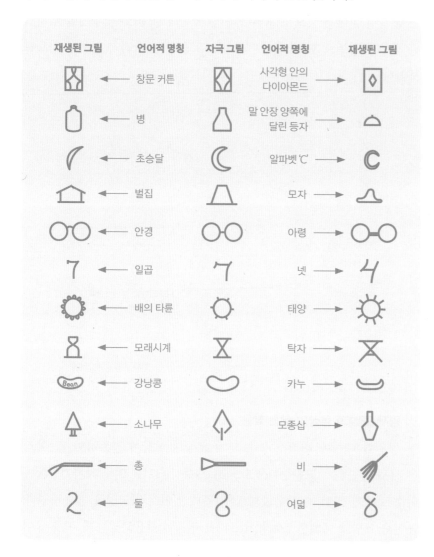

●그림 11.22
가운데 열의 자극 그림이 연구 참가자들에게 제시되었다. 조건에 따라 그림의 오른쪽 또는 왼쪽의 언어적 명칭이 함께 제시되었다. 양쪽 끝 열은 각 조건에서 참가자들이 회상하여 그린 그림이다.
출처: Carmichael et al., 1932.

명제 부호가 만들어지면 심상의 질이 저하된다. Brandimonte와 Gerbina(1993)는 다양한 연령 집단의 연구 참가자들에게(6세, 10세, 및 성인) 가역적인 그림(●그림 11.19 참조)을 보여주고, 대안적인 해석을 찾는 연습을 하게 하였다. 참가자들이 그림을 학습할 때 조음 억제 조건과 통제 조건이 있었다. 조음 억제 조건에서는 그림을 학습할 때 언어적 부호화가 일어나지는 것을 방해하기 위하여 조음 억제 절차가 사용되었다. 조음 억제는 자극을 보면서 '라라라' 같은 무의미한 소리를 계속 발성하는 것으로, 자극이 작업 기억에서 언어적으로 부호화되는 것을 방해한다(5장 참조). 통제 조건에서는 조음 억제 없이 제시된 그림을 학습하였다. 그림 학습을 마친 후 참가자들에게 해당 그림에 대한 이미지를 상상하고 이미지에 대해서 대안적 해석을 찾도록 하였다.

심상에 대한 재해석이 일어나는지 살펴본 결과, 통제 조건보다 조음 억제 조건에서 재해석이 더 많이 일어났다. 언어는 중요한 정보 전달의 도구로, 많은 자극을 부호화할 때 사용된다. 이미지를 볼 때도 언어적 부호화가 자연스레 일어난다(예: 사람 얼굴을 보면 이름으로 부호화한다). 조음 억제 조건에서는 이러한 자연스러운 언어적 부호화가 방해되었기 때문에 더 많은 시각 정보가 부호화될 수 있었다. 더 많은 시각적 세부 특징 정보가 표상되었기 때문에 재해석도 더 용이했던 것으로 보인다. 반면 통제 조건에서는 언어적 부호화가 방해받지 않고 일어난 결과 그림의 시각 정보가 상대적으로 충분히 부호화되지 못하였고 그 결과 재해석이 더 어려웠던 것으로 보인다. 이 연구에서 조음 억제가 이미지 재해석에 미치는 효과는 6세 아동보다 10세 아동과 성인에게서 더 크게 나타났다. 나이가 들수록 언어 능력이 향상하면서 시각 자극을 언어적으로 부호화하는 데 능숙해진다. 언어 부호에 대한 의존성이 증가하면서 시각 특징에 대한 부호화가 감소하여 이러한 결과가 얻어진 것으로 보인다.

12 장

언어 I: 단어에서 문장까지

언어가 마음속에서 어떻게 처리되는지 모른다면, 마음의 작동을 이해하기 어렵다. 언어는 마음이 사용하는 도구이자 기술이다(Mufwene, 2013). 언어를 통해 눈앞에 없는 대상이나 추상적 개념에 대해 생각하고, 타인과 서로의 경험을 공유하고, 나아가 공동의 목표를 추구할 수 있다. 이 장에서는 언어 처리의 유형과 단계를 살펴본 다음, 어휘와 문장이 어떻게 처리되는지 공부한다.

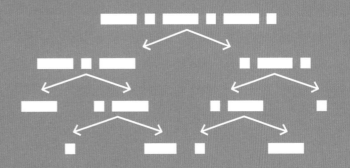

언어 처리의 유형과 단계

어휘 처리

문장 처리: 통사
- 표면 구조와 심층 구조
- 통사 처리의 증거
- 주요 통사 요소의 처리
- 통사적 중의성

문장 처리: 의미
- 의미 정보의 추출
- 문장에서 명제로

12장_언어 I: 단어에서 문장까지

1. 언어 처리의 유형과 단계

언어는 상징 표상의 일종으로 약속에 의해 작동하는 임의적 기호 체계이다. 언어 사용을 크게 구어 ^{spoken language}와 문어 ^{written language}로 구분하는데, 구어는 말소리와 음운 부호에, 문어는 시각 부호에 의존한다. 구어와 문어의 처리는 다시 수용적 언어 ^{receptive language} 처리와 표현적 언어 ^{expressive language} 처리로 나뉜다. 수용적 언어 처리는 언어를 해독하고 이해하는 것과 관련된 처리를, 표현적 언어 처리는 언어를 생성하고 표현하는 것과 말하는 것과 관련된 처리를 의미한다(●그림 12.1 참조).

구어는 청각, 문어는 시각에 의존한다. 이는 언어가 제시되는 방식은 물론 처리되는 방식의 차이를 낳는다. 구어는 소리 자극을 통해 제시되고, 이는 시간이 지나면 사라진다. 구어의 처리는 소리가 작업 기억에 남아있는 동안 일어나야 한다. 반면 문어는 종이 등의 매체를 통해 제시되므로, 이전에 제시된 부분을 놓치거나 망각했다면 금방 다시 확인할 수 있다. 이러한 이유로 구어의 처리는 작업 기억의 용량 제한에 의해 더 크게 영향을 받지만 문어는 구어보다 작업 기억의 용량 제한에서 상대적으로 자유롭다. 이러한 처리 방식의 차이는 문어와 구어의 언어적 특성과 연결된다. 구어의 경우 의미 단위가 짧고 통사 구조가 단순하나, 문어의 경우

언어
음성이나 문자를 이용한 의사 소통 도구. 상징을 사용한 임의적인 약속 시스템으로, 소통은 물론 내적 사고에서 중요한 역할을 함.

●그림 12.1 언어 이해와 표현의 다양한 형태

이해   표현

구어 ➡   듣기   말하기 ➡

문어 ➡   읽기   쓰기 ➡

문장의 길이가 길고 통사 구조가 복잡할 때가 더 많다(Osada, 2004).

언어 처리에 관한 연구는 산출보다는 이해를 중심으로 진행되었다. 언어 이해는 여러 단계의 복잡한 처리를 통해서 이루어진다(Treiman et al., 2003). 언어 이해는 언어 자극을 지각하는 데서 시작하는데, 문어인지 구어인지에 따라서 일어나는 처리가 다르다. 구어의 이해는 소리 자극에서 음소phoneme, 즉 더 이상 나눌 수 없는 가장 작은 소리 단위가 추출되면서 시작된다. 문어의 경우 시각(점자의 경우 촉각) 처리가 중요한 역할을 한다. 문어 자극이 제시되면 시각 자극의 형태가 분석·조합되는데, 세부 특징의 결합 방식에 따라서 다른 자모(예: 'ㄱ', 'ㄴ')가 지각된다. 청각과 시각은 언어 자극을 지각할 때 상호 작용한다. 시각적으로 제시된 단어를 재인할 때 단어의 음운 정보가 영향을 준다(배성봉 & 이광오, 2010). 음운 정보를 지각할 때는 시각 정보가 영향을 주는데, 이는 McGurk 효과로 알려져 있다(●그림 12.2 참조).

●**그림 12.2 McGurk 효과**
언어 자극을 지각할 때 시각 정보와 청각 정보가 서로 영향을 준다. 예를 들어 '바' 소리를 들려주면서 '가'를 발음하는 입 모양을 보여주면 사람들은 '다'를 지각한다.

[a] 들려주는 소리: '바' [b] 보여주는 입 모양: '가' [c] 지각하는 소리: '다'

형태소morpheme는 의미를 가지는 가장 작은 언어의 단위를 지칭한다. 형태소는 단독으로 단어를 만들기도 하지만(예: '이야기'), 다른 형태소와 결합하여 단어를 만들기도 한다(예: '이야기책'). 단어들이 모여서 더 큰 의미 단위인 구와 절, 문장을 만든다. 그 결과 대상 간에 일어나는 행위(예: 이야기를 듣다)나 대상의 속성(예: 아름다운 이야기), 관계(예: 준석이는 지원이를 좋아한다) 등을 묘사할 수 있게 된다. 단어들이 모여 의미를 만들어낼 때는 규칙에 따르는데, 이 규칙을 문법grammar 또는 통사syntax라고 부른다. 한 단어만 가지고도 소통할 수 있지만, 정보를 전달할 때는 대부분 여러 문장이 필요하며, 전달하고자 하는 내용이 많고 복잡할수록 필요한 문장이 늘어난다. 문장이 모여 만드는 단위는 다양한 이름으로 불린다. 문어에서는 문장의 집합을 덩이글^{text}이라고 부른다. 덩이글은 텍스트의 우리말 표기이며, 문장들이 모여 덩이를 이루었다는 의미로 문장들이 뭉쳐서 글을 이룬 형태를 지칭한다. 구어의 경우 청자와의 상호 작용의 유무 또는 시점에 따라서 강연^{lecture}과 대화^{conversation}를 구분한다. 덩이글, 대화, 강연 등을 통해 일어나는 다양한 정보 전달을 통칭하여 담화^{discourse}라고 부른다(van Dijk, 1997).

형태소를 추출하고 통사 구조를 파악하고 문장의 의미를 파악하는 등의 처리는 구어와 문어에서 공통적으로 일어난다. 하지만 말소리 정보는 생성 직후 사라진다. 작업 기억에 잠시 담아둘 수는 있지만, 작업 기억에 담아둘 수 있는 정보의 양은 제한되어 있다. 앞 문장에 대한 처리가 완결되지 않은 상태에서 후속 자극이 입력되면 앞 문장에 대한 처리는 중단된다. 이와 달리 시각적으로 언어 자극이 입력되는 경우, (책장이나 스크린을 넘기지 않는 한) 눈앞에 있는 정보를 참조할 수 있기 때문에 작업 기억에 가해지는 부담이 적다. 구어 처리가 항상 불리한 것만은 아니다. 구어는 문어보다 생성 속도가 빠르다. 또한 글에는 없는 억양, 운율 강세 등과 같은 준언어 단서^{paralinguistic cue}가 존재한다. 이 단서들은 어휘와 문장의 모호성을 해소하는 데 중요한 역할을 하는데, 이러한 단서가 부족할 경우 소통에 오해가 발생하기도 한다. 다양한 언어 처리의 측면을 전부 다룰 수는 없지만, 어휘 처리부터 시작해서 글 이해를 중심으로 언어 처리가 어떻게 진행되는지 살펴본다.

2. 어휘 처리

시각을 사용하는지 청각을 사용하는지에 따라, 사용하는 언어에 따라 언어 자극이 제시된 직후의 처리는 달라질 수 있다. 하지만 감각 입력의 특징에 대한 분석이 어느 정도 이루어지고 나면 입력 자극에서 형태소가 추출된다. 앞에서 언급한 바와 같이 형태소는 의미를 가진 언어 자극의 최소 단위를 지칭한다. '이야기', '책' 등의 명사뿐만 아니라 한국어의 경우 '은', '는' 등의 조사가 여기에 속한다. 형태소는 단독으로 혹은 다른 형태소와 결합하여 사용된다. 접두어나 접미어 등의 형태소는 대상의 수(예: 이야기들)나 행위의 시제(예: 듣다, 들었다)에 대한 정보를 제공하기도 한다.

단어 처리의 주 과제는 각 단어가 참조하는 의미가 무엇인지를 파악하는 것이다(이광오 등, 2017). 단어의 의미를 이해한다는 것은 특정 기호나 소리가 표상하는 의미를 이해한다는 것을 뜻하는데, 단어의 의미는 언어마다 독특한 약속에 의해서 결정된다.

따라서 단어, 즉 어휘의 의미를 이해한다는 것은 그 약속을 알고 있다는 것을 의미한다. 심성 어휘집$^{mental\ lexicon\ 또는\ mental\ dictionary}$은 마음속에 있다고 가정되는 사전, 즉 개인이 이해하고 산출할 수 있는 단어의 집합이다. 심성 어휘집의 크기는 해당 언어에 대한 학습의 유무와 정도에 따라 달라지며, 읽기 능력 및 교육 수준과 밀접하게 관련되어 있다.

다양한 요인이 단어 처리에 영향을 준다. 예를 들어 단어의 길이가 길수록 처리에 더 오랜 시간이 걸린다. 글을 읽을 때 긴 단어를 짧은 단어보다 더 오래 응시하고 제시된 자극이 단어인지 아닌지를 판단하는 어휘 판단$^{lexical\ decision}$에 더 오랜 시간이 걸린다(고성룡 & 윤낙영, 2007). 어휘의 발생 빈도^{frequency} 역시 처리 속도에 영향을 준다. 단어 빈도 효과$^{word\ frequency\ effect}$는 고빈도 어휘가 저빈도 어휘보다 빨리 처리되는 것을 지칭한다. 사람들은 고빈도 단어를 저빈도 단어보다 빠르게 말하고, 단어에 대한 어휘 판단과 범주화 역시 더 빠르게 수행한다. 글을 읽으면서 고빈도 단어를 접하면 빨리 처리하고 다음 단어로 넘어가지만, 저빈도 단어를 접하면 더 오래 응시하는 경향이 있다.

어휘는 전달하는 정보에 따라서 내용어$^{content\ word}$와 기능어$^{function\ word}$로 구분된다. 내용어는 물체^{entity}, 행위^{action}, 속성^{property} 등에 대한 정보를 전달한다. 기능어는 문법적 역할을 담당하는 단어들로, 한글의 경우 동작의 주체를 나타내는 격조사(예: '이', '가'), 영어의 경우 전치사(예:

in, of), 관사(예: the) 등이 이에 해당한다. 기능어와 내용어는 다소 다르게 처리된다. 단어에 특정 낱자가 포함되었는지를 판단하는 과제에서, 낱자가 내용어에 포함된 경우보다(예: 'three'에 'h'가 포함되었는가?) 기능어에 포함된 경우(예: 'the'에 'h'가 포함되었는가?) 탐지 오류가 증가한다. 또한 사람들은 글을 읽을 때 기능어를 종종 건너뛴다. 단어가 문장의 후반에 제시될수록 읽기 시간이 증가하지만, 이러한 현상은 주로 내용어에서 관찰되고, 기능어의 경우 문장에서의 위치에 따른 읽기 시간 증가는 상대적으로 크지 않다(Just & Carpenter, 1980). 기능어와 내용어 간의 처리 차이는 기능어가 일반적으로 더 짧고, 문장에서 기능어와 내용어가 하는 역할이 다르기 때문에 발생하는 것일 수 있다.

단어를 처리할 때 의미 파악을 어렵게 만드는 요인 중의 하나는 중의적 의미를 가진 단어들이다. '사과', '다리' 같은 단어는 대표적인 중의적 단어이다. '사과'는 과일의 일종을 지칭하기도 하지만 미안함의 표시를 뜻하기도 한다. '다리'는 신체의 부위를 지칭하기도 하지만 '교량'이라는 의미도 가지고 있다. 이러한 의미의 중의성^{ambiguity}은 어떻게 해소되는 것일까? 일차적으로 어떤 의미가 더 자주 사용되는지, 즉 주도적인 의미인지 아닌지가 중의성 해소에 중요하게 작용한다. '다리'의 경우 신체 부위와 교량의 의미가 비슷한 빈도로 사용되지만, '사과'의 경우 과일의 의미가 용서의 의미보다 더 자주 사용된다. 주도적인 의미가 있는 경우 더 자주 접하는 '과일'이라는 의미가 더 빨리 참조되지만, 두 의미의 사용 빈도가 유사한 경우에는 두 의미가 유사하게 활성화된다 (Simpson & Burgess, 1985).

단어가 제시되는 맥락 또한 단어의 중의성 해소에 영향을 준다. 다음의 문장 예시에서는 문장 맥락이 어떻게 '사과'라는 단어의 중의성을 해소하는지 보여준다.

예문 1) 철수는 과일 가게에 진열된 사과를 보고 먹음직스럽다고 생각했다.
예문 2) 철수는 영희와 싸우고 나서 먼저 사과하려고 했다.

맥락이 중의성 해소에 영향을 주지만, 맥락 정보가 언제 고려되는 지에 대해서는 이견이 있다(유기순 & 남기춘, 2009; Swinney, 1979; Tanenhaus et al., 1979). 맥락과 부합하지 않는 의미는 처음부터 전혀 참조되지 않는다는 주장도 있지만, 맥락과 무관하게 단어가 가진 모든 의미가 모두 활성화된다는 주장도 있다. Onifer와 Swinney(1981)는 연구 참자가들에게 맥락과 함께 중의적인 단어를 제시한 다음, 점화 과제를 사용하여 시간에 따라 활성화되는 의미가 어떻게 변화하는지 살펴 보았다. 그 결과 맥락과 함께 중의적인 단어가 제시된 직후에는 중의적 단어와 관련된 의미가 모두 활성화되었고, 단어 제시 후 1.5초가 지나자 맥락에 맞는 의미만 활성화되었다. 맥락에 맞지 않는 의미는 단어 제시 직후에는 활성화되지만 이후 빠르게 억제, 소멸되는 것으로 보인다(Morris, 2006; Onifer & Swinney, 1981). 맥락을 파악하여 중의적인 단어의 의미를 빠르게 확정하는 능력은 읽기 능력에 중요하다. 읽기 능력이 부진한 경우 맥락에 맞지 않은 의미를 억제하는 데 어려움을 겪는다(황민아, 2020).

단어의 의미가 파악되어도 이해의 정도는 개인마다 다를 수 있다. 단어의 정의적 의미만 아는 경우가 있는가 하면, 어원과 더불어 어떤 상황에서 사용할 수 있는지는 물론 표현 방식까지 이해하는 경우도 있다. 다양한 맥락에서 해당 어휘가 지닌 의미의 미묘한 차이를 모두 이해하기 위해서는 다양한 맥락에서 해당 단어를 접해 보아야 한다(Cain et al., 2004). 새로 접하는 어휘라도, 즉 자신의 심성 어휘집에 없는 단어라도, 단어가 제시된 맥락 정보를 사용하여 의미를 추론할 수 있다. 익숙하지 않은 분야의 글을 읽거나 외국어를 배우는 경우 이러한 방식으로 단어의 의미를 파악하는 일이 빈번하게 발생한다. 주어진 맥락에서 어휘 의미를 추론하는 능력은 일반적 추론 능력과 높은 관련이 있다. 연구자들은 개인차가 있기는 하나, 심성 어휘집에 있는 어휘 중 약 15%가 이러한 방식으로 습득된다고 추정한다(Swanborn & Glopper, 1999).

3. 문장 처리: 통사

단어가 모여서 문장이 만들어진다. 단순한 문장의 경우 내용어를 바탕으로 문장의 의미를 파악할 수 있지만, 문장이 길어지고 의미 관계가 복잡해지면 어휘 의미만으로는 문장의 의미를 파악할 수 없다. 동일한 단어들도 배열 순서와 위치에 따라서 의미가 달라지기 때문에 문장의 구성 성분들이 조직되는 규칙을 이해해야 한다. 이는 문법, 즉 통사의 영역이다. **통사**란 단어들이 모였을 때 의미를 구성하는 방식에 관한 약속이다. 모국어의 경우 통사 처리는 대부분 큰 노력 없이 자동적으로 일어나지만, 문장의 구조가 복잡해지면 처리 부담이 발생한다(King & Just, 1991).

통사
단어들이 모여 의미를 구성하는 방식에 관한 약속. 통사 구조가 복잡해질수록 처리 부담이 증가함.

표면 구조와 심층 구조

구는 하나 또는 그 이상의 단어가 모여 만들어지며, 수행하는 역할에 따라서 명사구$^{noun phrase; NP}$, 동사구$^{verb phrase; VP}$ 등으로 나뉜다. 문장은 하나 이상의 명사구와 동사구로 이루어지는데, 수형도$^{tree diagram}$를 통해 문장의 구조를 나무 모양으로 나타낼 수 있다(●그림 12.3 참조). 여러 문장이 결합하여 하나의 문장을 구성하기도 하는데, 이러한 문장을 복합문$^{complex sentence}$이라 부른다. 복합문에 포함된 문장을 절^{clause}이라고 한다.

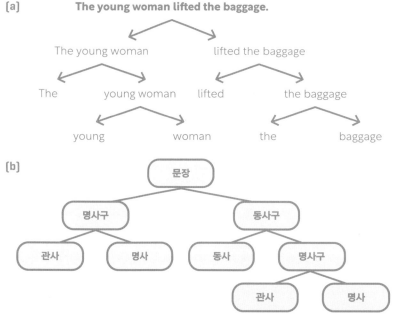

[a] **The young woman lifted the baggage.**

[b]

●**그림 12.3 수형도**
문장의 구조를 나무 모양으로 나타낸다.
(a) 문장의 이면에는 (b)와 같은 구조가 자리 잡고 있다.

Chomsky는 변형 생성 문법 ^{transformational-generative grammar}(생성 문법 또는 변형 문법이라고도 함)을 제안하면서 문장의 표면 구조와 심층 구조를 구분하였다. **표면 구조**^{surface structure}는 문장의 언어적 표현에 존재하는 구조를 지칭한다. ●그림 12.3에서 'The young women carried the heavy painting'이 이에 해당한다. **심층 구조**^{deep structure}는 문장의 의미를 지칭한다. 심층 구조와 표면 구조는 서로 연결되어 있지만 동일하지 않다. 표면 구조는 동일하나 심층 구조가 다를 수도 있고, 표면 구조는 다르나 심층 구조는 동일할 수 있다. 다음에 제시된 예문 3과 4는 표면 구조가 다르지만 의미가 동일한 경우이다. 반면 예문 5와 6은 표면 구조는 동일하지만 의미가 다른 경우이다. 두 문장에서 주어 역할을 하는 'John'은 예문 5에서는 'please' 동사의 객체, 즉 대상이 되지만(John을 만족시키기 쉽다), 예문 6에서는 'please' 동사의 주체가 된다(John은 만족시키기에 열심이다).

> 예문 3) Sara threw the ball.
> 예문 4) The ball was thrown by Sara.
>
> 예문 5) John is easy to please.
> 예문 6) John is eager to please.

문장을 이해한다는 것은 표면 구조를 바탕으로 심층 구조를 파악하는 것을 의미한다. 변형 생성 문법은 심층 구조와 표면 구조 간의 대응 관계를 다룬다. 일련의 변형 규칙이 심층 구조를 표면 구조로 바꾸거나 표면 구조를 심층 구조로 바꾸는 데 관여한다. 이를 사용하여 동일한 의미가 능동태나 수동태, 긍정 및 부정의 형태로 표현될 수 있다. 변형 규칙을 사용하여 무한대의 문장을 생성하는 것이 가능하다. Chomsky는 언어마다 다른 변형 규칙을 사용하지만, 인간 언어에 공통적인 원리가 존재한다고 보고, 이를 보편 문법^{universal grammar}이라고 불렀다. 또한 모든 인간이 보편적인 언어 습득 장치^{Language Acquisition Device}를 가지고 태어난다고 주장했다. Chomsky의 주장이 모두 받아들여지는 것은 아니지만, 그

표면 구조
말이나 글로 표현된 문장의 구조.

심층 구조
문장의 의미. 일련의 변형을 통해서 표면 구조로 만들어짐. 문장의 표면 구조가 같아도 심층 구조가 다를 수 있으며, 표면 구조가 달라도 심층 구조가 같을 수 있음.

의 이론은 문장 처리와 관련하여 문장 이면에 깔린 심층 구조를 처리하는 것이 중요하다는 점을 보여주었다.

통사 처리의 증거

통사 처리는 작업 기억의 하위 시스템 중의 하나인 음운 루프 articulatory loop에서 일어나는 것으로 간주된다. 음운 루프 내에 문장의 통사 구조를 할당하고 의미를 복구하는 것과 관련된 별도의 하위 구조가 존재한다는 주장도 있다(Caplan & Waters, 1999). 모국어의 통사 구조와 규칙은 발달 과정에서 자연스럽게 습득된다. 성인이 되면 통사 분석은 대부분 자각 없이 일어난다. 통사 분석이 완료되면 대부분 결과물인 의미 표상은 남지만 통사 분석 자체에 대한 별도의 기억 흔적이 남지 않는다. 이러한 어려움에도 불구하고 연구자들은 다양한 과제를 사용하여 통사 처리가 일어난다는 것을 보여주었다.

구 경계

Graf와 Torry(1966)는 연구 참가자들에게 문장을 여러 줄로 나누어 제시하였다. 줄을 나눈 방식에 따라 일치 조건과 불일치 조건이 존재하였다(●표 12.1 참조). 일치 조건에서는 문장을 나눈 경계가 통사 구조와 일치하였고, 같은 구에 속하는 단어는 같은 줄에 제시되었다. 불일치 조건에서는 문장을 나눈 경계가 통사 구조와 일치하지 않았으며, 동일한 구에 속하는 단어들이 여러 줄에 걸쳐 제시되었다. 참가자들이 문장을 읽은 후 문장에 대한 이해도를 검사한 결과, 일치 조건에서의 이해도가 불일치 조건에서보다 우수하였다. 문장의 제시 단위가 통사 구조와 일치할 때는 문장 제시 단위가 통사 구조 처리를 지원한다. 반면 불일치할 때는 여러 줄에 나뉘어 제시된 정보를 통합하는 과정에서 부가적 처리 부담이 발생하고 그 결과 이해가 지연된다.

●표 12.1 일치 조건과 불일치 조건에서의 단락 제시 출처: Graf & Torry, 1966.

일치 조건	불일치 조건
During the World War II, even fanatic schemes received consideration if they gave promise of shortening the conflict.	During the World War II, even fanatic schemes received consideration if they gave promise of shortening the conflict.

읽기 시간

자기 조절 읽기 시간 과제^{self-paced reading time task}는 연구 참가자가 문장 읽는 속도를 스스로 조절하는 과제이다. 문장은 한 번에 한 단어씩 제시되며, 참가자가 단어를 읽고 키를 누르면 다음 단어가 나타난다. 이 과제를 사용하면 단어당 읽기 시간을 측정할 수 있다. Aaronson과 Scarborough(1977)는 자기 조절 읽기 시간 과제를 사용하여 참가자들에게 다양한 문장을 읽게 하였다. 측정 결과 읽기 시간은 문장 내의 문법적 단위들의 경계(예: 명사구와 동사구의 경계)에서 증가하였다. 예를 들어 다음과 같은 문장에서 * 표시가 된 부분의 읽기 시간이 증가하였다.

예문 7) Because of its lasting construction *as well as its motor's power,* the boat was of high quality.

첫 번째 지점은 'because of'로 시작되는 부사구 내에서 두 명사구가 연결되는 경계이고, 두 번째 지점은 부사구와 주어구가 연결되는 경계이다. 구 경계를 기준으로 단어들이 별개의 단위로 묶이고 문법적 역할이 부여되는데, 이러한 처리가 일어나면서 읽기 시간이 증가한다(●그림 12.4 참조). 읽기 시간은 구의 경계뿐 아니라 문장 경계에서도 증가한다. 여러 개의 문장을 제시하면서 사람들의 안구 운동을 살펴보면, 문장 내 경계뿐 아니라 문장 말미에서도 응시 시간이 길어진다. 구 단위로 통사적 역할에 대한 분석이 일어나지만(예: 주어구인지 동사구인지 등), 문장의 최종 통사적 구조는 문장의 말미에서 확정될 수 있다. 문장 말미에서 일어나는 읽기 시간의 증가는 문장의 통사 구조를 확정하는 데 따르는 처리 부담을 반영한다.

●그림 12.4 통사 구조와 단어별 문장 읽기 시간
자기 조절 읽기 시간 과제를 사용한 단어별 문장 읽기 시간. 그래프 위의 짧은 사선은 문장 내 문법적 단위들의 경계를 의미한다.
출처: Aaronson & Scarborough, 1977.

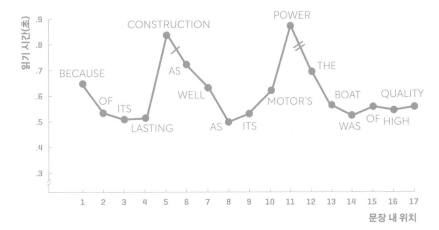

통사 점화 효과

점화는 선행 자극이 후행 자극의 처리를 촉진하는 현상이다(6장 참조). 두 자극의 관계에 따라 여러 유형으로 나뉘는데, **의미 점화**^{semantic priming effect}는 두 자극이 의미적으로 관련될 때 일어나는 처리의 촉진을 지칭한다. **통사 점화**^{syntactic priming}는 선행 자극과 후행 자극이 통사적으로 관련될 때 일어난다. 예를 들어 수동태 문장을 읽고 나서 수동태 문장의 처리가 촉진되거나, 목적어가 있는 문장을 읽고 나서 같은 형식의 문장에 대한 처리가 촉진되는 것이 이에 해당한다.

Goodman 등(1981)은 연구 참가자들에게 제시된 자극이 단어인지 비단어인지 판단하는 어휘 판단 과제를 수행하도록 하였다. 표적 단어가 제시되기 전에 점화 단어가 제시되었는데, 점화 단어와 표적 단어는 통사적 또는 의미적으로 관련되거나 그렇지 않았다. 두 단어가 통사적으로 관련되는 경우는 점화 단어와 표적 단어가 하나의 통사 단위를 구성하거나 역할이 부여되는 경우였다(예: 주어→동사, 관사→명사)(●표 12.2 참조).

● 표 12.2 점화 단어와 표적 단어의 관련성 유형

출처: Goodman et al., 1981.

관련성	관련	무관련
의미	salt → pepper boy → girl dark → light	phone → pepper wrong → she he → write
통사	no → bread the → son he → sent	swim → pepper up → son explode → said

점화 효과는 점화 단어와 표적 단어가 의미적으로 관련될 때(예: 'salt' → 'pepper') 가장 컸다. 통사 점화 효과도 관찰되었는데, 점화 단어와 표적 단어 간에 주어-동사 관계(예: 'he' → 'sent')나 관사-명사 관계(예: 'the' → 'son') 등이 존재할 때 어휘 판단이 촉진되었다(●그림 12.5 참조).

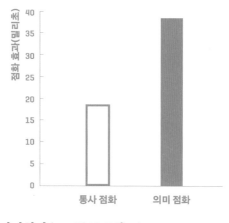

● 그림 12.5 의미 점화 효과와 통사 점화 효과 비교

출처: Goodman et al., 1981.

의미 점화
선행 자극과 후행 자극이 의미적으로 관련되어 있을 때 일어나는 점화 효과. 선행 자극과 의미적으로 관련된 단어가 제시되면, 후행 자극의 처리가 빨라짐.

통사 점화
선행 자극과 후행 자극이 통사적으로 관련되어 일어나는 점화 효과. 동일한 통사 구조가 연이어 제시되거나 통사적으로 관련되어 있을 때 후행 자극의 처리가 빨라짐.

Wright와 Garrett(1984)은 연구 참가자들에게 문장을 한 단어씩 제시하다가 마지막에 표적 단어를 제시하고 어휘 판단 과제를 실시하였다(예문 8~10 참조). 표적 단어(예: FORMULATE) 앞에 오는 문장 맥락이 점화 자극의 역할을 하였다. 연구 결과 표적 단어가 문장 맥락에서 기대되는 통사적 역할을 할 수 있을 때(예: 동사가 기대되는 위치에 동사가 제시될 때) 어휘 판단이 촉진되었다. 예문 8과 예문 9에서는 동일한 문장 맥락이 사용되었는데, 문장 맥락이 조동사에서 중단되어 다음에 동사가 오는 것이 통사적으로 기대된다. 이 경우, 'formulate' 같은 동사가 제시될 때(예문 8)가 명사가 제시될 때(예문 9)보다 어휘 판단 시간이 빨라졌다. 예문 10에서는 예문 8과 동일한 명사 'formulate'가 제시되었지만, 문장 맥락이 달라서 다른 통사 범주가 기대되었기 때문에 점화 효과가 일어나지 않았다.

예문 8) If your bicycle is stolen, you must FORMULATE.

예문 9) If your bicycle is stolen, you must BATTERIES.

예문 10) For now, the happy family lives with FORMULATE.

주요 통사 요소의 처리

어휘 처리만으로 의미 관계가 충분히 분명한 경우 통사 정보가 중요하지 않지만, 의미 관계가 복잡해질수록 통사 처리의 중요성이 커진다(Olson & Filby, 1972). 주요 통사 요소로 단어의 품사, 어순, 태, 긍정과 부정, 복문 등이 존재한다.

단어의 품사와 의미, 어순

단어의 품사와 의미에 대한 정보는 이들이 수행할 수 있는 통사적 역할에 대한 정보를 제공한다. 명사는 주어와 목적어로 사용될 수 있지만, 행위나 움직임을 나타내는 서술어로는 사용될 수 없다. 반면 동사는 행위나 상태를 나타내지만, 고정된 실체를 지칭하지 않기 때문에 주어나 목적어로는 사용될 수 없다. 어순, 즉 문장 내에서 단어가 배열되는 순서도 통사 정보를 전달한다. 영어와 같은 언어에서는 어순의 역할이 특히 중요하다. 영어에서는 동사의 위치가 주어 다음 자리로 고정되고, 동사구의 앞에 오는 명사구가 행위의 주체가 되며, 뒤에 오는 명사구는 객체가 된다. 다음의 예문 11과 12는 모두 'dog'과 'cat'의 관계를 기술하지만, 어떤 항목이 먼저 오는지에 따라서 상반된 의미가 전달된다(예문 11에서는 개가 고양이를 물었다는 의미이지만, 예문 12에서는 고양이가 개를 물었다는 의미가 된다).

예문 11) The dog bit the cat.
예문 12) The cat bit the dog.

한국어에서는 어순보다는 격조사(예: '이'/'가', '을'/'를' 등)가 통사적 역할을 파악하는 데 더 중요하다. 또한 동사가 통사 처리에서 차지하는 역할이 영어와 다르다. 영어에서는 동사가 문장의 초반, 즉 주어 다음에 위치하여 명사의 통사적 구조에 대한 가설을 형성하는 역할을 한다. 반면 한국어에서는 동사가 문장 말미에 오면서 격조사의 처리에 의해 형성된 통사 구조에 대한 가설을 확증하는 역할을 한다(김영진, 2001).

대명사

대명사는 글의 독자 또는 대화 상대자에게 알려진 대상을 지칭한다. 대명사를 사용하면 동일한 표현을 반복하지 않아도 되기 때문에 보다 경제적인 처리가 가능하다. 영어의 경우 대상의 성(예: 'she', 'he')과 격(예: 'her', 'him') 등에 따라 대명사의 유형이 다양하다. 대명사가 사용되면 대명사가 지칭하는 대상이 무엇인지 파악하는 처리가 일어나야 하는데, 이를 참조 해결^{reference resolution}이라고 한다.

이재호(2004)는 대명사가 가진 통사 단서가 참조 해결에 미치는 영향을 살펴보았다. 연구 참가자들은 3개의 문장으로 구성된 단락을 읽었는데, 첫 두 문장에서 2명의 등장인물(예: '영감', '하녀'/'하인')이 언급되고, 세 번째 문장에서 대명사(예: '그들', '그녀')가 언급되었다(●표 12.3 참조). 연구는 참조 해결의 용이성에 따라 세 조건으로 나뉘어 진행되었다. 복수 대명사 조건에서는 세 번째 문장에서 복수 대명사인 '그들'이 사용되었다. 이 경우 대명사는 앞에서 언급된 사람을 모두 지칭하게 된다. 나머지 두 조건에서는 단수 대명사(예: '그녀')가 사용되었는데, 한 조건에서는 해당 단수 대명사가 누구를 지칭하는지 분명했으나, 다른 조건에서는 그렇지 않았다. 조건별로 참가자들의 읽기 시간을 살펴본 결과 복수 대명사가 사용되었을 때 읽기 시간이 가장 짧았으며, 단수 대명사가 사용되었을 때는 성별 단서가 명료한 경우 읽기 시간이 더 짧았다.

●표 12.3 대명사 유형에 따른 참조 해결 출처: 이재호, 2004.

복수 대명사	구두쇠 영감이 앞마당에서 순진한 하녀를 야단치고 있다. 광 속에는 음식들이 썩어가고 있다. 그들은 항상 다투었다.
단수 대명사: 분명한 성별 단서	구두쇠 영감이 앞마당에서 순진한 하녀를 야단치고 있다. 광 속에는 음식들이 썩어가고 있다. 그녀는 인심이 야박하다.
단수 대명사: 모호한 성별 단서	구두쇠 영감이 앞마당에서 순진한 하인을 야단치고 있다 광 속에는 음식들이 썩어가고 있다 그녀는 인심이 야박하다.

해당 연구에서 나타난 읽기 시간의 차이는 조건에 따라 참조 해결의 처리 부담이 달랐기 때문이다. 복수 대명사가 사용된 경우 앞에서 언급된 인물을 모두 지칭하기 때문에 참조 해결에 따르는 처리 부담이 거의 없다. 반면 단수 대명사가 사용된 경우, 해당 대명사가 앞에서 언급된 두 등장인물 중 누구를 지칭하는지 추론해야 한다. 두 번째 조건에서는 선행 문장에서 남자(예: 영감)와 여자(예: 하녀)가 각 1명씩 나왔기 때문에 성별 단서를 사용하여 대상을 특정할 수 있다. 반면 마지막 조건에서는 첫 문장에 등장한 '하인'의 성별이 모호하기 때문에 마지막 문장에

쓰인 대명사 '그녀'가 하인을 지칭하는지가 분명하지 않다. 둘을 연결하기 위해서는 선행 문장의 '하인'이 여성일 것이라는 추가적인 추론이 필요하다.

맥락 정보 역시 참조 해결에 관여한다. 참조 해결에는 국소적 local · 전역적 global 맥락 정보가 모두 고려된다. 방희정(1990)은 맥락이 대명사 참조에 미치는 영향을 살펴보기 위해 연구 참가자들에게 두 등장 인물(예: '여의사', '여류 화가')에 대한 단락을 제시하였다. 참가자들이 읽은 단락은 맥락이 특정 인물에게 편중되어 있거나(편중 맥락) 중립적(중립 맥락)이었다(●표 12.4 참조). 단락의 첫 문장은 두 맥락 조건에서 동일하였다. 두 번째 문장은 조건에 따라 달랐다. 편중 맥락 조건에서는 첫 문장의 주어(예: '여의사')에 대한 추가적인 정보(예: 실력 있는 사람은 힘든 병도 잘 고친다)가 제시된 반면, 중립 맥락 조건에서는 인물들과 무관한 정보(예: 가을은 고독을 느끼기 쉬운 계절이다)가 제시되었다. 세 번째 문장은 두 조건에서 동일하였다. 참가자들은 단락을 다 읽은 후 마지막 문장의 대명사인 '그 여자'가 누구를 가리키는지 선택하였다. 반응 시간을 다 살펴본 결과 참가자들은 편중 맥락 조건에서 대명사가 누구를 지칭하는지 더 빠르게 답변하였다. 이 연구에서는 선행 문장에 언급된 등장인물이 모두 여성이기 때문에 성별 단서만으로는 대명사가 누구를 지칭하는지 파악이 불가능하다. 하지만 맥락이 대명사가 지칭하는 대상을 처리하는 데(예: 의사인지 화가인지) 도움을 주었다. 이는 참조 해결이 대명사의 성이나 단수 · 복수 여부 등과 같은 형태적 특징뿐 아니라, 글의 맥락 정보를 사용하여 다차원적으로 이루어짐을 보여준다.

●표 12.4 편중 맥락과 중립 맥락에서의 대명사 참조 해결 　　　　　　　출처: 방희정, 1990.

편중 맥락(주어)	유능한 여의사가 어느 가을에 이름난 여류 화가를 진찰했다. 실력 있는 사람은 힘든 병도 잘 고친다. 그 여자는 서울 출신이다.
중립 맥락	유능한 여의사가 어느 가을에 이름난 여류 화가를 진찰했다. 가을은 고독을 느끼기 쉬운 계절이다. 그 여자는 서울 출신이다.

능동태와 수동태

동사는 문장의 통사 구조를 결정하는 데 중요한 역할을 한다. 특히 영어에서는 통사 구조에 대한 판단이 주로 동사에서 이루어진다. 동사가 전달하는 정보 중 태^{voice} 정보는 주어가 동사가 지칭하는 행위의 주체인지 객체인지를 나타낸다. 능동태$^{active\ voice}$에서 주어는 동사가 수행하는 행위의 주체이지만, 수동태$^{passive\ voice}$에서는 주어가 행위의 대상, 즉 객체가 된다(한국어의 경우 피동태라는 용어가 사용된다). 예문 13, 14에서 볼 수 있듯이 영어의 경우 동작의 태를 표시하기 위해 특별한 형태가 사용된다.

예문 13) The man bit the dog.
예문 14) The dog was bitten by the man.

일반적으로 능동태 문장이 수동태 문장보다 더 빠르고 정확하게 이해되며, 의미가 동일한 문장도 수동태로 제시될 때 더 느리게 처리된다. 하지만 수동태가 항상 처리 부담을 야기하는 것은 아니다. 자주 사용되는 관용적인 표현의 경우(예: It's done) 처리가 느려지지 않는다. 이러한 문장의 경우 자주 접하기 때문에 기저의 심층 구조로 변화되지 않고 바로 의미가 파악되기 때문으로 보인다. 수동태 문장의 처리 지연이 발생하지 않는 또 다른 경우는 주어와 목적어가 바뀔 수 없는 의미 관계를 가진 문장이다. 예문 15의 경우 '물을 주는^{water}' 동작은 소녀에게만 가능하다. 반면 예문 17에서는 주체와 객체의 관계가 바뀔 수 있다. 즉 개와 고양이 모두 '쫓는다^{chase}'는 행위의 주체가 될 수 있으며, 어느 항목이 주어가 되는지에 따라서 누가 쫓고 쫓기는지 바뀔 수 있다.

주어와 목적어 관계가 바뀔 수 없는 문장

예문 15) The girl is watering the flowers.
예문 16) The flowers are being watered by the girl.

주어와 목적어 관계가 바뀔 수 있는 문장

예문 17) The dog is chasing the cat.
예문 18) The cat is being chased by the dog.

Slobin(1966)은 주어와 목적어의 관계가 바뀔 수 있는지 없는지에 따라 수동태 문장의 이해가 달라지는지 살펴보았다. 그는 연구 참가자들에게 능동태 또는 수동태 문장과 함께 그림을 제시하고, 문장이 그림을 잘 묘사하는지 검증하도록 하였다. 그 결과 ●그림 12.6과 같은 결과가 얻어졌다. 의미 관계가 바뀔 수 있는 경우에는 능동태 문장과 수동태 문장의 이해 시간에 차이가 발생했다. 반면 의미 관계가 바뀔 수 없는 경우 문장의 경우 문장의 태가 이해 시간에 큰 영향을 주지 않았다. 의미 정보가 통사 정보를 압도했기 때문이다. 통사 정보는 의미 파악을 지원하기 위한 것이고, 단어의 의미만으로도 문장의 의미가 분명한 경우 통사 정보에 대한 처리가 생략되거나 제한적으로 일어나기 때문으로 보인다(Olson & Filby, 1972).

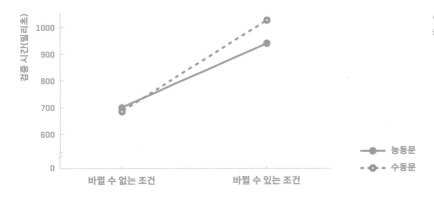

●그림 12.6 수동문과 능동문의 의미 검증
출처: Slobin, 1966.

긍정문과 부정문

동일한 의미의 문장이라도 부정어를 사용하여 표현될 때 그렇지 않은 경우보다 처리가 더 오래 걸린다. Clark와 Chase(1972)는 부정어가 문장 이해에 미치는 영향을 알아보았다. 이들은 연구 참가자들에게 별 그림과 더하기 그림이 위아래로 배열된 것을 제시하고, 함께 제시된 문장이 그림을 적절하게 기술하고 있는지 판단하도록 하였다. 제시된 문장은 주어('star' 대 'plus'), 사용된 형용사('above' 대 'below'), 긍정문인지 부정문인지에 따라 총 8가지 유형으로 나뉘었다(●표 12.5 참조). 참가자들의 판단 시간을 살펴본 결과, 부정문은 긍정문보다 더 느리고 부정확하게 판단되었다. 이러한 결과는 긍정문보다 부정문의 처리가 더 복잡함을 시사한다.

● 표 12.5 부정어가 문장 이해에 미치는 영향을 알아보는 그림과 문장   출처: Clark & Chase, 1972.

그림	문장(참)	문장(거짓)
★ ✚	Star is above the plus.	Star is not above the plus.
	Star is not below the plus.	Star is below the plus.
	Plus is below the star.	Plus is not below the star.
	Plus is not above the star.	Plus is above the star.

부정어(예: 'not', 'no')가 아님에도 부정적 의미를 함축하는 형용사나 동사(예: 'few', 'doubt')가 있다. Sherman(1976)은 이러한 단어들이 문장 이해에 미치는 영향을 살펴보았다. 그는 연구 참가자들에게 문장을 제시하고, 문장이 말이 되는지 여부^{reasonableness}를 판단하게 하였다. 문장에 따라 부정어나 부정을 함축하는 단어들이 사용되는지, 단독으로 사용되는지 아니면 복수로 사용되는지 등이 달랐다(예문 19~21 참조). 연구 결과 문장에 사용된 부정어의 수가 증가할수록 문장에 대한 이해도가 떨어지고 판단 시간이 증가하였다. 부정적 의미를 함축하는 단어들의 경우 그 자체로는 이해를 크게 지연시키지 않았지만 직접적 부정문과 결합될 때는 이해에 상당한 어려움을 야기하였다.

예문 19) Few people deny that the world is not flat.

예문 20) Because he often worked for hours at a time, no one believed that he was not capable of sustained efforts.

예문 21) He liked to make decisions for other people and thus everyone doubted that he would be unsuited for the director's job.

복문

복문은 여러 개의 절을 포함한 문장을 지칭한다. 복문의 경우 문장은 하나지만, 처리해야 하는 의미 관계는 하나가 아니다. 가장 간단한 형태의 문장 연결은 '그리고', '그러나'와 같은 접속사를 사용하여 연결하는 것으로, 이때 연결되는 두 절은 대등한 관계를 갖는다. 연결되는 절의 관계가 대등하지 않은 경우도 있다. 이 경우 의미의 중심이 되는 주절과 주절의 주절의 의미를 보조하는 종속절이 존재한다. 종속절은 주절의 원인 또는 조건 등을 설명한다(예: 비 예보가 있어서 우산을 가방에 넣었다). 관계대명사절은 문장들이 공통 문항을 매개로 연결된 경우이다. 이 경우 공통 문항을 매개로 한 문장이 다른 문장의 한 부분으로 포함된 둥지 구조^{nested structure}가 만들어진다.

두 문장이 관계대명사로 연결될 때 다양한 형태가 존재한다. 어느 문장이 주절이 되는지, 관계대명사가 각 절에서 하는 역할이 무엇인지에 따라 다른 문장이 만들어진다. ●표 12.6은 두 문장이 관계대명사를 통해서 연결될 수 있는 다양한 사례를 보여준다. A열에서는 첫 번째 문장이 주절 역할을 하고 두번째 문장이 관계대명사절이 되는 경우를, B열에서는 두번째 문장이 주절 역할을 하는 경우를 보여준다. 1, 2, 3번 예문의 공통 문항인 '직원'은 1번 예시와 3번 예시에서는 두 문장 모두에서 동일한 역할(1번에서는 주어, 3번에서는 목적어)을 하지만, 2번 예시에서는 다른 역할을 한다(첫 번째 문장에서는 주어, 두 번째 문장에서는 목적어). 이러한 요인들은 최종 문장에서 관계대명사절의 위치에 영향을 준다. 한국어의 경우 관계대명사절은 문장의 왼쪽(문장의 시작)이나(예: 1A) 가운데(예: 3A)에 위치한다. 영어의 경우 관계대명사절은 가운데(예: 4A) 또는 맨 오른쪽(문장의 마지막)에 위치할 수 있다 (예: 4B).

●표 12.6 관계대명사를 사용한 다양한 문장 연결 예시

	연결 전	A	B
1	직원이 사장을 지지했다. 직원이 기자를 비판했다.	기자를 비판한 직원이 사장을 지지했다.	사장을 지지한 직원이 기자를 비판했다.
2	직원이 사장을 지지했다. 기자가 직원을 비판했다.	기자가 비판한 직원이 사장을 지지했다.	기자가 사장을 지지한 직원을 비판했다.
3	사장이 직원을 지지했다. 기자가 직원을 비판했다.	사장이 기자가 비판한 직원을 지지했다.	기자가 사장이 지지한 직원을 비판했다.
4	The train leaves at 9:06. I want to take that train.	The train that I want to take leaves at 9:06	I want to take the train that leaves at 9:06

A는 첫 문장이 주절, B는 두 번째 문장이 주절이 되는 경우이다. 1번 예시와 3번 예시의 경우 두 절에서 관계대명사의 역할이 동일하지만, 2번 예시와 4번 예시에서는 그렇지 않다.

관계대명사절의 최종 형태는 해당 문장의 통사 분석에 영향을 준다 (김영진, 1985; Caplan & Waters, 1999). 일반적으로 관계대명사가 주절과 종속절에서 하는 역할이 일치할 때(예: 1A, 1B), 일치하지 않을 때(예: 2A, 2B)보다 처리가 촉진된다. 후자의 경우 동일한 항목(예: 직원)에게 주절과 종속절에서 서로 다른 통사적 역할을 할당해야 하기 때문이다. 관계대명사절의 위치 역시 읽기 속도와 이해도에 영향을 주는데, 한국어의 경우 관계대명사절이 가운데에 있을 때(예: 2B)보다는 왼쪽에 있을 때(예: 2A) 문장이 더 잘 이해된다. 영어의 경우 관계대명사절이 가운데에 있을 때(예: 4A)보다는 오른쪽에 있을 때(예: 4B) 문장이 더 잘 이해된다. 두 언어 모두에서, 관계대명사절이 가운데에 있는 경우 작업 기억의 부담이 증가한다. 문장 맨 앞에 놓인 단어(예: '사장이', 'the train')의 통사적 역할은 문장의 마지막에 동사가 제시될 때 분명해지므로, 첫 단어가 하는 역할이 분명해질 때까지 관련 정보를 작업 기억에 유지해야 한다. 그 상태에서 관계대명사절을 처리해야 하므로, 처리 부담이 커진다. 반면 왼쪽(영어에서는 오른쪽)에 관계대명사절이 위치한 경우 이러한 통사적 모호성이 없다. 관계대명사절을 먼저 처리하고 주절을 처리하거나 이미 제시된 단어의 통사적 역할이 모두 결정된 다음 관계대명사절이 제시되기 때문이다.

통사적 중의성

단어와 마찬가지로, 통사 구조 역시 중의적일 수 있다.

중의성의 유형

동일한 구나 문장에 대해 하나 이상의 통사적 분석이 가능할 수 있다 (●표 12.7 참조). 예문 K1의 경우 '멋진'이라는 형용사가 누구를 수식하는지에 따라서 멋진 사람은 '국어 선생님'이 될 수도, '국어 선생님의 애인'이 될 수도 있다. 문장 E1의 경우 'with the binocular'라는 구가 주어의 동작을 수식하는지, 아니면 목적어를 수식하는지에 따라서 의미가 달라진다. 스파이가 남자를 볼 때 쌍안경을 사용해서 보았다는 것을 의미할 수도 있고, 남자가 쌍안경을 가지고 있다는 것을 의미할 수도 있다 (●그림 12.7 참조).

●표 12.7 통사적 중의성

언어	예문
한글	K1) 멋진 국어 선생님의 애인이 나타났다. K2) 나는 어머니와 담임 선생님을 만났다. K3) 키가 큰 삼촌의 아들이 학교에 들어갔다.
영어	E1) The spy saw the man with the binoculars. E2) They are cooking apples. E3) They are flying planes. E4) Tom strikes a student with a book. E5) The lamb is too hot to eat.

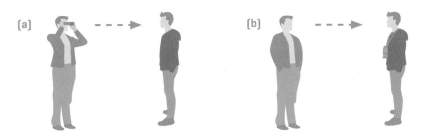

[a]　　　　　　　　　　　[b]

●그림 12.7 통사 구조의 중의성 예시
"The spy saw the man with the binoculars"라는 문장은 두 가지로 해석할 수 있다.

통사적으로 중의적인 문장이 아니어도 문장을 읽는 과정에서 일시적으로 통사적 중의성이 발생할 수 있다. 예문 22-1과 22-2는 통사적으로 중의적인 문장은 아니다. 하지만 문장을 이해하는 과정에서 일시적인 중의성이 발생한다. 종속절에서 사용된 동사 'knit'는 자동사로도, 타동사로도 사용된다. 자동사로 사용되는 경우 목적어가 필요하지 않지만, 타동사로 사용되는 경우 목적어가 필요하다. 문장을 끝까지 읽고 나면 자동사로 쓰인 것이 분명해지지만, 'the socks'까지만 읽은 시점에서는(* 표식이 있는 부분) 자동사인지 타동사인지 불분명하다. 'the socks'가 새로운 절의 주어 역할(예문 22-1: 양말이 떨어지다)을 할 수도, 'knit'의 목적어 역할(예문 22-2: 양말을 짜다)을 할 수도 있기 때문이다. 이러한 모호성은 두 번째 동사인 'fell'을 보면 해소된다. 동사 앞에는 주어가 와야 하므로, 'fell' 동사 앞의 'the socks'는 목적어가 아니라 주어일 수 밖에 없고, 종속절의 'knit' 역시 자동사로 쓰인 것이 명확해진다.

예문 22-1) When Susan was knitting the socks* fell to the floor.

예문 22-2) When Susan was knitting the socks*, her baby slept.

예문 23-1과 23-2에서도 동일한 문제가 발생한다. 첫 번째 동사인 'warned'를 읽는 시점에서 이 동사가 주절의 동사라는 가설을 세울 수 있지만, 뒤에 오는 내용에 따라서 주절이 아닌 종속절의 동사가 될 수도 있다. 23-2에서처럼 다른 동사가 나타나지 않으면 단문이 되지만, 23-1에서처럼 두번째 동사인 'conducted'가 나타나면 단문이 아닌 복문이 되고 'warned'가 종속절의 동사가 된다. 언어 처리 과정에서는 이러한 일시적 중의성이 자주 발생한다. 따라서 다양한 상황에서 발생하는 중의성을 해결하는 것이 언어 처리의 중요한 과제 중 하나이다.

예문 23-1) The experienced soldiers warned about the dangers* conducted the midnight raid.

예문 23-2) The experienced soldiers warned about the dangers* before the midnight raid.

단순 구조 형성과 길 혼동 문장

통사 구조가 불확실할 때 사람들은 어떻게 문장을 처리할까? 한 가지 가설은 통사 구조에 대한 분석을 문장 말미까지 유보한다는 것이다. 특히 문장을 처리하는 중간에 일시적으로 발생하는 중의성의 경우 이러한 전략이 유용할 수 있다. 또 다른 가설은 가능한 통사 구조를 모두 병렬적으로 처리한다는 것이다. 즉 예문 22를 보면서 'knit'가 자동사로 쓰인 문장 구조와 타동사로 쓰인 문장 구조를 모두 고려하는 것이다. 이 경우 문장이 짧다면 큰 처리 부담이 야기되지 않으나, 문장이 길어지고 구조가 복잡해질수록 작업 기억에 과도한 부담이 야기된다(김영진, 1998).

연구 결과에 따르면 통사 분석은 점진적으로 이루어진다. 문장의 첫 단어에서부터 통사 역할과 구조가 분석되기 시작하고, 후속 단어가 입력되면서 구조가 점진적으로 구체화된다. 여러 구조가 가능한 경우에는 분석이 미뤄지지 않고, 가능한 대안 중 하나가 선택된다. 이때 복잡한 구조보다는 단순한 구조가 우선적으로 선택된다. 예문 23-1과 23-2에서처럼 단문과 복문이라는 두 가능성이 존재할 때, 더 단순한 구조 (예: 'warned'가 주절의 동사인 경우)가 채택되는 것이다. 단순한 구조가 처리 부담이 적기 때문이다. 불필요한 구조를 상정하지 않은 이러한 처리 원리를 **최소 부착**^{minimal attachment} 원리라 칭한다(Frazier, 1987; 김영진, 2001). 최소 부착 원리와 관련된 원리로 **늦은 종결**^{late closure} 원리가 있다. 늦은 종결 원리는 새로 입력된 단어를 이전에 처리한 구조의 일부로 간주하는 것을 지칭한다. 예문 22에서처럼 단어(예: 'the socks')가 직전에 처리한 구조의 일부분이 될 수도, 새로운 구조의 시작이 될 수도 있는 경우에 적용된다. 예문 22에서 'the socks'를 새로운 절의 주어로 간주하기보다 바로 앞에 처리한 동사 'knit'의 목적어로 간주하는 것은 늦은 종결의 원리가 작동한 결과이다.

문장에서 통사적으로 모호한 부분이 존재할 때, 종종 최소 부착 원리를 사용하여 분석하고 다음 단어로 진행한다. 그러다 후속 단어를 처리하면서 이전의 분석이 틀렸다는 증거를 접하고 재분석을 하곤 한다. 이처럼 문장을 읽으면서 처음 이루어진 문장 분석에 혼란을 주는 문장을 **길 혼동 문장**^{garden-path sentence} 이라고 한다. 예를 들어 예문 23-1은 대표적인 길 혼동 문장이다. 처음 읽을 때는 (더 단순한 구조인) 단문을 가정하고 읽어나가지만, 'conducted'라는 단어를 만나면 해당 문장이 단문이라는 가설을 더 이상 유지할 수 없게 된다. 이 경우 독자 또는 청자는 문장의 앞부분으로 돌아가 해당 문장을 재분석해야 한다. 그 결과 문장의 앞부분이 종속절이고, 'warned'가 종속절의 동사임을 확인하게 된다.

최소 부착 원리
통사 처리 원리 중 하나. 문장의 통사 구조에 대해서 복수의 분석이 가능한 경우, 복잡한 구조보다는 단순한 구조를 우선적으로 선택하는 원리.

늦은 종결 원리
통사 처리 원리 중 하나. 새로 입력된 단어를 직전에 처리한 구조의 일부로 간주하는 원리.

길 혼동 문장
통사 구조를 분석하는 과정에서 일시적인 통사적 모호성이 존재하는 문장. 문장을 읽으면서 통사적 모호성을 깨닫지 못한 채 하나의 구조로 분석되곤 한다. 그러나 독자가 후속 단어들을 보고 잘못된 분석이라는 것을 깨닫고 나면, 재분석이 일어난다.

단어 의미, 맥락, 그리고 시각 단서

단어의 의미와 배경지식 역시 통사적 중의성을 해소하는 데 기여한다. 다음 예문을 살펴보자.

예문 24) The spy saw the man with the binoculars.

예문 25) The bird saw the man with the binoculars.

예문 24는 앞에서 살펴본 문장으로, 'with the binoculars'의 역할을 어떻게 할당하는지에 따라 두 가지 구조로 분석될 수 있다(●그림 12.7 참조). 예문 25의 경우 문장 구조가 동일하지만, 의미적으로 모호하지는 않다. 새가 쌍안경을 사용하는 주체가 될 수 없기 때문이다. 해당 예문은 단어의 의미가 통사적 중의성 해소에 사용된 경우이다.

동사가 특정 통사 구조와 결합하는 빈도 역시 통사적 중의성 해소에 영향을 준다. 예문 22-2의 'knit' 동사는 타동사일 수도, 자동사일 수도 있다. 하지만 사람들은 대부분 이를 타동사로 처리하고 'socks'를 'knit' 동사의 목적어로 분석한다. 이는 늦은 종결 원리가 적용된 결과이기도 하지만, 한편으로는 'knit' 동사가 자동사보다는 타동사로 쓰이는 빈도가 더 높기 때문이기도 하다.

문장 맥락도 통사적 중의성 해소에 관여한다. '나는 어머니와 담임 선생님을 만났다'(●표 12.7 참조)와 같은 문장에서 '어머니'는 주어인 '나'와 함께 선생님을 만나는 행위의 주체가 될 수도 있지만, 동시에 담임 선생님과 함께 내가 만나는 대상이 될 수도 있다. 이러한 모호성은 적절한 맥락이 제시될 때 해소될 수 있는데, ●표 12.8은 이러한 중의성이 선행 맥락에 의해서 어떻게 해소될 수 있는지 보여준다.

●표 12.8 맥락과 통사적 중의성의 해소

문장	맥락 1	맥락 2
나는 어머니와 담임 선생님을 만났다.	담임 선생님이 반장을 시켜 교무실로 내려오라고 호출을 하셨다. 어머니가 학교에 찾아오셨으니 교무실로 오라는 것이었다. 교무실에서는 어머니가 담임 선생님과 함께 나를 기다리고 계셨다. 나는 어머니와 담임 선생님을 만났다.	입시가 가까워지자 학교에서 부모님과 함께하는 입시 상담 행사를 주최했다. 어머니가 관심을 보이시며 같이 참석하고 싶다고 하셨다. 행사 당일에 어머니는 학교를 방문하셨다. 나는 어머니와 담임 선생님을 만났다.

비언어 단서 역시 통사적 중의성 해소에 영향을 준다. 예를 들어 'Put the apple on the towel in the box' 같은 문장의 경우 'on the towel' 까지 들으면, 처음에는 'on the towel'을 사과의 현재 위치가 아니라 사과를 놓아야 하는 목표 지점으로 해석한다(단순 구조 형성 원리). 하지만 문장을 끝까지 듣고 나면, 해당 표현을 사과의 현재 위치를 나타내는 것으로 재해석하게 된다. 시각 정보는 이러한 통사적 재해석 과정을 단축시켜 줄 수 있다. Tanenhaus 등(1995)은 연구 참가자들에게 사과가 1개만 있는 조건과 2개 있는 조건에서 앞의 문장을 제시하며, 참가자들의 안구 운동 패턴을 살펴보았다(●그림 12.8 참조). 사과가 1개만 있는 조건(a)에서 참가자들은 처음에 사과의 위치를 확인하고(A), 'on the towel'을 들으면서 빈 타월(B)를 응시하였다. 이후 'in the box'가 제시되면 참가자들은 다시 사과를 보았다가(C), 빈 상자를 응시하였다(D). 이러한 응시 패턴은 참가자들이 처음에는 빈 타월(B)을 사과의 목표 지점으로 해석했다가 재해석을 하면서 목표 지점을 빈 상자(D)로 수정한 것을 반영한다. 반면 사과가 2개 있는 조건에서는 'on the towel'이 처음부터 사과의 '현재 위치' 중 하나로 해석된 것으로 보인다. 참가자들은 사과의 현재 위치를 차례로 응시한 다음(A, B), 'in the box'가 들리자 바로 목표 지점인 빈 상자를 응시하였다(C). 참가자들은 이전에 보았던 지점이나 빈 타월로 시선을 옮기지 않았다. 시각 정보가 통사적 모호성이 즉각적으로 해소될 수 있도록 도와준 것이다.

[a]   [b]

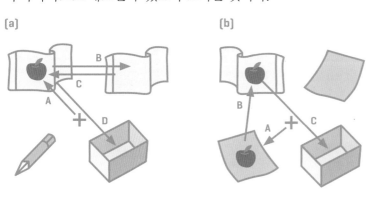

"Put the apple on the towel in the box."

●그림 12.8 시각 단서와 통사 처리
시각 맥락이 통사적 모호성을 해소하는 데 도움을 준다. 동일한 문장을 어떤 맥락에서 듣는지에 따라서 안구 운동 응시 패턴이 달라졌다. 그림 하단의 화살표는 연구 참가자들이 제시문을 듣고 안구가 움직이기까지 걸린 시간을 의미한다.
출처: Tanenhaus et al., 1995.

4. 문장 처리: 의미

통사 처리가 완결되면 통사 분석의 흔적은 대부분 사라지고 문장의 의미가 명제와 유사한 형태로 표상된다.

의미 정보의 추출

문장을 이해하는 과정에서 다양한 통사 처리가 일어난다. 그러나 일단 의미가 파악되고 나면, 대부분의 경우 의미만이 문장 이해의 결과물로 남는다. Wanner(1974)는 연구 참가자들에게 문장을 학습시킨 다음, 해당 문장에 대한 재인 기억을 검사하였다. 재인 검사의 보기에는 학습했던 문장뿐 아니라 학습하지 않은 문장도 포함되었다.

학습 문장

When you score the results, do nothing to your correct answer but mark carefully those answers which are wrong.

학습하지 않은 문장

보기 1) When you score the results, do nothing to correct your answer but mark carefully those answers which are wrong.

보기 2) When you score the results, do nothing to your correct answer but carefully mark those answers which are wrong.

학습하지 않은 문장의 경우 2개 단어의 순서만 제외하고 학습 문장과 동일하였다(보기 1의 경우 학습 문장의 'your correct'가 'correct your'로 바뀌었다; 보기 2의 경우 학습 문장의 'mark carefully'가 'carefully mark'로 바뀌었다). 단어 순서를 바꾼 것이 보기 1에서는 의미의 변화를 만들어냈지만, 보기 2에서는 의미 변화를 만들어내지 않았다(학습 문장과 보기 2는 '정답에는 아무것도 하지 말고 틀린 것만 표시하라'라는 의미이지만, 보기 1은 '답을 정정하지 말고 틀린 것만 표시하라'라는 의미이다).

참가자들은 의미가 변하지 않은 문장(예: 보기 2)에 비해 의미가 변한 문장(예: 보기 1)을 더 잘 탐지하였다. 단어의 제시 순서 자체보다는 순서로 인해 일어난 의미 변화가 중요했다. 이러한 결과는 문장 이해에서 중요한 것은 의미 정보이며, 의미에 영향을 주지 않는 정보는 처리가 완결되면 대부분 망각된다는 것을 보여준다.

문장에서 명제로

Kintsch와 Keenana(1973)는 의미 처리가 명제 단위로 일어남을 보여 주었다(명제에 대해서는 11장 참조). 이들은 길이는 비슷하지만 포함된 명제 수가 다른 문장을 연구 참가자들에게 제시하였다(●표 12.9 참조). 문장 1과 문장 2는 각각 14개와 16개의 단어로 만들어졌지만, 첫 번째 문장에 포함된 명제의 수는 4개, 두 번째 문장에 포함된 명제의 수는 8개로 상당한 차이가 있었다. 참가자들의 읽기 시간을 조사한 결과 명제 수가 많아질수록 읽기 시간이 증가하는 것으로 나타났다. 이러한 결과는 명제 단위로 문장이 이해된다는 것을 시사한다.

●표 12.9 문장과 문장에 포함된 명제　　　　　　　　　　출처: Kintsch & Keenana, 1973.

	문장	포함 명제
1	Romulus, the legendary founder of Rome, took the women of the Sabine by force.	Rolumus is the legendary founder. Romulus founded Rome. Rolumus took the women by force. The women is from Sabine.
2	Cleopatra's downfall lay in her foolish trust in the fickle political figures of the human world.	Cleopatra fell. Her downfall lay in her trust. Her trust was foolish. She trusted figures. The figures are from the world. The world is about human. The figures were political. The figures were fickle.

13장

언어 II: 덩이글 처리

언어를 사용한 의미 전달에는 적게는 수십 개, 많게는 수천, 수만 개의 문장이 사용된다. 이 장에서는 여러 문장이 집합적으로 의미를 전달할 때 일어나는 처리에 대해 살펴본다.

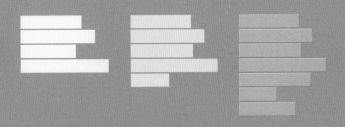

구성 통합 모형
- 표면 구조
- 덩이글 기저
- 상황 모형

글 이해와 작업 기억
- 문장 통합
- 목표 관련 정보
- 작업 기억 용량과 읽기 능력

선행 지식과 이해
- 글 이해에서 선행 지식의 역할
- 선행 지식의 활성화

13 장_언어 II: 덩이글 처리

1. 구성 통합 모형

덩이글 이해에 대한 가장 영향력 있는 모형은 Kintsch의 구성-통합 모형이다. Kintsch는 글을 이해하는 과정이 글과, 독자의 선행 지식이 상호 작용하는 과정이라고 보았다. 그는 글을 이해하는 과정이 구성과 통합이라는 두 단계를 거쳐서 일어난다는 **구성-통합 모형**^{Construction-Integration[CI] Model}을 제안하였다. 구성^{construction}은 주어진 글을 바탕으로 단어의 의미를 참조하고 문장의 의미를 파악하는 과정이며, 자료 주도적으로 일어난다. 통합^{integration}은 글의 내용과 관련된 장기 기억 정보를 통해 글의 모호성이나 모순을 해결하고 내용을 풍부하게 하는 개념 주도적 과정이다. Kintsch는 또한 글을 이해하는 과정에서 표면 구조, 덩이글 기저, 상황 모형 등 세 수준의 표상이 만들어진다고 제안하였다 (Graesser et al., 1997; Kintsch, 1988, 2005; Kintsch & van Dijk, 1978).

표면 구조

표면 구조^{surface structure}는 언어적으로 제시된 덩이글에 대한 표상이다. 표면 구조에는 글에서 사용된 어휘나 문장 구조 등의 정보가 표상된다. 표면 구조를 바탕으로 어휘의 의미를 참조하고 문장의 통사 구조를 분석하여 문장의 의미를 추출하는 처리가 일어난다(12장 참조). 글의 의미가 명제로 표상되면서 표면 구조는 덩이글 기저 표상으로 변환된다.

구성-통합 모형
글을 이해하는 과정이 구성과 통합의 두 단계를 거친다는 모형. 구성은 주어진 글을 바탕으로 글의 의미를 파악하는 과정으로, 자료 주도적으로 진행됨. 통합은 글의 내용과 장기 기억의 정보를 통합하는 과정으로, 개념 주도적으로 진행됨.

표면 구조
언어적으로 제시된 덩이글에 대한 표상. 글에서 사용된 어휘나 문장 구조 등의 정보가 표상됨.

덩이글 기저

덩이글 기저
덩이글 전체의 의미에 대한 표상.
통합 수준에 따라 소형 구조와 대형
구조로 나뉨.

소형 구조
인접한 문장 간의 관계에 대한 표상.
국지적 통합의 결과로 만들어짐.

덩이글 기저^{textbase}는 덩이글 전체의 의미에 대한 표상이다. 덩이글 전체를 파악하기 위해서는 적게는 수십 개, 많게는 수백, 수천 개의 문장에서 제시된 의미를 통합해야 한다. 덩이글 기저는 단계적으로 만들어지는데, 통합 수준에 따라 소형 구조와 대형 구조로 나뉜다(Kintsch & van Dijk, 1978).

소형 구조

소형 구조^{microstructure}는 덩이글 통합의 첫 단계에서 만들어진다. 문장을 연결할 때 중요한 역할을 하는 것은 공통 논항이다. 동일한 논항이 두 명제에서 반복되면, 해당 논항을 중심으로 두 문장을 연결할 수 있다. 예를 들어 예문 1의 두 문장에는 모두 '책'이 언급되어 있다. 이 경우 두 문장은 '책'이라는 공통 논항을 통해 연결될 수 있다. 하지만 문장 간에 분명한 공통 논항이 존재하지 않을 수 있다. 가령 예문 2에서처럼 대명사가 사용되거나, 예문 3에서처럼 동일한 대상을 지칭하는 다른 어휘가 사용될 수도 있다. 이 경우 대명사가 선행 문장의 정보를 참조하는지(예문 2에서 두 번째 문장의 '그것'이 무엇을 지칭하는지), 또는 서로 다른 어휘가 같은 대상을 지칭하는지(예문 3에서 '치킨'이 '배달 받은 음식'에 포함되어 있는지) 등의 추론이 일어나야 한다. 이러한 과정을 거쳐 인접한 문장들이 연결되면서 소형 구조가 만들어진다. 이 단계에서의 통합은 인접한 문장들 간에 일어나는 국지적^{local} 통합이다.

예문 1) 윤재는 친구에게 책을 빌렸다. 책은 재미있었다.

예문 2) 윤재는 친구한테 책을 빌렸다. 그것은 꽤 재미있었다.

예문 3) 윤재는 배달 받은 음식을 꺼냈다. 치킨은 식어 있었다.

글 이해는 선형적으로 일어난다. 후속 문장에 제시되는 정보가 선행 문장의 정보를 참조하는 경우, 새로운 정보를 오래된 정보에 연결할 수 있다(7장의 '신구 계약' 참조). 하지만 후속 문장이 선행 문장을 참조하지 않는 경우, 문장 간의 연결이 분명해질 때까지 이 정보들은 작업 기억 내에서 활성화된 상태로 유지되어야 한다. 이는 단락 이해의 처리 부담으로 작용할 수 있다.

Kieras(1978)는 공통 논항의 부재로 문장 통합이 어려울 때 발생하는 처리 부담을 알아보았다. 그는 연구 참가자들에게 7개의 문장으로 구성된 단락을 읽고 회상하도록 하였다. 모든 참가자들에게 동일한 문장이 제시되었으나, 문장 제시 순서에 따라 다른 단락이 만들어졌다. 어느 문장 다음에 오는지에 따라 개별 문장은 이전에 언급되지 않은 새로운 항목으로만 이루어지거나(N 문장), 이전에 언급된 항목을 포함할 수 있었다(G 문장). 예를 들어 단락 A의 경우 첫 문장을 제외한 모든 문장이 G 문장이었던 반면, 단락 B의 경우 G 문장 보다는 N 문장이 많았다(●표 13.1 참조).

●표 13.1 공통 논항과 문장 통합 　　　　　　　　　　　　　출처: Kieras, 1978.

순서	단락 A	단락 B
1	N – 개미가 젤리를 먹었다.	N – 부엌은 깨끗했다.
2	G – 개미는 굶주렸다.	N – 식탁은 나무로 만든 것이었다.
3	G – 개미는 부엌에 있었다.	N – 개미는 굶주렸다.
4	G – 부엌은 깨끗했다.	G – 개미는 부엌에 있었다.
5	G – 젤리는 포도로 만든 것이었다.	N – 젤리는 포도로 만든 것이었다.
6	G – 젤리는 식탁 위에 있었다.	G – 젤리는 식탁 위에 있었다.
7	G – 식탁은 나무로 만든 것이었다.	G – 개미가 젤리를 먹었다.

참가자들이 단락을 읽은 후 이들의 기억을 검사한 결과, 단락 A에 대한 회상이 단락 B에 대한 회상보다 우수하였다. 단락 A의 경우 첫 문장 외의 문장들은 모두 G 문장이었다. 이는 단락을 읽으면서 선행 문장들과 후속 문장들이 공통 논항을 통해서 즉각 연결될 수 있음을 의미한다. 반면 단락 B의 경우 반 이상의 문장이 N 문장으로 구성되어 있어, 문장 간의 연결이 용이하지 않았다. 이런 경우 공통 논항이 포함된

후속 문장이 나타날 때까지 선행 문장의 정보를 작업 기억에 별개로 유지하거나(예: 단락 B에서 첫 번째 문장의 주어인 '부엌'은 네 번째 문장에서 다시 언급된다), 문장을 연결하기 위해 추론을 해야 한다.

연결 추론^{bridging inference}은 문장을 조리 있게 연결하는 과정에서 일어나는 추론을 지칭한다. 관련된 문장들의 관계에 따라 생략된 정보를 추론하는 것이 될 수도, 사건 간의 관계를 추론하는 것이 될 수도 있다. 다음의 예문 4의 두 문장에는 공통 논항이 없다. 하지만 첫 번째 문장에서 생략된 정보(예: 아스피린을 물과 함께 먹었다)가 추론되면, 두 문장이 연결될 수 있다.

예문 4) 철수는 아스피린을 먹었다. 물맛이 이상했다.

예문 5와 예문 6 역시 공통 논항이 없는 경우이다. 하지만 예문 5의 경우 아스피린이 무엇인지, 두통이 어떠한 질병이며, 일반적으로 두통에 어떤 치료가 필요한지에 대한 지식이 있는 사람이라면, 인과 관계를 추론하여 두 문장을 연결할 수 있다. 예문 6의 경우 일반적인 배경지식만으로는 두 문장을 연결하기 쉽지 않다. 하지만 맥락에 특수한 선행 지식(예: 인수는 평소 두통을 먹구름에 비유했다)이 있을 경우 연결이 가능해진다.

예문 5) 인수는 아스피린을 먹었다. 잠시 후 두통이 사라졌다.

예문 6) 인수는 아스피린을 먹었다. 잠시 후 먹구름이 사라졌다.

Black과 Bern(1981)은 문장 간에 존재하는 인과 관계의 강도가 기억에 미치는 영향을 살펴보았다. 이들은 연구 참가자들에게 인과 관계로 연결되는 두 문장을 제시하였다. 조건에 따라 문장 간 인과 관계의 강도가 달랐다(● 표 13.2 참조). 강한 인과 관계 조건에서는 첫 문장이 다음

● 표 13.2 강한 인과 관계 단락과 약한 인과 관계 단락 예시   출처: Black & Bern, 1981.

관계 강도	단락 예시
강한 인과 관계	고양이가 식탁 위로 뛰어올랐다. 프레드는 고양이를 들어서 밖으로 내보냈다.
약한 인과 관계	고양이가 식탁에 몸을 비벼댔다. 프레드는 고양이를 들어서 밖으로 내보냈다.

문장의 사건을 유발하는 강한 원인으로 작용했다(예: 식탁 위는 고양이가 있을 장소가 아니므로, 고양이가 식탁 위로 올라오는 사건은 고양이를 밖으로 내보내는 행동의 뚜렷한 원인으로 작용한다). 반면 약한 인과 관계 조건에서는 두 문장 간의 관계가 분명하지 않았다(예: 고양이가 식탁에 몸을 비빈 것은 관습적으로 금기시 되는 행동이 아니므로, 고양이를 밖으로 내보낸 행동과의 인과적 연결은 다소 부족하다). 연구자들은 참가자들이 글을 다 읽은 다음, 이들이 글의 내용을 얼마나 기억하는지 살펴보았다. 그 결과 참가자들은 인과적으로 강하게 연결된 글을 더 잘 기억하였다. 이는 문장들이 의미적으로 강하게 연결될 때 글에 대한 처리가 촉진되었음을 시사한다.

소형 구조를 만드는 일이 언제나 성공적으로 진행되지는 않는다. 공통 논항을 연결하거나 문장 간의 관계를 추론하는 데에는 처리 자원이 요구된다. 이러한 연결 추론이 많이 요구될수록 글을 읽는 시간이 증가한다(Singer et al., 1992). 너무 많은 연결 추론이 일어나야 하는 경우 글이 잘 이해되지 않고, 글을 읽은 다음 기억하는 내용도 줄어든다(Britton, et al., 1990). 연결이 어려운 항목이나 문장들은 연결되지 않은 상태로 남아있다가 후속 정보가 입력됨에 따라 작업 기억에서 밀려나게 된다.

대형 구조

대형 구조 macrostructure 는 글 전체의 핵심 내용과 메시지에 대한 표상으로, 대형 구조를 만들기 위해서는 개별 문장에 대한 이해를 넘어서 글 전체의 의미를 파악해야 한다. 즉 글에서 중요한 정보와 중요하지 않은 정보를 선별하고, 글에서 반복적으로 언급되는 대상, 사건, 인물을 바탕으로 글 전체를 관통하는 주제/메시지를 도출하는 한편, 글의 주요 요소들이 어떻게 연결되어 있는지 파악하고, 주제/메시지의 정합성과 일관성 coherence 역시 고려해야 한다. 대형 구조에 포함된 내용은 글의 핵심 내용으로, 글의 요약이나 기억에 포함될 확률이 높고, 기억에서도 더 빨리 인출된다(Trabasso & Sperry, 1985).

대형 구조
글 전체의 핵심 내용과 메시지에 대한 표상. 글 전체의 내용에 대한 전역적 통합의 결과로 만들어짐.

다음에 제시된 단락은 대형 구조와 소형 구조의 차이를 잘 드러낸다. 단락 내의 인접 문장들은 공통 논항으로 잘 연결되어 있다. 선행 문장의 마지막 단어가 다음 문장의 시작 단어가 되거나 의미적으로 유사한 단어가 사용되어 손쉽게 소형 구조가 만들어질 수 있다.

소형 구조는 잘 형성되나 대형 구조를 만들기 어려운 단락 예시. 출처: Enkvist, 1978.

I bought a Ford. A car in which President Wilson rode down the Champs Elysees was black. Black English has been widely discussed. The discussions between the presidents ended last week. A week has seven days. Every day i feed my cat. Cats have four legs. The cat is on the mat. Mat has three letters.

하지만 위 단락의 요지, 즉 대형 구조가 무엇인지 파악하는 것은 쉽지 않다. 자동차, 흑인 대통령 등이 언급되어 있지만, 글 전체를 아우르는 핵심 주제가 없고, 사건 간 논리적 연결성도 없다. 내가 자동차를 산 것이 윌슨 대통령과 무슨 관련이 있는지, 윌슨 대통령이 탄 차가 샹젤리제 거리를 달린 것이 흑인 영어와 무슨 관련이 있는지 추론이 쉽지 않다. 이러한 단락의 경우 소형 구조는 손쉽게 만들 수 있지만 대형 구조는 만들기 어렵다.

위 단락은 의도적으로 글의 요지가 불분명하게 작성된 것이지만, 이러한 의도 없이 작성된 글이라도, 글의 요지를 파악하는 것은 그리 단순한 작업이 아니다. 글의 길이가 길어지고 내용이 복잡해질수록 대형 구조를 만드는 것은 많은 처리 부담을 야기한다. 이러한 이유로 대형 구조 파악을 돕기 위해 일련의 언어적 장치들이 고안되어 왔는데, 글쓰기와 관련한 많은 관습이 바로 그러한 장치들이다. 예를 들어 글쓰기에서 핵심 정보를 빠르게 전달하고자 할 때는 두괄식 구조가 종종 사용된다. 글의 도입부에 제시된 주제나 목표 정보를 통해 형성된 기대가 후속 내용이 손쉽게 통합될 수 있도록 도와주기 때문이다(Suh & Trabasson, 1993). 반면 핵심 정보를 글의 말미에 배치하는 미괄식 구조는 내용이 전개되는 동안 호기심이나 긴장감을 유발하는 데 유용하다.

글의 장르나 영역별로 전형적인 구조가 있다. 예를 들어 이야기의 경우 등장인물과 사건이 중요하며, 전형적인 갈등 관계와 사건의 진행 패턴이 있다(●그림 13.1 참조). 이러한 구조는 다음에 전개될 내용에 대한 기대를 형성하여 이야기에서 일어나는 사건과 활동이 통합될 수 있게 도와준다. 정보 전달을 주요 목적으로 하는 글(예: 연구 논문)의 경우 일반적으로 초록, 서론, 방법, 결과, 결론 등의 구조로 이루어져 있다. 이러한 구조는 어떤 위치에서 어떤 정보를 찾을 수 있는지 안내하여 글의 요지를 파악하는 작업을 도와준다(Kintsch & van Dijk, 1978).

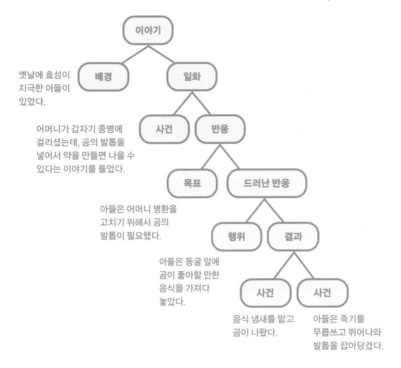

●**그림 13.1** 이야기의 전형적인 구조

독자의 목표가 대형 구조를 만드는 데 관여하기도 한다(Kintsch & van Dijk, 1978). 예를 들어 『춘향전』을 읽으면서 등장인물과 주요 사건의 전개에 관심을 가질 수도 있지만, 당시의 풍습이나 여성의 사회적 지위를 파악하려고 할 수도 있다. 독자의 목표가 무엇이든, 이를 달성하기 위해서는 글을 이해하는 과정에서 적극적으로 대형 구조를 만들기 위해 노력할 필요가 있다. 글을 읽기 전에 주요 개념과 글 전체의 틀을 개관하고, 글을 읽으면서도 내용을 요약하고 잘 이해되지 않는 부분에 대해 질문하는 등의 활동은 글의 요지를 파악하는 데 중요하다(Coleman et al., 1997; Davey & McBride, 1986; Dunlosky et al., 2013). 글 읽기의 목적을 달성할 수 있도록 읽은 내용을 정리하고, 이를 단락별, 장별로 통합 및 압축하는 작업 역시 중요하다. 뚜렷한 목적 없이 글을 읽거나 대형 구조를 만들려는 적극적으로 글의 요지를 파악하려고 노력하지 않는다면, 대형 구조가 제대로 형성되지 않을 수도 있다.

상황 모형

상황 모형
글이 묘사하는 상황에 대한 모형. 글에 제시된 정보와 선행 지식이 결합되어 만들어짐.

글 이해의 마지막 단계에서는 **상황 모형**[situation model]이 구성된다. 글을 이해한다는 것은 글에 제시된 상황을 이해하는 것이다. 상황 모형은 글이 묘사하는 상황에 대한 모형으로, 글에 제시된 정보와 관련 선행 지식이 결합되어 만들어진다.

Bransford 등(1972)은 연구 참가자들에게 ●표 13.3과 같은 문장들을 제시하고 이를 학습하게 한 뒤, 해당 문장에 대한 참가자들의 기억을 검사하였다. 재인 검사에서 제시된 문장은 학습 문장과 한 단어만 달랐으나 (학습 문장의 마지막 대명사 'them'이 검사 문장에서는 'it'으로 바뀌어 제시되었다), 글이 묘사하는 상황과 부합하는지에 있어서 차이가 있었다.

●표 13.3 함축 조건과 비함축 조건의 학습 문장과 검사 문장　　　　　출처: Bransford et al., 1972.

	학습 문장	검사 문장
함축 조건	Three turtles rested on a floating log, and a fish swam beneath them.	Three turtles rested on a floating log, and a fish swam beneath it.
비함축 조건	Three turtles rested beside a floating log, and a fish swam beneath them.	Three turtles rested beside a floating log, and a fish swam beneath it.

함축 조건에서는 대명사가 바뀌어도 검사 문장이 여전히 학습 문장에서 묘사하는 상황과 동일한 상황을 묘사하였다. 학습 문장에는 거북이가 통나무 '위[on]'에서 쉬고 있다고 쓰여있다. 거북이와 통나무가 같은

위치에 있기 때문에, 검사 문장에서 'beneath(아래에)' 다음에 'them(거북이들)'이 오든 'it(통나무)'이 오든 물고기가 헤엄치는 위치는 동일하다(●그림 13.2 a 참조). 반면 비함축 조건에서는 학습 문장이 묘사하는 상황과 검사 문장이 묘사하는 상황이 일치하지 않는다. 거북이가 통나무 '옆^{besides}'에서 쉬고 있기 때문에, 거북이와 통나무가 있는 위치가 다르다(●그림 13.2 b 참조). 따라서 검사 문장에서 'beneath' 다음의 대명사를 'them'에서 'it'으로 바꿀 경우 물고기가 있는 위치가 달라진다. 즉 검사 문장에서 대명사가 'it'으로 바뀌면 물고기가 헤엄치는 위치는 통나무 아래가 된다. 기억 검사 결과 참가자들은 함축 조건에서는 대명사가 바뀐 것을 잘 탐지하지 못하였지만 비함축 조건에서는 이를 잘 탐지하였다. 검사 문장이 다른 상황을 묘사하였기 때문이다. 이러한 결과는 문장의 의미를 처리하는 것은 문장이 지칭하는 상황을 이해하는 것임을, 상황 모형에는 문장에 명시되지 않은 관계와 정보가 표상됨을 보여준다.

[a] 함축 조건　　　　　　　　[b] 비함축 조건

●**그림 13.2** 함축 조건(a)과 비함축 조건(b)에서 학습 문장이 묘사하는 상황

한편 Stanfield와 Zwaan(2001)은 연구 참가자들에게 예문 6, 7과 같은 문장을 읽게 하였다.

예문 6) John put the pencil in the cup(존은 연필을 컵에 넣었다).

예문 7) John put the pencil in the drawer(존은 연필을 서랍에 넣었다).

참가자들이 문장을 읽은 다음 그림을 제시한 뒤, 이전에 읽은 문장에 해당 그림이 언급되었는지 판단하게 하였다(●그림 13.3 참조). (a)와 (b)는 방향이 다른 연필을 보여준다. 예문 6과 예문 7에는 존이 연필

●**그림 13.3** Stanfield와 Zwaan의 연구에서 사용된 그림 예시
연구 참가자들이 문장을 읽은 후, 왼쪽의 그림 중 하나가 제시되었다.

을 어디에 넣었는지 기술되어 있을 뿐, 연필의 방향은 언급되지 않았다. 하지만 '컵'에는 연필이 수직 방향으로 들어가고, '서랍'에는 수평 방향으로 들어가기 때문에, (a)와 (b)는 각각 예문 6과 예문 7에서 묘사하는 상황과 일치한다.

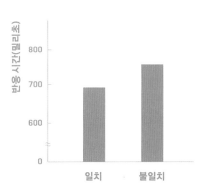

● 그림 13.4 문장과의 일치 여부에 따른 연구 참가자들의 반응 시간
문장에 함축된 방향과 그림에서 묘사된 방향이 일치할 때, 연구 참가자들의 판단이 촉진되었다.
출처: Zwaan et al., 2002.

참가자들의 판단 시간을 조사한 결과 문장에서 함축하는 방향과 그림의 방향이 일치하지 않은 경우 판단 시간이 증가하였다(● 그림 13.4 참조). 이러한 결과는 벽과 바닥의 방향에 대한 배경지식이 활용된 상황 모형이 이해 과정에서 구성됨을 보여준다.

Pecher 등(2009)의 연구도 이와 유사한 결과를 보여준다. 연구자들은 연구 참가자들에게 일련의 문장을 제시하고 해당 문장이 말이 되는지 sensibility 판단하는 과제 sensibility judgement task 를 수행하도록 하였다. 연구에는 '앤절라는 치약을 장바구니에 넣었다(Angela put the toothpaste in her shopping basket)', '앤절라는 칫솔에 치약을 짰다(Angela put the toothpaste on her toothbrush)' 같은, 일상적인 물체에 관한 문장이 사용되었다. 참가자들이 문장 판단 과제를 수행한 다음, 문장에 대한 재인 검사가 실시되었다. 재인 검사에서 참가자들은 물체(예: 치약) 그림이 제시되면 해당 물체가 이전 판단 과제에서 언급되었는지 답변하였다(● 그림 13.5 참조). 그림과 문장의 조합에 따라 물체의 모습은 문장에서 묘사된 상황에서 추론된 모양과 일치 match 하거나 불일치 mismatch 하였다. 예를 들어 '앤절라가 치약을 장바구니에 넣었다'라는 문장 다음, 치약 뚜껑이 닫힌 그림(상황 모형과 일치) 또는 치약 뚜껑이 열린 그림(상황 모형과 불일치)이 제시되었다.

● 그림 13.5 Pecher의 연구에서 문장에 대한 재인 검사 때 제시된 그림 예시

[a]

[b]

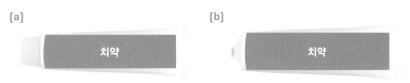

재인 검사 결과 참가자들의 기억은 보기로 제시된 그림이 문장에서 묘사된 물체의 상황과 부합할 때 더 정확하였다(●그림 13.6 참조). 이러한 결과는 사람들이 문장을 이해할 때 추상적 의미만 표상하는 데 그치지 않고, 문장에서 묘사하는 상황에 대한 모형을 구성한다는 것을 보여준다.

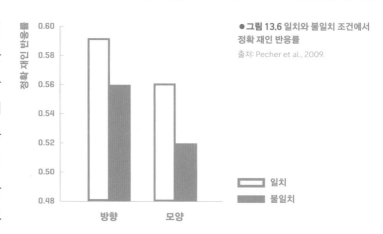

●그림 13.6 일치와 불일치 조건에서 정확 재인 반응률
출처: Pecher et al., 2009.

앞에서 살펴본 연구들에서 사용된 문장들은 일상적인 상황을 묘사한다. 대부분의 사람들은 연필, 치약 등에 대한 풍부한 감각 경험과 지식을 가지고 있고, 이는 관련된 글에 대한 상황 모형을 구성할 때 자연스럽게 참조된다. 반면 글이 추상적이고 전문적인 주제에 대한 것일 경우 관련된 지식이 없다면 적절한 상황 모형을 구성하기 어렵다.

●그림 13.7 (a)의 단락은 심장에서의 피의 흐름을 묘사한다. 두 문장으로 이루어진 짧은 단락이지만, 의미를 제대로 이해하기 위해서는 상당한 배경지식이 요구된다. 예를 들어 격막[septum]이 무엇이고 어떠한 역할을 하는지, 왜 이산화탄소가 방출되어야 하는지, 피의 색은 무엇을 의미하는지, 심장과 폐의 관계가 무엇인지 등에 대한 지식이 필요하다. 적절한 선행 지식이 있는 경우 위의 단락을 읽고 ●그림 13.7 (c)와 같은 상황 모형을 구성할 수 있지만, 그렇지 않은 경우 이러한 상황 모형이 구성되기 힘들다. 어휘 지식과 일반적인 배경지식을 사용하여 ●그림 13.7 (b)와 같은 덩이글 기저 표상까지는 만들 수 있지만, 적절한 상황 모형을 만들기 위해서는 주제 영역에 대한 선행 지식이 필요하다. 선행 지식의 결핍은 글을 읽고 불완전하거나 부정확한 상황 모형을 만드는 원인으로 작용한다.

글은 대상이나 사건을 언어적으로 기술한다. 그러나 언어 표상의 추상성으로 인해 눈으로 보면 간단한 것도 잘 이해되지 않을 수 있다. 전

●**그림 13.7** 글 단락에 대해서 만들어지는 덩이글 기저 표상과 상황 모형
(a) 단락
(b) 덩이글 기저 표상
(c) 상황 모형
피는 신체를 순환하면서 영양분을 공급하고 노폐물을 수거한다. 심장은 피를 폐와 신체로 보낸다. 심장의 격막은 신체로 나가는 피와 폐로 나가는 피를 격리한다. 격막에 결함이 있으면 신체에서 이산화탄소를 수집해서 돌아온 (자주색) 피가 (폐에서) 이산화탄소를 방출하지 못한 채 다시 신체로 보내진다. 또한 (폐에서) 산소를 충전한 (붉은색) 피가 신체로 보내지지 못하고 다시 폐로 간다.
출처: Kintsch, 1994.

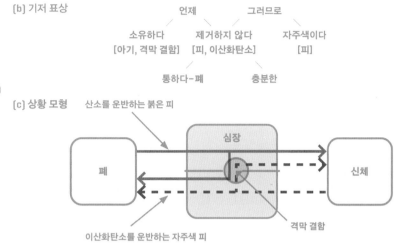

[a] 단락

아기의 격막에 결함이 있으면, 피가 폐를 통해 이산화탄소를 충분히 제거할 수 없다. 그러므로 피가 자주색을 띠게 된다.

[b] 기저 표상

[c] 상황 모형

달하고자 하는 내용이 복잡할수록 이해의 어려움은 증가한다. 이러한 경우 언어뿐 아니라 그림, 사진, 영상 등 대안적인 표상을 함께 제시함으로써 이해의 어려움을 줄일 수 있다.

Butcher(2006)는 학생들이 순환계를 학습할 때 글에만 의존하는 조건과 글과 다이어그램을 함께 제시하는 조건을 비교하였다. 연구 결과 학생들의 학습은 글과 다이어그램이 함께 사용된 조건에서 더 우수한 것으로 나타났다. 사용된 다이어그램은 순환계의 여러 구조 간의 관계를 강조하는 간단한[simplified] 다이어그램과 실제 구조를 정확하게 반영하는 세부적인[detailed] 다이어그램으로 나뉘었는데, 사실 관련 지식[factual knowledge]을 학습하는 데는 단순한 다이어그램이 더 효과적이었다.

2. 글 이해와 작업 기억

작업 기억은 글 이해에서 핵심적인 역할을 한다. 작업 기억은 글 이해를 위해 필요한 정보(예: 글의 앞부분에서 언급된 정보, 장기 기억에

서 인출된 정보)를 활성화된 상태로 유지하는 것은 물론, 글 이해와 관
련된 다양한 처리(예: 공통 논항을 사용한 인접 문장 연결, 주제 정보 추
출, 함축된 정보 추론)를 수행한다(Ericsson & Kintsch, 1995; King &
Just, 1991).

문장 통합

덩이글 이해에서 중요한 작업 중 하나는 덩이글 내에 제시된 문장들
을 연결하는 것이다. 이를 위해서는 연결되어야 하는 명제들이 작업 기
억에 동시에 활성화된 상태로 유지되어야 한다. 연결되어야 하는 문장
이 연이어 제시되는 경우 동시에 활성화되어 있을 확률이 높다. 예를 들
어 ●표 13.4의 단락 1에 제시된 두 문장은 공통 논항으로 연결되어 있
다. 또한 두 문장은 인과적으로도 연결된다(첫 번째 문장에서 기술하는
시커먼 연기의 원인이 두 번째 문장의 산불이다). 두 문장이 인접해서
제시되면 작업 기억에서 동시에 활성화된 상태에 있기 때문에 공통 논
항을 연결하여 두 문장 간의 관계를 추론하는 것은 그리 어렵지 않다.

●표 13.4 문장 통합과 작업 기억   출처: Lesgold et al., 1979.

단락 1	단락 2	단락 3
시커먼 연기가 숲을 뒤덮고 있었다. 숲이 불타고 있었다.	시커먼 연기가 숲을 뒤덮고 있었다. 가영이 고개를 드니 검고 두꺼운 연기가 맑은 하늘을 뒤덮고 있었다. 앞에서는 산림 감시원이 차량 속도를 낮추라고 손짓하고 있었다. 그 숲은 불타고 있었다.	시커먼 연기가 숲을 뒤덮고 있었다. 가영이 뒷좌석을 힐끗 쳐다보니 벌 한 마리가 뒷좌석 위를 날고 있었다. 뒷좌석에 앉은 두 아이가 호들갑을 떨고 있었지만, 벌을 쫓아내려고 하지는 않았다. 그 숲은 불타고 있었다.

문장이 떨어져 제시되는 경우 통합이 좀 더 어려워진다. 단락 2와 단
락 3은 단락 1의 두 문장이 사이에 다른 문장들이 끼어있는 경우이다.
이 경우 단락의 마지막에 이르러 '그 숲이 불타고 있었다'는 문장을 읽
을 시점에는 '시커먼 연기'를 언급하는 첫 문장이 작업 기억에 남아있
지 않을 가능성이 높다. 하지만 단락 2에서처럼 '시커먼 연기'가 첫 문장

에서 언급된 다음, 이와 관련된 내용(예: '두꺼운 연기', '산림 감시원')
이 계속 제시되는 경우 첫 번째 문장의 내용이 계속 활성화된 상태로 남
아있을 수 있다. 이 경우 마지막 문장이 제시되었을 때 시커먼 연기와 산
불을 연결하는 것이 그리 어렵지 않다. 반면 단락 3에서는 중간에 삽입
된 문장들이 첫 번째 문장의 '시커먼 연기'와 무관한 사건들을 묘사한다
(예: '뒷좌석의 아이들', '벌'). 이 경우 마지막 문장을 읽을 시점에 첫 문
장은 더 이상 작업 기억에 활성화된 상태로 남아있지 않을 가능성이 높
고, 그 결과 두 문장의 인과 관계를 파악하기 어려워진다.

문장 통합에 중요한 것은 선행 정보가 작업 기억에 활성화된 상태
로 유지되는 것이다. 선행 정보는 글의 내용이 작업 기억에 여전히 존
재하는지 여부에 따라서 전경 정보와 배경 정보로 구분된다. **전경 정보**
foregrounded information는 처리의 중심에 있는 정보로, 바로 직전에 제시되었
거나, 관련 정보가 계속 제시되어 작업 기억에 활성화된 상태로 유지되
는 정보를 지칭한다. **배경 정보**backgrounded information는 더 이상 처리의 초점
이 되지 않는 정보로, 글에서 관련된 내용이 더 이상 제시되지 않으면서
작업 기억에서 손실되거나 장기 기억으로 이동한 정보를 지칭한다(예:
단락 3에서 '시커먼 연기가 숲을 뒤덮고 있다'). 배경 정보와의 통합이
필요한 경우 복원 탐색reinstatement search을 통해 해당 정보를 다시 활성화
해야 한다. 복원 탐색은 처리 자원이 필요한 작업으로, 글 이해 과정을
지연시킨다(Lesgold et al., 1979).

Lesgold 등(1979)은 현재 처리 중인 문장과 통합되어야 하는 문장이
전경 정보인지 배경 정보인지에 따라 읽기 시간이 어떻게 변하는지 살
펴보았다. 전경 정보 조건에서는 통합되어야 하는 문장이 연이어 제시
되거나 이전 문장과 관련된 정보가 계속 제시되었다(●표 13.4의 단락 1
과 단락 2 참조). 반면 배경 정보 조건에서는 통합되어야 하는 두 문장
사이에 무관한 문장이 삽입되어 있었다(●표 13.4의 단락 3 참조). 중간
에 삽입되는 문장의 수는 전경 정보 조건에서 0개, 2개, 4개(F0, F2, F4),
배경 정보 조건에서는 2개, 4개, 22개(B2, B4, B22)였다.

전경 정보
처리의 중심에 있는 정보. 바로
직전에 제시되었거나, 관련 정보가
계속 제시되어 작업 기억에 활성화된
상태로 유지되는 정보.

배경 정보
더 이상 처리의 중심이 되지 않는
정보. 글에서 관련된 내용이 더 이상
제시되지 않으면서 작업 기억에서
손실되거나 장기 기억으로 이동한
정보.

연구자들은 연구 참가자들이 단락 전체를 읽는 시간과 목표 문장을 읽는 시간을 측정하였는데, 문장이 연이어 제시될 때(F0) 목표 문장을 읽는 시간이 가장 짧았고, 중간에 문장이 삽입되는 경우(예: F2, F4) 단락 전체를 읽는 시간과 목표 문장을 읽는 시간이 모두 증가하였다(●표 13.5 참조). 목표 문장 읽기 시간의 증가는 전경 정보 보건보다 배경 정보 조건에서 더 두드러졌다. 삽입된 문장이 없는 경우와 비교했을 때 전경 정보 조건에서는 목표 문장을 읽는 시간이 0.21초 증가하였으나(F0 대 F2), 배경 정보 조건에서는 0.42초 증가하였다(F0 대 B2). 이러한 차이는 배경 정보 조건의 경우 배경 정보로 이동한 정보를 다시 작업 기억에 활성화해야 했기 때문으로 보인다. 또한 전경 정보 조건에서 삽입 문장 수가 2개에서 4개로 증가(F2 대 F4)했을 때, 단락 읽기 시간은 증가하였으나, 목표 문장 읽기 시간은 증가하지 않았다. 반면 배경 정보 조건에서는 삽입된 문장의 수가 증가(B2 대 B4)했을 때, 단락 읽기 시간과 목표 문장 읽기 시간이 함께 증가하였다. 삽입된 문장이 많을수록 재활성화에 시간이 걸린 것이다. 그러나 삽입된 문장의 수가 일정 수준을 넘어서면(B4 대 B22) 더 이상 읽기 시간이 증가하지 않았다. 즉 문장이 확실하게 배경지식이 된 다음에는, 삽입된 문장의 수가 읽기 시간에 별다른 영향을 주지 않았다(Lesgold et al., 1979).

●표 13.5 전경 정보 조건과 배경 정보 조건에서의 단락 길이, 평균 읽기 시간, 목표 문장 읽기 시간

출처: Lesgold et al., 1979.

조건		단락 길이(단어 수)	단락 읽기 시간(초)	목표 문장 읽기 시간(초)
전경 정보 조건	F0	103.9	22.78	2.93
	F2	127.4	27.79	3.14
	F4	153.6	32.30	3.04
배경 정보 조건	B2	127.4	27.90	3.35
	B4	156.7	33.24	3.54
	B22	153.4	31.99	3.50

목표 관련 정보

Kintsch와 van Dijk(1978)는 가장자리 가설[leading edge hypothesis]을 제안하였다. 가장자리 가설에 따르면 글을 읽을 때 가장 최근에 읽은 명제뿐 아니라 대형 구조에서 상위 수준의 정보가 작업 기억에 활성화된 상태로 존재한다. 글의 목표와 관련된 정보는 대형 구조에서 중요한 역할을 하는데, 이는 특히 목표가 달성되지 못했을 때 그렇다. Suh와 Trabasso(1993)는 달성되지 못한 목표가 글 이해에 미치는 영향을 알아보기 위해 연구 참가자들에게 이야기를 제시하였다. 이야기는 주인공이 원하는 목표(예: 자전거)를 달성하는 과정에 대한 것이었다. 이야기의 주인공은 자전거(목표 1)를 원한다. 목표 달성 조건에서는 엄마가 자전거를 사주고, 이후 주인공은 스스로 돈을 벌어서 새로운 목표(농구공)를 달성한다. 반면 목표 실패 조건에서는 엄마가 자전거를 사주지 않고 주인공은 스스로 돈을 벌어서 자전거를 사는 목표를 달성한다. 목표 1과 관련하여 어머니가 자전거를 사줬다는/사주지 않았다는 내용은 두 조건 모두에서 이야기 도입부에 잠시 언급되었을 뿐, 이야기의 중심은 이후 목표 2를 달성하기 위하여 주인공이 식료품점에서 아르바이트를 하면서 돈을 모으는 과정에 대한 것이었다.

연구자들은 글을 이해하는 동안 참가자들이 하는 생각을 알아보고자, 참가자들에게 이야기를 읽으면서 마음속에 떠오르는 생각들을 소리 내어 말하라고[think aloud] 요청하였다. 연구 결과 참가자들은 목표 달성 조건보다는 목표 실패 조건에서 목표 1을 더 많이 언급하였다. 목표 1에 대한 언급은 두 조건 모두에서 글의 중반부터는 감소하였지만, 글의 말미에 다시 증가하였다. 이러한 경향은 목표 실패 조건에서 더 두드러졌다(●그림 13.8 참조).

●**그림 13.8 달성되지 못한 목표가 글 이해에 미치는 영향**
달성되지 못한 목표는 더 자주 언급되며, 특히 글의 말미에 언급 빈도가 증가한다. x 축은 문장이 이야기 구조에서 차지하는 역할을 나타낸다. 예를 들어 A는 행위, G는 목표, O는 결과를 묘사하는 문장을 나타내고, 번호는 제시된 순서를 지칭한다.
출처: Suh & Trabasso, 1993.

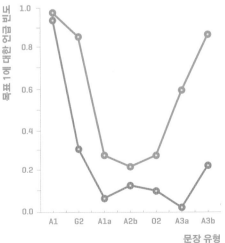

이는 목표 1이 글의 중반부부터 더 이상 언급되지 않았음에도 불구하고, 마지막까지 작업 기억에 활성화된 상태로 남아있었음을 시사한다.

작업 기억 용량과 읽기 능력

글 이해에서 작업 기억은 매우 중요하다. 작업 기억을 통해 글을 읽는 동안 필요한 정보가 저장되고, 다양한 처리가 이뤄진다. 작업 기억 용량에 따라 얼마나 멀리 떨어진 정보를 통합할 수 있는지, 얼마나 많은 추론을 수행하고 적절한 대형 구조를 형성할 수 있는지 등이 달라진다.

글 이해에 관여하는 작업 기억의 처리 용량은 읽기 폭 과제로 측정된다(4장 참조). 여러 연구에 따르면 읽기 폭이 작은 사람의 경우 대명사가 참조하는 대상이 멀어질수록 해당 대명사가 무엇을 지칭하는지 잘 파악하지 못한다. 관계대명사절의 통사 구조가 복잡해지면 읽기 속도가 느려지고, 또한 맥락을 사용한 다의어 의미 파악에도 더 오랜 시간이 소요된다(이병택 등, 1996; Daneman & Carpenter, 1980). 반면 읽기 폭이 큰 사람의 경우 인과적·위계적 관계로 구조화된 이야기를 읽을 때 상위 목표를 효율적으로 작업 기억 내에 유지할 수 있으며, 문장에서 생략된 정보를 더 잘 추론한다(유현주 등, 2006).

작업 기억은 언어 발달 및 제2 외국어 습득에도 중요한 역할을 한다. 다양한 요인이 언어 발달과 학습에 관여하지만, 아동의 작업 기억 용량이 클수록 발화의 길이가 길고, 다양한 단어를 포함하며 다양한 통사 구조를 사용한다(Adams & Gathercole, 2000). 작업 기억이 손상된 집단의 경우 언어 발달 지연이 관찰된다(Archibald, 2017). 작업 기억은 또한 제2외국어 습득 및 유창성과 정적인 상관을 보이는데, 작업 기억의 여러 하위 구조 중 특히 음운 루프와 중앙 집행기가 언어 발달 및 학습과 관련이 깊다(Linck et al., 2014; Link & Weiss, 2015).

3. 선행 지식과 이해

작업 기억과 더불어 글 이해의 또 다른 축은 글을 읽는 사람의 선행 지식이다. 글을 통한 정보 전달은 제한적일 수밖에 없으므로, 글의 내용을 제대로 이해하기 위해서는 내용과 관련된 선행 지식이 필수적으로 요구된다. 선행 지식은 글에 생략된 정보를 보충하고, 불확실한 정보를 명료하게 하며, 적절한 상황 모형을 구성할 수 있도록 도와준다. 독자가 관련 지식을 얼마나 가지고 있는지, 이해 과정에서 이를 얼마나 적극적으로 활용하는지에 따라서 글을 이해하는 정도가 달라진다.

글 이해에서 선행 지식의 역할

선행 지식의 양은 글 이해도와 유의미한 상관을 보이는데, 글의 주제에 대한 선행 지식이 많을수록 글에 대한 이해도가 높다(Baldwin et al., 1985; Ozuru et al., 2009). 하지만 자신의 선행 지식이 충분한 분야의 글만 읽는 것은 아니다. 학습을 하거나 취미 삼아 글을 읽는 경우처럼, 잘 모르는 분야의 글을 접할 때도 많다. 글을 쓰는 사람은 독자의 수준을 고려하지만, 그 수준이 다양하기 때문에 모든 독자의 수준에 맞추는 것은 불가능하다. 그 결과 독자의 선행 지식과 글 이해에 필요한 선행 지식이 일치하지 않는 경우가 종종 발생한다. 이러한 경우 선행 지식의 부재는 글 이해와 학습을 방해하는 요인으로 작용한다.

Britton과 Gülgöz(1991)는 Kintsch의 이론을 사용하여 미군에서 장교 훈련에 사용하는 덩이글을 분석하였다. Kintsch 이론에 따라 덩이글에서 선행 지식이나 추론이 필요하다고 예상하는 부분을 분석한 결과, 총 40곳이 확인되었다. 해당 글은 베트남 전쟁에서의 공중전[air war]을 다루고 있었지만, 글의 제목과 첫 문장에는 베트남이 언급되어 있지 않았고, 대신 사이공[Saigon]이나 하노이[Hanoi]가 언급되었다(●표 13.6 참조).

●표 13.6 원본과 수정본   출처: Britton & Gülgöz, 1991.

원본	수정본
Air War in North	**Air War in North (Vietnam)**
By the Fall of 1964, Americans in both Saigon and Washington had begun to focus on Hanoi as the source of the continuing problem in the South.	By the Fall of 1964, Americans in both Saigon and Washington had begun to focus on Hanoi (capital of North Vietnam) as the continuing problem in the South.

사이공이나 하노이가 어느 나라의 도시인지 아는 독자라면 해당 글이 베트남 전쟁에 관한 것임을 무리 없이 추론할 수 있지만, 이러한 배경지식이 없는 경우 해당 글이 어떤 전쟁에 관한 것인지 알 수 없다. 이러한 문제를 해결하고자 연구자들은 글을 읽을 때 선행 지식과 추론의 관여가 최소화되도록 글을 수정하였다. 예를 들어 수정본에서는 '북쪽^{North}'이라는 단어가 '북베트남^{North Vietnam}'을 의미하는 것을 분명하게 밝히고, 하노이가 북베트남의 수도임을 명시하였다.

연구자들은 연구 참가자들을 두 집단으로 나눠 원본과 수정본을 읽게 하고 이들의 기억을 검사하였다. 두 집단의 단어당 읽기 시간은 비슷하였으나, 원본을 읽은 독자들은 35.5개의 명제를 회상한 반면 수정본을 읽은 독자들은 58.6개의 명제를 회상하였다. 연구자들은 글에서 12개의 주요 개념을 선정하고 이를 바탕으로 총 66개 개념 쌍(예: 군사 전략-존슨 대통령, 맥나마라 장관-군사 전략)을 만들었다. 이 개념 쌍들을 원 글의 저자, 베트남전 전문가 및 연구 참가자들에게 제시하고 관련성을 평정하도록 하였다. 연구 참가자들의 평정을 글의 저자 및 전문가들의 평정과 비교한 결과, 수정본을 읽은 참가자들의 평정이 원본을 읽은 참가자들의 평정에 비해 전문가들의 평정과 더 유사하였다. 이러한 결과는 선행 지식이 적게 필요한 글이 더 잘 기억되고 이해된다는 것을 보여준다.

하지만 선행 지식을 모두 명시적으로 제시한 글이 반드시 좋은 글은 아니다. 특히 학습을 목적으로 한 글 읽기의 경우에는 이러한 글이 학습에 항상 도움이 되지는 않는다. McNamara 등(1996)은 중학교 교과서의 글(심장에 관한 글)을 선정한 뒤, 선행 지식이 부족한 학생들도 잘 이해할 수 있도록 글에 설명을 추가하고 정교화하였다. 연구자들은 연구 참가자들을 두 집단으로 나눠 각각 해당 글의 원본과 수정본을 읽은 다음 글에 대한 기억을 조사하고 일련의 질문에 답하도록 하였다. 수정본을 읽었을 때 글에 대한 기억이 더 우수하였는데, 원본을 읽은 참가자들보다 수정본을 읽은 참가자들이 더 많은 명제를 재생하였다. 그러나 질문에 대한 답변, 특히 글에 주어지지 않은 정보를 추론하거나 글의 내용을 새로운 상황에 적용하는 문제 해결식 질문의 경우, 선행 지식 수준에 따라 효과적인 글의 유형이 달라졌다. 선행 지식 수준이 낮은 참가자들은 수정본으로 학습했을 때 질문에 더 잘 답한 반면, 선행 지식 수준이 높은 참가자들은 원본 글로 학습했을 때 질문에 더 잘 답하였다. 즉, 선행 지식 수준이 높은 참가자들에게는 '친절하지 않은' 원본이 더 유용했다. 글에 함축되거나 제시되지 않은 내용을 추론하기 위해서 글을 읽을 때 더 적극적인 처리가 일어났기 때문에 이러한 결과가 나타난 것으로 보인다.

한편 글과 그림을 함께 학습하는 경우가 종종 존재한다. 이때 학습 영역에 대한 선행 지식이 많지 않은 학습자의 경우, 모든 학습 자료를 시각적으로 제시하는 것보다 그림은 시각적으로, 글은 청각적으로 제시하는 것이 효과적이다. 하지만 해당 영역에 대한 선행 지식이 많은 학습자들의 경우 글의 설명을 청각적으로 제시하는 것은 방해로 작용한다. 불필요한 정보를 반복적으로 처리해야 하기 때문이다. 이들에게는 글과 그림 모두 시각적으로 제시하거나 글 없이 그림만 제시하는 것이 효과적이다. 이러한 연구 결과는 사람들의 선행 지식 수준에 따라 적합한 글의 수준이나 제시 방식이 달라질 수 있음을 시사한다. 이처럼 글이나 교수법의 효과가 학습자의 수준에 따라 달라지는 것을 **전문 지식 반전 효과**expertise reversal effect라고 한다(Kalyuga, 2007).

전문 지식 반전 효과
글이나 교수법의 효과가 학습 과제나 영역에서 학습자가 가진 선행 지식 수준에 따라 달라지는 현상. 배경지식이 없는 학습자에게 적합한 학습 지시나 내용이 해당 과제나 영역에 대한 지식이 있는 학습자에게는 방해가 될 수 있음.

선행 지식의 활성화

글을 이해하는 데 필요한 선행 지식이 기억에 저장되어 있어도, 해당 지식이 이해 과정에서 적절하게 활성화되지 않을 수 있다. 적절한 어휘의 사용은 필요한 선행 지식과 관련 도식이 보다 손쉽게 활성화될 수 있도록 도와준다. Bransford와 Johnson(1972)은 다음에 제시된 단락처럼 의도적으로 글의 주제가 불분명한 단락을 구성하였다. 단락은 일상적인 내용을 쉬운 단어로 기술하지만, 정작 무엇에 관한 글인지는 파악하기 어렵다.

어떤 절차

이 절차는 매우 단순하다. 먼저 항목들을 몇 종류로 분류한다. 물론 해야 할 양이 얼마나 되느냐에 따라서 때로는 한 번으로도 충분할 수 있다. 시설이 모자라 다른 곳으로 옮겨야 한다면 장소를 이동한다. 그렇지 않으면 이제 준비는 다 된 셈이다. 중요한 것은 한 번에 너무 많은 양을 하지 말아야 한다는 것이다. 한 번에 조금씩 하는 것이 너무 많은 양을 한 번에 하는 것보다 낫다. 이것은 얼핏 보기에는 중요하지 않을 수 있지만 일이 복잡해지면 곧 이유를 알게 된다. 한 번의 실수는 비싼 대가를 치를 수도 있다. 처음에는 이 모든 절차가 꽤 복잡하게 보일지 모르나, 곧 이 일이 생활의 일부분임을 알게 된다. 일단 이 일이 끝난 다음에는 항목들을 다시 분류한다. 그리고 적당한 장소에 넣어둔다. 이 항목들은 나중에 다시 사용될 것이고 다음에도 이 절차가 반복된다.

출처: Bransford & Johnson, 1972.

이 글의 주제는 세탁이다. 일반적으로 이러한 글을 쓸 때는 세탁과 관련된 어휘(예: 세탁기, 세제, 빨랫감 등)가 사용된다. 해당 글에서는 주제를 알려주는 단어들이 의도적으로 다른 표현으로 대치되었다. 이처럼 주제 관련 단어가 없을 경우 이해 과정에서 적절한 선행 지식이 참조되기 어렵다.

연구자들은 연구 참가자들을 세 집단으로 나눠 연구를 진행하였다. 첫 번째 집단 참가자들에게는 해당 글의 주제를 알려주지 않았다(주제 없음 조건). 반면 두 번째 집단 참가자들에게는 글을 읽기 전에 글의 주제를 알려주었고(사전 주제 조건), 세 번째 조건 참가자들에게는 글을 읽은 후 주제를 알려주었다(사후 주제 조건). 참가자들이 글을 읽은 후, 이들이 해당 글의 아이디어를 몇 개나 기억하는지 검사하였다. 그 결과 주제 없음 조건 참가자들은 총 18개의 아이디어 중에서 2.8개밖에 기억하지 못했다. 사후 주제 조건 참가자들 역시 2.7개의 아이디어를 기억하는 데 그쳤다. 그러나 사전 주제 조건 참가자들은 5.8개의 아이디어를 기억하였다. 해당 연구 결과는 주제 관련 지식이 이해 과정 중에 활성화되는 것이 중요함을 보여준다. 해당 지식을 가지고 있어도 이해 과정 중에 활성화되지 못하거나 너무 늦게 활성화되면 이해에 도움이 되지 않는다.

선행 지식을 활용하여 글을 보다 풍부하게 이해할 수 있다. 하지만 일상적인 내용이 아닌 전문적인 주제에 관한 글의 경우, 관련된 어휘를 접하는 것만으로는 필요한 지식이 활성화되지 않을 수 있다. 이 경우 관련된 선행 지식을 활성화시키기 위해 보다 적극적인 노력과 이해 전략이 필요하다. 글을 이해하는 전략들(예: PQ4R)의 상당 부분은 선행 지식을 활성화하는 것과 관련되어 있다. 글을 읽기 전에 관련 내용을 예상하거나 추측하기, 질문하기, 예습하기 등은 관련 지식을 활성화하는 역할을 한다. 이러한 전략은 선행 지식이 자연스럽게 활성화되지 않는 학습자들에게 특히 유용할 수 있다(Carr & Thompson, 1996).

글은 우리의 지식 기반을 수정하고 확장하는 중요한 도구이다. 글을 이해하는 과정에서 선행 지식 기반이 정교화되고 업데이트된다. 오늘날 대부분의 사람들은 전문적인 지식을 습득하기 위해 수많은 시간을 학교에서 보내며, 과거와 비교할 수 없을 정도로 많은 정보를 습득하고 소비한다. 이렇게 습득한 지식과 정보는 단기적인 결과를 만들어내는 데는 성공하지만, 종종 독자의 역량을 의미 있게 변화시키는 데 기여하지 못한다. 글을 통해 학습하는 많은 지식과 정보가 시험을 보는 데만 활용되고, 실제 삶에서는 활용되지 않는다. 이는 글을 통해 습득된 정보가 의미 있는 선행 지식 기반의 변화를 만들어내지 못했기 때문이다. 글을 통해 습득한 정보가 의미를 가지기 위해서는 선행 지식 기반과의 통합이 필수적이다. 이 과정은 자동적으로 일어나지 않는다(7장 참조). 글을 읽으면서, 그리고 읽은 후에도 선행 지식을 적극적으로 활용하고 새로 습득하는 정보와 연결하려는 노력이 필수적이다.

14장

문제 해결

마음은 자극을 처리하고 기억하는 것 이상의 활동을 수행한다. 그 대표적인 예가 문제 해결이다. 문제 해결이란 물음이나 과제에 대한 답을 찾는 과정이다. 문제 해결은 문제의 유형 및 영역에 따라 다르게 일어난다. 이 장에서는 문제 유형과 해결 단계, 문제 표상과 전략의 중요성 및 전문성이 미치는 영향을 알아본다.

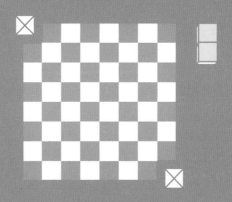

14장_문제 해결

1. 문제 유형

문제라는 용어가 실제로 지칭하는 상황은 매우 다양하다. 이미 확립된 절차를 적용하여 해법을 찾는 상황(예: 피타고라스의 정리를 사용해서 삼각형 한 변의 길이 찾기)부터 아직 해결책이 없는 상태에서 답을 찾는 상황(예: 의식을 가진 인공지능 만들기)까지, 여러 상황에 대해 문제라는 용어가 사용된다(Anderson, 1993; Newell & Simon, 1972). 다음은 문제라고 불리는 것들의 예시이다.

예시 1) $24 \times 2 - 23 = ?$
예시 2) 코로나 검사 결과가 양성일 때 실제 감염되었을 확률 구하기
예시 3) 천장에 매달린 두 끈 묶기
예시 4) 의식을 가진 인공지능 만들기
예시 5) 한국 사회 저출산 해소

문제를 분류하는 기준 중 하나는 잘 정의된 문제와 잘 정의되지 않은 문제를 구분하는 것이다. 잘 정의된 문제well-defined problem란 문제 해결을 위해 필요한 처리가 명확하고, 결과물이 맞는지 틀리는지 가늠할 수 있는 분명한 기준이 있는 문제다. 소위 말하는 '정답이 있는 문제'로, 간단한 계산 문제(예시 1)나 간단하지 않아도 방법을 알면 답을 구할 수 있는 문제(예시 2)가 이에 속한다. 반면 잘 정의되지 않은 문제ill-defined problems란 목표가 분명하지 않거나 목표를 달성하는 방법이 모호한 문

문제
이미 확립된 절차를 사용하여 해법을 찾는 상황이나 아직 해결책이 없는 상태에서 답을 찾는 상황을 일컫는 말. 해법을 찾기 어려운 대상 자체를 문제라 부르기도 함.

제를 말한다. 천장에 매달린 두 끈을 묶는 문제(예시 3)(●그림 14.12 참조)나 사람처럼 의식을 가진 인공지능을 만드는 문제(예시 4), 한국 사회 저출산 해소(예시 5) 등의 경우 목표가 제시되어 있긴 하지만, 구체적이지 않고 달성 방법도 불분명하다. 잘 정의되지 않은 문제의 경우 목표를 자세히 밝히거나(예: 인공 지능의 정의), 목표 달성 방법을 찾거나(예: 끈을 가져오는 방법), 해결에 필요한 자원을 확보하는 것(예: 예산 확보) 등이 문제 해결의 일부가 된다. 해결책을 찾기 위해 무엇을 어떻게 해야 할지 모호하기 때문에, 문제 해결에 있어 종종 통찰이나 기타 우연적인 요소에 의존하게 된다.

문제 해결에 요구되는 지식에 주목하여 문제를 지식 최소 요구형 문제와 지식 요구형 문제로 구분하기도 한다. 지식 최소 요구형 문제knowledge-lean problem는 문제 해결을 위한 정보가 문제에 포함되어 있어, 배경지식이 크게 필요하지 않은 문제다. 단순한 계산 문제(예시 1)나 일상생활을 영위하는 데 필요한 정도의 지식으로 해결이 가능한 문제(예시 3) 등이 이에 해당한다. 반면 지식 요구형 문제knowledge-rich problem는 문제 영역과 관련된 전문적 지식이 요구되는 문제다. 질병 검사 결과가 양성일 때 실제 감염 확률을 구하거나(예시 2) 의식이 있는 인공지능을 개발하는 것(예시 4) 등이 이에 해당한다. 지식 요구형 문제를 해결하기 위해서는 해당 영역의 전문 지식이 매우 중요하며, 문제 해결 과정에서 새로운 지식을 습득하거나 새로운 방법론을 개발하게 되기도 한다. 현대의 지식 요구형 문제는 대부분 어느 한 분야의 전문성만으로는 해결할 수 없다. 예를 들어 의식을 가진 인공지능을 개발하려면 프로그래밍 능력만으로는 부족하고, 철학, 심리학, 뇌 과학 등 다양한 분야의 전문성이 필요하다. 이는 전문가들의 협업이 이전보다 더욱 중요해진 이유 중 하나이다.

문제를 단순한 문제와 복잡한 문제로 구분하기도 한다(Funke, 2012). 절대적인 기준이 존재하지 않으나, 단순한 문제simple problem란 상대적으로 소수의 변인만 고려하면 되는 문제로, 단순한 계산 문제, 끈 묶기 문제 등이 이에 해당한다. 복잡한 문제^{complex problem}란 관련 변인이 많을 뿐 아니라 이들이 다중으로 상호 작용하는 문제를 일컫는다. 변인들이 어떻게 상호 작용하는지 파악하기 쉽지 않고, 어느 한 변인을 변화시키면 전체 시스템이 변화하기 때문에 문제 해결 과정에서 의도하지 않은 결과가 발생할 수 있다. 한국 사회의 저출산 해소(예시 5)는 지식 요구형 문제이자 극단적으로 복잡한 문제에 속한다. 문제와 관련된 수많은 역사적, 경제적, 문화적 변인들이 촘촘하게 연결된 채 **복잡계**^{complex system}를 이루고 있다. 이러한 문제를 제대로 파악하기 위해서는 이 영역들에 대한 많은 배경 지식뿐 아니라, 특정 영역의 변화가 다른 영역과 어떻게 연결되어 있는지에 대한 이해가 필요하다. 문제에 대한 해결책이 개개인의 행동 변화는 물론 집단 혹은 사회 전체의 규범과 제도 수정을 요구하기도 한다. 수많은 이해 관계가 얽혀있어, 주요 이해 관계자들을 설득하고, 이들에게 동의를 구하는 한편, 이들 간의 견해를 조율함으로써 공동체의 합의에 이르는 것이 중요하다.

복잡계
다수의 변인이 다중으로 상호 작용하여, 그 상호 작용을 파악할 수도, 예측할 수도 없는 시스템.

　문제 유형별로 해결책의 유형, 요구되는 지식, 관련된 요인의 수와 종류 등이 달라진다. 또한 문제 해결을 성공적으로 이끄는 기준 및 문제 해결에 관여하는 심리적 기제에도 차이가 생긴다. 일반적으로 문제의 복잡성이 증가할수록 실험실에서 연구하기 어렵고, 어떤 처리가 일어나야 하는지 밝히기 쉽지 않다(Funke, 2012). 이러한 이유로 주로 잘 정의된 문제나 요구되는 지식이 크지 않은 단순한 문제를 중심으로 연구가 진행되어 왔다.

2. 문제 해결 단계

　문제 해결이 항상 동일한 단계를 거쳐 일어나지는 않으나, 문제 해결 과정을 몇 개의 단계로 구별해서 살펴볼 수 있다(●그림 14.1 참조). 문제 해결의 첫 단계는 문제를 인식하는 것이다. 회사에서 일을 하다 보면, 이전에 사용하던 방식이 더 이상 유용하지 않다는 사실을 깨닫는 경

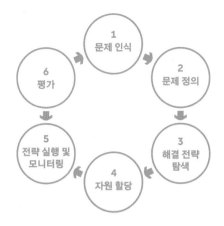

●그림 14.1 문제 해결 단계

우가 있다. 가족이나 고객의 불만을 통해 업무 시간이나 업무 처리 방식에 관한 문제가 드러나기도 한다. 이러한 깨달음은 문제의 원인이나 해결책을 찾기 위한 활동으로 이어진다. 하지만 문제가 있어도 인식하지 못하는 경우가 있다. 환경이 변하여 새로운 경영 전략이 필요함에도, 이를 인식하지 못하고 계속 과거의 방식을 고수하는 상황이 흔히 발생한다. 특히 문제를 해결해야 하는 사람이 문제의 일부일 때, 자신의 사고나 행동 방식에 문제가 있음을 깨닫기는 매우 어렵다. 문제 해결을 위한 노력은 문제가 존재한다는 인식이 있어야 촉발되기 때문에, 이러한 경우 문제가 있다는 것을 인지하는 것 자체가 문제 해결의 일부가 된다.

둘째, 문제가 있다는 것을 인식한 다음에는 문제를 정의하는 작업이 필요하다. 잘 정의되지 않는 문제일수록 문제 정의가 특히 중요하다. 문제 정의에 따라 문제에 대한 해결책이 달라진다. 예를 들어 고객의 불만을 서비스의 문제(예: 불투명한 반품 절차)로 보는지, 아니면 고객의 문제(예: 진상 고객)로 보는지에 따라 필요한 대처 방법이 달라진다.

문제를 정의한다는 것은 다양한 활동을 의미한다. 문제의 주체나 핵심 특징을 파악하는 것, 문제의 원인 및 작동 기제를 정의/이해하는 것 모두 문제 정의에 해당한다. 문제의 유형에 따라 문제를 정의하는 데 상당한 지식과 처리가 필요할 수 있다. 예를 들어 환자가 발열과 기침 증상을 보일 때, 근본적인 병의 원인이 무엇인지 진단하고 적절한 치료법을 찾기 위해서는 일련의 검사와 관찰이 필요하다.

적절한 외적 표상을 만드는 것은 종종 문제 정의에 도움이 된다. 문제가 보이지 않는 경우 시각화를 통해 문제를 구체화하거나, 제시된 정보를 특정한 형태로 배열하고 구조화함으로써 불필요한 정보를 제거하고 문제의 핵심에 도달할 수 있다.

셋째, 문제가 정의되면 해결 전략이 탐색된다. 이미 널리 알려져 해결 전략이 잘 확립된 문제의 경우 학습한 절차를 기억에서 인출하는 것으로 충분하다(예: 확률 계산). 그러나 아직 뚜렷한 해결 전략이 없는 경우 알려진 정보와 단서에 기반하여 어떤 해결 전략을 사용할 수 있는지 알아보고, 필요시 새로운 해결 전략을 생성해야 한다(예: 웹사이트 개선). 이 과정에서 문제가 여러 하위 문제로 쪼개지거나(예: 웹사이트 디자인과 정보 업데이트), 새로운 문제(예: SNS 연동 기능 추가)가 나타날 수 있다. 이 경우 다시 각 하위 문제를 정의하고, 이에 대한 해결 전략을 탐색해야 한다.

넷째, 문제 해결 과정에서 다양한 자원이 필요하다. 학교에서 푸는 문제들의 경우 대부분 종이나 연필, 계산기, 책 등의 자원으로 충분하지만, 실제 상황에서 일어나는 문제 해결의 경우 인적 자원은 물론, 정보, 돈, 기기, 공간 등 다양한 자원이 필요하다. 가용한 자원에 따라서 사용할 수 있는 문제 해결 전략이 달라지기 때문에 자원을 적시에 확보하고 배분하는 것은 문제 해결에 매우 중요한 요인이 된다. 어떤 자원이 얼마나 필요한지뿐 아니라 해당 자원이 문제 해결 단계의 어느 지점에서 요구되는지를 파악하는 것도 중요하다. 자원이 무한하지 않기 때문에 가용한 자원 내에서 최적의 해결책을 찾는 것이 성공적인 문제 해결의 열쇠가 된다.

다섯째, 해결 전략이 정해지고 실행에 필요한 자원이 확보되면 이를 실행에 옮긴다. 이는 수 분 내로 완결될 수도, 며칠 또는 몇 달, 몇 년이 걸릴 수도 있다. 한 사람이 해결할 수 있는 문제도 있지만, 여러 명의 개인이나 집단이 관여해야 하는 경우도 있다. 실행에 걸리는 시간이 길어질수록, 이해 당사자가 많을수록 계획한 대로 해결 전략이 진행되지 않을 가능성이 증가한다. 따라서 계획대로 목표에 근접하고 있는지, 문제가 발생하지는 않는지 등을 모니터링하고, 필요한 경우 장애 요소를 제거하고 자원을 추가로 배분하는 등의 작업이 일어나야 한다.

여섯째, 해결 전략을 실행하고 난 다음 해당 전략을 실행함으로써 문제가 해결됐는지, 즉 원하던 목표 상태에 도달했는지를 점검하고 평가한다. 예를 들어 수학 문제에 공식을 대입해서 푼 결과물이 문제에서 요구하는 조건을 만족시키는지, 개발된 인공지능이 처음 설정한 목표를 만족하는지 등을 점검·평가하는 것이 여기에 해당한다. 목표 달성에 실패한 경우, 목표를 재정의하거나 해결 전략 실행 과정에서의 오류를 찾아내야 한다. 목표 달성에 성공해도 해결 과정이 예상대로 진행되지 않거나(예: 답은 얻었지만 공식이 적절하지 않은 경우) 예상하지 않았던 문제가 발생할 수도 있다(예: 인공지능이 부정확하거나 조작된 정보를 생성하는 문제). 따라서 평가를 통해 성과를 가늠하고, 앞으로 무엇이 수정되고 변화되어야 하는지 확인하여 새로운 목표를 설정할 수 있다.

문제 해결의 여섯 단계가 언제나 순서대로 진행되거나 모든 문제 해결에 동일한 비중으로 관여하지는 않는다. 문제에 따라 자원을 확보하고 할당하는 단계(4단계)가 전략을 탐색하고 선택하는 단계(3단계)보다 먼저 일어나기도 한다. 만약 전략을 실행에 옮기는 단계(5단계)에서 문제를 재정의할 필요성이 대두된다면, 다시 문제를 정의하는 단계(2단계)로 돌아갈 수 있다. 또한 문제에 따라 해결에 핵심 역할을 하는 단계가 달라지기도 한다. 문제 자체를 인식하지 못하는 것이 문제가 되는 경우도 있지만(예: 말버릇이 나쁘지만 이를 깨닫지 못함), 그보다는 자원 확보가 중요한 경우도 있다(예: 치료가 필요한데 병원비가 부족함). 적절한 해결 방법을 찾는 것이 관건인 경우가 있는가 하면(예: 돈은 있지만 적절한 투자처를 모름), 해결 방법을 알아도 실행에 옮기지 못해 실패하는 경우도 있다(예: 운동이 필요한 건 알지만 운동을 하지 못함).

문제 해결에 관여하는 여섯 단계 중 연구가 가장 많이 이뤄진 단계는 문제 정의 단계와 문제 해결 전략 탐색 단계이다.

3. 문제 표상

문제 표상^{problem representation}은 문제에 대한 내적 표상으로 문제가 무엇에 관한 것인지, 문제 해결에 어떤 요인이 중요한지 등의 내용이 담겨있다. 문제 표상은 주로 문제를 정의하는 단계에서 만들어지며, 문제 제시 방식(예: 숫자로 제시, 언어로 기술), 제시 매체, 사전 지식 등 다양한 요인의 영향을 받는다. 게슈탈트심리학자들은 문제 표상의 중요성을 특히 강조하였는데, 문제를 어떻게 제시하는지에 따라서 해결책 탐색이 촉진되거나 방해받을 수 있다고 보았다. 문제를 표상할 때 문제의 구조와 해결책이 잘 드러나는 방식으로 문제를 표상하는 것은 해결책을 찾는 데 매우 중요하며, 문제 표상을 재구조화하는 과정에서 통찰^{insight}이 만들어지기도 한다.

문제 표상
문제에 대한 내적 표상. 문제가 무엇에 관한 것인지, 문제 해결에 어떤 요인이 중요한지 등의 내용이 담겨있음.

기능적 고착

Duncker(1945)는 사람들이 일상적 물건의 기능에 대해서 가지고 있는 지식과 경험이 문제 해결의 방해 요소로 작용할 수 있음에 주목하였다. 그는 연구 참가자들에게 양초, 성냥갑, 압정 등을 제시하고(●그림 14.2 참조), 양초에 불을 붙였을 때 촛농이 바닥에 떨어지지 않도록 양초를 벽에 세우는 방법을 찾도록 하였다.

해답은 성냥을 담은 상자를 초의 받침대로 사용하는 것이었지만(●그림 14.3 참조) 참가자들은 이러한 해결책을 잘 생각하지 못하였다. Duncker는 이러한 결과가 참가자들이 성냥갑의

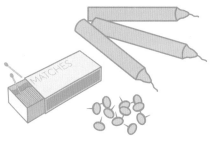

●**그림 14.2** Duncker(1945)의 양초 문제에서 제시된 물건

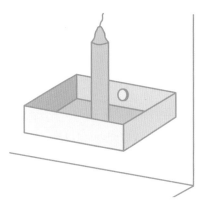

●**그림 14.3** 양초 문제의 해결책

기능적 고착
물건의 전형적인 기능에 사고가 고착되어 대안적인 기능을 생각하지 못하는 현상.

전형적 기능, 즉 물건을 담는 기능에 고착되었기 때문이라고 보았다. **기능적 고착**functional fixedness은 물건의 전형적인 기능에 사고가 고착되어 대안적인 기능을 생각하지 못하는 현상을 지칭한다. 상자가 물건을 담고 보관하는 기능으로 사용되는 맥락에서는 문제가 되지 않지만, 양초 문제처럼 관습적이지 않은 상자의 기능을 생각해야 하는 경우 고착된 사고가 문제 해결의 방해 요인으로 작용할 수 있다.

물건을 제시하는 방식은 기능적 고착에 영향을 준다. 성냥갑 안에 성냥을 담아서 제시할 경우(●그림 14.2 참조), 뭔가를 담는 용기로서 상자의 기능이 강조되지만, 빈 성냥갑을 제시할 경우(●그림 14.4 참조) 용기로서의 기능이 강조되지 않는다.

●**그림 14.4 양초 문제에서 기능적 고착의 완화**

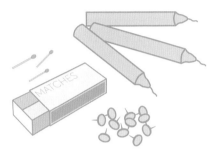

Adamson은 후속 연구에서 양초 문제를 제시할 때 빈 성냥갑을 제시한 경우(빈 상자 조건)와 성냥이 담긴 성냥갑을 제시한 경우(물건 담긴 상자 조건), 연구 참가자들의 문제 해결 능력을 비교하였다. 그 결과 빈 상자 조건에서 참가자들의 문제 해결 비율이 2배까지 증가하였다.(●그림 14.5 참조).

●**그림 14.5 빈 상자 조건과 물건 담긴 상자 조건에서 Duncker의 양초 문제 해결 성공률**
출처: Adamson, 1952.

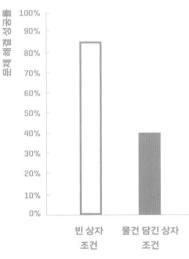

언어도 기능적 고착에 영향을 준다. Higgins와 Chaires(1980)는 연구 참가자들에게 Duncker의 양초 문제를 설명할 때 언어적 기술을 함께 제시하였다. AND 조건에서는 성냥과 상자를 'and'로 연결하였고(예: box and matches, box and tacks), OF 조건에서는 둘을 'of'로 연결하였다(예: box of matches, box of tacks). 통제 조건에서는 언어적 기술이 제시되지 않았다. 세 조건에서

참가자들의 문제 해결을 살펴본 결과, OF 조건과 통제 조건에서의 수행은 비슷하였지만, AND 조건에서는 해결책을 찾은 참가자가 증가하였고 풀이 시간도 빨라졌다(●표 14.1 참조). 성냥과 상자를 'and'로 연결하는 것은 성냥과 상자를 대등하고 독립된 단위로 간주한다는 것을 의미한다. 반면 'of'로 연결하는 것은 하나가 다른 하나에 종속되어 둘이 하나의 단위를 이룬다는 것을 함축한다. 언어가 내포하는 이러한 암묵적인 가정이 문제 표상이 만들어지는 데 영향을 미치는 것으로 보인다. 그 결과 성냥과 상자를 독립적인 단위로 간주하는 언어적 표현(예: 'and'를 사용한 연결)이 참가자들로 하여금 상자에 대한 기능적인 고착에서 벗어날 수 있도록 도와준 듯하다.

●표 14.1 언어적 기술 조건에 따른 양초 문제 풀이　　　　출처: Higgins & Chaires, 1980.

언어 기술 조건	평균 풀이 시간(분)	문제를 해결한 참가자 수
AND 조건	4.5	8
OF 조건	9.0	2
언어 기술 없는 조건	9.1	2

총 10명이 참가하고, 10분의 풀이 시간이 주어짐.

문제 제시와 문제 표상

온전한 체스판은 64개의 정사각형으로 구성되어 있다. 체스판의 양쪽 귀퉁이를 자르면 62개의 정사각형이 남는다. 이렇게 만들어진 귀 잘린 체스판$^{mutilated\ checkerboard}$(●그림 14.6 참조)을 도미노(도미노 1개는 체스판에서 2개의 정사각형을 덮을 수 있음)로 완전히 덮을 수 있을까?

이 문제의 답을 구하기 위해서는 체스판에서 사각형들이 짝을 이루고 있음을 이해해야 한다. 체스판에서는 검은색과 흰색

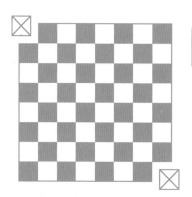

●그림 14.6 귀 잘린 체스판 문제
양쪽 귀가 잘린 체스판을 도미노를 사용하여 덮을 수 있을까? 도미노 1개는 체스판에서 2개의 정사각형을 덮을 수 있다.

정사각형이 짝을 이루는데, 귀 잘린 체스판의 경우 검은색과 흰색 사각
형의 수가 동일하지 않다. 따라서 이 문제의 답은 '덮을 수 없다'이다.

Kaplan과 Simon(1990)은 문제 제시가 문제 표상에 미치는 영향을
살펴보기 위해 귀 잘린 체스판 문제에서 제시되는 체스판을 변화시켰다.
연구에는 네 가지 버전의 체스판이 사용되었다. 조건 1에서는 빈 체스판
이 제시되었다. 이 경우 체스판에는 사각형이 짝을 이룬다는 정보가 존재
하지 않는다. 반면 나머지 조건에서는 체스판이 사각형들이 짝을 이룬다
는 정보를 전달한다. 조건 2에서는 지각적 짝 정보가 사용되었고(예: 검
은색과 분홍색 사각형 짝), 조건 3에서는 조건 2의 짝 정보가 단어로 제
시되었으며(예: 'black'과 'pink' 단어 짝), 조건 4에서는 의미적으로 짝을
이루는 단어쌍(예: 'bread'와 'butter')이 사용되었다(●그림 14.7 참조).

●그림 14.7 여러 버전의 귀 잘린
체스판 문제
출처: Kaplan & Simon, 1990.

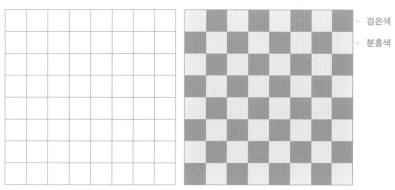

조건 1 - 빈 체스판

조건 2 - 지각적 짝

조건 3 - 색 단어 짝

조건 4 - 의미적 단어 짝

연구자들은 참가자들에게 약 50분을 주고 문제를 풀게 하였다. 일정

시간이 흐른 뒤에도 문제 풀이에 진전을 보이지 않는 참가자들에게는 힌트가 제공되었고, 답을 제시하지 못할 경우 점점 더 직접적인 힌트가 주어졌다. 참가자들이 해당 문제가 풀릴 수 없다는 사실을 깨닫고 그 이유를 설명할 수 있으면, 문제가 해결된 것으로 간주하였다.

연구 결과 참가자들의 문제 풀이는 조건 4에서 가장 우수하였다. 문제가 풀릴 수 없음을 깨닫고 이유^{proof}를 제시하기까지의 시간이 조건 1에서보다 2배 정도 빨랐으며, 조건 2와 3에서는 중간 정도의 수행을 보였다. 이러한 결과는 사각형들이 연결되어 있음을 표상하는 데 있어 의미 정보가 색이나 색 단어보다 유용하다는 사실을 시사한다.

연구자들은 귀 잘린 체스판 문제의 해결책에 대한 탐색이 두 수준에서 일어난다고 보았다. 첫 번째 수준에서는 선택된 문제 표상 내에서 목표 상태에 이르는 경로가 탐색된다. 예를 들어 대부분의 참가자들은 처음에는 사각형의 개수에만 초점을 맞춘다. 귀 잘린 체스판에는 62개의 사각형이 있기 때문에 수적으로 31개의 도미노로 덮을 수 있다고 보며, 수직 방향, 수평 방향, 지그재그 방향 등 다양한 방식으로 도미노를 배열하려고 시도한다. 일차적으로 선택된 문제 표상에서의 탐색이 성공적이지 않을 때에는 두 번째 수준의 탐색이 일어난다. 문제에 대한 적절한 표상 또는 접근을 탐색하는 것인데, 일종의 메타 표상 수준에서의 검색이 일어난다. 예를 들어 사각형의 개수를 중심으로 해결책을 찾는 방법이 효과적이지 않다는 사실을 깨닫고 수학 공식이나 체스 경기 전략 등 대안적인 표상을 탐색하는 것이다. 대안적인 표상이 선택되면 다시 해당 표상 내에서의 해결책을 찾으려는 시도가 일어난다. 문제에 따라 이러한 방식으로 성공적인 해결책이 찾아질 수도 있지만 그러지 못할 수도 있다(귀 잘린 체스판 문제에서는 다양한 표상 체계를 검토하는 과정에서 모든 사각형이 짝을 이룰 수 없음을 깨닫게 된다). 이와 같이 두 문제 표상 수준에서의 탐색이 상호 작용하는 과정을 통해 문제가 해결된다.

4. 문제 해결 전략

문제 해결의 핵심은 문제 해결 전략을 찾는 데 있다. 문제 유형에 따라 적절한 문제 해결 전략이 달라진다. 잘 구조화된 문제의 경우 목표와 현재 상태와의 차이(예: 서울에 가는 것이 목적일 때 서울과 현재 위치 사이의 거리)를 점검해 가면서 목표에 가까이 가는 방법을 체계적으로 탐색할 수 있다. 이러한 문제 해결 과정은 점진적이고, 수렴적이다. 반면 잘 구조화되지 않은 문제의 경우 문제 해결 경로나 방법이 분명하지 않기 때문에 체계적 탐색이 어렵다. 따라서 수렴적^{convergent} 사고보다는 확산적^{divergent} 사고가 더 유용하며, 과거 문제 해결 경험에 기반한 유추^{analogy} 전략이 사용되기도 한다. 통찰에 의존한 해결책이 마련되기도 하는데, 이 경우 문제 해결 과정이 점진적이기보다는 급작스럽게 일어난다.

문제 공간과 어림법

Newell과 Simon(1972)은 초기 문제 해결 연구를 주도하였다. 이들은 잘 구조화된 문제를 중심으로 정보 처리 접근을 적용하여 문제 해결 과정을 형식화하고자 노력하였으며, 궁극적으로 인간처럼 문제 해결이 가능한 인공지능 시스템을 구현하고자 하였다.

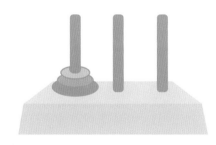

●그림 14.8 하노이 탑 문제
왼쪽 막대에 꽂혀있는 3개의 원반을 맨 오른쪽 막대로 옮겨야 한다. 한 번에 하나의 원반만 옮길 수 있고, 작은 원반이 항상 큰 원반 위에 와야 한다.

하노이 탑^{tower of Honnoi} 문제는 크기가 다른 원반을 한 막대에서 다른 막대로 옮기는 문제이다(●그림 14.8 참조). 문제의 초기 상태^{initial state}에는 모든 원반이 왼쪽 막대에 꽂혀있다. 목표 상태^{goal state}는 원반을 모두 오른쪽 막대로 옮기는 것이다. 문제 해결 조작자^{operator}는 문제의 상태를 변화시키기 위해서 적용할 수 있는 절차 또는 조작을 지칭한다. 조작자를 적용할 때는 제약이 따르는데, 하노이 탑 문제의 경우 한 번에 하나의 원반만 옮길 수 있고, 작은 원반이 항상 큰 원반 위에 와야 한다.

Newell과 Simon은 문제 해결을 **문제 공간**^{problem space}에서의 검색에 비유하였다. 문제 공간은 문제 해결까지 가는 과정에서 가능한 모든 상태들의 합이다. 예를 들어 하노이 탑 문제를 해결하는 과정에서 거쳐갈 수 있는 여러 상태가 있는데(예: 중간 막대에 가장 작은 원반이 하나 놓인 상태, 맨 오른쪽 막대에 가장 큰 원반이 놓인 상태 등), 이때 문제 공간은 초기 상태와 목표 상태 중간에 존재하는, 가능한 모든 상태의 합이다 (●그림 14.9 참조). Newell과 Simon에 따르면 문제 해결이란 문제 공간에서 시작 지점부터 목표 지점까지 이동하는 경로를 찾는 과정이며, 어떠한 조작을 선택하는가에 따라서(예: 처음에 맨 위의 작은 원반을 중간 막대로 옮기는가, 아니면 맨 오른쪽 막대로 옮기는가) 문제 해결 경로가 달라진다.

문제 공간
문제 해결까지 가는 과정에서 가능한 모든 상태들의 합.

알고리즘
적용에 시간이 걸릴 수 있지만, 따르면 해결책에 도달할 수 있는 문제 해결 전략.

어림법
항상 성공적이지는 않지만, 빠르게 해결책에 도달할 수 있는 문제 해결 전략.

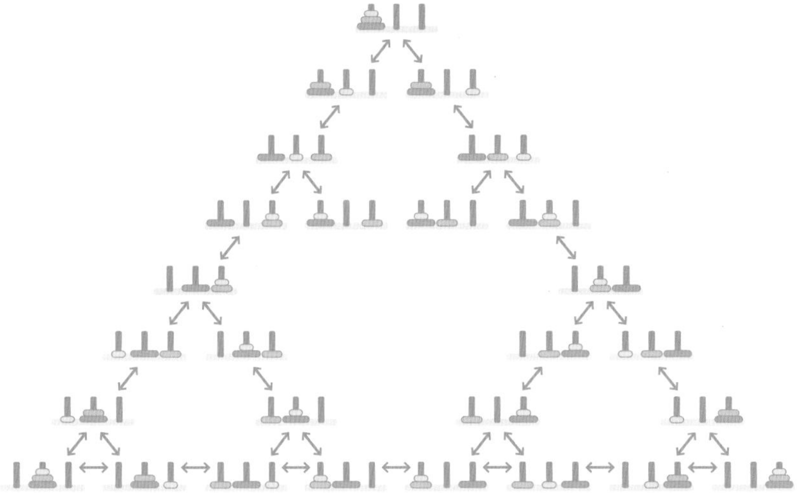

●**그림 14.9** 하노이 탑 문제의 문제 공간

문제 해결 전략을 이야기할 때 알고리즘과 어림법을 종종 구분한다. **알고리즘**^{algorithm}은 적용에 시간이 걸릴 수 있지만, 따르면 해결책에 도달할 수 있는 문제 해결 방법 또는 전략이다. 반면 **어림법**^{heuristics}은 성공을 보장하지는 않으나, 빠르게 해결책으로 안내할 수 있는 방법을 말한다. 예를 들어 비밀번호를 잊었을 때, '0000'부터 시작하여 '0001', '0002'과 같이 한 번에 하나씩 숫자를 바꿔가며 비밀번호를 찾는 것은 알고리즘에, 자신에게 의미 있는 숫자 조합(예: 생일)을 먼저 시도하는 것은 어림법에 해당한다. 알고리즘을 사용하는 것이 확실하기는 하지만, 사용할 수 있는 알고리즘이 없을 수도 있고, 있다고 해도 적용하는 데 많은 시간과 노력이 필요할 수 있다. 이에 비해 어림법은 실패 확률이 있지만 처리 부담이 적기 때문에 사람들은 종종 문제 해결 과정에서 어림법에 의존하곤 한다.

복잡한 문제를 해결할 때는 가능한 모든 해결책을 고려하거나 최적의 해결책을 찾기 어려울 수 있다. 수단 목표 분석은 이러한 상황에서 사용하는 대표적인 어림법이다. **수단 목표 분석**^{means-end analysis}은 현재 상태와 목표 상태 간의 차이를 줄여나가는 문제 해결 전략을 말한다. 현재 상태와 목표 상태의 차이를 확인하고 이를 줄이는 일련의 하위 목표를 설정하며, 각 하위 목표를 해결함으로써 목표 상태에 도달한다. 예를 들어 여름 휴가를 위해 제주도로 이동하는 문제가 있을 때, 문제를 집에서 공항까지, 공항에서 제주도까지, 제주공항에서 숙소까지 이동하는 하위 문제로 나눌 수 있다. 각 하위 문제의 해결책을 찾고 이를 연결하면 전체 문제의 해결책이 된다. 수단 목표 분석은 탐색 경로를 대략적으로 나마 이해하고 있을 때(예: 제주도까지 가는 비행기가 있음, 집 근처에 공항이 있음) 사용할 수 있다. 그래야만 최종 목표 달성에 필요한 하위 목표가 무엇인지 알 수 있기 때문이다.

전체 경로에 대한 이해가 없고, 문제 공간의 모습이 분명하지 않을 때는 수단 목표 분석을 적용하기 어렵다. 이 경우 언덕 오르기 어림법이 사용될 수 있다. **언덕 오르기**^{hill climbing} **전략**이란 전체 경로나 문제 공간에 대한 이해가 없을 때, 일단 목표와의 차이를 줄이는 전략이다. Christopher Columbus(1492~1499)가 인도가 어디에 있는지도 모른 채 무조건 서쪽으로 항해한 것이나, 등산 시 정상으로 가는 길이 어떤 길인지 모른 채 우선 높은 곳으로 올라가는 길을 택하는 것이 이에 해당한다. 언덕 오르기 전략을 통해서 목표와의 차이를 줄여나갈 수 있지만, 최종적으로 도달한 지점이 처음 목표한 지점이 아닐 수 있다. Columbus가 인도가 아닌 신대륙에 도달한 것처럼, 정상이 아닌 정상 근처 둔덕에

수단 목표 분석
어림법의 일종. 현재 상태와 목표 상태 간의 차이를 확인한 다음, 이를 줄여나가는 문제 해결 전략.

언덕 오르기 전략
어림법의 일종. 전체 경로나 문제 공간에 대한 이해가 없을 때, 일단 목표와의 차이를 줄이는 문제 해결 전략.

도달할 수 있다. 이처럼 언덕 오르기 전략을 사용하면 지역적 최대값^{local} ^{maximum value}에 고착될 위험이 있다. 만약 도달한 지역적 최대값(예: 둔덕) 이 실제 원하던 목표 지점인지를 알 수 있다면(예: 도달한 지점이 산 정 상이 아닌 것을 확인할 수 있는 경우), 지역적 최대값에서 벗어날 수 있 다. 하지만 그러한 정보가 없다면, 언덕 오르기 전략은 궁극적인 목표 달성을 도와주지 못한다(Robertson, 2016).

마음 갖춤새 효과

마음 갖춤새^{mental set}는 문제 해결에 대한 접근 방식 또는 틀을 지칭 한다. 마음 갖춤새는 이전의 문제 해결 경험을 바탕으로 형성된다. Luchins(1942)의 물 주전자 문제는 마음 갖춤새의 작동을 잘 보여준다. 물 주전자 문제에서 연구 참가자들은 크기가 다른 세 주전자를 사용 해서 특정한 양의 물을 계량해야 한다. 예를 들어 물병 A(21컵), 물병 B(127컵), 물병 C(3컵)를 사용하여 100컵의 물을 계량하는 것이 문제 이다(●표 14.2 참조).

해결책은 우선 물병 B를 가득 채운 다음, 여기에서 물병 A의 용량만 큼 1회 빼고, 물병 B의 용량만큼 2회 빼는 것이다. 이는 'B-A-2C'로 표 시될 수 있다. ●표 14.2에 제시된 나머지 문제들도 같은 방법을 사용하 여 계량 가능하다. 하지만 문제 6번과 7번의 경우 물병 B를 사용하지 않 고도 목표 컵 수를 계량할 수 있다. 6번의 경우 물병 A에서 물병 C를 빼 면 되고(A-C), 7번의 경우 물병 A와 물병 C를 더하면 된다(A+C).

> **마음 갖춤새**
> 문제 해결에 대한 접근 방식 또는
> 틀. 이전의 문제 해결 경험을
> 바탕으로 형성됨.

●표 14.2 물 주전자 문제 예시 　　　　　　　　　　　　　　　　　출처: Luchins, 1942.

문제	물병 A	물병 B	물병 C	목표 컵 수
1	21	127	3	100
2	14	163	25	99
3	18	43	10	5
4	9	42	6	21
5	20	59	4	31
6	23	49	3	20
7	15	39	3	18

용량이 다른 세 물병을 사용하여 목표 컵 수를 계량하는 문제이다.

이처럼 더 간단한 단축 전략이 있음에도 해당 연구에서 연구 참가자들은 처음 5개 문제에서 사용한 방법(3개의 물병을 모두 사용하는 방법)을 계속 사용하였다. 이전에 성공적으로 문제를 해결한 경험을 통해 해당 문제 해결 전략의 유용성에 대한 기대, 즉 마음 갖춤새가 형성된 것이다. 한번 마음 갖춤새가 형성되면, 새로운 해결책을 탐색하기보다는 이전에 효과를 본 접근법이나 방법을 계속 사용한다.

과거에 문제를 해결한 경험이 없다면 마음 갖춤새는 형성되지 않는다. 이를 확인하기 위해 연구자들은 ●표 14.2의 문제 1번~5번을 풀고 문제 6번과 7번을 푼 참가자 집단(마음 갖춤새 조건)과, 곧바로 문제 6번과 7번을 푼 참가자 집단(마음 갖춤새 부재 조건)을 비교하였다. 그 결과 마음 갖춤새 조건에서는 물병 2개만 사용하는 단축 전략을 가지고 6번과 7번 문제를 푼 참가자가 16%에 불과하였으나, 마음 갖춤새 부재 조건에서는 85%의 참가자가 단축 전략을 사용하여 문제를 풀었다(●그림 14.10 참조).

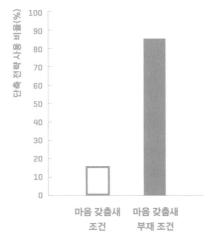

●그림 14.10 마음 갖춤새와 단축 전략 사용 비율

출처: Luchins, 1942.

과거의 문제 해결 경험이 성공적일 때, 이로부터 자유로워지기는 쉽지 않다. 새로운 전략을 탐색하는 것이 정신적, 물적 비용을 수반하는 경우 더욱 어렵다. 마음 갖춤새는 후속 문제 해결을 도와주기도 하지만, 더 효과적인 전략을 간과하도록 만들 수도 있다.

유추

유추 어림법의 일종. 유사한 문제에서 사용된 해결책을 새로운 문제에 적용하는 문제 해결 전략.

유추[analogy]는 유사한 문제에서 사용된 해결책을 새로운 문제에 적용하는 문제 해결 전략으로, 일종의 어림법이다. 문제 해결 과정에서 유추가 일어날 때, 표적 문제와 바탕 문제를 구분한다. 표적 문제[target problem]

는 현재 풀고자 하는 문제를, 바탕 문제^{source problem}는 표적 문제와 관련된 문제를 지칭한다. 즉 유추란 바탕 문제의 해결책을 표적 문제에 적용하는 것으로, 유추 전이^{analogical transfer}라고도 불린다.

유추 문제 해결 연구에 자주 사용된 방사선 문제^{radiation problem}를 살펴보자.

당신은 의사이고, 악성 종양을 가진 환자를 치료해야 한다. 수술은 불가능하지만, 그냥 두면 환자는 사망한다. 유일한 대안은 방사선 치료인데, 문제는 방사선이 종양뿐 아니라 건강한 조직도 파괴한다는 것이다. 약한 강도로 방사선을 쏘면 건강한 조직에는 무해하지만 종양도 파괴하지 못한다. 환자를 치료할 수 있는 방법이 있을까?

방사선 문제에 대한 해결책은 분산 전략^{dispersion strategy}을 사용하는 것이다. 종양을 향해 여러 방향에서 약한 강도로 방사선을 쏘면, 방사선이 지나가는 조직에는 해가 없지만 방사선이 집중되는 부위에서는 방사선 강도가 강해져 종양을 파괴할 수 있게 된다. 여러 연구에서 이 문제를 연구 참가자들에게 제시하였으나, 대부분의 참가자가 문제를 풀지 못했다. 한 연구에서는 42명의 참가자 중 2명만이 분산 전략을 제안하였는데, 이 역시 연구자로부터 힌트를 받은 다음에야 가능했다(Duncker, 1945, Gick & Holyoak, 1980). Gick과 Holyoak(1980)는 비슷한 문제를 푼 경험이 방사선 문제의 해결을 촉진하는지 알아보기 위해, 연구 참가자들이 방사선 문제를 풀기 전에 유사한 문제 해결 사례를 학습하게 하였다. 문제 영역은 다르지만(의학 대 군사), 동일하게 분산 전략을 사용해서 풀 수 있는 문제였다. 참가자들이 군대 문제에서 학습한 분산 전략을 방사선 문제에 얼마나 성공적으로 적용하는지, 즉 유추를 통해서 문제를 풀 수 있는지가 연구자들의 관심사였다.

한 장군이 나라의 중앙에 위치한 요새를 함락시키려고 한다. 요새 주위에 병력을 결집했는데, 문제는 요새로 가는 길은 많지만, 모든 길에 지뢰가 깔려있다는 것이다. 적은 수의 사람과 동물은 문제없이 통과할 수 있지만, 많은 병력이 지나가면 지뢰가 폭파된다. 장군은 요새를 함락할 방법을 고민하다 간단한 방안을 고안했다. 병력을 소규모로 나눈 다음, 여러 방향에서 동시에 요새로 진격하는 방법이었다.

연구는 두 가지 조건으로 나뉘어 진행되었다. 통제 조건에서 참가자들은 군사 문제 해결 사례를 학습하지 않은 채 방사선 문제를 풀었다. 반면 실험 조건에서 참가자들은 군사 문제 해결 사례를 학습한 뒤 방사선 문제를 풀었다(군사 문제 해결 사례는 여러 개가 제시되었으며, 그중 하나가 분산 전략을 사용해 병력을 나누어 보내는 사례였다). 실험 조건에서 방사선 문제를 풀 때, 이전에 학습한 군대 문제 해결 사례를 참고할 수 있다는 힌트가 제시되었다. 연구 결과 통제 조건에서는 아무도 분산 전략을 제안하지 못하였으나, 실험 조건에서는 반 이상의 참가자가 분산 전략을 제안하였다. 군사 문제를 학습할 때 분산 전략이 사용된 이야기를 읽은 경우는 100%, 다른 전략(예: 땅속에 길을 낸다)이 사용된 이야기를 읽은 경우에는 평균 50%의 참가자가 분산 전략을 사용하였다. 연구자들은 후속 연구에서 참가자들에게 (해결책을 제시하지 않고) 군사 문제를 직접 풀게 한 다음 방사선 문제를 풀도록 하였다. 그 결과 약 반 정도의 참가자(49%)가 군사 문제에서 분산 전략을 제안하였고, 이들 중 41%가 방사선 문제에서 분산 전략을 답으로 제안하였다. 이러한 결과는 참가자들이 유사한 문제의 해결책을 스스로 생성하여 학습한 경우라도 명시적 힌트 없이는 유추 전략을 자발적으로 빈번하게 사용하지는 않는다는 것을 보여준다.

  Gick과 Holyoak(1980)은 유추 전이가 일어나기 위해서는 다음의 세 과정 또는 요소가 필요하다고 제안하였다. 첫째, 바탕 문제와 표적 문제 간의 유사성을 인지해야 한다. 둘째, 각 문제의 요소들이 서로 대응 mapping 시킬 수 있어야 한다. 예를 들어 앞에서 살펴본 방사선 문제와 군사 문제의 경우, 두 문제 모두 장소/위치와 관련되어 있고, 의학 문제의 종양은 군사 문제의 요새와 대응 관계에 있다. 마지막으로, 표적 문제의 해결책이 만들어져야 한다. 이는 두 문제의 요소를 대응시켜 바탕 문제의 해결책을 표적 문제에 적용해 해결책을 추론하는 것을 의미한다. 유추의 어려움은 이 세 과정에서의 어려움을 의미하는데, 방사선 문제와 군사 문제처럼 표적 문제와 바탕 문제의 영역이 상이한 경우 두 문제 간의 유사성을 알아채는 것도 쉽지 않다.

문제 상황이나 영역의 유사성이 증가할수록 유추가 용이해진다. 그러나 중요한 것은 문제의 표면적 유사성이 아니라, 구조적 또는 관계적[relational] 유사성을 인지하는 것이다(Chen, 2002; Gentner & Smith, 2012). 드럼 세탁기와 의류 건조기는 외관이 유사하지만, 구조와 작동 방식이 사뭇 다르다. 반면 냉장고의 경우 드럼 세탁기와 외관은 다르지만, 모터에 의해 구동된다는 점, 즉 작동 방식이 동일하다. 이 같은 구조적 유사성을 인지하는 능력은 연령에 따라 증가한다. 다양한 물체를 접하면서 구조에 대한 지식이 늘어나고, 작업 기억 용량이 증가하고, 무관련 정보를 억제하는 능력이 발달함에 따라 여러 문제 간의 구조적 유사성을 인지하는 능력이 향상되는 것으로 보인다.

과제의 특성(처리 부담, 시간 제약, 맥락 등) 역시 유추 문제 해결에 영향을 미친다. 예를 들어 연구 참가자들에게 기억 실험이라고 하고 군사 문제를 학습하도록 하면, 유추 전략 사용이 줄어든다(Gentner & Smith 2012). 문제를 푸는 맥락도 중요하다. 실험실 연구에서 유추가 일어나기는 하지만 기대만큼 빈번하지 않은 것과 달리, 과학자들과 엔지니어들이 연구를 하거나 새로운 제품을 개발할 때 유추를 활발하게 사용한다는 연구 결과도 존재한다(Dunbar, 1999; Christensen & Schunn, 2007).

통찰

게슈탈트 심리학은 문제 해결에서 지각의 역할을 강조한다. 게슈탈트 심리학에 따르면 지각은 감각 정보를 등록하는 수동적인 과정이 아니라 감각 정보를 조직하고 해석하는 능동적인 과정으로, 문제 해결에서도 중요한 역할을 한다. 문제 해결과 관련하여 게슈탈트 심리학은 **통찰**[insight]을 강조하는데, 이는 갑작스럽게 일어나는, 문제에 대한 이해 또는 해결책을 뜻한다. 통찰은 마음이 문제와 관련된 요소들을 다양한 방식으로 조직화하고 재조직하는 과정에서 일어나는데, 해결책이 떠오를 때 종종 '아하!' 하는 주관적 경험을 동반한다.

통찰
갑작스럽게 일어나는, 문제에 대한 이해 또는 해결책. 문제와 관련된 요소들을 다양한 방식으로 조직화/재조직화하는 과정에서 일어남.

게슈탈트 심리학자들은 통찰적 문제 해결 기제와 일반적 문제 해결 기제가 다르다고 주장하였다. 잘 구조화된 문제의 경우 해결 과정이 점진적, 선형적이다. 하노이 탑 문제에서 원반을 하나씩 옮길 때마다 목표에 점차 가까워지는 것이 이에 해당한다. 반면 비구조화된 문제의 경우 해결 과정이 비선형적이다. 해결책이 전혀 보이지 않다가 갑작스레 떠오르는 일이 종종 일어난다.

통찰적 문제 해결에 처음으로 주목한 사람은 Köhler였다. Köhler는 '술탄'이라는 이름의 침팬지를 천장에 바나나가 매달린 방에 두었다. 바나나 주변에는 빈 상자가 놓여 있었다. 술탄은 처음에는 손을 뻗거나 뛰어올라서 바나나를 따려고 하였다. 이러한 시도가 계속 실패하자, 어느 순간 주변에 있던 상자를 쌓아 받침대를 만든 다음, 바나나를 따는 행동을 하였다(●그림 14.11 참조).

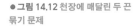
●그림 14.11 침팬지가 상자를 쌓아 올려 천장에 매달린 바나나를 따는 모습

Köhler는 술탄이 상자 위에 올라가서 바나나를 따는 해결책이 어느 순간 갑작스럽게 나타난 것에 주목하였다. 그는 술탄의 행동이 관련 행동이 점진적으로 강화된 결과 나타난 것이 아니라, 문제의 요소 간 관계에 대한 새로운 이해, 즉 통찰이 일어난 결과 가능했다고 주장하였다.

이 장의 도입부에서 살펴 본 2개의 끈 문제도 유사한 통찰 문제이다. 이 문제를 풀기 위해서는 천장에 매달린 2개의 끈을 묶는 방법을 찾아내야 한다(●그림 14.12 참조). 대부분 처음에는 양팔을 뻗어서 두 끈

●그림 14.12 천장에 매달린 두 끈 묶기 문제

을 묶으려 한다. 하지만 두 끈이 서로 멀리 떨어져 있기 때문에 한 손으로 끈을 잡은 채로는 다른 손으로 반대쪽 끈을 잡을 수 없다. 따라서 단순히 팔을 뻗어 두 끈을 잡으려는 시도는 모두 실패할 수밖에 없다. 이러한 경우 문제를 새로운 방식으로 표상하고 바라보는 것이 도움이 된다. 이 문제의 해결책 중 하나는 끈 하나에 무거운 물체(예: 페인트 통)를 추^{pendulum}처럼 매달아, 끈이 진자 운동을 하게 하는 것이다. 그런 다음 해당 끈이 손에 잡히는 거리로 오면, 두 끈을 잡고 묶을 수 있다. 이와 같은 통찰이 일어나기 위해서는 페인트 통의 기능을 재개념화하고(용기가 아닌 추로), '묶는' 행위를 재구조화해야 한다(사람이 끈을 잡는 것이 아니라 끈이 사람에게 오도록 함).

통찰적 문제 해결의 특징 중 하나는 해결책이 갑작스레 출현한다는 것이다. Metcalfe와 Wiebe(1987)는 연구 참가자들이 비통찰 문제(예: 수학 문제)와 통찰 문제를 푸는 동안 자신들이 해결책에 얼마나 가까이 있다고 느끼는지를 따뜻함의 정도로 평정^{warmth rating}하도록 하였다. 참가자들은 문제 해결이 멀면 '찬 것'으로, 가까우면 '따뜻한 것'으로 평정하였으며, 1점부터 7점 사이에서 평정 점수를 매길 수 있었다. 평정은 15초 간격으로 이루어졌다. 해결책을 찾기 60초 전부터 해결책을 찾기까지 평정치의 변화를 살펴본 결과, 비통찰 문제에서는 따뜻하다는 보고가 점진적으로 증가하였다. 문제 해결 60초 전에는 5명만 해결책이 아주 가깝다고(즉 7점으로 아주 따뜻하다고) 평정하였지만, 15초 전에는 20명 이상이 해결책이 아주 가깝다고 평정하였다. 반면 통찰 문제에서는 문제 해결 15초 전까지도 10명 이하만이 해결책이 가깝다고 평정하였다. 이러한 결과는 통찰 문제의 경우 참가자들이 문제 해결이 가까운지 잘 예측할 수 없었다는 것과 문제 해결이 점진적이기보다는 급작스럽게 일어났다는 것을 보여준다.

통찰적 문제 해결에는 비통찰적 문제 해결과 다른 기제가 관여하는 것으로 보인다. Schooler 등(1993)은 연구 참가자들에게 통찰 문제와 비통찰 문제를 제시하였다. 문제 풀이는 비언어화 조건과 언어화 조건에서 진행되었다. 언어화^{verbalization} 조건에서 참가자들은 문제 풀이 과정을 소리 내어 생각^{think aloud}해야 했다. 반면 비언어화^{no verbalization} 조건에서는 일반적인 방식으로 (즉 소리 내어 생각하지 않고) 문제를 풀었다. 두 조건에서 참가자들의 문제 풀이를 비교한 결과, 언어화는 통찰 문제 풀이 수행을 감소시켰지만, 비통찰 문제 풀이 수행에는 거의 영향을 미치지 않았다(●그림 14.13 참조). 언어화가 통찰 문제 해결을 선택적으로 방해한 것이다.

●그림 14.13
언어 보고가 통찰 문제 해결에 미치는 영향
출처: Schooler et al., 1993.

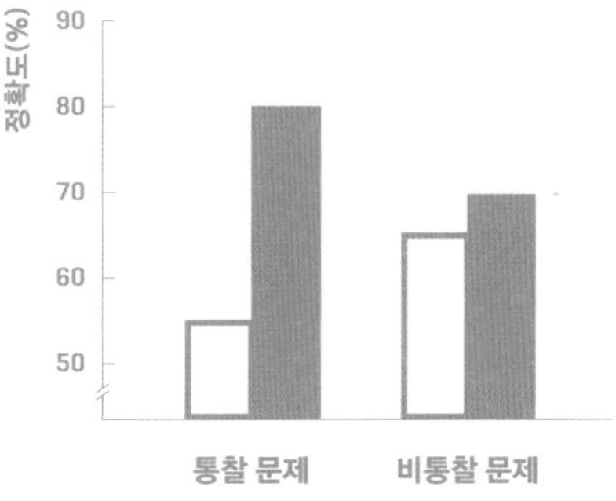

언어화 조건
비언어화 조건

언어 장막 효과
과제를 수행하며 생각하는 바를 언어화할 때, 수행이 저하되는 현상.

이처럼 문제 풀이나 사고 과정을 언어화할 때 수행 능력이 저하되는 현상을 **언어 장막 효과**^{verbal overshadowing effect}라고 한다. 언어 장막 효과는 통찰적 문제 해결뿐 아니라, 지각적 처리가 요구되는 얼굴 재인이나 와인 감별 등의 과제에서도 관찰된다. 생각을 언어화하는 것은 말로 표현할 수 있는 자극의 속성에만 주의를 집중하도록 만든다. 언어화가 쉽지 않은 자극을 처리할 때 소리 내어 생각하면, 비지각적 처리가 제대로 일어나지 못한다. 얼굴을 보면서 언어화하도록 하면, 그냥 얼굴을 보는 경우보다 얼굴에 대한 기억이 저하된다(민수정 & 이도준, 2012). 통찰 문제 해결 과정에서도 이와 유사한 방해가 발생한다. 통찰 문제 해결이 비언어적인 과정에 의존하기 때문에, 사고를 언어화하는 것이 문제 해결을 방해하는 것으로 보인다. 반면 비통찰 문제의 경우 언어적 시스템에 의존하기 때문에 이러한 방해가 발생하지 않는다.

5. 전문성

특정 분야에 대해서 많은 지식을 습득하고 오랫동안 경험을 쌓은 사람을 전문가^{expert}라고 부른다. 전문가들은 지식과 경험을 바탕으로 다양한 문제를 해결한다. 체스 경기에서 다음 수를 찾아내는 것에서부터, 환자의 증상을 보고 병명을 진단해 치료법을 찾아내거나, 가설을 검증하기 위해 필요한 자료 수집을 계획하고 결과를 분석하는 일 등 다양한 문제 해결에 관여한다. 전문성^expertise의 특징과 발달을 이해하는 것은 문제 해결 과정에서 지식의 역할을 이해하는 데 매우 중요하다.

전문성의 특징

초기 전문성 연구자들의 관심을 끈 질문은 초보자와 전문가가 어떤 점에서 차이가 있는지였다. Chase와 Simon(1973)은 체스 전문가와 초보자의 기억을 비교하였다. 이들은 체스 전문가 집단과 초보자 집단에게 체스판에 놓인 말들을 5초 동안 본 다음, 이를 빈 체스판에 회상하도록 하였다. 연구에는 실제 게임이 진행 중인 체스판과 말들이 무작위로 배열된 체스판이 사용되었다. 연구 결과 실제 게임이 진행 중인 체스판을 본 경우, 전문가의 회상이 초보자에 비해 월등했다. 하지만 말들이 무작위로 배열된 체스판을 본 경우, 전문가와 초보자의 회상에는 거의 차이가 없었다 (●그림 14.14 참조). 전문가 집단

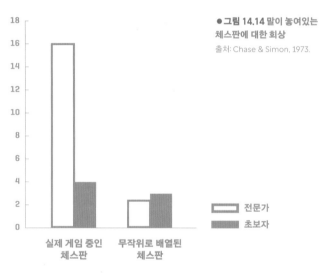

●그림 14.14 말이 놓여있는 체스판에 대한 회상
출처: Chase & Simon, 1973.

의 기억 능력이 초보자 집단보다 우수한 것이라면 두 체스판 조건 모두에서 전문가의 회상이 우수해야 한다. 하지만 전문가의 우수한 기억은 실제 경기 중의 체스판에 국한되었다. 이러한 결과는 두 집단의 차이가 선천적 능력의 차이가 아니라, 경기와 관련된 지식과 경험의 차이에 기인함을 의미한다.

전문가들은 초보자들보다 많은 지식을 가지고 있으며, 이들이 가진 지식은 초보자와는 다른 방식으로 조직화되어 있다. Chi 등(1981)은 물리학 전문가들과 초보자들을 대상으로 물리학 문제들을 유사한 것끼리

분류하는 과제를 주었다. 그 결과 전문가들은 문제 풀이에 사용되는 원리를 중심으로 물리학 문제를 분류하였으나, 초보자들은 문제의 표면적 특징을 중심으로 물리학 문제를 분류하였다. 예를 들어 문제에 스프링, 경사면 등이 언급되어 있는 경우, 초보자들은 경사면이 나오는 문제를 모두 하나의 유형으로 묶었다. 반면 전문가들은 풀이에 사용되는 원리(예: 에너지 보존)에 기반하여 같은 경사면 문제도 다른 유형으로 분류하였다. 일반적으로 초보자의 지식은 표면적 유사성에 의해 조직화되어 있으며, 상대적으로 단절적이다. 그러나 전문가의 지식은 지식 간의 구조적 유사성을 바탕으로 조직화되어 있으며, 서로 촘촘하게 연결되어 있다.

전문성의 차이는 상황 인식의 차이를 만들어 낸다. 손영우와 이경수(2009)는 조종사들의 숙련 정도에 따라서 위기 상황에 대한 인식 차이가 있는지 살펴보았다. 연구자들은 학생 조종사들과 교관 조종사들을 대상으로 계기판 화면을 보고 비행기가 10초 안에 비행 목표에 도달할 지 판단하도록 하였다. 참가자들은 여러 계기판에서 제시되는 정보를 통합해야 했는데, 시행의 반은 계기판이 정상적으로 작동하는 상황이었고 나머지 반은 계기판 중 하나가 오작동하는 비상 상황이었다. 연구 결과 계기판이 정상적으로 작동하는 상황에서는 학생 조종사 집단과 교관 조종사 집단의 차이가 크지 않았다. 하지만 계기판이 오작동을 일으키는 비상 상황에서는 전문가 집단의 상황 인식이 초보자 집단보다 유의미하게 높았다. 이러한 결과는 전문성이 일상적인 상황보다 고도의 경험과 판단이 요구되는 비상 상황에서 수행의 차이를 만들어낸다는 것을 보여준다.

의학 스포츠 등의 영역에서 전문가들은 종종 많은 양의 시각 정보를 재빠르게 해독해야 한다. 방사선 사진을 보고 종양을 탐지하거나 운동선수의 동작을 보고 문제점을 파악해야 하는 경우 시각적 이해 visual comprehension 능력이 전문성의 중요한 요소를 이룬다. 시각 정보를 탐색할 때 전문가와 비전문가의 안구 운동 패턴을 비교한 결과, 전문가들은 초보자들에 비해 응시점에 머무는 시간이 짧았다. 또한 전문가들은 과제와 관련된 영역을 자주 보고, 과제와 관련 없는 영역, 즉 무관련 영역은 잘 응시하지 않았다. 반면 초보자들은 과제와 관련되지 않은 영역을 상대적으로 더 자주 응시하였다. 이러한 결과는 전문가들이 비전문가보다 시각 정보를 더 빠르게 처리할 뿐만 아니라, 무관련한 정보를 더 잘 억제한다는 것을 보여준다(Gegenfurtner et al., 2011). 또한 전문가들은 언어적 설명 없이 시각적 정보만 제시되어도 진단이 가능하였으나, 초보자들은 언어적 설명이 함께 제공될 때 진단 정확성이 증가하였다. 전문가들의 경우 이미지만으로 의미를 추출할 수 있었지만 초보자들의 경우 이미지 해석에 여전히 언어적 설명이 필요하기 때문으로 보인다.

전문가와 초보자는 문제 풀이의 어느 단계에 주의를 할당하는지에 있어서도 차이를 보인다. 예를 들어 기하학 문제를 풀 때 전문가들은 추상적 수준에서 문제 풀이를 계획하며, 문제를 이해하고 계획하는 데 상대적으로 더 많은 시간을 보낸다. 반면 초보자들은 문제의 지엽적 요소에 더 집중하고, 계획보다는 풀이 활동에 더 많은 주의 자원을 할애한다(Koedinger & Anderson, 1990). 글쓰기 행동에도 이와 유사한 차이가 관찰되었다. 전문가들은 초보자들보다 글을 계획하고 수정하는 데 더 많은 시간을 할애하는 반면, 초보자들은 글을 작성하는 데 대부분의 시간을 할애하였다(Faigley & Witte, 1981; Hays & Nash, 2013).

같은 전문 분야에도 다양한 세부 전공이 있는데, 이는 주로 해당 영역의 내용 지식의 차이를 의미한다. 하지만 여러 영역에서 공통적으로 사용되는 지식과 기술도 있기 마련이다. 예를 들어 과학자들은 연구 분야는 다르지만 연구의 방법과 가설 검증 논리를 공유한다. Wineburg(1998)는 Lincoln을 전문적으로 연구한 역사학자와 다른 시대를 연구한 역사학자에게 Lincoln 관련 사료를 제시하고 이를 해석하도록 했다. 해석 과정을 소리 내어 생각하도록 하고 해당 내용을 분석한 결과, 두 전문가 간에 상당한 차이가 관찰되었다. Lincoln을 전문적으로 연구하지 않은 역사학자의 경우 주요 개념을 정의하는 것이 더 오래 걸렸고, 문서의 맥락을 구성하는 데도 더 큰 어려움을 겪었다. 그럼에도 그는 성급한 단순화에 저항하며 내용 간의 갈등을 해소하였고, 결국 사료에 대한 적절한 결론에 도달하였다. Lincoln에 대한 지식은 부족했지만 문헌을 해독하는 전문성이 있었기 때문에 가능한 작업이었다.

심리학 내에서 인지심리학과 사회심리학도 유사한 관계에 있다. 두 영역 모두 실험을 활발하게 사용하는 영역으로, 인지심리학자와 사회심리학자 모두 심리학 연구 방법론에 대한 지식과 실험 설계 전문성을 갖고 있다. 하지만 둘의 연구 영역은 다르다. 인지심리학자는 기억이나 지각 과정 등을 연구하고, 사회심리학자들은 대인 관계가 집단 역동에 미치는 영향 등을 연구한다. 따라서 연구하는 영역에 따라 영역별 지식이 다를 수밖에 없다. Schunn과 Anderson(2001)은 심리학 영역에서 영역 전문성과 과제 전문성의 효과를 비교하기 위해 영역 전문가(예: 기억 전공자), 과제 전문가(예: 사회심리학 전공자), 초보자(예: 학부생)를 대상으로 기억 이론을 검증하는 실험을 설계하게 한 뒤, 실험 결과를 주고 이를 해석하게 하였다. 연구 결과 학부생들은 이론을 염두에 두지 않고 실험을 설계하거나 동시에 여러 개의 변인을 조작하는 등의 실수를 범하였다. 과제 전문가들은 이러한 실수를 범하지 않았으나, 영역 전문가와 비교하면 더 단순한 실험을 설계하거나 이론 검증을 위해서 더 많은 실험을 설계하는 경향을 보였다(Schunn & Anderson, 2001). 이러한 결과는 전문성을 구성하는 요소가 다양하며, 과제에서 요구되는 전문성의 성격과 수준에 따라서 전문성이 다양하게 발휘될 수 있음을 보여준다.

전문성의 발달과 유형

연습과 훈련은 전문성 발달의 핵심이다(Ericsson, 2008; Ericsson et al., 1993). 다양한 영역에서 전문성은 10년 또는 1만 시간 이상의 오랜 연습을 통해 습득된다. 하지만 연습만 한다고 전문성이 발달하는 것은 아니다. 연습과 훈련이 가져오는 수행 변화는 크게 세 가지 경로로 진행된다. 첫 번째 경로는 일상적 기술^{everyday skill}이 발달하는 경로이다. 옷을 입거나 신발끈을 매거나 하는 기술들은 어릴 때부터 평생 동안 수없이 반복하는 기술이다. 초기에는 연습과 함께 수행 능력이 향상되지만, 일정 수준에 도달하면 더 이상 수행 능력이 향상되지 않는다. 두번째 경로는 구속된 발달^{arrested development} 경로이다. 연습과 함께 수행 능력이 뚜렷하게 향상되어, 일상적 기술 수준보다 더 높은 수행 수준을 달성한다. 하지만 이 경로에서도 일정 수준에 도달한 다음부터는 더 이상 수행 능력이 향상되지 않는다. 체스나 테니스 등의 영역에서 많은 아마추어가 연습과 훈련을 통해 상당한 수준에 도달하지만, 여전히 전문 선수의 수행 수준에는 미치지 못하는 경우가 이에 해당한다. 마지막 경로는 전문가들의 발달 경로로, 해당 분야에서 전문가로 인정받는, 즉 전문적인 수행 수준에 도달하는 경로이다(●그림 14.15 참조).

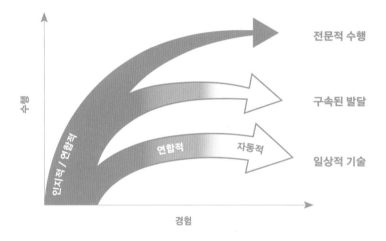

●**그림 14.15** 전문성 발달의 세 경로
출처: Ericsson, 2008.

새로운 기술을 습득할 때 처음에는 동일한 상태에서 출발한다. 이때 자극과 행동 간의 연합이나 관계를 파악하는 인지적 과정이 중요한 역할을 한다. 이후 연습과 함께 수행이 자동화되는데, 일상적 기술은 종종 이 수준에 머무른다. 전문가의 경우 수행이 자동화되지 않고, 지속적으로 자신의 수행에 대한 표상을 다듬고 정교화하기 때문에 수행의 향상이 지속된다. 개인의 목표와 동기에 따라서 목표로 하는 수행 수준이 다를 수 있다. 하지만 전문적인 수행 수준에 도달하고자 한다면, 무조건 연습만 하는 것으로는 충분하지 않다. Ericsson(2008)은 전문적인 수행 수준에 도달하기 위해서는 의도적 연습^{deliberate practice}이 중요함을 강조하였다. 의도적 연습의 경우 잘 정의된 목표와 수행 능력 향상 동기가 있고, 수행에 대한 피드백이 제공되며, 점진적 수행 정교화를 위한 충분한 시간과 연습을 필요로 한다는 특징이 있다. 무엇보다도 구속된 발달 경로에 빠지지 않기 위해서는 자신의 현재 수행을 다각도로 점검하는 것은 물론, 의도적으로 새로운 목표를 설정하고 적극적으로 피드백을 구하면서 수행 능력 향상을 위해 노력해야 한다. 개인의 노력뿐 아니라 외부의 지원도 중요하다. 다양한 외부 상황의 변화를 극복하고 10년 또는 1만 시간 동안 의도적인 연습을 지속하는 것은 개인의 동기만으로는 어렵기 때문이다.

전문가마다 추구하는 전문성의 모습은 다양할 수 있다. Hatano와 Inagaki(1984)는 정형화된 전문성과 적응적 전문성을 구분하였다. 정형화된 전문성^{routine expertise}은 특정 영역에서 필요한 기술이나 절차를 정교하고 정확하게 수행할 수 있는 수준을 지칭한다. 반면 적응적 전문성^{adaptive expertise}은 특정 영역에 대한 전문성을 바탕으로 새로운 해결책이나 절차를 만들어낼 수 있는 수준의 전문성을 지칭한다. 초밥 요리사에 비유하자면, 정형화된 전문성은 매번 완벽한 초밥을 만들 수 있는 전문성을, 적응적 전문성은 초밥을 잘 만드는 것은 물론, 젊은 세대나 외국인의 입맛에 맞춘 새로운 초밥을 개발할 수 있는 전문성을 의미한다. 적응적 전문성을 발달시키기 위해서는 해당 영역에 필요한 기술에 대한 유창성^{proficiency}을 기르고, 나아가 혁신^{innovation} 능력을 발달시켜야 한다 (Schwartz et al., 2005). 어떠한 전문성이 더 바람직한지는 과제나 환경에 따라 달라진다. 일관되고 완벽한 수행이 더 중요한 경우 고전적 전문성만으로 충분하지만, 환경의 변화가 크고 빠른 적응이 더 중요한 경우 적응적 전문성이 더 바람직할 수 있다.

15장

판단과 의사 결정, 추리

사고는 넓게는 지각, 기억 등 내적으로 일어나는 모든 내적
정보 처리를 지칭하지만, 좁게는 입력 정보를 바탕으로 새
로운 것을 만드는 처리를 지칭한다. 대표적인 사고 활동으
로 판단과 의사 결정, 추리를 꼽는다(도경수, 2019).

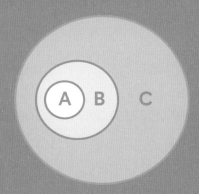

$$A \subset B$$
$$B \subset C$$
$$\therefore A \subset C$$

판단과 의사 결정
- 판단의 정확성
- 어림법
- 대안 제시
- 의사 결정

추리
- 연역 추리
- 귀납 추리

제한된 합리성

15 장 _ 판단과 의사 결정, 추리

1. 판단과 의사 결정

판단^judgement^은 가용한 정보에 근거해서 사건의 발생 가능성 또는 확률을 평가하는 과정이며, **의사 결정**^decision making^은 여러 가능성 또는 대안 중 하나를 선택하는 과정이다. 판단과 의사 결정은 밀접하게 관련된 처리로, 종종 함께 일어난다. 예를 들어 보험에 가입하기로 한 경우, 그 결정의 이면에는 사고나 질병의 발생 확률에 대한 판단이 있다. 이러한 판단을 바탕으로 보험에 가입하거나 여러 보험 상품 중 하나를 선택하는 의사 결정이 일어난다.

판단
가용한 정보에 근거해서 사건의 발생 가능성 또는 확률을 평가하는 과정.

의사 결정
여러 가능성 또는 대안 중 하나를 선택하는 과정.

판단의 정확성
판단은 주어진 증거를 기반으로 일어난다. 장을 보는 사람은 마트 진열대 위의 토마토의 크기, 빛깔 등을 보고 토마토의 신선도를 판단한다. 판사는 검찰이 제시한 증거를 기반으로 피의자가 범인일 가능성을 판단한다. 판단의 근거가 되는 정보가 부정확한 경우 정확한 판단을 내릴 수 없다. 주어진 정보가 정확하더라도 이를 제대로 처리하는 것이 중요하다. Kahneman과 Tversky는 다양한 확률 판단 과제를 사용하여 판단이 어떻게 일어나는지 연구하였는데, 그 과정에서 많은 사고 편향과 오류를 발견하였다. 예를 들어 다음과 같은 확률 판단 문제를 살펴보자 (Tversky & Kahneman, 1983).

Linda는 31세 독신이며, 자신의 의견을 말하는 데 거침이 없고 매우 똑똑하다. 그녀는 철학을 전공했고, 학창 시절에 차별과 사회 정의 문제에 깊은 관심을 보였으며, 반핵 시위에도 참가했다. 현재 Linda는 어떤 사람일 가능성이 높은가?

1. Linda는 은행원이다.
2. Linda는 은행원이며, 여성 운동에 적극적이다.

●**그림 15.1** 여성 운동에 적극적인 은행원과 은행원 간의 관계

결합 오류
단일 사건이 일어날 확률보다 두 사건이 결합한 하위 사건이 일어날 확률을 더 높게 추정하는 현상.

기저율
특정 사건이나 대상이 모집단에서 발생하는 비율.

해당 연구에서 연구 참가자들은 대부분 2번을 선택했다. '여성 운동에 적극적인 은행원'이 Linda에게 어울리는 모습이라고 생각했기 때문이다. 그러나 '여성 운동에 적극적인 은행원'은 '은행원'의 하위 범주이다(●그림 15.1 참조). 따라서 Linda가 단지 '은행원'일 가능성에 비해 '여성 운동에 적극적인 은행원'일 가능성은 낮다. 그럼에도 참가자들은 일어날 확률이 더 낮은 사건인 2번을 선택하였다. 이러한 현상을 **결합 오류**^{conjunction fallacy}라 부른다. 결합 오류는 앞서 제시된 문제 상황과 같이 사건이 일어날 확률보다는 이야기의 설득력이나 일관성을 더 중시해서 발생한다. 또 다른 확률 판단 문제를 살펴보자.

어떤 사람이 자신의 이웃을 다음과 같이 묘사했다.
'Steve는 매우 수줍음이 많고 내성적인 사람이다. 항상 다른 이들을 잘 도와주지만, 사람이나 현실에는 별 관심이 없다. 소심하고 온순한 영혼의 소유자로, 질서와 규칙을 좋아하고 꼼꼼하다.'
Steve의 직업은 사서와 농부 중 무엇이라고 생각하는가?

기저율^{base rate}은 어떤 사건이나 대상이 모집단에서 발생하는 비율을 지칭한다. 기저율을 고려하면 사건의 발생 확률에 대한 판단의 정확도를 높일 수 있다. 해당 연구는 미국에서 진행되었는데 연구가 진행된 시기에 미국에는 농부가 사서보다 더 많았다. 즉 농부의 기저율이 사서의 기저율보다 높았다. 기저율을 고려하면 Steve는 농부일 가능성이 더 높았던 것이다. 하지만 참가자들은 대부분 Steve가 사서일 가능성이 높다

고 답변하였다. 이 사례에서 볼 수 있듯이 사람들은 확률을 판단할 때 기저율을 잘 고려하지 못하는데, 이러한 현상을 **기저율 무시**[base rate neglect]라고 부른다. 기저율 무시는 사람들이 통계학적으로 사고하지 않고, 해당 사례가 전형적인 범주에 얼마나 부합하는지에 따라 사건의 발생 확률을 판단하기 때문에 일어난다(Kahneman & Tversky, 1973; Kahneman, 2011).

기저율에 대한 고려는 질병 진단에서 매우 중요하다. 다소 복잡하지만, 의사들이 진단 검사 결과를 보고 바이러스 감염 여부를 판단하는 과정을 살펴보자.

> 코로나 바이러스 진단 검사를 했더니 검사 결과가 양성으로 나왔다. 사용된 진단 검사의 민감도(감염되었을 때 양성으로 나올 확률)는 .80, 특이도(감염되지 않았는데 양성으로 나올 확률)는 .05이다. 이 환자가 코로나 바이러스에 감염되었을 확률은 어떻게 되는가?

이 질문에서 코로나 바이러스 감염 여부를 정확하게 판단하기 위해서는 검사의 민감도와 특이도뿐 아니라 전체 집단의 코로나 바이러스 감염 기저율을 함께 고려해야 한다. 모집단의 기저율이 높으면 양성 결과가 실제 감염을 반영할 확률이 낮지만, 기저율이 낮으면 양성 결과가 실제 감염을 반영할 가능성이 증가한다. 예를 들어 모집단의 코로나 바이러스 감염 기저율이 1%라고 하자. 모집단이 10,000명이라면, 이 중 감염자는 100명이고 비감염자는 9,900명이다. 검사 민감도는 .80이므로 감염자 100명을 검사하면 80명이 양성으로 나온다. 검사 특이도는 .05이므로 비감염자 9,900명 중 495명은 양성으로 나온다. 감염자와 비감염자를 합해서 총 575명이 양성 반응을 보이지만, 이 중 실제 감염자는 80명이며, 이는 전체 양성 결과의 14%에 해당한다. 즉 검사 결과가 양성으로 나온다 해도, 실제 감염되었을 확률은 그리 높지 않다. 하지만 기저율이 높아지면 양성 검사 결과가 실제 감염을 반영할 가능성이 증가한다. 예를 들어 모집단에서 코로나 바이러스 기저율이 50%인 경우 (위의 방식으로 계산하면) 양성 결과의 95% 가량이 실제로 감염된 경우이다. 이처럼 기저율에 따라서 실제 감염 여부가 달라지지만, 사람들은 위의 문제와 같은 상황에서 기저율을 잘 고려하지 못한다. 기저율 무시는 비전문가와 전문가 모두에게서 흔하게 관찰된다(도경수, 2019).

기저율 무시가 흔하게 관찰되는 것은 사실이지만, 문제가 현실적인 맥락에서 제시되는 경우 이전 연구에서 보고된 것보다 통계적으로 훨씬 더 적절한 결정을 내릴 수 있다는 연구 결과도 존재한다. 검사 결과를 해석할 때 질병의 기저율이 종종 무시되지만 실제 질병이 없어도 검사 결과가 양성으로 나오는 경우(예: 방사선 촬영에서 물혹이 암으로 보이는 경우)를 알려주자, 더 많은 사람들이 기저율을 고려하였다(Krynski & Tenenbaum, 2007). 또한 판단 문제가 자신과 밀접하게 관련된 경우, 예를 들어 자신의 질병 가능성을 판단해야 하는 경우에도 기저율을 더 잘 고려하였다(Ditto et al., 1998). 확률이 제시되는 방식도 중요한데, 수학적으로는 동일한 값이라도('20%' 대 '10개 중 2개') 사람들은 사건이 확률보다는 빈도로 제시될 때 더 정확하게 판단한다(Hoffrage et al., 2000).

모든 사람이 통계학자처럼 확률을 계산할 수 없는 것은 분명하다. 하지만 좁게 정의된 통계적 기준만 가지고 사람들의 수행을 판단하는 것은 적절하지 않을 수 있다. 사람들이 가진 처리 자원은 제한적이므로, 판단 과정에서 다양한 어림법을 사용하는 것이 적응적인 전략일 수 있기 때문이다.

어림법

판단에는 항상 불확실성이 따르기 때문에 정확한 판단을 하는 것은 쉽지 않다. 판단에 사용되는 정보가 불완전하거나 부정확한 경우도 존재하고, 정확한 자료가 제시되어도 이를 모두 고려할 시간이나 자원이 부족한 경우도 있다. 이러한 이유로 사람들은 판단 과정에서 종종 어림법에 의존한다. 어림법은 복잡한 확률 계산을 단순한 판단 과제로 바꾸어 준다. 판단 과정에서 많이 사용되는 어림법으로 대표성 어림법, 기준점 어림법, 가용성 어림법을 꼽을 수 있다.

대표성 어림법^{representative heuristics}은 사건의 발생 가능성을 평가할 때 사건이나 대상이 해당 범주를 얼마나 잘 대표하는지 또는 얼마나 전형적인지에 의존하는 어림법을 말한다(Kahneman & Tversky, 1973). 앞에서 살펴본 Linda 실험의 경우, 연구 참가자들은 Linda가 단순한 은행원이기보다는 여성 운동에 적극적인 은행원일 확률이 높다고 평가하였다. 이는 Linda가 전형적인 여성 운동가의 특성을 가지고 있다고 보았기 때문이다. Steve의 직업이 사서일 것이라고 판단한 참가자가 많았던 것 역시, Steve가 농부보다는 사서의 전형적인 모습에 가까웠기 때문이다. 대표성 어림법을 사용하여 올바른 결론에 도달할 수도 있지만(예: Linda가 실제 여성 운동에 적극적인 은행원임), 사례의 전형성 정보에 과도하게 의존한 나머지 발생 확률이 낮은 사건의 발생 가능성을 더 높게 평가하는 오류를 범할 수도 있다.

기준점 어림법^{anchoring heuristics}은 과제 등에 제시된 기준점에 의존하여 판단하는 어림법을 지칭한다. 닻 효과로 불리기도 한다(Tversky & Kahneman, 1974). Tversky와 Kahneman은 연구 참가자들에게 다음과 같은 두 계산 문제를 주고, 계산 결과를 추정하게 하였다. 두 문제는 동일한 문제였음에도, 최종 계산 값에 대한 참가자들의 추정치는 달랐다.

문제 1   8 X 7 X 6 X 5 X 4 X 3 X 2 X 1 = ?

문제 2   1 X 2 X 3 X 4 X 5 X 6 X 7 X 8 = ?

문제 1에 대한 평균 추정치는 2,250이었으나, 문제 2에 대한 평균 추정치는 512였다(정답은 40,320). 동일한 문제이지만, 문제 1의 경우 곱해야 하는 숫자들이 가장 큰 숫자인 8부터 나열되어 있고, 문제 2의 경우 반대로 가장 작은 숫자인 1부터 나열되어 있다. 즉 참가자들은 큰 숫자부터 곱하기 시작할 때 최종 계산 값을 더 크게 추정하였다. 첫 번째로 제시된 수가 문제의 기준점 역할을 한 것으로 보인다. 기준점이 크므로, 최종 계산 값도 크게 추정된 것이다.

대표성 어림법
사건이 해당 범주를 대표하는 정도와 사건의 전형성에 의존하여 사건 발생 가능성을 평가하는 어림법.

기준점 어림법
과제 등에 제시된 기준점에 의존하는 판단 어림법. 닻 효과를 만들어냄.

또 다른 과제에서는 참가자들에게 UN에 가입한 아프리카 국가 수를 추정하도록 하였다. 우선 기준점과 비교하여 국가 수가 많은지 적은지 답하도록 하였다. 기준점은 참가자들이 보는 앞에서 원판을 돌려서 나온 숫자를 사용하였다. 예를 들어 원판에서 '34'라는 숫자가 나오면, 참가자들은 아프리카 국가 수가 이 숫자보다 많은지 적은지를 답변하고, 이후 추정치를 말하였다. 참가자들의 추정치는 기준점의 영향을 받았다. 원판에서 10이 나온 집단의 경우, UN에 25개의 아프리카 국가가 가입되어 있다고 추정한 반면, 원판에서 45가 나온 집단의 경우 UN에 65개의 아프리카 국가가 가입되어 있다고 추정하였다. 참가자들은 기준점이 원판을 돌려 무작위로 생성되었다는 사실을 알고 있었으나, 그럼에도 기준점은 참가자들의 평정에 영향을 미쳤다. 이는 의미가 없거나 근거가 부족한 정보라도, 일단 제시되면 판단의 기준점 역할을 할 수 있음을 의미한다.

가용성 어림법^{availability heuristics}은 어떤 사건이나 대안이 마음속에서 잘 떠오를 때, 해당 사건이 발생할 확률이 높다고 판단하는 어림법이다. 쉽게 인출되는 사건은 자주 일어난 사건이라고 믿기 때문에 발생한다. 예를 들어 3개 이상의 낱자로 만들어진 영어 단어 중 'n'으로 시작하는 단어와 'n'이 단어의 세 번째 철자인 단어 중 어떤 단어가 더 많은지 판단하게 하면, 사람들은 일반적으로 'n'으로 시작하는 단어가 더 많다고 판단한다. 그러나 실제로는 'n'이 단어의 세 번째 철자인 단어가 더 많다. 단어는 마음속에서 첫 번째 알파벳을 중심으로 조직화되어 있다. 따라서 'n'이 세 번째 철자인 단어보다 'n'으로 시작하는 단어를 기억에서 인출하는 것이 훨씬 용이하다. 이러한 정보 인출의 용이성이 확률 판단에 영향을 주는 것이다.

일상 생활에서 다양한 사건이나 사고의 발생 확률에 대한 판단을 종종 한다. Lichtenstein과 동료들(1978)은 연구 참가자들에게 다양한 원인(예: 맹장염, 살인, 교통사고 등)으로 인한 사망 사건 발생 가능성을 추정하게 하였다. 그 결과 참가자들은 사람들의 주목을 받은 사망 사건

가용성 어림법
특정 사건이나 대안이 마음속에서 잘 떠오를 때, 해당 사건이 발생할 확률이 높다고 판단하는 어림법.

의 발생 가능성을 그렇지 않은 사망 사건의 발생 가능성보다 더 높게 추정하였다. 예를 들어 맹장염으로 사망한 사람들이 살인으로 사망한 사람들보다 20배나 더 많았음에도 불구하고, 대부분의 참가자들은 살인으로 인한 사망 확률을 더 높게 추정하였다. 뉴스 보도 등으로 기억에 각인되어 인출이 용이해진 결과, 발생 확률을 높게 평가하게 된 것이다. 가용성 어림법은 정보를 기억에서 인출할 수 있을 때 사용된다. 하지만 인지적 부담이 크거나 주의 자원이 부족하여 관련 정보를 인출하지 못하는 경우, 가용성 어림법이 사용되지 않는다(Oppenheimer & Monin, 2009).

가용성 어림법과 유사한 어림법으로 **재인 어림법**recognition heuristics이 있다. 재인 어림법은 자신이 알거나 재인할 수 있는 대안의 발생 가능성이 더 크다고 판단하는 어림법으로, 대상에 대한 정보가 불충분할 때 종종 사용된다. Goldstein과 Gigerenzer(2002)는 독일과 미국의 대학생들에게 두 도시 중 인구가 더 많은 도시를 선택하고(예: 샌디에이고San Diego와 샌안토니오San Antonio 중 어느 도시의 인구가 더 많은가?), 질문에 언급된 도시가 아는 도시인지를 답하도록 하였다. 연구 참가자들은 다른 나라의 도시 크기를 판단할 때(예: 미국 학생들이 독일 도시의 크기를 판단하거나 독일 대학생들이 미국 도시의 크기를 판단할 때) 자신들이 재인할 수 있는 도시가 더 크다고 판단하는 경향을 보였다. 반면 자신이 속한 나라의 도시 크기를 판단할 때(예: 미국 학생들이 미국 도시의 크기를 판단할 때)는 재인 어림법이 사용되지 않았다. 이는 자국의 도시들에는 대해서 이미 충분히 알고 있으므로, 굳이 재인 어림법에 의존할 필요가 없었기 때문으로 보인다. 해당 연구 결과는 재인 어림법의 사용이 대상에 대한 정보가 불충분할 때에 국한됨을 의미한다.

어림법은 정보의 양이 적을 때나 해당 영역에 대한 지식이 부족할 때 또는 처리 자원을 절약하고자 할 때 종종 사용된다. 어림법은 원하는 답에 빠르게 도달할 수 있는 수단이 되기도 하지만, 어림법에 과도하게 의존하면 기저율, 표본 크기와 같은 중요한 통계적 원리를 무시하게 될

재인 어림법
자신이 알거나 재인할 수 있는 대안의 발생 가능성이 더 크다고 판단하는 어림법.

수 있다. 그러므로 어림법 사용에 따르는 문제점을 인지하면서 사용하는 것이 필요하다.

대안 제시

의사 결정은 일련의 대안들 중에서 하나를 선택하는 것이다. 대안의 유무는 의사 결정에 영향을 미친다. 또한 대안이 하나만 제시되는지separate evaluation, 둘 이상의 대안이 함께 제시되는지joint evaluation에 따라 결정이 달라진다. Hsee(1996)는 연구 참가자들에게 다음과 같은 시나리오를 주었다.

> 한 음악 전공생이 중고 서점에서 음악 사전을 구매하려 한다. 예산은 약 10~50달러이다. 제시된 사전을 구매하기 위해 음악 전공생이 얼마까지 지불할 의향이 있는지 평가하라.
>
> **사전 A   출간 연도**: 1993. **표제어**: 10,000개. **보관 상태**: 새 제품과 같음.
> **사전 B   출간 연도**: 1993. **표제어**: 20,000개. **보관 상태**: 표지가 찢어졌으나,
>   나머지는 새 제품과 같음.

단독 평가 조건에서는 참가자들에게 사전 A 또는 B만 단독으로 제시하고 가격을 책정하도록 하였으나, 공동 평가 조건에서는 사전 A와 B를 함께 대안으로 제시하고 가격을 책정하도록 하였다. 그 결과 조건에 따라 참가자들이 더 가치가 있다고 생각하는 대안이 달라졌다. ●그림 15.2에서 볼 수 있듯이, 참가자들은 단독 평가 조건에서 사전 A의 값을 더 높게 책정하였다. 반면 공동 평가 조건에서는 B의 가격을 더 높게 책정하였다.

●그림 15.2 대안 평가 방식에 따른 책정 가격 비교
출처: Hsee, 1996.

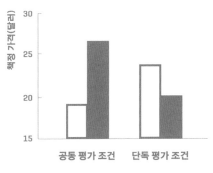

대안이 2개 제시될 때 선호가 역전되는 것은, 대안의 존재가 대안의 가치를 평가하는 데 영향을 주기 때문이다. '새 제품과 같음' 또는 '표지가 찢어졌음' 같은 정보가 무엇을 의미하는지는 어느 정도 분명하다. 하

지만 표제어 수가 10,000개 또는 20,000개라는 정보는 그 자체만으로는 평가가 어렵다. 그 결과 대안을 단독으로 평가할 때는 표제어 정보가 거의 사용되지 않지만 또 다른 대안이 생기면 해당 속성을 비교할 수 있게 된다. 즉 공동 평가 조건에서는 표제어 정보가 판단에 반영되기 시작하여, 평가에 대한 선호가 바뀐 것으로 보인다.

함께 제시되는 대안이 무엇인지도 결정에 영향을 준다. 예를 들어 품질은 좋으나 가격이 비싼 대안 A(예: 표제어가 1,000개이고 가격이 5만 원인 사전)와, 품질은 떨어지나 가격은 저렴한 대안 B(예: 표제어가 100개이고 가격이 1만 원인 사전)가 있다고 하자. 두 대안만 제시하고 결정을 하게 하면 선호가 반반으로 나타난다. 하지만 여기에 대안 C를 추가하면 선택이 달라진다. 추가되는 대안 C의 속성이 두 대안 중 하나에 치중하지 않고 중간인 경우(예: 표제어가 550개이고 가격이 3만 원인 사전), 새로 추가된 대안 C에 대한 선택이 많아진다. 반면 A와 B 두 대안 중 어느 하나와 유사한 대안(예: 표제어가 900개이고 가격이 5만 원인 사전 또는 표제어가 100개이고 가격이 2만원인 사전)이 추가되면, 원래의 두 대안인 A나 B를 선택하는 비율이 늘어난다. 전자를 **타협 효과**compromise effect, 후자를 **유인 효과**attraction effect 또는 **미끼 효과**decoy effect 라고 한다(Simonson, 1989)(●그림 15.3 참조).

타협 효과
두 극단의 선택지가 있을 때 두 대안의 중간값을 갖는 대안이 제시되면 추가된 중간 수준의 대안에 대한 선호가 높아지는 현상.

유인 효과
두 극단의 선택지가 있을 때 두 대안 중의 하나와 유사한 대안이 추가되면 원래 있던 두 대안 중 하나에 대한 선호가 높아지는 현상. 미끼 효과라고도 함.

●**그림 15.3** 타협 효과와 유인 효과의 예시
(a) 타협 효과
(b) 유인 효과

의사 결정

초기 의사 결정 이론들은 사람들이 기본적으로 합리적인 의사 결정을 한다고 가정하였다. 예를 들어 기대 효용 이론expected utility theory에 따르면 사람들은 결정을 내리기 전에 대안과 관련된 정보를 모두 고려하고,

각 대안이 가진 잠재적 비용과 이득을 합리적으로 평가해서 이 중 기대되는 이득이 가장 큰 대안을 선택한다. 하지만 이런 설명은 의사 결정이 어떻게 이루어져야 하는지에 대한 규범^{norm}을 제시한 것에 가깝다. 실제 의사 결정이 어떻게 이루어지는지 살펴보면, 사람들이 언제나 규범에 따라 합리적으로 행동하지는 않는다.

금전적 가치가 낮지만 일어날 가능성이 확실한 대안(예: 1,000원을 딸 확률이 100%)과 금전적 가치가 높지만 일어날 가능성이 낮은 대안(예: 100만 원을 딸 확률이 0.001%)이 있다고 가정하자. 이 경우 두 대안의 기댓값$^{expected\ value}$은 1,000원으로 동일하다. 그러므로 기댓값만 가지고 선택을 하면 두 대안을 선택할 확률이 동일해야 한다. 하지만 사람들은 금전적 가치가 낮더라도 가능성이 높은 대안, 즉 확실하게 1000원을 따는 대안을 선호한다. 이처럼 의사 결정에 있어 결과의 확실성을 추구하는 경향을 **확실성 효과**$^{certainty\ effect}$ 또는 알레의 역설$^{Allais\ paradox}$이라고 한다.

확실한 대안이라고 할지라도 이득이 강조되는지 손실이 강조되는지에 따라서 선호가 달라질 수 있다. Tversky와 Kahneman(1981)은 연구 참가자들에게 다음과 같은 문제 상황을 제시하였다. 제시된 상황에는 두 가지 대안(1번 약, 2번 약)이 있었다. 1번 약과 2번 약의 기댓값은 모두 동일하지만, 1번 약의 결과는 확정적으로 제시되었고(예: 확실하게 200명이 산다), 2번 약의 결과는 확률적으로 제시되었다(예: 600명 모두 살 확률은 1/3, 0명이 살 확률은 2/3이다). 연구자들은 또한 조건에 따라 결과를 제시할 때의 강조점을 달리하였다. A 조건에서는 신약이 가져오는 이득(예: 질병의 치료)을 강조하였고, B 조건에서는 신약의 위험성(예: 사망 위험)을 강조하였다.

확실성 효과
불확실한 대안이 여러 개 있을 때, 확률보다는 확실성에 근거하여 결정을 내리는 경향. 알레의 역설이라고도 함.

새로운 질병이 발병하여 <u>600명이 그 병에 걸렸다.</u> 이를 치료하는 약을 개발 중인데, 비용 때문에 하나만 선택할 수 있다.

A 조건
1번 약   확실하게 200명이 산다.
2번 약   600명이 모두 살 확률은 1/3, 0명이 살 확률은 2/3이다.

B 조건
1번 약   확실하게 400명이 죽는다.
2번 약   0명이 죽을 확률은 1/3, 600명 모두 죽을 확률은 2/3이다.

확실성 효과에 따르면 두 조건 모두에서 1번 약이 선택되어야 한다. 하지만 참가자들의 실제 선택은 결과에서 이득이 강조되는지, 위험이 강조되는지에 따라 달라졌다. 이득이 강조되는 상황(A 조건)에서는 72%가 확실한 대안인 1번 약을 선택한 반면에, 위험이 강조되는 상황(B 조건)에서는 78%가 확률적 대안인 2번 약을 선택하였다. 사람들은 이득이 부각되는 상황에서는 위험을 피하고^{risk-aversion} 손실이 부각되는 상황에서는 위험을 추구하는^{risk-seeking} 경향을 보였다. 이처럼 문제가 제시되는 방식에 따라 위험을 추구할지 회피할지 결정이 달라지는 현상을 **틀 효과**^{framing effect}라고 한다.

대안의 발생 확률은 위험 회피와 위험 추구 행동에 영향을 준다. 예를 들어 다음과 같은 두 선택 상황이 있을 때, 각 상황에서 게임 1과 2의 기댓값은 같다. 그럼에도 많은 이가 상황 1에서는 게임 1을, 상황 2에서는 게임 2를 선호한다. 어느 정도 실현 가능성이 있는 대안들을 비교하는 경우(상황 1) 사람들은 이득(게임 1)을 더 중시하는 반면, 실현 가능성이 낮은 대안들을 비교하는 경우(상황 2)에는 위험(게임 2)을 추구하는 경향이 있다.

상황 1
게임 1　3,000원을 딸 확률이 90% (기댓값: 2,700)
게임 2　6,000원을 딸 확률이 45% (기댓값: 2,700)

상황 2
게임 1　3,000원을 딸 확률이 0.02% (기댓값: 60)
게임 2　6,000원을 딸 확률이 0.01% (기댓값: 60)

2. 추리

추리는 둘 이상의 전제 또는 증거에서 결론을 도출하는 과정으로, 연역 추리와 귀납 추리로 나뉜다. 연역 추리는 일반 원리에서 구체적인 사례에 대한 결론을 이끌어내는 과정으로, 주어진 전제가 참이면 도출된 결론도 참이다. 반면 귀납 추리는 특수한 사례에서 일반화된 결론을 이

틀 효과
문제가 제시되는 방식에 따라 결정이 달라지는 현상. 사람들은 문제에서 이득이 강조되면 위험을 피하지만, 손실이 강조되면 위험을 선호함.

추리
둘 이상의 전제 또는 증거에서 결론을 도출하는 과정. 연역 추리와 귀납 추리로 나뉨.

끌어내는 과정으로, 귀납 추리를 통해 도출된 결론은 확률적이다. 관찰된 사례가 모든 사례를 대표하지 않을 수 있기 때문에, 추가적인 자료가 수집되면 결론은 수정될 수 있다.

연역 추리

연역 추리는 이미 알고 있는 사실을 바탕으로 새로운 결론을 이끌어내는 과정으로, 조건 추리와 삼단 논법을 중심으로 연구되었다.

조건 명제와 조건 추리

어떤 조건이 만족되면 참인 결론이 존재할 수 있다. '한국 남자는 미남이다', '강남에 살면 부자이다' 같은 조건 명제는 한국 남자 또는 강남 거주자라는 조건이 만족되면 가지는 속성을 기술한다. 조건 명제는 'p이면 q이다'로 표현될 수 있는데, 이때 p를 '전건', q를 '후건'이라고 한다. **조건 추리**^{conditional reasoning}는 조건 명제와 함께 전건이나 후건과 관련된 정보가 제시될 때, 이에 기반하여 결론을 도출하는 과정을 지칭한다. 조건 추리에서 다루는 것은 해당 조건 명제나 결론이 실제에 비추어 참인지가 아니라(예: 실제 한국 남자가 모두 미남인지 아닌지), 조건 명제와 정보가 주어졌을 때 가능한 결론이 무엇인가이다(●표 15.1 참조).

●표 15.1 조건 추리의 유형

구분	조건 명제	주어진 정보
전제 1	p이면 q이다	한국 남자는 미남이다.
전제 2	p이다	(그는) 한국 남자이다.
결론	q이다	(그는) 미남이다.

조건 추리는 조건 명제 다음에 어떤 정보가 제시되는지에 따라 네 가지 유형(전건 긍정, 전건 부정, 후건 긍정, 후건 부정)으로 구분할 수 있다(●표 15.2 참조). 예를 들어 전건 긍정 유형에서는 조건 명제(예: p이면 q이다)와 함께 조건 명제의 전건을 긍정하는 전제(예: p이다)가

연역 추리
이미 알고 있는 사실을 바탕으로 새로운 결론을 도출하는 추리. 조건 추리, 삼단 논법 등이 연역 추리에 속함.

조건 추리
연역 추리의 일종. 조건 명제와 함께 조건 명제의 전건이나 후건에 대한 정보가 제시될 때, 이에 기반하여 결론을 도출하는 추리 문제.

주어진다. 이와 마찬가지로 후건 긍정에서는 조건 명제의 후건을 긍정하는 전제가 주어진다. 전제가 제시되면 전제에서 언급되지 않은 전건 또는 후건의 상태를 추리한다. ●표 15.1에 제시된 조건 명제를 다시 한번 살펴보자. 해당 명제의 전건이 긍정될 때(예: 한국 남자이다) 후건을 긍정하거나(예: 미남이다), 후건이 부정될 때(예: 미남이 아니다) 전건을 부정하는 것(예: 한국 남자가 아니다)은 타당한 결론이다. 반면 전건이 부정될 때(예: 한국 남자가 아니다) 후건을 부정하거나(예: 미남이 아니다), 후건이 긍정될 때(예: 미남이다) 전건을 긍정하는 것(예: 한국 사람이다)은 타당하지 않은 결론이다. 한국 사람이 아니면서 미남인 사람이 있을 수 있기 때문이다. 조건 명제는 p가 참인 경우 존재하는 속성을 기술하고 있기 때문에, p가 아닌 경우에는 결과가 무엇이든 조건 명제를 위반하지 않는다. 그럼에도 불구하고 사람들은 전건이 부정되면 후건도 부정하거나, 후건이 긍정되면 전건도 긍정하는 오류를 종종 범한다. 전자를 전건 부정 오류[fallacy of denying the antecedent], 후자를 후건 긍정 오류[fallacy of affirming the consequent]라고 한다.

●표 15.2 조건 추리의 유형

	전제 1	전제 2	전형적 결론	결론의 타당성
전건 긍정	p이면 q이다	p이다	q이다	타당함
전건 부정	p이면 q이다	p가 아니다	q가 아니다	타당하지 않음
후건 긍정	p이면 q이다	q이다	p이다	타당하지 않음
후건 부정	p이면 q이다	q가 아니다	p가 아니다	타당함

전건 부정 오류와 후건 긍정 오류는 일차적으로 조건 명제에 대한 오해에서 비롯된다. 'p이면 q이다'라는 조건문은 p가 만족되는 경우에만 적용되고, p가 아닌 경우와는 무관하다. 하지만 사람들은 종종 전건과 후건을 동치 관계[equivalence relation]로, 즉 'p = q'인 관계(p이면 q이고, q이면 p이다)로 파악한다. 그 결과 p가 아닌 q가 존재할 수 있다는 것을 간과한다(●그림 15.4 참조).

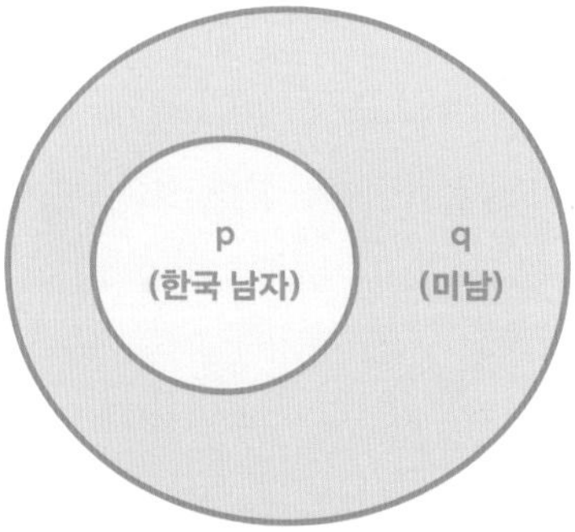

●그림 15.4 조건 명제 'p이면 q이다'에서 전건(p)과 후건(q) 간의 관계 p이면 q이지만, p가 아닌 q가 존재할 수 있다. 즉, '한국남자는 미남이다'가 성립해도 한국 남자가 아닌 미남이 있을 수 있다.

삼단 논법

삼단 논법은 주어진 전제를 통합해서 결론을 이끌어내는 논리학의 한 형식으로, 전제와 결론에서 다루는 진술의 내용에 따라서 범주적 삼단 논법$^{\text{categorical syllogism}}$과 선형적 삼단 논법$^{\text{linear syllogism}}$으로 구분된다. 범주적 삼단 논법은 항목들의 범주 관계(예: A는 B이다)에 대한 추론을, 선형적 삼단 논법은 항목들 간의 서열 관계(예: A가 B보다 크다)에 대한 추론을 다룬다(●표 15.3 참조). ●표 15.3에서처럼 A, B, C 세 항목 간의 관계에 대한 2개의 전제가 주어지면, 타당한 결론을 내리거나 또는 주어진 결론이 타당한지를 따진다.

●표 15.3 범주적 삼단 논법과 선형적 삼단 논법

구분	예시	범주적 삼단 논법	선형적 삼단 논법
전제 1	A-B	모든 한국 남자(A)는 미남(B)이다.	동희(A)는 소민(B)보다 잘 생겼다.
전제 2	B-C	모든 미남(B)은 연예인(C)이다.	소민(B)은 병수(C)보다 잘 생겼다.
결론	A-C	모든 한국 남자(A)는 연예인(C)이다.	동희(A)는 병수(C)보다 잘 생겼다.

삼단 논법을 사용하면, 두 전제에 제시된 정보(예: A는 B이다, B는 C이다)를 바탕으로 전제에서 제시되지 않은 항목들 간의 관계를 추론할 수 있다(예: A는 C이다). 이는 삼단 논법의 두 전제에서 반복되는 항목(B)인 중간 항목$^{\text{middle term}}$을 중심으로 일어난다. 중간 항목을 중심으로 두 전제가 통합되고, 그 결과 A와 C 간의 관계가 추론될 수 있다.

중간 항목이 제시되는 위치에 따라 전제 통합의 용이성이 달라진다. 형상^{figure}은 전제에서 중간 항목이 어디에 위치하느냐에 따라 만들어지는 패턴으로, 총 네 가지로 나뉜다(●표 15.4 참조). 예를 들어 형상 1의 경우 중간 항목이 전제 1에서는 주어부에 사용되나, 전제 2에서는 술어부에 사용된다. 반면 형상 4의 경우 중간 항목이 전제 1의 술어부에, 전

●표 15.4 삼단 논법의 형상

구분	형상 1	형상 2	형상 3	형상 4
전제 1	B-A	A-B	B-A	A-B
전제 2	C-B	C-B	B-C	B-C

제 2의 주어부에 사용된다.

삼단 논법의 형상은 결론의 용이성에 영향을 준다. 결론은 전제 통합을 바탕으로 가능한데, 중간 항목이 어떻게 배열되는지에 따라서 전제 통합의 용이성이 달라지기 때문이다(조명한 & 김청택, 1988; Clark, 1969).

예를 들어 형상 1보다는 형상 4의 형태로 항목이 배열되어 있을 때, 결론을 내리는 것이 더 용이하다(●표 15.5 참조). 형상 4에서는 중간 항목이 연이어 제시되어 두 전제를 통합하는 것이 더 쉽다. 반면 형상 1에서는 중간 항목이 떨어져서 제시된다. 이 경우 두 전제를 통합하기 위해서 전제를 재진술하거나(예: 'B는 A보다 크다'를 'A는 B보다 작다'로 재진술) 두 전제의 순서를 바꾸는 (예: 전제 2를 1보다 먼저 처리) 등의 부가적인 처리가 요구된다. 부가적 처리가 많아질수록 통합이 지연되고 오류가 발생할 가능성이 증가한다(조명한 & 김청택, 1988).

●표 15.5 중간 항목과 전제 통합

형상 1	형상 4
B는 A보다 크다.	A는 B보다 크다.
C는 B보다 크다.	B는 C보다 크다.

또한 삼단 논법에서는 추론 문제가 언어적으로 제시되기 때문에 전제를 언어적으로 기술하는 방식이 결론에 영향을 준다. 분위기 가설 atmosphere hypothesis에 따르면 전제에 사용되는 용어들(예: 어떤, 모든, 아닌)이 같은 용어가 사용된 결론을 수용하도록 분위기를 조성한다. 즉 사람들은 긍정 전제가 주어지면 긍정 결론을, 부정 결론이 주어지면 부정 결론을 더 선호하게 된다는 것이다. 긍정과 부정이 혼합된 경우 부정 결론이 선호된다. 예를 들어 ●표 15.6의 두 삼단 논법에 대해서 사람들은 둘 다 타당한 결론이라고 받아들이는 경향이 있는데, 이는 두 전제의 분위기가 유사하기 때문이다(Woodworth & Sells, 1935).

●표 15.6 전제의 분위기 효과

구분	논법 1(타당한 논법)	논법 2(타당하지 않은 논법)
전제 1 전제 2 결론	어떤 A는 B이다. 모든 B는 C이다. 따라서 어떤 A는 C이다.	모든 A는 B이다. 어떤 B는 C이다. 따라서 어떤 A는 C이다.

심성 모형

Johnson-Laird(1983)에 따르면 추리란 기본적으로 주어진 정보를 바탕으로 구성된 모형을 검증하는 과정이다. 즉 사람들은 전제들이 표상하는 상황에 대한 심성 모형을 구성하고, 이를 바탕으로 결론을 이끌어내거나 제시된 결론을 평가한다. 이는 세 단계로 진행된다. 첫 번째 단계에서는 전제에 대한 심성 모형이 구성된다. 심성 모형은 사례[token]를 중심으로 전제가 묘사하는 상황을 표상한다. 예를 들어 '모든 한국 남자는 미남이다' 라는 전제가 제시되는 경우, 모든 한국 남자가 미남인 상황이 마음속에 표상된다. 이때 표상은 단어 또는 이미지 형태를 띨 수도, 이미지와 단어가 혼합된 형태를 띨 수도 있다(●표 15.7 참조). 모형에 포함된 사례가 많을 수도, 적을 수도 있지만, 사람들은 가능한 한 적은 수의 사례를 가지고 전제에 대한 모형을 구성하려 한다.

●표 15.7 다양한 전제에 대해 가능한 심성 모형 예시

전제	심성 모형
모든 한국 남자는 미남이다.	한국 남자 = 미남 한국 남자 = 미남 　　　　　　(미남)*
어떤 한국 남자는 미남이다.	한국 남자 = 미남 (한국 남자)　(미남)
어떤 한국 남자도 미남이 아니다.	한국 남자 한국 남자 --------** 　　　　　미남 　　　　　미남
어떤 한국 남자는 미남이 아니다.	한국 남자 한국 남자 -------- (한국 남자)　미남 　　　　　미남

*　　괄호는 해당 사례가 존재할 가능성을 의미한다. 첫 번째 전제에 대한 모형에서 (미남)은 미남이지만 한국 남자가 아닌 사례가 존재할 수 있음을 나타낸다. 두 번째 전제에 대한 모형에서 '(한국남자) (미남)'은 한국 남자이면서 미남이 아니거나 한국 남자가 아닌데 미남인 사례가 존재할 수 있음을 나타낸다.

**　모형 안의 점선은 범주 분리를 나타낸다. 세 번째 전제에 대한 모형에서 한국 남자와 미남은 선으로 분리되어 있는데, 이는 범주가 중첩되는 사례가 없음을 나타낸다.

두 번째 단계는 전제로부터 잠정적인 결론을 형성하는 단계이다. 이 단계에서는 각 전제에 대해 형성된 심성 모형을 통합하여 A와 C 간의 관계에 대해 잠정적인 결론을 내린다. 아래 사례는 '모든 한국 남자는 미남이다'라는 전제와 '어떤 미남은 연예인이다'라는 전제가 주어질 때 가능한 통합 모형과 결론을 보여준다. 통합의 관건은 전제 1의 모형에 있는 미남 사례를 전제 2의 연예인 사례와 어떻게 연결하는가에 있다. 아래 예시의 통합 모형(통합 모형 1)에서는 미남이자 한국 남자인 사례가 연예인과 연결되었다.

전제 1 모형	모든 한국 남자는 미남이다.
	한국 남자 = 미남
	한국 남자 = 미남
	(미남)
전제 2 모형	어떤 미남은 연예인이다.
	미남 = 연예인
	(미남) (연예인)
통합 모형 1	한국 남자 = 미남 = 연예인
	한국 남자 = 미남 = 연예인
	(미남) (연예인)
결론	모든 한국 남자는 연예인이다.

세 번째 단계에서는 이전 단계에서 내린 결론에 대한 검증이 일어난다. 이는 결론을 부정하는 반대 사례가 있는지를 탐색하는 방식으로 이루어진다. 사례들의 속성이 결합되는 경우의 수를 검토하면서, 처음의 결론에 반하는 사례가 발생하는지를 검색한다. 검토 결과 처음의 결론을 지지하지 않는 모형이 구성될 수도 있다. 예를 들어 위의 사례에서 다음과 같은 대안적인 모형(통합 모형 2)이 가능하다. 대안 모형은 두 전제가 기술하는 상황과 일치하지만(모든 한국 남자가 미남이고 어떤 미남은 연예인이다), 이 모형에서는 미남이자 한국 남자인 사례가 연예인과 연결되지 않았다.

통합 모형 2	한국 남자 = 미남 (연예인)
	한국 남자 = 미남 (연예인)
	(미남) = 연예인

첫 번째 모형(통합 모형 1)만 고려하는 경우 '어떤 한국 남자는 연예인이다'라는 결론을 내릴 수 있으나, 두 번째 모형(통합 모형 2)까지 검토하면 이러한 결론은 타당하지 않다. 이 경우 처음에 내린 잠정적인 결론은 폐기되고, '타당한 결론 없음'이 적절한 결론이 된다.

통합 모형이 여러 개 있는 경우, 대안 모형을 모두 검토하는 것은 작업 기억에 상당한 부담을 준다. Johnson-Laird과 Bara(1984)에 따르면 논법을 검토하거나 결론을 내리는 과정에서 탐색해야 하는 심성 모형 수가 증가할수록 판단의 난이도가 높아졌다. 이에 따르면 모형이 1개만 있을 때는 연구 참가자 중 76%가 정확한 추론을 하였지만, 모형이 2개 있는 경우 25%, 3개 있는 경우 12%만이 정확한 추론을 하였다.

신념 편향

조건 추리나 삼단 논법 같은 연역 추리에서는 논법의 형식에 의해서만 참과 거짓이 결정되어야 한다. 하지만 전제의 타당성에 대한 신념 또는 믿음이 종종 결론에 영향을 준다.

전제 1	모든 새는 날 수 있다.
전제 2	모든 참새는 날 수 있다.
결론	따라서 모든 참새는 새이다.

신념 편향 효과
논리적 판단이 배경지식의 영향을 받는 현상. 논법의 타당성을 자신의 지식과 신념에 비추어 판단할 때 나타남.

위의 삼단 논법은 타당하지 않다. 하지만 사람들은 이를 종종 타당한 논법으로 간주한다. 논법의 타당함이 아니라 자신이 알고 있는 지식과 신념에 비추어 판단하기 때문이다. **신념 편향 효과**belief bias effect는 논리적 판단이 이처럼 지식의 영향을 받는 현상을 말한다. Evans 등(1983)은 연구 참가자들에게 짧은 기사 형태로 논법을 제시하고, 전제가 참일 때 결론이 논리적으로 도출될 수 있는지 판단하도록 하였다. 조건에 따라 논법은 네 가지로 제시되었으며, 논법의 타당함(타당한 논법 대 타당하지 않은 논법)과 결론의 그럴듯함(그럴듯한 결론 대 그럴듯하지 않은 결론)이 조작되었다(●표 15.8 참조).

●표 15.8 논법의 타당성과 결론의 그럴듯함   출처: Evans et al., 1983.

	논법 예시
타당한 논법 - 그럴듯한 결론	경찰견은 사납지 않다. 훈련 받은 개들 중 일부는 사납다. 따라서 훈련 받은 개들 중 일부는 경찰견이 아니다.
타당한 논법 - 그럴듯하지 않은 결론	영양가가 있는 것은 저렴하지 않다. 어떤 비타민은 저렴하다. 따라서 어떤 비타민은 영양가가 없다.
타당하지 않은 논법 - 그럴듯한 결론	중독성이 있는 물질은 저렴하지 않다. 어떤 담배는 저렴하다. 따라서 중독성이 있는 어떤 것들은 담배가 아니다.
타당하지 않은 논법 - 그럴듯하지 않은 결론	백만장자는 열심히 일하지 않는다. 어떤 부자는 열심히 일한다. 따라서 어떤 백만장자는 부자가 아니다.

연구 결과 참가자들의 답변은 논법의 타당함과 결론의 그럴듯함의 영향을 모두 받았다. 이들은 타당한 논법을 타당하지 않은 논법보다 더 타당하다고 평가하였지만, 동시에 배경지식에 비추어 그럴듯한 결론(예: 훈련 받은 개들 중 일부는 경찰견이 아니다)을 그럴듯하지 않은 결론(예: 어

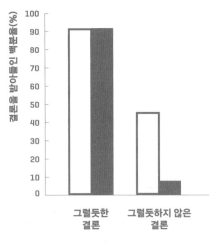

●그림 15.5 논법의 타당함과 결론의 그럴듯함에 따라 결론을 받아들인 백분율
출처: Evans et al., 1983.

타당한 논법

타당하지 않은 논법

떤 비타민은 영양가가 없다)보다 더 타당하다고 평가하였다(●그림 15.5 참조). 논법의 타당성은 결론이 그럴듯하지 않은 경우에만 중요했다.

　신념 편향 효과는 논리적 사고 능력의 결여 때문에만 발생하지는 않는다. 사람들이 논리적으로 사고할 수 있어도, 논법이 추상적이고 그럴듯한 맥락에서 제시되면, 타당하지 않은 결론도 타당하다고 판단할 가능성이 증가한다(Markovits & Nantel, 1989). 평소의 신념과 일치하는 논법이 제시되면, 논리적 추론 과정 없이 결론을 받아들이기 때문이다.

귀납 추리

어떤 상황에서도 참인 전제나 진술문이 있다면, 이를 바탕으로 가능한 결론을 추론할 수 있다. 하지만 세상에 대한 우리의 이해는 불확실하고, 우리가 접하는 사례나 전제가 얼마나 일반적인지, 항상 참인지 불분명한 경우가 많다. 이러한 경우에도 제한된 범위의 결론을 도출해야 할 때가 종종 있는데, 이때 귀납 추리가 필요하다. **귀납 추리**는 개별 사례에서 일반 원리를 도출하는 데 사용된다. 예를 들어 집에서 키우는 고양이가 상추를 먹는 것을 보고, 모든 고양이는 상추를 먹는다는 결론을 내리는 것이 귀납 추리에 해당한다. 이때 상추를 먹는 고양이의 사례를 많이 관찰할수록 결론의 타당성이 증가한다. 하지만 세상에 있는 모든 고양이를 관찰하고 결론을 내릴 수 없기 때문에 귀납 추리의 결론은 잠정적이고 확률적일 수밖에 없다. 즉 귀납 추리의 결론에 대한 반증 사례가 나타나면, 해당 결론은 언제든 기각될 수 있다. 귀납 추리에는 다양한 유형이 있는데, 그중 인과 추리와 가설 검증에 대해서 살펴본다.

인과 추리

인과 추리는 원인과 결과 관계에 대한 추리를 지칭한다. 인과 추리에 영향을 주는 요인 중 하나는 두 변수 또는 사건이 함께 변화하는 공변covariance 관계의 유무이다. 원인 사건과 결과 사건이 함께 존재하거나 함께 부재할 때, 두 사건 간에 인과적 관계가 있다고 추리할 수 있다. 예를 들어 특정 바이러스에 감염되면 기침 증상이 나타나고, 감염되지 않으면 기침 증상이 나타나지 않을 경우, 해당 바이러스를 기침의 원인으로 추리하게 된다. 공변 관계뿐 아니라, 원인으로 간주되는 사건이나 변인이 결과를 만들어내는 기제의 유무 역시 인과 추리에 영향을 미친다. Ahn 등(1995)은 공변 정보와 기제 정보를 함께 조작하고, 어느 정보가 인과 추론에 더 큰 영향을 미치는지 살펴보았다. 그 결과 연구 참가자들은 공변 정보(예: 밤에 교통 사고가 많이 일어난다)보다 구체적인 인과 기제(예: 밤에는 어두워서 물체가 눈에 잘 보이지 않기 때문에)를 더 선

귀납 추리
개별 사례에서 일반 원리를 도출하는 추리. 인과 추리, 가설 검증 등이 귀납 추리에 속함.

인과 추리
귀납 추리 방법의 일종으로 원인과 결과 관계에 대한 추리.

호하였다. 사건들 간의 시간적인 관계도 인과 추리에 중요한데, 사건 간의 시간 간격이 증가할수록 인과성에 대한 판단이 줄어들었다(Shank et al., 1989). 제 3의 변인의 존재, 사건에 대한 선행 지식이나 기대 같은 변인 또한 인과 판단에 영향을 준다(Buehner & May, 2003; Waldmann & Hagmayer, 2001).

가설 검증과 확증 편향

가설은 어떤 현상의 배후에 있다고 가정되는 잠정적 설명을 지칭한다. 가설은 연역적으로도, 귀납적으로도 만들어질 수 있다. 예를 들어 UFO를 보고 외계인이 존재한다는 가설을 만들 수도 있지만, 우주에서 생명이 출현하는 조건을 갖춘 별이 지구만일 수는 없다는 추론에 기반하여 외계인이 존재한다는 가설을 만들 수도 있다.

일단 가설이 만들어지고 나면, 이는 경험적 자료 수집을 통해 평가된다. 반증이 존재하는 경우 가설은 기각된다. **가설 검증**은 표본에서 수집된 증거를 바탕으로 모집단에 일반화 가능한 결론을 도출하는 과정이다. 가설 검증은 기본적으로 귀납적인 과정이지만, 자료 수집을 계획하고 평가하는 과정에서 조건 추리가 관여하기도 한다. 자료 수집을 계획할 때는 가설에서 언급된 변인이나 사건 간의 관계가 실제로 존재하는지 '확증'하는 것과 '반증'이 없는지 알아보는 것이 중요하다. 가령 '한국 남자는 미남이다'라는 가설을 검증하기 위해서는 한국 남자나 미남 사례만을 수집하는 것뿐 아니라, 미남이 아닌 사례 중 한국 남자가 존재하는지도 살펴보아야 한다.

Wason(1968)은 연구 참가자들에게 가설을 제시하고, 이를 확증하고 반증하는 사례를 고르는 선택 과제^selection task를 부과하였다. 가설은 조건 명제로 서술된 규칙(예: 한 면이 모음이면 다른 면은 홀수다)이었다. Wason은 ●그림 15.6과 같이 참가자들에게 카드 형태로 된 4개의 사례를 제시하고, 해당 규칙이 참인지 검증하기 위해 반드시 뒤집어야 하는 카드를 선택하게 하였다.

가설
어떤 현상의 배후에 있다고 가정되는 잠정적 설명.

가설 검증
표본에서 수집된 증거를 바탕으로 모집단에 일반화 가능한 결론을 도출하는 과정. 일반적으로는 귀납 추리의 영역에 속하지만, 경우에 따라 조건 추리가 관여하기도 함.

●그림 15.6 Wason(1968)의 연구에서 사용된 선택 과제 예시 '한 면이 모음이면 다른 면은 홀수다'라는 규칙이 주어지고, 연구 참가자들은 규칙이 참인지 검증하기 위해서 반드시 뒤집어야 하는 카드를 선택하였다.

규칙: 한 면이 모음이면 다른 면은 홀수다.

| E | J | 6 | 7 |

카드를 뒤집어서 나오는 결과에 따라 가설이 확증되거나 기각된다. 모음이 적혀 있는 카드 E를 뒤집을 경우 홀수가 나오면 규칙이 참이 되지만(확증), 짝수가 나오면 거짓이 된다(반증). 카드 J를 뒤집을 경우 홀수가 나오든 짝수가 나오든 규칙과는 관련이 없다. 규칙은 카드의 문자가 모음인 경우에 대한 것이기 때문이다. 카드 6을 뒤집을 경우 자음이 나오면 규칙과 무관하지만, 모음이 나오면 규칙은 거짓이 된다(반증). 카드 7을 뒤집을 경우 자음이 나오면 규칙과 무관하지만, 모음이 나오면 규칙을 지지한다(확증).

카드 E와 7은 조건 추리에서 전건 긍정과 후건 긍정에 해당하는 사례이다(●표 15.1 참조). 카드 E와 7을 뒤집어서 나오는 결과는 규칙을 확증할 수 있다. 반면 규칙을 반증할 수 있는(또는 반증이 존재하지 않음을 확인할 수 있는) 카드는 카드 E와 6으로, 각각 조건 추론에서 전건 긍정과 후건 부정에 해당한다. 카드 J는 확증과 반증 모두와 무관한 카드이다.

연구 결과 총 125명의 참가자 중 101명이 카드 E 하나만 선택하거나 카드 E와 7을 선택했다(●표 15.9 참조). 카드 6을 선택에 포함한 참가자는 128명 중 14명에 불과했다. 카드 6은 반증을 염두에 두어야 선택할 수 있는 카드이다. 참가자들 대부분이 규칙을 반증하기보다는 확증하는 카드만 선택하였다. 이처럼 자신의 가설을 지지하는 증거에만 주목하는 경향을 **확증 편향**confirmation bias이라고 한다. 확

●표 15.9 카드 선택 과제에서 카드 선택 빈도

출처: Johnson-Laird & Wason, 1970.

선택지	선택 빈도
E와 7	59
E	42
E와 7, 6	9
E와 6	5
기타	13
	(n=128)

확증 편향
자신의 가설이나 믿음을 지지하는 증거에만 주목하는 사고 편향.

증 편향은 가설 검증에 방해 요인으로 작용한다. 모음이나 짝수가 있는 카드만 조사하면 가설이 틀렸음에도 이를 제대로 검증할 수 없기 때문이다(Wason, 1960).

실제 맥락에서 규칙이나 가설을 검증할 배경지식이 중요한 역할을 한다. Johnson-Laird 등(1972)은 연구 참가자들에게 상징 기호나(상징 조건), 실제 맥락에서 사용되는 규칙(실제 맥락 조건)을 사용한 조건 명제를 제시하였다. 상징 조건에서는 Wason의 선택 과제와 유사한 조건 규칙이 사용되었다(예: 카드 한 면에 모음이 있으면 뒷면에 홀수가 있다). 실제 맥락 조건에서는 '편지가 밀봉되어 있으면 앞면에 50리라 우표를 붙여야 한다'라는 당시 영국의 우편 규칙이 사용되었다. 연구자들은 참가자들에게 네 가지 경우의 사례를 제시하고, 규칙이 위반되었는지 알아보기 위해서 뒷면을 검사해야 하는 봉투를 고르도록 하였다(● 그림 15.7 참조).

●그림 15.7 연구 참가자들에게 제시된 봉투
연구 참가자들은 규칙의 위반 사례를 찾기 위해서 뒤집어야 하는 봉투를 선택했다. 정답은 첫 번째와 세 번째 봉투를 뒤집는 것이다.
출처: Johnson-Laird et al., 1972.

조건 규칙이 지켜진 사례를 찾기 위해서는 전건 긍정인 p(예: 밀봉된 우편)와 후건 긍정인 q(예: 50리라 우표가 붙은 봉투) 사례를 뒤집으면 된다. 반면 조건 규칙의 위반 사례를 찾기 위해서는 전건 긍정인 p와 후건 부정인 'not q' 사례(예: 40리라 우표가 있는 봉투)를 검사해야 한다. 밀봉되어 있으나 50리라 우표가 없거나, 40리라 우표가 붙어 있지만 밀봉된 우편이 있을 수 있기 때문이다. 상징 조건과 실제 맥락 조건에서 참가자들의 수행을 비교한 결과, 실제 맥락 조건에서의 수행이 더 우수하였다. 상징 조건에서는 24명의 참가자 중 2명만이 전건 긍정과 후건 부정 사례를 선택한 반면, 실제 맥락 조건에서는 21명이 선택하였다(●표 15.10 참조). 이러한 결과는 논리적인 상징이나 기호를 사용하여 추론을 수행하는 것과 실제 맥락에서 추론을 수행하는 것 간에는 차이가 있음을 보여준다.

● 표 15.10 상징 맥락과 실제 맥락에서의 조건 추론 　　　　　　　　　출처: Johnson-Laird et al., 1972.

조건	p, not q	p, q	p	p, q, not q	기타
실제 맥락 조건 If p then q	21	1	1	1	–
상징 조건 If p then q	2	14	4	2	2

　　논리학에서 추론 규칙은 추상적 형태로 표현된다. 이는 의미의 모호성을 제거해 주지만, 논리학 추론 문제를 어렵게 만드는 요인으로 작용한다. 반면 일상생활에서는 구체적 대상이나 관계 속에서 추론이 일어난다. 구체적 맥락과 상황은 특정 방향으로 추론을 편향시킬 수도 있지만 동시에 대상의 속성이나 관계를 보다 분명하게 드러내기도 한다. Cheng과 Holyoak(1985)는 실제 추리 상황에서 실용 추리 도식^{pragmatic reasoning schema}이 작동한다고 제안하였다. 허용 도식^{permission schema}은 실용 추리 도식의 한 예인데, '술을 사려면 19세가 넘어야 한다', '과속을 하면 범칙금을 내야 한다', '납기일을 넘기면 벌금이 부과된다' 등처럼 어떤 행동이 허용되는 조건과 관련이 있다. 사람들은 허용 도식이 적용되는 상황과 관련된 다양한 지식과 경험을 가지고 있다. 이는 허용 도식이 활성화될 때 함께 활성화되어 조건 규칙이 지칭하는 상황이 무엇인지 보다 분명하게 이해할 수 있도록, 또한 어떠한 결론이 타당한 결론인지 보다 분명하게 판단할 수 있도록 도와준다.

3. 제한된 합리성

　　추리 연구 초기에는 인간의 합리성과 논리적 사고 능력에 대한 믿음이 있었다. 삼단 논법이나 조건 추리에 대한 연구를 통해 인간의 논리적 사고 능력이나 합리성에 관한 가정이 과장된 것임이 드러났지만, 논리적 추리의 오류가 인간이 완전히 비합리적임을 의미하는 것은 아니다. 연구 참가자들은 완벽하지 못했지만 많은 문제에서 논리적 관계와 결론의 타당성을 적절하게 판단할 수 있었다. 또한 추리 과제가 구체적 맥락에서 제시되었을 때 참가자들의 수행이 더욱 향상되었는데, 이는 실제 생활의 맥락에서는 사람들이 실험실 맥락에서 추상적으로 문제가 제시될 때보다 더 논리적으로 생각할 수 있음을 시사한다. 이런 의미에서 인간의 합리성은 제한된 합리성^{bounded rationality}이라고 간주될 수 있다. 즉 인간의 합리성은 인간이 놓인 상황, 가진 지식, 처리 능력 내에서 작동한다(Simon, 2000).

인간의 합리성은 전반적인 인지 체계의 작동 방식의 영향을 받는다. 언어와 작업 기억의 용량 제한은 인간의 합리성과 추론 능력에 영향을 주는 대표적인 요인이다. 대부분의 추론 문제는 언어적으로 제시되는데, 이때 제시된 문장에서 사용된 어휘와 표현의 순서가 어디에 주의를 기울이고 무엇을 기준으로 생각할지에 영향을 준다. 작업 기억은 추론 문제를 이해하고 전제들 간의 관계를 검토하거나 대안을 평가하는 과정에 관여한다. 고려해야 하는 대안과 경우의 수가 증가할수록 작업 기억의 부담은 증가한다. 이 외에도 세상에 대한 지식과 믿음 역시 추론에 영향을 준다. 지식의 영향은 긍정적일 수도 부정적일 수도 있다. 허용 도식에서처럼 조건 추론을 도와줄 수도 있지만, 신념 편향 효과에서 볼 수 있듯 타당하지 않은 결론을 타당한 것으로 받아들이게 만들기도 한다.

마지막으로 인간의 합리성을 평가할 때 다양한 기준에서 생각해볼 필요가 있다. 전통적으로 합리성의 기준은 인간이 확률 이론에서 제안하는 요인을 모두 고려하는지 또는 논리적인 가능성을 모두 고려하는지 하는 것이었다. 이러한 기준이 중요하지만, 기저율 무시나 형식 논리학의 추론 오류가 반드시 비합리성을 의미하지 않을 수 있다. 이러한 현상은 제한된 자원을 가지고 문제를 해결하는 과정에서 발생하는 또 다른 차원의 합리성의 발현일 수 있다. 또한 합리적 사고의 핵심은 자신의 신념과 사고를 분리할 수 있는가, 즉 인지적 탈동조화^{cognitive decoupling}에 있다는 제안도 존재한다(Evans & Stanovich, 2013; Stanovich & Toplak, 2012). 이 제안에 따르면 인간의 사고는 필연적으로 자신의 경험과 신념의 영향을 받기 때문에 그로부터 얼마나 독립적일 수 있는지가 합리성의 핵심이다. 인지적 탈동조화를 위해서는 교육과 훈련은 물론, 개인의 동기가 중요한 역할을 한다. 인간은 자신에게 중요한 문제라고 여기지 않으면 추론에 요구되는 노력을 기울이기보다는 주어지는 대로, 평소에 생각하던 대로 생각하고 행동한다. 이런 면에서 합리성의 유무나 발휘는 정보 처리의 주체인 인간에게 달려있다고 볼 수 있다. 인지적인 요인과 함께 개인 행동에 영향을 주는 다양한 측면에 대한 이해가 인간의 합리성에 대한 포괄적인 이해를 가능하게 할 것으로 보인다.

핵심 용어

인지심리학 입문

마음과 생각의 과학

2024년 3월 4일 초판 1쇄 찍음
2024년 3월 14일 초판 1쇄 펴냄

지은이   정혜선

책임편집   정용준
편집   임현규
디자인·그림   시호워크
마케팅   김현주

펴낸이   윤철호
펴낸곳   (주)사회평론아카데미
등록번호   2013-000247(2013년 8월 23일)
전화   02-326-1545
팩스   02-326-1626
주소   03993 서울특별시 마포구 월드컵북로6길 56
이메일   academy@sapyoung.com
홈페이지   www.sapyoung.com

ⓒ 정혜선, 2024

ISBN   979-11-6707-144-6 93180